人类经济社会思想探索前沿丛书

政治博弈论

[美] 诺兰 · 麦卡蒂（Nolan McCarty）
[美] 亚当 · 梅罗威茨（Adam Meirowitz） 著
高晓晖　孙经纬　译

上海财经大学出版社　CAMBRIDGE

本书由上海市新闻出版专项资金资助出版

图书在版编目(CIP)数据

政治博弈论 / (美) 诺兰·麦卡蒂(Nolan McCarty),(美) 亚当·梅罗威茨(Adam Meirowitz)著;高晓晖,孙经纬译. — 上海:上海财经大学出版社,2021.3
(人类经济社会思想探索前沿丛书)
书名原文:Political Game Theory: An Introduction
ISBN 978-7-5642-3251-1/F.3251

Ⅰ.①政… Ⅱ.①诺… ②亚… ③高… ④孙… Ⅲ.①政治博弈论-研究 Ⅳ.①D0

中国版本图书馆 CIP 数据核字(2019)第 067438 号

□ 责任编辑　陈　佶
□ 封面设计　张克瑶

政治博弈论

[美] 诺兰·麦卡蒂(Nolan McCarty)
亚当·梅罗威茨(Adam Meirowitz) 著
高晓晖　孙经纬　译

上海财经大学出版社出版发行
(上海市中山北一路 369 号　邮编 200083)
网　址:http://www.sufep.com
电子邮箱:webmaster@sufep.com
全国新华书店经销
上海华教印务有限公司印刷装订
2021 年 3 月第 1 版　2021 年 3 月第 1 次印刷

710mm×1000mm　1/16　26 印张(插页:2)　398 千字
定价:128.00 元

图字：09－2019－703号

人类经济社会思想探索前沿丛书

总　序

20 世纪 40 年代以来，国际上的经济学、哲学和社会科学各领域都取得了巨大的理论进展，也随之出现了一大批大师级的思想家，并相应产生了许多理论艰深、思想深邃、影响深远的学术著作。

在当代经济学、哲学和其他社会学科的殿堂中，可谓是群星灿烂，大家辈出。这些当代思想大家的著作，代表了国际学术界反思和探讨人类社会构成、运作及变迁机理的前沿理论探索。尤其是自 20 世纪 60 年代以来，在各学科以及各领域中，许多学术思想大家已经破除了学科壁垒和门户之见，经常产生跨学科和跨研究领域的思想对话。在经济学（特别是在福利经济学和社会选择理论）、伦理学、政治哲学、法学、社会学诸领域中，一些学术思想大家经常关注同一类社会现象，探讨同一类经济与社会理论问题，著书立说，从而拓宽人们的视野，推进人类对经济和社会现象的认识，并进而把人类社会反思自身存在等问题的知识不断推向前沿和理论深处。

1978 年以来，伴随着中国 40 年来的思想解放和改革开放的历史进程，国内学术界翻译出版了大量西方古代、近代乃至当代的一些哲学社会科学的学术著作。但是，值得注意的是，仍有很多当代的有思想价值的学术著作被中国学界和翻译界所忽视，尤其是哲学、经济学、社会科学的跨学科方面的一些理论艰深、探索前沿的学术专著，以及一批艰涩难懂和难以翻译的著述，至今仍然未有译介。

经反复酝酿和挑选，我们选编了这套“人类经济社会思想探索前沿丛书”。这套丛书将覆盖诸多现在被人为划分为门类的学科，包括经济学、哲学、伦理学、政治哲学、法学、人类学、社会学等学科的前沿思想及各学科的交叉领域。

我们希望把这套丛书做成一个开放的系统，不断把已有的和新近出现的世界各国学术界真正有思想的经济社会理论探索的著作和菁华引介到中文世界中来，从而期盼未来中国学术思想界也能与世界上的同行们同步思考，并为未来中国的经济发展和社会变迁提供思想资源，奠定一些深层的理论认识基础。

韦　森

2020 年 8 月 16 日

致　谢

写作本书的初衷，是两位作者之一无法在黑板或任何平面上正确板书。为使学生在听课中免受折磨，我们开始制作讲义。实际上，如果没有拼写检查软件，我们还无法正确拼写英文单词。讲义弥补了我们的缺陷。[①] 对耗费许多夜晚完成的这份讲义，我们不舍得束之高阁，所以，我们决定把它出版，尽管我们为此频繁打字到深夜。希望这份辛苦没有白费。

感谢哥伦比亚大学和普林斯顿大学的学生，他们使用了讲义手稿的各个早期版本。正是他们的迷惑和我们在办公室中的答疑，让我们学会如何对政治学系学生讲授博弈论。在政治博弈论教材应该是本什么样的书的问题上，我们受益于与许多人的交流，包括 Chris Achen、Scott Ashworth、Larry Bartels、Cathy Hafer、Keith Krehbiel、David Lewis、Kris Ramsay 和 Thomas Romer。感谢 John Londregan 和 Mark Fey，他们指出了此书早期版本中的错误。感谢教授我们政治博弈论的老师：David Austen-Smith、Jeffrey Banks、David Baron、Bruce Bueno de Mesquito、Thomas Romer 和 Howard Rosenthal。

诺兰·麦卡蒂

亚当·梅罗威茨

---

① 我们两人的拼写错误风格迥异。麦卡蒂完全随机拼写单词，梅罗威茨总以同一错误方式拼写。

目　录

第1章 导　　论

博弈论在很短时间就成为研究政治问题的最有力的分析工具。从研究选举行为和立法行为起步，博弈论模型已广泛应用于国际安全、种族合作和民主化等各种研究领域。事实上，政治科学的所有领域都受益于源自博弈论模型的重大研究突破。*American Political Science Review*、*American Journal of Political Science* 和 *International Organization* 等专业刊物几乎每期都有论文对政治现象提出博弈模型解释或对已有模型进行实证检验。

尽管如此，博弈论在政治科学中的应用远不如它在经济学中那样发展迅速，一个原因是学习博弈论的大部分政治科学家只能使用经济学家为他们的同行撰写的博弈论教材。有许多相当好的经济博弈论教材，但是，它们探讨的问题常常不切合政治科学家的需要。首先，可能也是最重要的，在这些书中，博弈论的应用和探讨的问题，一般是经济学家感兴趣的问题。新入行的政治科学家并不总能直接发现双寡头理论或拍卖理论对分析政治现象具有的价值。其次，对政治博弈论学者们重要的问题，如投票等，极少出现于经济学教材。最后，经济学教材大多假定读者对价格理论有一定了解。结果，政治科学家遭遇的进入壁垒不仅包括数学，还包括需求曲线和边际替代率等概念。

有几本由政治科学家为自己的同行撰写的教材，例如，Ordeshook(1986)和 Morrow(1994)。但是，无论就应用而言，还是就现代政治科学的需要而言，我们都感觉这些教材有些过时。Ordeshook(1986)对社会选择和空间理论的探讨依然独领风骚，但是，该书撰写并出版于非合作博弈理论成为政治博弈论主导研究范式之前。Morrow(1994)对非合作博弈论的阐述通俗易懂，但是，该书的分析深度无法满足当代学者的需要。而且，它出版至今已有十年时间。在这十年中，数以百计的重要论文和著作在以博弈论为分析工具。

Austen-Smith 和 Banks 的著作(1999,2005)在一定程度上满足了当代学者的需要。他们的第一本书 *Positive Political Theory* Ⅰ对社会选择理论做了透彻阐述;相形之下,我们只用一章篇幅介绍社会选择理论。他们的第二本书 *Positive Political Theory* Ⅱ探讨策略和制度,但它假定读者已掌握博弈论——政治科学专业一年级研究生不具备这一能力。而且,它依照研究专题而非博弈论的内在体系组织内容。

所以,在撰写本书时,我们确定了几个目标。首先,我们撰写政治博弈论教材而非抽象博弈论或经济博弈论教材。书中介绍的博弈论的应用,都是政治科学家感兴趣的问题;所选择的内容,为政治学分析所独有。其次,在为政治科学家们撰写这样一本书时,我们想适应青年政治科学家在教育背景和研究兴趣上的多样性。政治科学专业的大部分学生在就读研究生院时,数学和模型分析基础不扎实。如果因此迁就他们而不谈当代政治模型所依托的数学的严谨性和关键的理论概念,我们认为,对他们不是好事。因此,为欠缺数学基础的学生,我们专门准备了详细的数学附录,提供了从集合论和实分析到基本优化理论和概率论的基本分析工具。当然,一些政治科学专业研究生有较好的数学和经济学基础,我们希望本书对他们也有用。因此,我们对一些较难和较复杂的概念做了深入阐述。许多高深的章节(用*或**标记)详细介绍了有关模型的数学结构。尚没有能力学习这些技术性较强的内容的学生,可以跳过这些章节。

本书在内容的组织上与标准博弈论教材不同。本书许多内容或者直接与政治科学有关,或者针对政治科学专业学生相对薄弱的知识领域提供补充。

第 2 章完整介绍确定性条件下的标准选择理论。我们介绍偏好和效用理论的基本思想。我们证明了一些重要结论。一些证明十分简单;还有一些证明用到相对高深的数学知识,我们用星号做了标记。该章的重点是介绍理性选择理论的基本内容和使用的语言。我们还用一节的篇幅介绍了空间偏好或者说欧几里得偏好。在投票理论中和投票理论在选举政治与立法政治的应用中,这种偏好是基本工具。

第 3 章介绍不确定性条件下的选择理论,核心是冯·诺依曼—摩根斯特恩期望效用模型。我们介绍这一模型,同时也介绍对它的批判。我们介绍风险偏好理论，同时也讨论在决策者拥有空间偏好时风险因素具有的特殊影响。

第4章介绍社会选择理论。它不能也不会取代 Peter Ordeshook(1986)和 David Austen-Smith 与 Jeff Banks(1999)等社会选择教材，只是介绍数理政治科学的核心思想和概念，包括 Arrow 不可能性定理、多数通过投票规则下核为空集的理论和单峰偏好的作用等。本章最后介绍了关于社会决策中策略行为无处不在的 Gibbard-Sattherwaite 定理。

自第5章开始，我们介绍当代数理政治理论的核心分析工具：非合作博弈论。第5章探讨完全信息标准式博弈，介绍最基本的解概念：占优和纳什均衡。这部分的理论阐述相当标准。我们还介绍这类博弈的一些重要的政治学应用：当斯竞选模型和 Donald Wittman 与 Randy Calvert 对这一模型的发展；我们以 Thomas Palfrey 与 Howard Rosenthal 的论文为基础，介绍了几个私人提供公共品模型。

第6章发展了第5章中的标准式博弈，允许参与者不确切了解各策略截面实现的收益。在介绍了这种博弈的解概念即贝叶斯纳什均衡后，我们把第5章中的一些模型推广至不完全信息环境中。这种对比分析有助于理解不确定性具有的策略意义。

第7章首先介绍完全信息多阶段动态博弈，提出了子博弈精炼概念；然后，应用动态博弈分析立法、民主转轨、联盟和国际危机谈判。

第8章介绍不完全动态博弈。对各策略截面实现的收益，参与者现在只拥有不完善信息。我们探讨如何求解这种博弈，然后用这种博弈模型分析立法行为、竞选筹款行为和国际谈判。我们还用很大篇幅介绍信号博弈，它在政治科学中越来越重要。

第9章介绍重复博弈理论和它在政治科学中的应用，探讨的重点是贴现的作用和无名氏定理。我们用这类模型研究团体间的合作与贸易战。

第10章介绍讨价还价理论。我们首先介绍纳什讨价还价模型和鲁宾斯坦讨价还价模型，然后介绍 Baron 和 Ferejohn 提出的多数通过投票规则下的谈判博弈，最后介绍不完全信息下谈判理论的几个应用。

第11章介绍机制设计理论，探讨的核心问题是如何通过对博弈形式的选择，诱生出满足某些预定目标的均衡行为。在介绍了显示原理和激励一致性条件后，我们介绍了机制设计理论在选举和组织设计中的一些应用。结合第 8 章，我们探讨了信号博弈与机制设计理论之间的关系。

为使本书自成体系，第 12 章介绍了本书用到的数学知识。对本书中重要的理论结论和应用分析而言，这些数学知识不可或缺。本书涉及的数学领域包括集合论、实分析、线性代数、微积分、优化和概率论。本章可供复习用，也可供自学用。想要在政治博弈论前沿领域做些研究工作的学生，如果想娴熟运用这一章中的数学概念，还得学更多的数学。

第2章　选择理论

人们在物质资源和对他人行为的预期等约束下理性地追求自己的目标。政治博弈论建立在这一认识基础上。但是,关于理性概念,一直存在争议。事实上,社会科学中一个最活跃的研究领域便是理性和目的性所具有的行为预测作用。我们不介绍在经济人(Homo economicus)和社会人(Homo sociologicus)之间的争论,直接介绍标准的理性选择模型。

我们把理性定义在下面两个概念基础上,这一定义足以满足我们的基本需要:

(1) 面对任意两个选项 x 和 y,每个人都能确定自己不偏好 x 或不偏好 y 或既不偏好 x 也不偏好 y。当人们的偏好具有这一性质时,我们就说偏好是**完全的**。

(2) 面对任意三个选项 x、y 和 z,如果一个人在 x 和 y 之间不偏好 y,且在 y 和 z 之间不偏好 z,则在 x 和 z 之间他肯定不偏好 z。当人们的偏好具有这一性质时,我们就说偏好是**传递的**。

大体上说,我们定义的理性行为是与完全的和传递的偏好一致的行为。我们有时说这种行为具有**弱理性**(thin rationality),因为完全性和传递性没有涉及人的欲望。与弱理性相对应的**强理性**(thick rationality)概念,明确赋予人们实质性目标,如追求财富、地位或名声等。弱理性概念则支持各种各样的目标。理论上说,各种各样的因素,包括意识形态、价值观甚至宗教等,都可以成为弱理性人的追求。只要这些信仰体系在个人结果上和在社会结果上产生完全的和传递的偏好序,我们就能用标准选择理论分析弱理性人的行为。

弱理性概念不明确赋予决策者实质性目标的做法固然有这种优势,但是,我们常常需要对偏好施加更强假定。例如,利益集团想最大化集团成员的财富，政治家想最大化再次当选的概率。本书中的模型对人们的偏好会施加这种假定。一些人，基于信念和非物质因素等原因，想最小化环境恶化程度或堕胎数量等。我们依然能用理性选择模型分析这些人的行为。

本章介绍确定性条件下的标准选择理论。所谓**确定性**，指的是决策主体拥有关于其行动集的充分信息使得他能准确预测每个行动导致的结果。下一章分析不确定性条件下的选择。所谓**不确定性**，指的是决策者缺少信息，各个行动导致的结果在事前不确定。人们在此背景下在各种行动之间做选择。

2.1 行动集和结果集为有限集时的选择

我们看个极简单的选择问题：一个决策者从有限多个行动中选择一个行动。我们用**行动集** $A=\{a_1, \cdots, a_k\}$ 表示此人的所有行动选项。在国际危机中，国家领导人的行动集可能为 $A=\{$出兵，谈判，以静制动$\}$。美国选民的行动集可能为 $A=\{$投票给民主党，投票给共和党，弃权$\}$。

我们假定决策者拥有**完全**信息，也就是说，他无所不知且能准确预测到每个行动导致的后果。我们正式表述这一思想。我们把**结果集**写为 $X=\{x_1, \cdots, x_k\}$。例如，$X=\{$大胜，小胜，现状$\}$。确定性假定蕴含每个行动 $a\in A$ 对应一个确定的结果 $x\in X$。用数学语言说，确定性意味着存在函数 $x: A\to X$，它把行动映射到结果上。为便于分析，我们假定 X 中的所有结果都是**可行的**，也就是说，给定任意一个结果，存在至少一个行动导致这一结果。换句话说，x_i 是个可行的结果，若存在 $a\in A$ 使得 $x(a)=x_i$。在确定性和可行性假定下，决策者在行动集上的偏好和在结果集上的偏好，没什么本质区别。既然如此，本章就把决策者的偏好定义在结果集上。到了第 3 章，在不确定性假定或者说**不完全**信息假定下，行动与结果之间的区别会变得重要。

要得到关于选择行为的结论，我们需要正式定义偏好。**弱偏好** R 是结果集 X 上的一个两元关系，x_iRx_j 表示在结果 x_i 和 x_j 之间，x_j 不被偏好，x_i 弱优于 x_j。[①] 如果要类比的话，X 上的弱偏好 R 类似于实数上的两元关系“$\geq$”

---

① 在数学上，集合 X 上的两元关系 R 是 $X\times X$ 的子集使得 $(x, y)\in R$ 当且仅当 xRy。

（大于或等于）。

除弱偏好关系 R 外，还有另外两种重要的两元关系：严格偏好关系和无差异关系。我们用弱偏好关系定义这两种关系。

定义 2.1

(1) 对任意的 x，$y \in X$，xPy（x 严格优于 y）当且仅当 xRy 且无 yRx。

(2) xIy（x 与 y 无差异）当且仅当 xRy 且 yRx。

就是说，我们用 P 表示**严格偏好关系**，用 I 表示**无差异关系**。前面把结果上的弱偏好关系 R 类比为实数上的大于或等于关系 $\geqslant$。我们可以把从 R 中得到的严格偏好关系 P 类比为从 $\geqslant$ 中得到的严格大于关系 $>$，把无差异关系 I 类比为等于关系 $=$。

定义为两元关系的偏好概念十分有用，但是，我们想研究的是行为。给定偏好关系，决策者的行为是理性的，只要他认为他所选择的结果与其他结果至少一样好。换句话说，理性决策者选择 $x^* \in X$ 当且仅当对每个 $y \in X$，x^*Ry。但是，如果不对偏好施加更多限制条件，我们就无法保证存在这样的最优结果。现在给 X 和 R 施加限制条件，以确保存在最优结果。我们首先介绍最优集概念。

定义 2.2

给定选择集 X 上的弱偏好关系 R，我们定义**最优集** $M(R, X) \subset X$ 为集合 $M(R, X) \equiv \{x \in X$：对所有的 $y \in X$，$xRy\}$（读作"$M(R, X)$ 由 X 的元素 x 构成使得对 X 的所有元素 y，xRy"）。

理性概念的基本假定是人们选择最优集中的结果。当然，只有在最优集包含至少一个结果时，这一假定才有意义。我们想知道在偏好具有哪些性质时，$M(R, X)$ 是非空集。

使最优集为空集的最简单方法，是让 R 在任意两个结果 x 和 y 之间做不出比较。如果既没有 xRy 也没有 yRx，我们就不清楚理性选择是什么。下面两个条件保证偏好关系 R 能对 X 的所有元素排序。

定义 2.3

(1) X 上的两元关系 R 是**完全的**，如果对所有的 x，$y \in X$ 且 $x \neq y$，xRy 或 yRx 或 xRy 且 yRx。

(2) X 上的两元关系 R 是**反身的**，如果对所有的 $x \in X$，xRx。

完全性条件蕴含人们能用偏好关系比较任意两个结果。在这个条件上，争议不大。但是，我们认识一些人，在面临选择时，他们总是举棋不定。[1] 反身性是个技术性更强的条件。一些人对完全性的定义与我们的定义不同，使得完全性自动蕴含反身性。[2]

完全性和反身性排除了无法用偏好关系对两个结果进行比较的问题。但是，我们依然不能保证最优结果肯定存在。我们还必须排除一种情况：对任意三个结果 x，y 和 z，xPy、yPz 且 zPx。在这种情况中，不存在理性选择：在你能选择 x 时，为什么选择 y 呢？在你能选择 y 时，为什么选择 z 呢？在你能选择 z 时，为什么选择 x 呢？对偏好施加以下任意一种限制条件，都能消除这一问题。

定义 2.4

(1) X 上的两元关系 R 是**传递的**，如果对所有的 x，y，$z \in X$，xRy 和 yRz 蕴含 xRz。

(2) X 上的两元关系 R 是**准传递的**，如果对所有的 x，y，$z \in X$，xPy 和 yPz 蕴含 xPz。

(3) X 上的两元关系 R 是**不循环的**，如果在每个有限集 $\{x_1, x_2, \cdots, x_n\} \subseteq X$ 中，对所有的 $i < n$，$x_i P x_{i+1}$ 蕴含 $x_1 R x_n$。

在这些定义之间，存在细微区别。传递性和准传递性相对容易理解，但是，它们非常苛刻，甚至相当合理的行为都可能违背这两个条件。设 X 由 1 000 瓶啤酒构成。在第一瓶啤酒 b_1 中，我们用一滴水替换一滴啤酒；在第二瓶啤酒 b_2 中，我们用两滴水替换两滴啤酒……在第 1 000 瓶啤酒 $b_{1\,000}$ 中，我们用 1 000 滴水替换 1 000 滴啤酒。除非你是品酒大师，否则，b_1Ib_2，b_2Ib_3，…，$b_{999}Ib_{1\,000}$。由于(根据 I 的定义) xIy 蕴含 xRy，所以，$b_{1\,000}Rb_{999}$，…，b_3Rb_2，b_2Rb_1。如果关系 R 具有传递性，则 $b_{1\,000}Rb_1$。但是，即使你不是品酒大师，你也知道 $b_1Pb_{1\,000}$。[3] 不循环性就没有这种缺陷，并且，一般情况下，它足以满

---

① 一些经济学家和心理学家在研究完全性假定。不使用这一条件的选择理论已经出现。

② 这种定义是：对所有的 x，$y \in X$，xRy 或 yRx 或 xRy 且 yRx。

③ 它们之间的区别，类似重口味啤酒和淡口味啤酒之间的区别。

足我们的需要。传递性尽管有这种缺陷，但它更简单，我们依然使用它（而不用不循环性）。完全性、反身性和传递性一起构成弱序。

定义 2.5

给定集合 X，弱序是 X 上具有完全性、反身性和传递性的两元关系。

实数上的两元关系“$\geqslant$”是弱序。现在给出本章第一个结论。

定理 2.1

如果 X 是有限集，R 是弱序，则 $M(R, X) \neq \varnothing$。

根据这个定理，只要选择集为有限集，R 具有完全性、反身性和传递性，就存在最优选项。

证明： 我们用归纳法证明这一定理（**数学附录**中介绍了有关**数学归纳法**的知识）。设 X 是有限集，R 是完全的、反身的和传递的。

第 1 步： 设 X 中只有一个元素。我们可以假定 $X=\{x\}$。取 $x \in X$。对任意的 $y \in X$，$y=x$。反身性蕴含 xRy。因此，$M(R, X) \neq \varnothing$。

第 2 步： 我们要证明：如果对包含 n 个元素的任意集 X' 和 X' 上的任意弱序 R'，命题为真，则对包含 $n+1$ 个元素的任意集 X 和 X 上的任意弱序 R，命题为真。

第 2 步的证明：对包含 n 个元素的任意集 X' 和 X' 上的弱序 R'，设 $M(R', X') \neq \varnothing$。

设集合 X 有 $n+1$ 个元素，R 为 X 上的弱序。任取 $x \in X$，则 $X=X' \cup \{x\}$，其中，X' 是个包含 n 个元素的集合。设 R' 是 R 在 X' 上的限制[即 $R'=R \cap (X' \times X')$]。根据假定，$M(R', X') \neq \varnothing$。任取 $y \in M(R', X')$。根据完全性假定，yRx 或 xRy 或 yRx 且 xRy。

设 yRx。则对所有的 $z \in X' \cup \{x\}$，如果 $z \in X'$，则 yRz；如果 $z \in \{x\}$，则 $z=x$，yRz。也就是说，对所有的 $z \in X$，yRz。$y \in M(R, X)$。因此，$M(R, X) \neq \varnothing$。

设 xRy。因为对所有的 $z \in X$，$z \in X'$ 或 $z \in \{x\}$。如果 $z \in X'$，因为 $y \in M(R', X')$，yRz。R 具有传递性，所以，xRz。如果 $z \in \{x\}$，则 $z=x$。根据反身性，xRz。也就是说，对任意的 $w \in X$，xRw。因此，$M(R, X) \neq \varnothing$。

根据数学归纳法，我们证明了定理 2.1。 □

但是，弱序不是 $M(R, X)$ 为非空集的必要条件。下面的结论比定理 2.1 更加一般，只是它的证明有些复杂。请你证明这一结论。

定理 2.2

设 X 是有限集，R 是 X 上的完全的和反身的两元关系。对任意非空集 $S \subset X$，$M(R, S) \neq \varnothing$ 当且仅当 R 不循环。

即使选择空间为有限集且无不确定性，选择理论依然相当丰富。在这方面，Austen-Smith 与 Banks(1999)是本相当好的参考书。现在讨论结果空间为非有限集时的理性选择。对这种选择空间，我们也有类似定理 2.1 的结论，但是，我们需要对选择集和偏好添加更多数学结构。

2.2　连续选择空间*

2.2.1　如何保证 $M(R, X)$ 为非空集?

选择空间为有限集，对定理 2.1 至关重要。我们因此能用数学归纳法证明这个定理。但是，在有无限多个选项时，这一方法行不通。当决策者从连续统中(例如实数空间或集合 $[0, 1] = \{x \in \mathbb{R} : x \geqslant 0$ 且 $x \leqslant 1\}$)做选择时，我们就需要对偏好施加更多限制，以保证 $M(R, X) \neq \varnothing$。我们看两个例子。

例题 2.1

设 $X = (0, 1)$ (或 $X = \mathbb{R}$)，设 X 上的偏好关系 R 与实数上的 $\geqslant$ 等价，即 xRy 当且仅当 $x \geqslant y$。则集合 $M(R, X)$ 是空集。

$M(R, (0, 1))$ 为什么是空集? 对每个 $x \in (0, 1)$，存在 $y \in (0, 1)$ 使得 $y > x$。就是说，不存在 $x \in (0, 1)$ 使得对所有的 $y \in (0, 1)$，xRy。$M(R, (0, 1))$，因此为空集。集合 $(0, 1)$ 中没有最大元素，这是 $M(R, (0, 1))$ 是空集的关键。如果 X 是闭区间，例如 $X = [0, 1]$，就不存在这一问题，因为 $M(R, [0, 1]) = \{1\}$。这个例子表明，最优集要为非空集，选择集可能得为“闭集”。下一个例子说的是另一种情况。

例题 2.2

设 $X=[0, 1]$。定义 R 为：xRy，如果 $\max\{x, y\}\leqslant 1/2$ 且 $x\geqslant y$，或者 $\min\{x, y\}>1/2$ 且 $x\leqslant y$，或者 $x>1/2$ 且 $y\leqslant 1/2$。则集合 $M(R, X)$ 是空集。

$[0, 1/2]$ 中的元素不属于 $M(R, X)$，因为 $[0, 1/2]$ 中的每个元素都劣于 $(1/2, 1]$ 中的元素。$(1/2, 1]$ 中的元素不属于 $M(R, X)$，因为在这个区间中，越接近 1/2 的点，越被偏好，但是，1/2 不在这个区间中。这个例子在结论上与第一个例子相同。但是，现在的问题不是出在选择集 X 上，X 是闭区间。问题出在 R 上，R 在点 1/2 上发生跳跃。不严格地说，略小于或等于 1/2 的结果，不被偏好；略大于 1/2 的结果，最被偏好。偏好的这种不连续性导致最优集为空集。

我们定义几个数学概念①，然后把这些例子和我们从中得到的直观认识转化为一般结论。设偏好关系定义在 n 维欧几里得空间上，选择集为 $X\subset\mathbb{R}^n$。欧几里得空间中的点可以表示为向量 $x=(x^1, \cdots, x^n)$，分量 x^i 是实数。

我们想知道集合 X 是开集还是闭集。我们用实数集说明什么是开集。集合 $A\subseteq\mathbb{R}$ 是开集，如果对每个点 $x\in A$，存在 $\varepsilon>0$ 使得对所有的 $y\in X$，$|x-y|<\varepsilon$ 蕴含 $y\in A$。就是说，一个集合是开集，如果其中任意一点的附近的点都在这个集合中。集合 $(0, 1)$ 是开集。对这个集合中任意一个点，在这个集合中存在比它大的点，存在比它小的点。换句话说，对任意的 $x\in(0, 1)$，存在 $\varepsilon>0$ 使得 $x-\varepsilon$ 与 $x+\varepsilon$ 之间的点都在 $(0, 1)$ 中。一个集合是闭集，如果它的补集是开集。$(-\infty, 0]\cup[1, \infty)$ 是闭集，因为它的补集 $(0, 1)$ 是开集。闭区间 $[0, 1]$ 是闭集。集合 $[0, 1)$ 不是开集，也不是闭集。

要把这些概念推广至 n 维欧几里得空间，我们需要用范数概念定义点到点的距离。点 x 到点 y 的距离为

$$\|x-y\|\equiv\sqrt{\sum_{i=1}^{n}(x^i-y^i)^2}。$$

---

① 准确地说，我们介绍的是拓扑概念。想深入学习选择理论的读者，应细心学习本书末的数学附录。当然了，更好的做法是找本实分析教材进行学习。Gaughan(1993)是本难度适中的入门教材，A. N. Kolmogorov 和 S. V. Fomin(1970)则更全面。

$\|x-y\|$ 衡量点 x 到点 y 的距离，是对实数中的距离概念的推广。有了这一距离定义，我们就能把区间推广为球。

定义 2.6 开球

以 $x \in X$ 为中心、以 $\varepsilon > 0$ 为半径的开球 $B(x, \varepsilon)$ 是集合

$$B(x, \varepsilon) \equiv \{y \in X : \|x-y\| < \varepsilon\}。$$

我们用开球概念定义开集。

定义 2.7 开集

集合 $A \subset \mathbb{R}^n$ 是开集，如果对每个 $x \in A$，存在 $\varepsilon > 0$ 使得 $B(x, \varepsilon) \subset A$。

前面说过，一个集合是闭集当且仅当它的补集是开集。闭集中的一些点位于它的边界。以边界点为中心的所有开球都包含不属于这个集合的点。

定义 2.8

集合 $A \subset \mathbb{R}^n$ 是闭集，如果它的补集 $C \equiv \mathbb{R}^n \backslash A$ 是开集。

在例题 2.1 中，$X=(0, 1)$ 是开集，因为对 X 的每个点 x，都有以 x 为圆心的开球包含于 X 中。如果 $X=[0, 1]$，则以 $x=1$ 为圆心的每个开球都包含不属于 X 的点。但是，选择集为闭集不是最优集为非空集的充分条件。$(-\infty, 0] \cup [1, \infty)$ 是闭集，但是，$M(\geqslant, (-\infty, 0] \cup [1, \infty))$ 是空集，因为集合 $(-\infty, 0] \cup [1, \infty)$ 无上界，就是说，对这个集合中的每个点 x，存在 $y > x$ 使得 yPx。因此，我们需要增加有界性条件。

定义 2.9

集合 $A \subset \mathbb{R}^n$ 是有界集，如果存在实数 b 使得对每个 $x \in A$，$\|x\| < b$。

集合 $(-\infty, 0] \cup [1, \infty)$ 显然不满足这一定义。要求选择集为有界集，就把这种集合剔除。在例题 2.1 中，如果 X 是闭集和有界集，$M(\geqslant, X)$ 就是非空集。在 $\mathbb{R}^n$ 中，我们常用到下面的定义。

定义 2.10

集合 $A \subset \mathbb{R}^n$ 是紧集，如果它是闭集和有界集。

在本书全部的例题和习题中，用到的集合都是欧几里得空间中的集合，所以，我们对有关数学概念的介绍完全可以到此为止。但是，在非欧几里得空间中，紧性未必与闭性和有界性等价。事实上，利用更一般的紧集定义，更容易

证明最优集为非空集(只是我们从例题中获得的直观认识要失去用武之地)。更一般的紧集定义,建立在**开覆盖**基础上。给定集合 A, A 的一个开覆盖是一个开集族,这些开集的并包含集合 A。

定义 2.11

给定集合 A, A 的一个开覆盖是一个集合族 $\{O_\theta\}_{\theta\in\Theta}$ 使得对每个 $\theta\in\Theta$,集合 O_θ 是开集并且 $A\subset\bigcup_{\theta\in\Theta}O_\theta$ (就是说,如果 $x\in A$, 则存在 $\theta\in\Theta$ 使得 $x\in O_\theta$)。其中, Θ 是任意指标集。

我们用开覆盖概念定义紧集。

定义 2.12

集合 A 是紧集,如果对 A 的每个开覆盖 $\{O_\theta\}_{\theta\in\Theta}$, 存在有限集 $B\subset\Theta$ 使得有限集合族 $\{O_\theta\}_{\theta\in B}$ 是 A 的开覆盖(即 $A\subset\bigcup_{\theta\in B}O_\theta$)。

对不熟悉实分析的读者,这个定义可能有些费解。我们用 $\mathbb{R}$ 的两个子集 $[0, 1]$ 和 $(0, 1)$ 说明这个定义。我们已经知道 $(0, 1)$ 不是紧集,因为它不是闭集。现在用定义 2.12 证明它不是紧集。我们构造集合 $(0, 1)$ 的一个开覆盖:对每个 $\theta\in\Theta=\{3, 4, 5, \cdots\}$, 定义 $O_\theta\equiv\left(\frac{1}{\theta}, 1-\frac{1}{\theta}\right)$。我们得到以 1/2 为圆心的开区间族,即开集族 $\{O_\theta\}_{\theta\in\Theta}$。随着 θ 趋向无穷大,区间长度趋向 1。$\{O_\theta\}_{\theta\in\Theta}$ 是 $(0, 1)$ 的开覆盖吗?是的。对每个 $x\in(0, 1)$, 存在足够大的 θ 使得 $x\in\left(\frac{1}{\theta}, 1-\frac{1}{\theta}\right)$。所以,我们构造了 $(0, 1)$ 的一个开覆盖。如果 $(0, 1)$ 是紧集,则根据定义 2.12,存在有限子集 $B\subset\{3, 4, 5, \cdots\}$ 使得 $(0, 1)\subset\bigcup_{\theta\in B}O_\theta$。任取有限子集 $B\subseteq\Theta$, 我们于是得到开集族 $\{O_\theta\}_{\theta\in\Theta}$ 的有限子集族 $\{O_\theta\}_{\theta\in B}$。$B$ 有最大元素,设它为 $\theta^*\in B$。[①] $\frac{1}{\theta^*}$ 显然严格大于 0。由于 $(0, 1)$ 中包含任意的接近 0 的点,所以 $\frac{1}{\theta^*}$ 严格大于 $(0, 1)$ 中某个元素,就是说,这个元素不在 $\left(\frac{1}{\theta^*}, 1-\frac{1}{\theta^*}\right)$ 中。因为 $\bigcup_{\theta\in B}\left(\frac{1}{\theta}, 1-\frac{1}{\theta}\right)=$

---

① $\geqslant$ 是弱序。应用有限集在弱序下有非空最大集的性质,就能证明这一结论。

$\left(\frac{1}{\theta^*}, 1-\frac{1}{\theta^*}\right)$，所以，对上述开覆盖的任意有限子覆盖，在 $(0, 1)$ 中存在不属于它的元素。也就是说，任何有限子集族都不能覆盖 $(0, 1)$。因此，根据定义 2.12，$(0, 1)$ 不是紧集。请你用紧集的开覆盖定义，证明 $[0, 1]$ 是紧集。①

我们明确了选择集 X 应该具有的一些特征。现在讨论 R 应具有的特征。例题 2.2 指出，R 不能有跳跃。我们用上优集(upper contour set)和下劣集(lower contour set)两个概念定义 R 的连续性。②

定义 2.13

设 R 是 $\mathbb{R}^n$ 上的两元关系，$x \in \mathbb{R}^n$。x 的**严格上优集**为 $P(x) \equiv \{y \in \mathbb{R}^n: yPx\}$，**严格下劣集**为 $P^{-1}(x) \equiv \{y \in \mathbb{R}^n: xPy\}$。$x$ 的**无差异集**由所有与 x 无差异的点构成，即 $I(x) \equiv \{y \in \mathbb{R}^n: yRx \text{ 且 } xRy\}$。

就是说，对任意点 x，其严格上优集由严格优于 x 的点构成；其严格下劣集由严格劣于 x 的点构成；其无差异集由与 x 无差异的点构成。

定义 2.14

(1) $\mathbb{R}^n$ 上的两元关系 R **上连续**，如果对所有的 $x \in \mathbb{R}^n$，$P(x)$ 是开集。

(2) $\mathbb{R}^n$ 上的两元关系 R **下连续**，如果对所有的 $x \in \mathbb{R}^n$，$P^{-1}(x)$ 是开集。

(3) $\mathbb{R}^n$ 上的两元关系 R **连续**，如果它既下连续又上连续。

我们说明这些定义的内涵。给定 x，对任意一个点 y，根据完全性，y 或者在 $P(x)$ 中或者在 $P^{-1}(x)$ 中或者在 $I(x)$ 中。根据连续性，如果 $y \in P(x)$，则足够接近 y 的点亦在 $P(x)$ 中；如果 $y \in P^{-1}(x)$，则足够接近 y 的点亦在 $P^{-1}(x)$ 中。就是说，y 的微小扰动不影响它与 x 之间的偏好关系。

我们用例题 2.2 说明连续性如何排除异常行为。集合 $P^{-1}\left(\frac{1}{2}+\varepsilon\right)=\left(-\infty, \frac{1}{2}\right] \cup \left(\frac{1}{2}+\varepsilon, 1\right]$ 不是开集。如果偏好下连续，则偏好序不会有任

① 需要使用 Heine-Borel 定理，它把紧集的开覆盖定义与 $\mathbb{R}^n$ 中紧集是闭集和有界集的定义联系在一起。Gaughan(1993)给出了 $\mathbb{R}$ 中这一结论的详细证明。

② 在政治科学中，点 x 的上优集常常被称为“优于”集(preferred to set)。Keith Krehbiel 多次向本书两位作者指出，这种说法(和其他许多术语)语义重复。他和我们都建议读者使用我们所喜欢的术语：“偏好集”(preferred set)。

何跳跃。就是说，施加连续性假定，能剔除例题 2.2 中出现的情况。

现在给出最优集为非空集的充分条件。

定理 2.3

设 X 是非空紧集，X 上的两元关系 R 是完全的、反身的、传递的和下连续的。则 $M(R, X) \neq \varnothing$。

这一定理在相当一般的背景中成立，我们因此能用它分析各种选择问题，无论备选项是无穷列、函数还是概率分布。只是和本书大部分内容相比，这一定理的证明可能技术性最强。我们证明这一定理。

证明： 设 X 是非空紧集，R 是 X 上的完全的、反身的、传递的和下连续的偏好关系。我们用反证法证明。设 $M(R, X) = \varnothing$。则对 X 中任意一点，存在 $\alpha \in X$ 使得此点位于 $P^{-1}(\alpha)$ 中。因为 R 下连续，所以 $P^{-1}(\alpha)$ 是开集，$\{P^{-1}(\alpha)\}_{\alpha \in X}$ 因此是 X 的开覆盖。X 是紧集，所以，存在有限子集 $B \subset X$ 使得集合族 $\{P^{-1}(\alpha)\}_{\alpha \in B}$ 是 X 的开覆盖。对任意点 $x \in X$，存在 $\alpha \in B$（α 随 x 而不同）使得 $x \in P^{-1}(\alpha)$。$B \subseteq X$ 是有限集，R 是 X 上的完全的、反身的和传递的两元关系，所以，根据定理 2.1，$M(R, B) \neq \varnothing$，就是说，存在 $x^* \in M(R, B)$。对任意的 $y \in X$，y 在 $M(R, B)$ 中或不在 $M(R, B)$ 中。设 $y \in M(R, B)$。根据 $M(R, B)$ 的定义，$x^* I y$，因此，$x^* R y$。设 $y \notin M(R, B)$，由于 $\{P^{-1}(\alpha)\}_{\alpha \in B}$ 覆盖 X，因此存在 $\alpha \in B$ 使得 $y \in P^{-1}(\alpha)$，即 $\alpha R y$。由于 $x^* \in M(R, B)$，所以，$x^* R \alpha$。由于两元关系 R 在 X 上具有传递性，所以，$x^* R y$。就是说，对所有的 $y \in X$，$x^* R y$。因此，$x^* \in M(R, X)$。与 $M(R, X)$ 是空集的假定矛盾。 □

定理 2.3 只是给出了最优集为非空集的充分但非必要条件，没有给出必要条件。在我们处理的问题中，X 有时可能无界或不是闭集，R 可能不连续。在这些情况中，我们必须用其他方法确定 $M(R, X)$ 为非空集。如果 X 不是紧集，就可能需要对 R 施加更强限制条件；如果 R 不连续，就可能需要对 X 施加更强限制条件。

2.2.2　如何保证 $M(R, X)$ 为单元素集合？

我们需要知道 $M(R, X)$ 是否只有一个元素。如果选择集 X 为有限集，则假定严格偏好关系，就能保证 $M(R, X)$ 只有一个元素。就是说，排除了无差异关系，在 X 为有限集时，$M(R, X)$ 中的元素不可能超过一个。

如果选择空间不是有限集，就需要通过增加限制条件，保证 $M(R, X)$ 中只有一个元素。在许多应用研究中，我们可能同时对 X 和 R 施加限制条件。我们一般假定 X 是凸集。在 X 为凸集时，如果 x 和 y 是 X 的点，则连结 x 和 y 的线段上的所有的点都在 X 中。

定义 2.15

集合 $X \subset \mathbb{R}^n$ 是凸集，如果对任意的 $x, y \in X$，对每个 $\lambda \in [0, 1]$，$\lambda x + (1-\lambda)y$ 是 X 的元素。

点 $\lambda x + (1-\lambda)y$ 常被称为 x 和 y 的**凸组合**(或加权平均)。集合 $[0, 1]$ 是凸集，因为 $[0, 1]$ 中任意两个点之间的点都在 $[0, 1]$ 中。集合 $X = \left[0, \frac{1}{4}\right] \cup \left[\frac{3}{4}, 1\right]$ 不是凸集，因为对任意的 $\lambda \in (0, 1)$，$\lambda \frac{1}{4} + (1-\lambda)\frac{3}{4} \notin X$。形象地说，凸性要求结果集中没有“窟窿”。如果结果集是多维空间中的集合，则凸性还要求结果集表面没有皱褶。张开你的手掌。大拇指上的点和食指上的点的凸组合，不在手掌上。[①] 所以，手掌不是凸集。

为保证 $M(R, X)$ 中只有一个元素，我们还需要对偏好关系施加限制条件。这个条件也被称为凸性。

定义 2.16

定义在凸集 X 上的偏好关系 R 是凸的，如果对任意的 $\lambda \in (0, 1)$ 和所有不同的点 $x, y \in X$，xRy 蕴含 $[\lambda x + (1-\lambda)y]Ry$。偏好关系 R 是严格凸的，如果对任意的 $\lambda \in (0, 1)$ 和所有不同的点 $x, y \in X$，xRy 蕴含 $[\lambda x + (1-\lambda)y]Py$。

根据这一定义，如果在 x 和 y 之间，决策者偏好 x，则在 x 和 y 的凸组合与 y 之间，决策者偏好 x 和 y 的凸组合。严格凸性更苛刻。即使决策者在 x 和 y 之间无差异，相对于 x 或 y，其仍偏好 x 和 y 的凸组合。请你证明 R 的凸性蕴含上优集 $P(x)$ 是凸集。上优集是凸集，是说它们没有“窟窿”或“皱褶”。

---

① 博弈论学家花费大量时间研究这种异常情况。

严格凸性则保证在上优集的边界上没有平直部分。

下面的结论容易证明。

定理 2.4

设 X 是凸集，X 上的偏好关系 R 严格凸。则 $M(R, X)$ 包含至多一个元素。

证明： 设 X 是凸集，R 严格凸。我们使用反证法证明。设 x 和 y 是 $M(R, X)$ 中的两个不同的点。对任意的 $\lambda \in (0, 1)$，X 是凸集蕴含 $\lambda x + (1-\lambda) y$ 在 X 中；R 严格凸蕴含 $[\lambda x + (1-\lambda) y] P y$。矛盾，因为 $y \in M(R, X)$。 □

在选择集 X 是紧集且弱序 R 下连续时，定理 2.3 保证存在理性选择。如果选择集 X 还是凸集，偏好序 R 还是严格凸，则存在唯一的理性选择。

2.3 效用理论

上述理性选择模型使用两元偏好和最优集概念作为分析工具。但是，除非所分析的情况十分简单，否则，两元偏好关系不容易使用。相反，数值容易处理。如果我们能对结果集中的每个结果赋予一个数值，我们就能用实数上的两元关系 $\geqslant$ 比较各个结果。本节探讨在什么条件下我们能用实数表示结果和用 $\geqslant$ 表示偏好。换句话说，我们想用效用函数(定义域为 X 的实值函数)表示偏好使得

$$u(x) \geqslant u(y) \text{ 当且仅当 } xRy,$$

$$u(x) > u(y) \text{ 当且仅当 } xPy,$$

$$u(x) = u(y) \text{ 当且仅当 } xIy。$$

效用概念是过去 300 多年中哲学与道德讨论的主题。但是，在这里，我们使用相当狭隘的效用概念。效用只是对偏好的数值表示，$\geqslant$ 是在这种表示中的偏好关系。我们不赋予效用概念任何规范意义。

在本章，效用函数只具有序数特征，只被用于排列各个结果，它没有告诉我们一个结果优于另一结果的程度，就是说，$u(x) - u(y)$ 的值没有任何意义。函数 w 和 u 表示同一偏好关系，如果 $w(x) \geqslant w(y)$ 当且仅当 $u(x) \geqslant u(y)$。这意味着在不同人之间比较效用根本没有意义。在下一章的不确定

性条件下的选择模型中，效用函数还包含序数特征以外的信息。

现在给出效用函数的正式定义。

定义 2.17

给定选择集 X 和 X 上的偏好关系 R，效用函数 $u: X \to \mathbb{R}$ 表示 R，如果对所有的 $x, y \in X$，$u(x) \geqslant u(y)$ 当且仅当 xRy。

利用这一定义，我们能证明：$u(x) > u(y)$ 当且仅当 xPy，$u(x) = u(y)$ 当且仅当 xIy。如果 X 是有限集，则表示 R 的效用函数的存在，仅取决于偏好关系 R 是完全的、反身的和传递的。

我们能用效用函数概念概括决策者的最优选择的特征。函数 $u: X \to \mathbb{R}$ 在点 x 取得最大值，如果对所有的 $y \in X$，$u(x) \geqslant u(y)$。下面的结论指出，最大值元素的存在等价于 $M(R, X)$ 为非空集。

定理 2.5

设函数 $u(\cdot)$ 是选择集 X 上的偏好关系 R 的效用表示。则

$$M(R, X) = \underset{x \in X}{\operatorname{argmax}}\{u(x)\}。$$

证明：

首先证明 $M(R, X) \subset \underset{x \in X}{\operatorname{argmax}}\{u(x)\}$。设 $u(\cdot)$ 表示 R，$x' \in M(R, X)$。对所有的 $y \in X$，$x' \in M(R, X)$ 蕴含 $x'Ry$。即对所有的 $y \in X$，$u(x') \geqslant u(y)$。因此，$x' \in \underset{x \in X}{\operatorname{argmax}}\{u(x)\}$。

现在证明 $\underset{x \in X}{\operatorname{argmax}}\{u(x)\} \subset M(R, X)$。设 $u(\cdot)$ 表示 R，$x' \in \underset{x \in X}{\operatorname{argmax}}\{u(x)\}$。对所有的 $y \in X$，$x' \in \underset{x \in X}{\operatorname{argmax}}\{u(x)\}$ 蕴含 $u(x') \geqslant u(y)$。即对所有的 $y \in X$，$x'Ry$。因此，$x' \in M(R, X)$。 □

如果 X 是有限集，R 是完全的、反身的和传递的，则 $M(R, X)$ 是非空集（定理 2.1）；$u(x)$ 有最大值。但是，如果 X 不是有限集，我们就需要对 X 和效用函数施加更多限制条件，才能保证存在最大值元素。现在探讨定义在非有限结果空间上的效用函数。

2.4 连续选择空间上的效用表示*

偏好的连续性是 $M(R, X)$ 为非空集的关键。因为同一原因，我们常假

定效用函数连续。

定义 2.18

函数 $f: X \to \mathbb{R}$ 连续，如果对每个 $x \in X$，以下命题为真：对每个 $\varepsilon > 0$，存在 $\delta > 0$ 使得 $\|x - y\| < \delta$ 蕴含 $|f(x) - f(y)| < \varepsilon$。

在中学数学课上，教师告诉学生连续函数是不抬起笔尖而一笔画出的函数。对彼此接近的结果，连续效用函数赋予它们的效用值彼此接近。

下面的定理指出，我们施加于偏好关系上的限制条件保证了连续效用函数存在。

定理 2.6(Debreu，1959)

如果 $X \subset \mathbb{R}^n$ 且 X 上的偏好关系 R 是完全的、反身的、传递的和连续的，则存在连续函数 $u: X \to \mathbb{R}$ 表示 R。

这里不证明这一定理。[①] 请你证明它的逆命题。下面的定理类似定理 2.3。

定理 2.7

如果 $X \subset \mathbb{R}^n$ 是紧集，$u: X \to \mathbb{R}$ 是连续函数，则存在最大值元素。

这一结论被称为魏尔斯特拉斯定理(Weierstrass theorem)。我们不证明这一定理[罗伊登(Royden，1988)给出了一个证明]。与定理 2.7 相比，定理 2.3 只要求偏好关系下连续(就是说，对每个 x，集合 $\{y: u(y) < u(x)\}$ 是开集)和选择集为紧集。

前面说过，效用函数包含序数信息而无基数信息。因此，效用值本身没有任何实际含义。对任意两个结果 x，$y \in X$，重要的是 $u(x)$ 和 $u(y)$ 之间的大小关系。$f: \mathbb{R} \to \mathbb{R}$ 是**严格增函数**，如果对所有的 x，$y \in X$，$x > y$ 蕴含 $f(x) > f(y)$。效用函数服从严格递增转换，就是说，如果 $u: X \to \mathbb{R}$ 表示偏好关系 R，$f(\cdot)$ 是严格增函数，则函数 $f \circ u: X \to \mathbb{R}$ 亦表示 R，在这里，函数 $f \circ u$ 把 x 映射为 $f(u(x))$。效用函数的严格递增转换不影响最终选择，效用值依然没有任何实际含义。

定理 2.7 给出了效用函数有最大值的充分条件，但是，它没有涉及最大值元素的特征。如果效用函数可微，我们就能用微积分做工具分析最优选择的

---

① Debreu(1959)介绍了这一定理的一个证明。

特征。书末的数学附录介绍了微积分和优化理论中的一些重要结论。

2.5　空间偏好

在经济问题中，结果常常表现为货币形式（收入、财富、工资和利润等）或商品形式（电子产品和肉夹馍等）。更大的结果优于更小的结果（肉夹馍可能是例外）。偏好关系因此具有非餍足性，多多益善（例如货币）或越少越好（例如空气污染）。在政治问题中，结果往往为政府的政策。在（税收、福利或堕胎政策等）政策空间中，人们往往有自己最偏好的结果，它可能不为零，但肯定不是无穷大。在某一税率以下，选民的效用可能在税率上递增；在这一税率以上，选民的效用可能在税率上递减。有人反对在妊娠晚期堕胎；但对妊娠早期和中期堕胎，持宽容态度。因此，在政治科学研究中，偏好关系具有餍足性。用数学语言说，如果 $M(R, X)$ 中的元素位于结果空间 X 内部或者 $u: X \to \mathbb{R}$ 的最大值元素位于 X 内部，则偏好具有餍足性。图 2.1 说明了餍足性偏好与非餍足性偏好之间的区别。

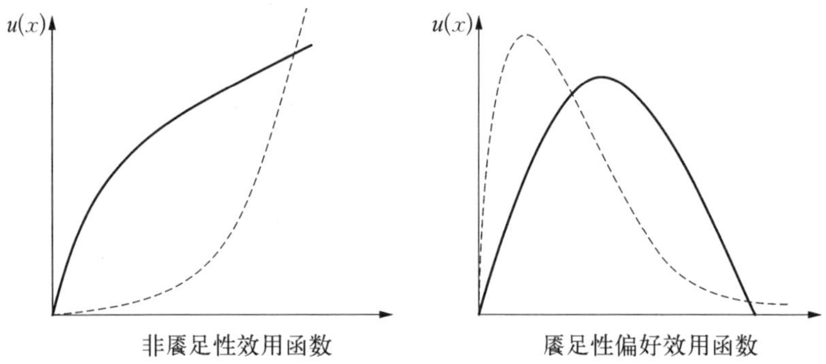

图 2.1　非餍足性效用函数和餍足性效用函数

餍足性偏好多出现于**空间模型**中，政策结果是 $\mathbb{R}^d$ 空间中的点。理论上，我们可以使用相当一般的空间偏好。但是，在实际研究中（和在本书的大部分分析中），我们一般假定决策者拥有**单峰对称**偏好。在单峰偏好下，决策者的最优集中只有一个元素，效用函数只在一个点上取得最大值。最被决策者偏好的政策结果，被称为她的**理想点**。第 4 章将详细介绍单峰偏好。在对称偏好下，决策者的效用在理想点两边对称的位置上以相同速度递减，就是说，效用是政策结果与决策者理想点之间的距离的减函数。

在单维度结果空间中，我们可以把单峰对称偏好表示为效用函数 $u_i(x)=h(-|x-z_i|)$，z_i 是决策者 i 的理想点，x 是个结果，h 是个增函数。最常用的函数形式包括线性效用函数 $u_i(x)=-|x-z_i|$ 和二次方效用函数 $u_i(x)=-(x-z_i)^2$。图 2.2 画出了这两个函数。

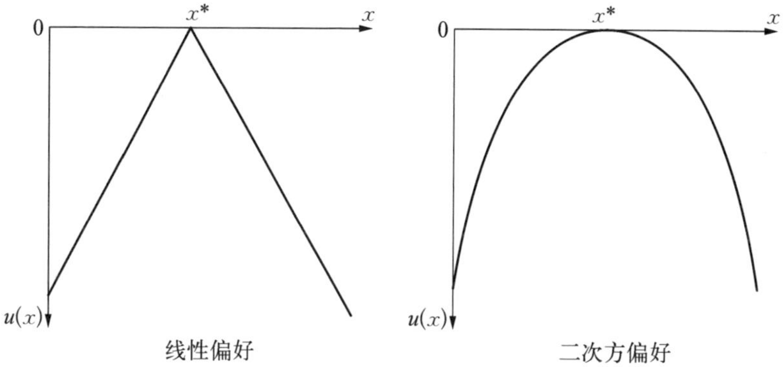

图 2.2　线性偏好和二次方偏好

在多维结果空间中（即 $X\subset\mathbb{R}^d$），我们一般用欧几里得范数定义距离。结果 x 到决策者 i 的理想点 z_i 的距离为

$$\|x-z_i\|=\sqrt{\sum_{j=1}^{n}(x^j-z_i^j)^2}\text{。}$$

我们把多维结果空间中的单峰对称偏好表示为效用函数

$$u_i(x)=h(-\|x-z_i\|),$$

z_i 是决策者 i 的理想点，x 是个结果，h 是个增函数。

对定义在多维空间上的效用函数，我们一般很难用图形描绘。但是，在结果空间为两维空间时，我们能进行一些图形分析。定义在两维空间上的单峰对称偏好的无差异曲线是以理想点为圆心的一个圆。给定政策 y，以理想点为圆心、穿过点 y 的圆上的所有的点都与 y 无差异。图 2.3 中画出了这样一些无差异曲线。给定一条无差异曲线，在圆内部的结果和圆外部的结果之间，决

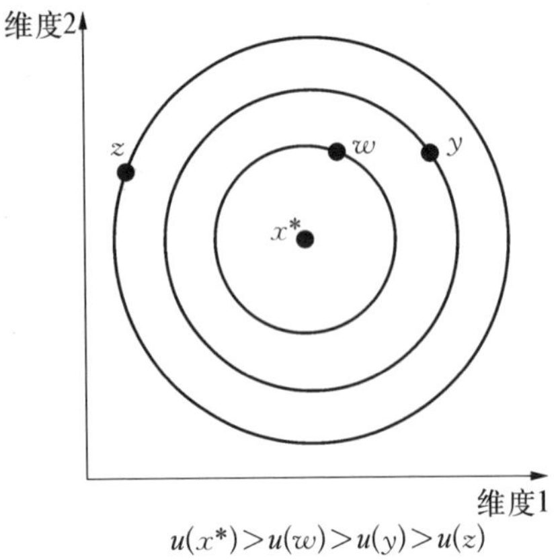

图 2.3 两维空间中二次方偏好的无差异曲线

策者偏好圆内部的结果。

政治博弈论大量使用单峰对称偏好。这种偏好方便我们分析决策者的选择。在恰当的假定下，决策者在任意两个结果之间的选择，可以用她的理想点和(在 $\mathbb{R}$ 中)“折点”或(在 $\mathbb{R}^d$ 中)“分离平面”表述。

设决策者 i 拥有 $\mathbb{R}$ 上的单峰对称偏好。在结果 x 和 y 之间，xPy 当且仅当

$$h(-|x-z_i|) > h(-|y-z_i|)。$$

在 $x>y$ 时，这一充要条件变为

$$z_i > c \equiv \frac{x+y}{2}。$$

同理，在 $x>y$ 时，yPx 当且仅当

$$z_i < c。$$

设 $x>y$。给定一群决策者，理想点大于 x 与 y 的中点的人都偏好 x；理想点小于 x 与 y 的中点的人都偏好 y。这一性质与函数 h 没有任何关系。$c \equiv (x+y)/2$ 被称为折点(cut point)。

这一结论适用 $\mathbb{R}^d$。决策者 i 在结果 x 与 y 之间偏好 x 当且仅当

$$h(-\|x-z_i\|) > h(-\|y-z_i\|)。$$

定义分离超平面(separating hyperplane)为

$$C \equiv \{c \in \mathbb{R}^d \mid \|x-c\| = \|y-c\|\},$$

它等价于 $\mathbb{R}$ 中的折点 c。它把偏好 x 的人的理想点与偏好 y 的人的理想点分隔开来。只要知道决策者的理想点和 C，我们就知道决策者的选择具有的特征。

2.6　习　　题

习题 2.1　X 是有限集，R 是 X 上的完全的和反身的两元关系，$S \subset X$ 为任意非空集。求证：$M(R,\ S) \neq \varnothing$ 当且仅当 R 不循环。

习题 2.2　设 X 上的两元关系 R 是传递的。证明衍生自 R 的无差异关系 I 和严格偏好关系 P 是传递的。

习题 2.3　在正文中，我们首先定义弱序 R，然后定义 P 为 xPy 当且仅当 xRy 且无 yRx。实际上，我们也可以先定义严格偏好关系 P，然后用 P 定义 R 为 xRy 当且仅当无 yPx。

(1) 关系 P 是**不对称的**，如果没有不同的点 $x,\ y \in X$ 使得 xPy 和 yPx 同时成立。求证：P 是不对称的当且仅当 R 是完全的。

(2) 关系 P 是**负传递的**，如果对任意的 $x,\ y,\ z \in X$，xPy 蕴含 xPz 或 zPy 或 xPz 且 zPy。求证：P 是负传递的当且仅当 R 是传递的。

习题 2.4　对下面的效用函数，写出它们的偏好集。你既可以用图形描述；也可以将其表示为 $P(x)=\{y:\ yRx\}$，$x \in X$。只要可能，请画出效用曲线。

(1) $u(x)=-|1-x|$，$x \in [0,\ 1]$；

(2) $u(x)=-x^2$，$x \in [0,\ 1]$；

(3) $u(x)=\sqrt{x}$，$x \in [0,\ 1]$；

(4) $u(x)=-\alpha x_1^2-(1-\alpha)x_2^2$，$x \in \mathbb{R}^2$，$\alpha \in (0,\ 1)$。

习题 2.5　某人有 $\mathbb{R}^d$ 上的空间偏好 R，它的效用函数表示为 $u_i(x)=h(-\|x-z_i\|)$；z_i 是此人的理想点。

(1) 设 $X \subset \mathbb{R}^d$ 为紧集。求证：$M(R,\ X)$ 为非空集。

(2) 分析 $M(R,\ X)$ 的特征。

(3) 设 X 同时是凸集。求证：$M(R,\ X)$ 中只有一个元素。

(4) 设 $w \in \mathbb{R}^d$，$k > 0$，$X=\{x \in \mathbb{R}^d:\ \|x-w\| < k\}$。请把集合 $M(R,\ X)$ 表示为向量 z_i、向量 w 和标量 k 的函数。

习题 2.6(∗)　设 X 是凸集，R 是 X 上的严格凸的弱序。求证：上优集

$P(x)$ 是凸集。

习题 2.7(*) 利用定义 2.12 证明 $[0, 1]$ 是紧集。

习题 2.8(*) 设 $X \subset \mathbb{R}^n$；$u: X \to \mathbb{R}$ 是连续函数，表示 X 上的两元关系 R。求证：R 是完全的、反身的、传递的和连续的。

习题 2.9(*) 利用定理 2.7 证明魏尔斯特拉斯定理：如果 X 是紧集，$u(\cdot)$ 是 X 上的连续实值函数，则存在 $x \in \underset{x \in X}{\operatorname{argmax}}\, u(x)$。

第 3 章　不确定性条件下的选择

在第 2 章,我们假定决策者能完全预见其行动导致的后果。本章放松这一假定,决策者现在只知道各个结果以某个概率分布产生自他对行动的选择,就是说,他知道每个行动导致的各个结果的发生概率。换句话说,决策者现在知道哪些行动更可能导致哪些结果。在第 2 章的国际危机例子中,$A=\{$**出兵**, **谈判**, **不作为**$\}$, $X=\{$**大胜**, **小胜**, **现状**$\}$。决策者可能知道,如果自己选择**出兵**而非**谈判**,对方更可能做出巨大让步。于是,在决策时,他会把得到这一更好结果的可能性与各个行动的成本权衡。只在**出兵**决策更可能迫使对方做出更大让步和对方的更大让步对他十分重要或出兵成本很低时,**出兵**才是理性选择。在不确定性条件下的选择中,这些是基本权衡因素。

在这种不确定性模型中,有两个基本构成要素。首先是**概率推断**(beliefs),即对应着每个行动,结果空间上的概率分布(lotteries)。其次是各个结果实现的效用。这两个要素相结合,就有了定义在行动集上的**冯·诺依曼-摩根斯特恩**(von Neumann-Morgenstern)效用函数,它以决策理论的两位开创者名字命名。我们将看到,与第 2 章所介绍的序数效用函数相比,vN-M 函数所依托的效用概念更强。

3.1　行动集和结果集皆为有限集

首先探讨行动集和结果集都为有限集时的情况。和前一章一样,我们分别用集合 $A=\{a_1, \cdots, a_I\}$ 和 $X=\{x_1, \cdots, x_J\}$ 表示一切可能的行动和结果。只是在这里,行动和结果之间不再有确定的关系,它们现在通过概率分布联系在一起。为说明这种联系,我们让所实现的结果既决定于所采取的行动 a,亦

决定于自然状态 s。从决策者角度看，s 是随机变量，例如，投票日的天气或战争中导弹的命中率。在决策理论模型中（或者在决策者随机选择行动的博弈论模型中），s 可能是其他决策者的行动。设状态集为 $S=\{s_1, \cdots, s_K\}$。决策者对各个状态的发生概率有自己的推断，我们用概率函数 π 表示这一推断，设 $\pi(s_k)\equiv\pi_k$。概率推断必须满足概率论基本公理，即每种状态的发生概率必须在 0 到 1 之间并且它们的和必须等于 1；数学上说，

$$\text{对每个 } k,\ 0\leqslant\pi_k\leqslant 1;\ \pi_1+\pi_2+\cdots+\pi_K=\sum_{k=1}^{K}\pi_k=1。$$

结果函数 $\mathcal{X}: A\times S\rightarrow X$ 把行动和状态截面与结果联系起来。[①] 在表 3.1 中，对应每个行动与状态截面 (a, s)，有一个结果。

表 3.1

A\S	s_1	s_2	s_3
a_1	x_1	x_1	x_2
a_2	x_1	x_2	x_3

在表 3.1 中，无论选择哪种行动，只要状态为 s_1，结果就为 x_1。在状态 s_2 和 s_3 中，结果取决于决策者选择的行动。对决策者而言，真正重要的不是状态，而是每个行动所导致的各个结果的发生概率。决策者在选择 a_i 时，不知道真实状态是什么，结果 x 的发生概率于是为状态取值 s 使得 $\mathcal{X}(a_i, s)=x$ 的概率。设 p_{ij} 是采取行动 a_i 时结果 x_j 的发生概率。

利用表 3.1，我们能算出这些概率：$p_{11}=\pi_1+\pi_2$，$p_{12}=\pi_3$，$p_{13}=0$，$p_{21}=\pi_1$，$p_{22}=\pi_2$，$p_{23}=\pi_3$。一般计算公式为

$$p_{ij}=\sum_{\{k:\ \mathcal{X}(a_i, s_k)=x_j\}}\pi_k。$$

p_{ij} 从 π_k 那里继承了以下性质：

$$\text{对每个 } i \text{ 和 } j,\ 0\leqslant p_{ij}\leqslant 1;\ \text{对每个 } i,\ p_{i1}+p_{i2}+\cdots+p_{iJ}=\sum_{j=1}^{J}p_{ij}=1。$$

---

① 这里所探讨的结果都由 a 与 s 的某一截面导致，所以，行动—状态截面的数量不能小于结果数，换句话说，我们要求 $I\times K\geqslant J$。

我们可以只使用 p_{ij} 而忽略结果的发生概率对 s 的依赖。但在后面一些章节中，我们依然用行动—状态截面表述决策问题。

我们定义**向量** $\mathbf{p}_i=(p_{i1},\ \cdots,\ p_{iJ})$，它是由行动 a_i 导致的结果集上的**概率分布**。由于行动和概率分布之间的这种对应关系，我们既可以说决策者选择行动 a_i，也可以等价地说决策者选择概率分布 $\mathbf{p}_i$。设 $\mathbf{P}$ 是结果集上的所有概率分布构成的集合。由于共有 J 种结果，所以，集合 $\mathbf{P}$ 中的每个向量有 J 个坐标，它们必须满足前述条件，即每个坐标在 0 到 1 之间取值且所有坐标值之和等于 1。我们也可以把集合 $\mathbf{P}$ 写为 Δ^J，称为 J 维单纯形。[①] 两维单纯型是点 (0, 1) 到点 (1, 0) 之间的直线段；三维单纯型是顶点为 (1, 0, 0)、(0, 1, 0) 和 (0, 0, 1) 的三角截面，见图 3.1。

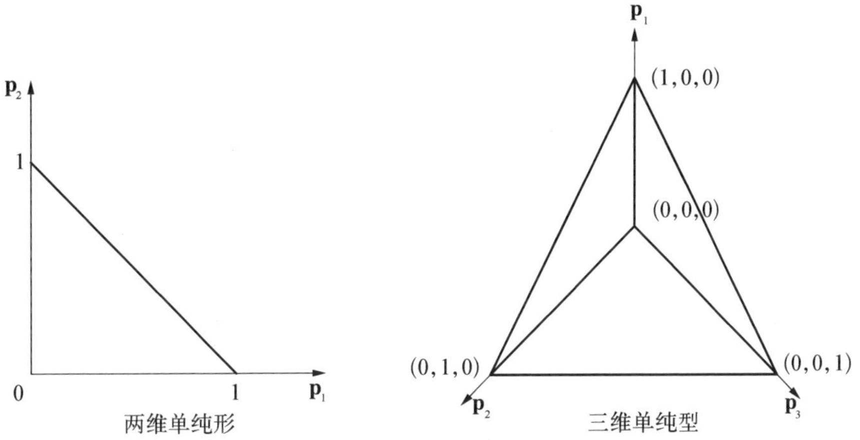

图 3.1　单纯形

我们还可以用图 3.2 中的**树状图**表示概率分布。始自初始节点的每个树枝对应一个结果，树枝上方标出了所对应的结果的发生概率。相对于概率分布 $\mathbf{q}$，在概率分布 $\mathbf{p}$ 中，x_1 的发生概率更大，x_3 的发生概率更小，x_2 的发生概率相同。我们分析决策者如何在分布 $\mathbf{p}$ 和 $\mathbf{q}$ 之间做选择。首先，决策者不在乎结果 x_2，因为在这两个分布中，x_2 的发生概率相同。它们只在 x_1 和 x_3 的发生概率上彼此不同。只有在 x_1Rx_3 时，理性决策者才选择 $\mathbf{p}$。根据这一直

① 不熟悉向量和坐标系的读者，请参考书末数学附录。

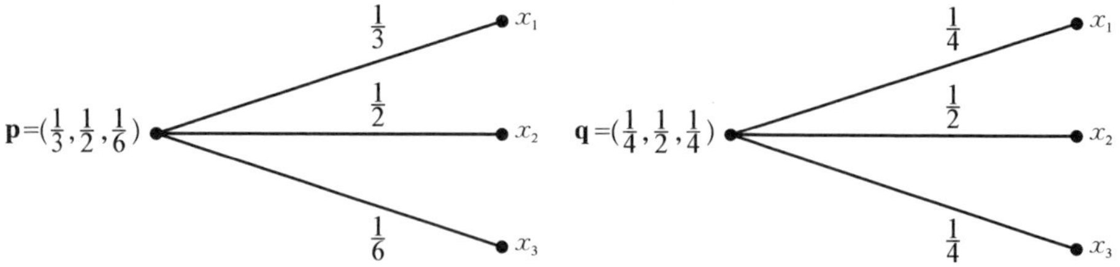

图 3.2 概率分布的树状图

观认识(下面将给出正式表述),我们的结论是：如果 x_1Px_3，决策者选择 **p**；如果 x_3Px_1，决策者选择 **q**；如果 x_1Ix_3，决策者在 **p** 和 **q** 之间无差异。

在这个例子中,概率分布 **p** 和 **q** 都是**简单分布**——这一特点让我们很容易得到上述结论。在简单分布中,每个结果对应一个概率。但我们常常需要探讨更复杂的情况,例如,决策者有时得在概率分布上的概率分布上的概率分布……之间做选择。这种概率分布被称为**复合分布**。**P** 上的复合概率分布可写为 $\{\alpha_1, \cdots, \alpha_I\}$，其中，$\alpha_i$ 为概率分布 $\mathbf{p}_i$ 的发生概率。假设除简单分布 **p** 和 **q** 外,决策者还面对着另一复合分布：以 1/4 的概率得到分布 **p**，以 3/4 的概率得到分布 **q**。我们可以把它写为 $\mathbf{r}=\frac{1}{4}\mathbf{p}+\frac{3}{4}\mathbf{q}$。图 3.3 画出了它的树状图。在 **p**、**q** 和 **r** 之间,决策者如何做选择呢？首先，**r** 的出现不应改变决策者在 **p** 与 **q** 上的偏好序,就是说,我们只需把 **r** 与 **p**、把 **r** 与 **q** 进行比较。由于 **r** 的复合结构,这种比较似乎困难。实际上不难。理性决策者只关心每个结果的发生概率,不在乎到达结果的路径。他算出结果 x_1 的发生概率为分布 **p** 的发生概率 (1/4) 乘以 1/3 加概率分布 **q** 的发生概率 (3/4) 乘以 1/4。他用这一方法算出结果 x_2 和 x_3 的发生概率。他算出每个结果的发生概率。于是，**r** 可表示为图 3.3 右图中的简单概率分布。数学上说，**P** 上的任一复合概率分布 $(\alpha_1, \cdots, \alpha_I)$ ——它赋予分布 $\mathbf{p}_i$ 的概率为 α_i ——都能转化为简单概率分布。在转化得到的简单分布中,结果 x_j 的发生概率为 $\sum_{i=1}^{I}\alpha_i p_{ij}$。

我们把 **r** 转化为了简单概率分布。现在,在 **p**、**q** 与 **r** 之间,决策者偏好哪个分布呢？在 **r** 的简单分布形式中，x_2 的发生概率为 1/2，和 **p** 与 **q** 中 x_2 的发生概率相同。因此,在比较这三个概率分布时，x_2 不重要,重要的是它们在

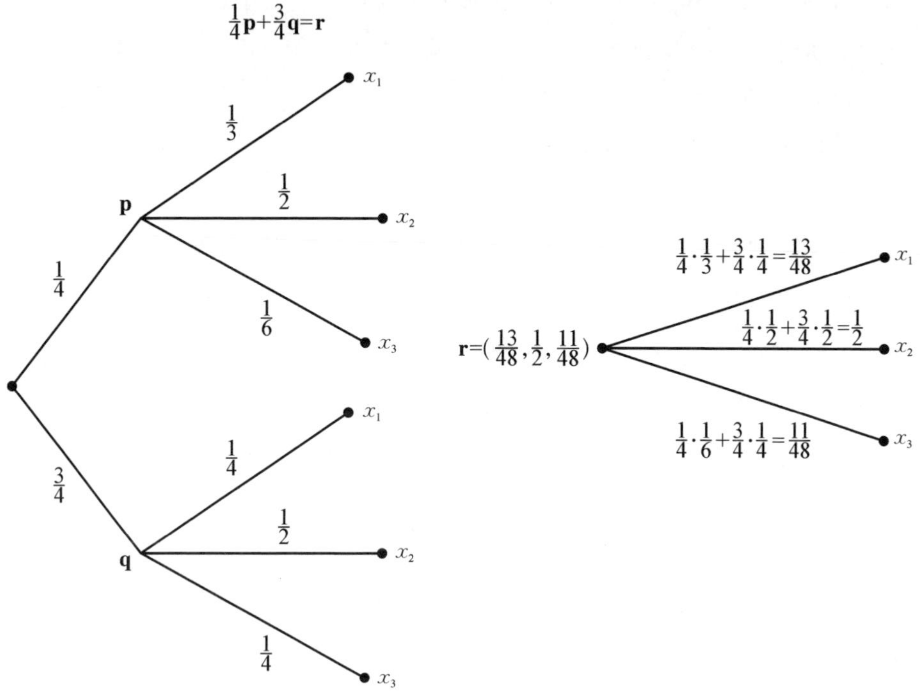

图 3.3　复合概率分布

x_1 和 x_3 上的差异。和 **q** 相比，在 **r** 中，结果 x_1 比 x_3 更可能发生，所以，认为 $x_1 P x_3$ 的决策者，在 **r** 和 **q** 之间偏好 **r**；和 **r** 相比，在 **p** 中，结果 x_1 比 x_3 更可能发生，所以，在 **p** 和 **r** 之间，决策者偏好 **p**。

我们现在知道了拥有结果集 X 上的偏好关系的决策者如何比较各个概率分布。上述讨论揭示了不确定性条件下的选择模型应具备的一些特征。它应定义 **P** 上的弱偏好关系，以便分析不确定性条件下的选择。正如效用函数简化了我们对确定性条件下的选择行为的分析，**期望效用**模型能简化我们对不确定性条件下的选择行为的分析。我们把从前面例子中得到的直观认识提炼为关于 **P** 上的弱偏好 R 的四个公理。

公理 3.1　完全性和传递性：**P** 上的弱偏好关系 R 是完全的、反身的和传递的。

公理 3.2　复合概率分布的简化：对任意的 $\alpha \in [0, 1]$ 和任意的 $\mathbf{p} \in \mathbf{P}$，$\mathbf{p} I [\alpha \mathbf{p} + (1-\alpha)\mathbf{p}]$。

公理 3.3 连续性：设 $\mathbf{p}$、$\mathbf{q}$ 和 $\mathbf{r}$ 是 $\mathbf{P}$ 中的三个概率分布。取 $\alpha \in [0, 1]$，则使 $[\alpha\mathbf{p}+(1-\alpha)\mathbf{r}]R\mathbf{q}$ 的所有 α 构成闭区间。取 $\beta \in [0, 1]$，则使 $\mathbf{q}R[\beta\mathbf{p}+(1-\beta)\mathbf{r}]$ 的所有 β 构成闭区间。①

公理 3.4 独立性：设 $\mathbf{p}$、$\mathbf{q}$ 和 $\mathbf{r}$ 是 $\mathbf{P}$ 中的三个概率分布。对任意的 $\alpha \in (0, 1)$，$\mathbf{p}R\mathbf{q}$ 当且仅当 $[\alpha\mathbf{p}+(1-\alpha)\mathbf{r}]R[\alpha\mathbf{q}+(1-\alpha)\mathbf{r}]$。

上述公理相当直白。第一个公理指出，和对任意两个结果的比较一样，对任意两个概率分布，我们可以用偏好关系进行比较，并且，概率分布集上的偏好关系不循环。在上面的例子中，这一公理起关键作用。而且，和第 2 章中的弱偏好关系一样，在这里，传递性可推广至无差异关系和严格偏好关系。第二个公理是对图 3.3 的数学表述。它指出，决策者只关心各个结果的发生概率，不在乎到达结果的过程。②

和前两个公理相比，连续性公理更抽象。它告诉我们，结果的发生概率上的微小变化，不会使偏好序显著变化。就是说，如果 $\mathbf{p}P\mathbf{q}$，则足够接近 $\mathbf{p}$ 的所有概率分布都优于 $\mathbf{q}$。例如，如果 $\mathbf{p}P\mathbf{q}$，则略微改变 $\mathbf{p}$，譬如说略微提高某个很差结果的发生概率，不影响偏好序。连续性公理蕴含引理 3.1。

引理 3.1 如果 $\mathbf{p}R\mathbf{q}R\mathbf{r}$，则存在 $\lambda \in [0, 1]$ 使得 $[\lambda\mathbf{p}+(1-\lambda)\mathbf{r}]I\mathbf{q}$。

证明： $\mathbf{p}R\mathbf{q}R\mathbf{r}$ 蕴含 $\mathbf{p}I\mathbf{q}$ 或 $\mathbf{r}I\mathbf{q}$ 或 $\mathbf{p}P\mathbf{q}P\mathbf{r}$。

设 $\mathbf{p}I\mathbf{q}$。则在 $\lambda=1$ 时，引理成立。

设 $\mathbf{r}I\mathbf{q}$。则在 $\lambda=0$ 时，引理成立。

设 $\mathbf{p}P\mathbf{q}P\mathbf{r}$。定义 $A \equiv \{\alpha: [\alpha\mathbf{p}+(1-\alpha)\mathbf{r}]R\mathbf{q}\}$，$B \equiv \{\beta: \mathbf{q}R[\beta\mathbf{p}+(1-\beta)\mathbf{r}]\}$。

因为 $1 \in A$，$0 \in B$，所以，A 和 B 都是非空集。根据连续性公理，A 和 B 都是闭集。A 和 B 是非空闭集。因此，A 有最小元素，设为 $\underline{\alpha}$；B 有最大元素，设为 $\bar{\beta}$。

现在证明 $\bar{\beta} \geqslant \underline{\alpha}$。设 $\bar{\beta} < \underline{\alpha}$。取 $\lambda \in (\bar{\beta}, \underline{\alpha})$，即 $\bar{\beta} < \lambda < \underline{\alpha}$。根据完全性

---

① 书末数学附录对闭集有详细介绍。就这里的目的而言，你只需知道闭区间 $[a, b]$ 包含端点 a 和 b 以及它们之间的点。

② 一些教材在定义概率分布集上的偏好时，把这一思想隐含于定义中。我们明确给出这一思想，只为强调这一理论不在乎概率分布的表现形式的细节特征。

公理，$[\lambda\mathbf{p}+(1-\lambda)\mathbf{r}]R\mathbf{q}$ 或 $\mathbf{q}R[\lambda\mathbf{p}+(1-\lambda)\mathbf{r}]$，即 $\lambda\in A$ 或 $\lambda\in B$。$\lambda\in A$ 蕴含 $\lambda\geqslant\underline{\alpha}$，矛盾。$\lambda\in B$ 蕴含 $\lambda\leqslant\bar{\beta}$，矛盾。因此，$\bar{\beta}\geqslant\underline{\alpha}$。

取 $\lambda\in[\underline{\alpha},\bar{\beta}]$，即 $\lambda\geqslant\underline{\alpha}$ 且 $\lambda\leqslant\bar{\beta}$。$\lambda\geqslant\underline{\alpha}$ 蕴含 $\lambda\in A$，即 $[\lambda\mathbf{p}+(1-\lambda)\mathbf{r}]R\mathbf{q}$；$\lambda\leqslant\bar{\beta}$ 蕴含 $\lambda\in B$，即 $\mathbf{q}R[\lambda\mathbf{p}+(1-\lambda)\mathbf{r}]$。就是说，$\lambda\geqslant\underline{\alpha}$ 且 $\lambda\leqslant\bar{\beta}$ 蕴含 $[\lambda\mathbf{p}+(1-\lambda)\mathbf{r}]R\mathbf{q}$ 且 $\mathbf{q}R[\lambda\mathbf{p}+(1-\lambda)\mathbf{r}]$。根据无差异关系的定义，$[\lambda\mathbf{p}+(1-\lambda)\mathbf{r}]I\mathbf{q}$。 □

再看独立性公理。在四个公理中，它的争议最大。[①] 假设决策者在两个概率分布之间有某种偏好序。如果这两个分布以相同的概率分别与另一分布结合，则根据独立性公理，决策者在以此方式得到的两个复合分布上的偏好与他在两个原始分布上的偏好相同。设想两个概率分布：第一个分布以 0.5 的概率产生 100 元收益，以 0.5 的概率产生 0 元收益；第二个分布则产生 75 元的确定收益。我们分别以这两个分布为基础，构造两个复合分布：它们都以 0.5 的概率产生 100 万元收益，以 0.5 的概率产生原来的分布。根据独立性公理，决策者在以此方式得到的两个复合分布上的偏好，与他在两个原始分布上的偏好相同。用概率树解释，独立性公理说的是：决策者对两个概率分布的排序，只决定于他对两个分布中不同的结果分支的排序。这就是在第一个例子中我们不考虑结果 x_2 的缘故。引理 3.2 和 3.3 把独立性公理推广至无差异关系和严格偏好关系。

引理 3.2　对任意的 $\alpha\in(0,1)$ 和概率分布 $\mathbf{p},\mathbf{q},\mathbf{r}\in\mathbf{P}$，$\mathbf{p}I\mathbf{q}$ 当且仅当 $[\alpha\mathbf{p}+(1-\alpha)\mathbf{r}]I[\alpha\mathbf{q}+(1-\alpha)\mathbf{r}]$。

证明： 这里只证明充分性。设 $\mathbf{p}I\mathbf{q}$。根据无差异关系的定义，$\mathbf{p}R\mathbf{q}$ 且 $\mathbf{q}R\mathbf{p}$。应用独立性公理，$[\alpha\mathbf{p}+(1-\alpha)\mathbf{r}]R[\alpha\mathbf{q}+(1-\alpha)\mathbf{r}]$ 且 $[\alpha\mathbf{q}+(1-\alpha)\mathbf{r}]R[\alpha\mathbf{p}+(1-\alpha)\mathbf{r}]$。于是，根据无差异关系的定义，$[\alpha\mathbf{p}+(1-\alpha)\mathbf{r}]I[\alpha\mathbf{q}+(1-\alpha)\mathbf{r}]$。

请你证明必要性。 □

引理 3.3　对任意的 $\alpha\in(0,1)$ 和概率分布 $\mathbf{p},\mathbf{q},\mathbf{r}\in\mathbf{P}$，$\mathbf{p}P\mathbf{q}$ 当且仅当 $[\alpha\mathbf{p}+(1-\alpha)\mathbf{r}]P[\alpha\mathbf{q}+(1-\alpha)\mathbf{r}]$。

---

① 在一些教材和文章中，独立性公理被称为替代公理。

证明： 这里只证明充分性。设 $\mathbf{p}P\mathbf{q}$，根据严格偏好关系的定义，$\mathbf{p}P\mathbf{q}$ 蕴含 $\mathbf{p}P\mathbf{q}$ 且无 $\mathbf{p}I\mathbf{q}$。$\mathbf{p}P\mathbf{q}$，根据独立性公理，蕴含 $[\alpha\mathbf{p}+(1-\alpha)\mathbf{r}]R[\alpha\mathbf{q}+(1-\alpha)\mathbf{r}]$。

设 $[\alpha\mathbf{p}+(1-\alpha)\mathbf{r}]I[\alpha\mathbf{q}+(1-\alpha)\mathbf{r}]$。根据引理 3.2，$\mathbf{q}I\mathbf{p}$。矛盾。因此，无 $[\alpha\mathbf{p}+(1-\alpha)\mathbf{r}]I[\alpha\mathbf{q}+(1-\alpha)\mathbf{r}]$。

于是，根据严格偏好关系的定义，$[\alpha\mathbf{p}+(1-\alpha)\mathbf{r}]P[\alpha\mathbf{q}+(1-\alpha)\mathbf{r}]$。

请你证明必要性。 □

独立性公理还有一个重要但不是很直接的结论：

引理 3.4 如果 $\mathbf{p}R\mathbf{q}$ 且 $\alpha\in(0,1)$，则 $\mathbf{p}R[\alpha\mathbf{p}+(1-\alpha)\mathbf{q}]R\mathbf{q}$。

证明： 设 $\mathbf{p}P\mathbf{q}$。根据复合概率分布的简化公理，

$$\mathbf{p}I[\alpha\mathbf{p}+(1-\alpha)\mathbf{p}]。$$

因为 $\mathbf{p}P\mathbf{q}$，根据引理 3.3，

$$[\alpha\mathbf{p}+(1-\alpha)\mathbf{p}]P[\alpha\mathbf{p}+(1-\alpha)\mathbf{q}]。$$

因为 $\mathbf{p}P\mathbf{q}$，根据引理 3.3，

$$[\alpha\mathbf{p}+(1-\alpha)\mathbf{q}]P[\alpha\mathbf{q}+(1-\alpha)\mathbf{q}]。$$

根据复合概率分布的简化公理，

$$P[\alpha\mathbf{q}+(1-\alpha)\mathbf{q}]I\mathbf{q}。$$

利用偏好的传递性，

$$\mathbf{p}P[\alpha\mathbf{p}+(1-\alpha)\mathbf{q}]P\mathbf{q}。$$

设 $\mathbf{p}I\mathbf{q}$。利用复合概率分布的简化公理、引理 3.2 和偏好的传递性，仿照上述步骤，得到

$$\mathbf{p}I[\alpha\mathbf{p}+(1-\alpha)\mathbf{r}]I\mathbf{q}。$$

因此，

$$\mathbf{p}R[\alpha\mathbf{p}+(1-\alpha)\mathbf{r}]R\mathbf{q}。$$ □

根据引理 3.4，对两个概率分布加权平均，得到的平均分布位于偏好序中间位置。下面的结论得自独立性公理和连续性公理，它对期望效用函数的存

在至关重要。

引理 3.5　我们用下标区别各备选项。如果对所有的 j，$x_1 R x_j$ 且 $x_j R x_J$，则对所有的 $\alpha, \beta \in [0, 1]$，$[\alpha x_1 + (1-\alpha) x_J] R [\beta x_1 + (1-\beta) x_J]$ 当且仅当 $\alpha \geqslant \beta$。

证明：设 $\alpha \geqslant \beta$。把 $\alpha x_1 + (1-\alpha) x_J$ 写为 $\gamma x_1 + (1-\gamma)[\beta x_1 + (1-\beta) x_J]$，在这里，$\gamma = \dfrac{\alpha-\beta}{1-\beta} \in (0, 1)$。因为 $x_1 R x_J$，应用引理 3.4，$x_1 R [\beta x_1 + (1-\beta) x_J]$。再次应用引理 3.4，$[\gamma x_1 + (1-\gamma)[\beta x_1 + (1-\beta) x_J]] R [\beta x_1 + (1-\beta) x_J]$。因此，$[\alpha x_1 + (1-\alpha) x_J] R [\beta x_1 + (1-\beta) x_J]$。

把 α 和 β 换位，能证明必要性。□

直观地说，在比较最好结果与最差结果的概率分布时，决策者偏好以最大概率产生最好结果的概率分布。利用上述公理和引理，我们能证明概率分布上的偏好能用**期望效用函数**表示。我们用概率分布上的偏好将这一结论表述为定理 3.1。由于行动诱生结果集上的概率分布，我们可以用行动上的偏好表述这一定理。

定理 3.1　（冯·诺依曼—摩根斯特恩定理）

如果公理 3.1 至公理 3.4 成立，则存在函数 u ——对结果 x_j，它赋予实数 u_j ——使得由行动 i 诱生的概率分布 $\mathbf{p}_i$ 的期望效用为

$$EU(\mathbf{p}_i) = p_{i1} u_1 + p_{i2} u_2 + \cdots + p_{iJ} u_J = \sum_{j=1}^{J} p_{ij} u_j,$$

并且，

$$\mathbf{p}_i R \mathbf{p}_j \text{ 当且仅当 } EU(\mathbf{p}_i) \geqslant EU(\mathbf{p}_j)。$$

这里的函数 u，有时称为伯努利(Bernoulli)效用函数，以把它与期望效用函数 $EU(\mathbf{p})$ 区别开来。伯努利效用函数和期望效用函数是两个不同概念：前者定义在结果集上，后者定义在概率分布集上。

定理 3.1 指出，概率分布的期望效用，是对各结果实现的效用的加权平均，权重为各结果的发生概率。在本章第一个例子中，如果结果 x_1、x_2 和 x_3 的效用分别为 $u(x_1)$、$u(x_2)$ 和 $u(x_3)$，则概率分布 $\mathbf{p}$ 的期望效用为

$$EU(\mathbf{p}) = \frac{1}{3} u(x_1) + \frac{1}{2} u(x_2) + \frac{1}{6} u(x_3),$$

概率分布 **q** 的期望效用为

$$EU(\mathbf{q})=\frac{1}{4}u(x_1)+\frac{1}{2}u(x_2)+\frac{1}{4}u(x_3)。$$

期望效用函数是伯努利效用的线性函数。设 **r** 是复合概率分布，它以 1/4 的概率产生分布 **p**，以 3/4 的概率产生分布 **q**，则根据这一性质，

$$EU(\mathbf{r})=EU\left(\frac{1}{4}\mathbf{p}+\frac{3}{4}\mathbf{q}\right)=\frac{1}{4}EU(\mathbf{p})+\frac{3}{4}EU(\mathbf{q})$$

$$=\frac{13}{48}u(x_1)+\frac{1}{2}u(x_2)+\frac{11}{48}u(x_3)。$$

它和 **r** 的简单分布形式的期望效用相同。

这里不证明**冯·诺依曼—摩根斯特恩**定理，而就只有三种结果的情况阐述证明思路。请你在此基础上，用数学归纳法，证明一般结论。设 $X=\{x_1, x_2, x_3\}$，$x_1Rx_2Rx_3$ 且其中至少有一个严格偏好关系，因为 $x_1Ix_2Ix_3$ 的情况容易处理。我们把 X 上的概率分布写为向量 (p_1, p_2, p_3)。根据引理 3.1，存在 α 使得 $x_2I(\alpha, 0, 1-\alpha)$。同理，$x_1I(1, 0, 0)$，$x_3I(0, 0, 1)$。设 $u_1=1$，$u_2=\alpha$，$u_3=0$。任取概率分布 $\mathbf{p}=(p_1, p_2, p_3)$。现在，用概率分布 $(u_2, 0, 1-u_2)$ 替代结果 x_2，再把因此得到的复合概率分布转换为简单分布 $(p_1+p_2u_2, 0, p_3+p_2(1-u_2))$。根据引理 3.2，决策者在这一分布与分布 **p** 之间无差异。再对 x_1 和 x_3 进行这种替代。我们看到，决策者在分布 **p** 与分布 $(p_1u_1+p_2u_2+p_3u_3, 0, p_1(1-u_1)+p_2(1-u_2)+p_3(1-u_3))$ 之间无差异。再取概率分布 **q**。重复上述步骤，我们看到，决策者在分布 **q** 和分布 $(q_1u_1+q_2u_2+q_3u_3, 0, q_1(1-u_1)+q_2(1-u_2)+q_3(1-u_3))$ 之间无差异。

根据引理 3.5，$\mathbf{p}R\mathbf{q}$ 当且仅当 $p_1u_1+p_2u_2+p_3u_3\geqslant q_1u_1+q_2u_2+q_3u_3$。我们于是可以用 $p_1u_1+p_2u_2+p_3u_3$ 表示概率分布 **p** 的效用。要指出的是，**冯·诺依曼—摩根斯特恩**定理没有说任意的 $\alpha\in[0, 1]$ 都行得通，只是说存在这样的 α 使得结果效用 $u_1=1$、$u_2=\alpha$ 和 $u_3=0$ 能有此功能。

基数效用

在前一章，我们告诉质疑效用理论的人，“放松些，效用函数只是对偏好序

的表示而已”。但是，对期望效用，我们不能这么说。结果集上的效用函数不再只是序数函数，它们还是基数函数，给出了对各个结果的相对偏好。正如华氏温度计告诉我们，212° 与 32° 之间的温差，是 122° 与 32° 之间温差的两倍，基数效用函数使我们能说，“相对于鸡肉，我对牛排的偏好程度，是相对于鱼肉，我对鸡肉的偏好程度的 3.8 倍”。与序数效用不同，$u(x_j)-u(x_k)$ 现在有意义。

期望效用理论为什么要求基数伯努利效用函数呢？假设有人要在结果 x_1、x_2 和 x_3 上的两个概率分布之间做选择。再假设此人在这三个结果上的偏好序为 $x_1Px_2Px_3$。在第一个概率分布中，x_1 的发生概率是 0.5，x_3 的发生概率是 0.5。在第二个概率分布中，结果 x_2 是确定的结果。设 $u(x_1)=1$，$u(x_2)=\alpha\in(0,0.5)$，$u(x_3)=0$。根据这一效用表示，此人选择第一个概率分布。如果结果集上的效用函数只具有序数特征，我们就可以对它任意转换——只要保持它的序不变，转换后的函数依然表示本来的偏好关系。对上述伯努利效用函数的一个转换为：$v(x_1)=1$，$v(x_2)=1-\alpha$，$v(x_3)=0$。它没有改变结果上的偏好序，但是，此人现在偏好第二个概率分布。

正如华氏温度计不是提供温度信息的唯一仪器；期望效用表示也不唯一。设有两个基数效用函数 $u(\cdot)$ 和 $v(\cdot)=a+bu(\cdot)$，其中，$b>0$。给定概率分布 $\mathbf{p}$，这两个基数效用函数产生的期望效用分别为 $\sum_{j=1}^{J}p_ju(x_j)$ 和 $a+b\sum_{j=1}^{J}p_ju(x_j)$。对任意两个概率分布 $\mathbf{p}$ 和 $\mathbf{q}$，由于在 $u(\cdot)$ 下它们的效用 $\sum_{j=1}^{J}p_ju(x_j)$ 和 $\sum_{j=1}^{J}q_ju(x_j)$ 之间的关系，与在 $v(\cdot)$ 下它们的效用 $a+b\sum_{j=1}^{J}p_ju(x_j)$ 和 $a+b\sum_{j=1}^{J}q_ju(x_j)$ 之间的关系相同，所以，这两个基数效用函数反映同一偏好。这一结论告诉我们，$u(x_j)-u(x_k)$ 在规模因子 b 下保持不变，并且相对差 $\dfrac{u(x_j)-u(x_k)}{u(x_l)-u(x_m)}$ 唯一。就是说，伯努利效用函数虽然不再只是序数函数，但它们只服从正向线性转换（或者说，仿射转换）。

3.2　风 险 偏 好

在不确定性条件下的选择中，有一个性质无法得自前一节中的几个公理，这就是理性决策者愿意接受的风险程度。一些人希望好结果的发生概率能再高一点,即使最坏结果的发生概率也因此上升很多;还有人希望把坏结果的发生概率降到最低,即使获得高收益的机会也因此下降。前面说过,给定结果 x、y 和 z,如果 $xPyPz$,则根据连续性公理,和确定地得到 y 相比,决策者偏好 x 与 z 上的某一概率分布,如果在这一分布中,z 的发生概率足够小。但是,它没有告诉我们 z 的发生概率需要小到什么程度。

描述决策者的风险偏好态度的常用方法,是看他是否愿意接受**公平赌局**(fair bet)。所谓公平赌局,指的是赌注等于期望收入的赌局。假设赌局的赌注和奖金(即结果)均用货币表示或用决策者认为多多益善的某种商品表示。后面将探讨决策者有**餍足性偏好**时的情况,在那时,只在某一数量以下,决策者才认为多多益善。

设 w 是赌局的赌注;x_1 和 x_2 是赌局的两个货币结果,$x_1 > x_2$;p 是 x_1 的发生概率,$1-p$ 是 x_2 的发生概率。我们有下面的定义:

定义 3.1 如果 $w = px_1 + (1-p)x_2$,则这个赌局是公平赌局;如果 $w < px_1 + (1-p)x_2$,则这个赌局是有利赌局;如果 $w > px_1 + (1-p)x_2$,则这个赌局是不公平赌局。

有一张彩票,它以 1/100 的概率产生 100 元的收入,以 99/100 的概率产生 0 元的收入。如果它的价格即赌注为 1 元,它是公平赌局。如果它的价格不到 1 元,它是有利赌局;如果它的价格高于 1 元钱,它是不公平赌局。在现实世界中,几乎所有彩票(特别是美国州政府发行的彩票)都是不公平赌局。利用公平赌局概念,我们定义风险偏好。

定义 3.2 决策者如果不接受任何公平赌局,就是说,对所有的 p、x_1 和 x_2,$u(px_1 + (1-p)x_2) > pu(x_1) + (1-p)u(x_2)$,则他厌恶风险。

定义 3.3 决策者如果接受任何公平赌局,就是说,对所有的 p、x_1 和 x_2,$u(px_1 + (1-p)x_2) < pu(x_1) + (1-p)u(x_2)$,则他喜好风险。

定义 3.4 决策者如果在任意公平赌局和它的赌注之间无差异,就是说,对所有的 p、x_1 和 x_2,$u(px_1 + (1-p)x_2) = pu(x_1) + (1-p)u(x_2)$,则他风险中性。

从这些定义中可以看出,决策者的风险偏好态度与其效用函数的形状有密切关系。图 3.4 描述了一个公平赌局的效用特征,其中,$w=px_1+(1-p)x_2$。连接点 $(x_1, u(x_1))$ 和 $(x_2, u(x_2))$ 的直线穿过点 $(px_1+(1-p)x_2, pu(x_1)+(1-p)u(x_2))$。就是说,穿过 $(x_1, u(x_1))$ 和 $(x_2, u(x_2))$ 的直线与过 w 点的垂线的交点,给出了赌局的效用 $pu(x_1)+(1-p)u(x_2)$。从图上看,$u(w)>pu(x_1)+(1-p)u(x_2)$,就是说,此人厌恶风险,不接受公平赌局。这一效用函数之所以产生这种结果,是因为它的图始终位于连接图上任意两点的直线上方。这一特征被称为**凹性**。

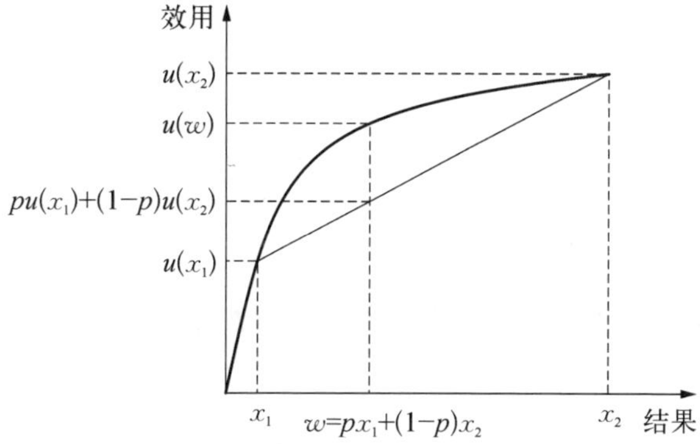

图 3.4　厌恶风险

在图 3.5 中,效用函数的图始终位于连接图上任意两点的直线的下方。有这种凸效用函数的决策者,接受公平赌局,因为 $pu(x_1)+(1-p)u(x_2)>u(px_1+(1-p)x_2)$。图 3.6 中的线性效用函数产生风险中性行为,因为赌局

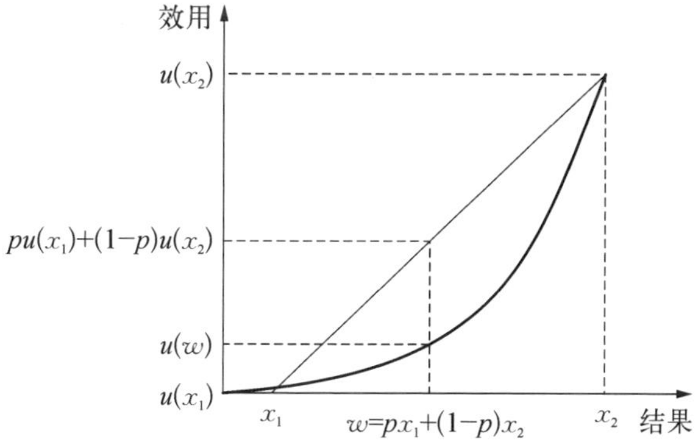

图 3.5　喜好风险

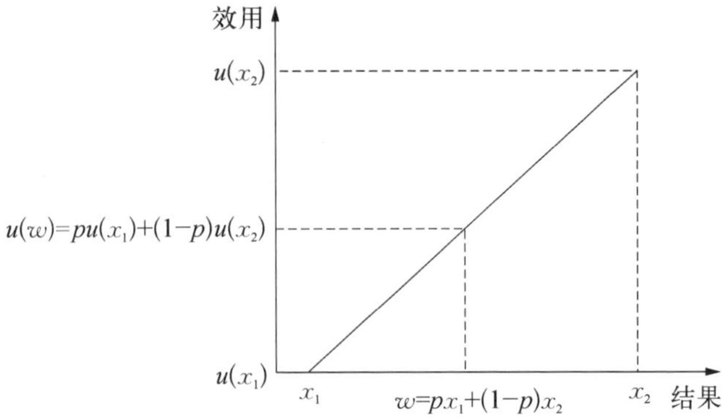

图 3.6 风险中性

的期望效用等于其期望结果产生的效用。

3.2.1 风险偏好和随机占优

给定一个概率分布，只要它对任意多个（有限个）结果赋予正概率，我们就可以把上述概念推广至这个分布。

定义 3.5 对任何非退化概率分布 **p**，如果 $u\left(\sum_j p_j x_j\right) > \sum_j p_j u(x_j)$，则偏好关系具有风险厌恶特征。

定义 3.6 对任何非退化概率分布 **p**，如果 $u\left(\sum_j p_j x_j\right) < \sum_j p_j u(x_j)$，则偏好关系具有喜好风险特征。

要把决策者的风险厌恶态度与其行为联系起来，还需要几个定义。给定概率分布 **p**，它的**期望值**为 $E(\mathbf{p}) = \sum_j p_j x_j$，**方差**为 $V(\mathbf{p}) = \sum_j p_j\,(E(\mathbf{p}) - x_j)^2$。给定概率分布 **p** 和各个结果的效用 $u = (u_1, \cdots, u_J)$，**p** 的**确定性等价** $C(\mathbf{p})$ 是一个确定的结果，决策者认为它与概率分布 **p** 有相同效用。就是说，

$$u(C(\mathbf{p})) = EU(\mathbf{p})。$$

厌恶风险的人的行为，在一定程度上可预测到。他们愿意降低期望值以求减小方差，就是说，确定性等价小于期望值。给定两个概率分布 **p** 和 **q**，如果它们有相同期望值，但 **q** 的方差更大，则决策者偏好 **p**。在这种情况中，我们说，**q** 是 **p** 的**保持均值展开型**（mean-preserving spread）。

定义 3.7　如果概率分布 $\mathbf{q}$ 是个复合分布，等于概率分布 $\mathbf{p}$ 加某个随机项 ε，ε 的概率分布为 $\mathbf{z}$ 使得 $E(\mathbf{z})=0$ 且 $V(\mathbf{z})>0$，则 $\mathbf{q}$ 是 $\mathbf{p}$ 的保持均值展开型。

定理 3.2　给定概率分布集上的偏好关系 R 和结果集上的伯努利效用函数 $u(\cdot)$，以下命题等价：

(1) 偏好关系 R 具有风险厌恶特征。

(2) 效用函数 $u(\cdot)$ 严格凹。

(3) 对任意概率分布 $\mathbf{p}$，$C(\mathbf{p}) \leqslant E(\mathbf{p})$（如果 $V(\mathbf{p})>0$，则 $C(\mathbf{p})<E(\mathbf{p})$）。

(4) 对任意两个概率分布 $\mathbf{p}$ 和 $\mathbf{q}$，如果 $\mathbf{q}$ 是 $\mathbf{p}$ 的保持均值展开型，则 $EU(\mathbf{q})<EU(\mathbf{p})$。

证明： 命题 1 和命题 2 的等价性一目了然。

现在证明命题 2 蕴含命题 3。设 R 具有风险厌恶特征，就是说，对任何非退化概率分布 $\mathbf{p}$（即 $V(\mathbf{p})>0$），$u(E(\mathbf{p}))>\sum_j p_j u(x_j)$。因为 $u(C(\mathbf{p}))=EU(\mathbf{p})$，所以，$u(E(\mathbf{p}))>u(C(\mathbf{p}))$。因为 $u(\cdot)$ 是增函数，所以 $E(\mathbf{p})>C(\mathbf{p})$。

现在证明命题 3 蕴含命题 2。设命题 3 成立。任取两个结果 x_1 和 x_2，设 x_1 的发生概率为 $p\in(0,1)$。根据命题 3，$E(\mathbf{p})>C(\mathbf{p})$。因为 $u(\cdot)$ 是增函数，所以，$u(E(\mathbf{p}))>u(C(\mathbf{p}))$。根据确定性等价的定义，$u(C(\mathbf{p}))=EU(\mathbf{p})$。因此，$u(E(\mathbf{p}))>EU(\mathbf{p})$，即 $u(px_1+(1-p)x_2)>pu(x_1)+(1-p)u(x_2)$，就是说，$u(\cdot)$ 是凹函数。在 $V(\mathbf{p})=0$ 时（即 $\mathbf{p}$ 是确定性事件时），这两个表达式相等。命题得证。

现在证明命题 2 蕴含命题 4。给定 $\mathbf{p}$。设 $\mathbf{q}$ 是 $\mathbf{p}$ 的保持均值展开型，等于 $x+\varepsilon$，其中，x 的分布为 $\mathbf{p}$，$\varepsilon\in\{\varepsilon_1,\cdots,\varepsilon_T\}$ 的分布为 $\mathbf{z}$。于是，

$$EU(\mathbf{q})=\sum_t\sum_j z_t p_j u(x_j+\varepsilon_t)。$$

根据命题 2，对 x_j 的每个值，

$$\sum_t z_t p_j u(x_j+\varepsilon_t)<u\Big(\sum_t z_t p_j(x_j+\varepsilon_t)\Big)。$$

整理得到

$$\sum_t z_t p_j u(x_j + \varepsilon_t) < u\left(p_j x_j \sum_t z_t \varepsilon_t\right) = u(p_j x_j)。$$

就 j 求和，得到

$$EU(\mathbf{q}) = \sum_t \sum_j z_t p_j u(x_j + \varepsilon_t) < \sum_j u(p_j x_j) = EU(\mathbf{p})。$$

现在证明命题 4 蕴含命题 3。设概率分布 **p** 是退化分布，即它赋予 $E(\mathbf{q})$ 的概率为 1。设概率分布 **q** 是 **p** 的保持均值展开型。命题 4 蕴含 $EU(\mathbf{p}) > EU(\mathbf{q})$。由于 **p** 是退化分布，$u(E(\mathbf{p})) = EU(\mathbf{p})$，因此，$u(E(\mathbf{p})) > EU(\mathbf{q})$。根据确定性等价的定义，$u(C(\mathbf{q})) = EU(\mathbf{q})$，因此，$u(E(\mathbf{p})) > u(C(\mathbf{q}))$。因为 $u(\cdot)$ 单调递增，所以，$E(\mathbf{p}) = E(\mathbf{q}) > C(\mathbf{q})$。□

如果 **q** 是 **p** 的保持均值展开型，则 **p** **二阶随机优于** **q**。重复应用前面的证明思路，我们得到下面的结论，它简洁概括了二阶随机占优的性质。

定理 3.3　**p** 二阶随机优于概率分布 **q** 当且仅当对每个递增凹函数 $u(\cdot)$，

$$\sum_j p_j u(x_j) \geqslant \sum_j q_j u(x_j)。$$

就是说，厌恶风险的人的偏好，服从二阶随机占优：如果 **p** 二阶随机优于 **q**，则厌恶风险的人偏好 **p**。有时，概率分布之间的选择十分简单。给定两个概率分布，如果其中一个**一阶随机优于**另一个，则在它们之间的选择"不用动脑子"。

定义 3.8　概率分布 **p** 一阶随机优于概率分布 **q**，如果对任意非递减函数 $u(\cdot)$，

$$\sum_j p_j u(x_j) \geqslant \sum_j q_j u(x_j)。$$

就是说，如果各个概率分布可用一阶随机占优关系排列，则在它们之间做选择，不用考虑决策者的风险态度。

3.2.2　有餍足性偏好的风险偏好

第 2 章说过，政治科学使用的许多效用函数具有餍足性特征，人们有自己最偏好的结果。这种偏好关系所具有的风险态度，自然值得研究。图 3.7 给出了一个效用函数和结果 x_1 与 x_2 上的一个概率分布，其中，x_1 小于理想点，x_2 大于理想点。点 $(x_1, u(x_1))$ 和 $(x_2, u(x_2))$ 之间的线段与过 w 点的垂线的

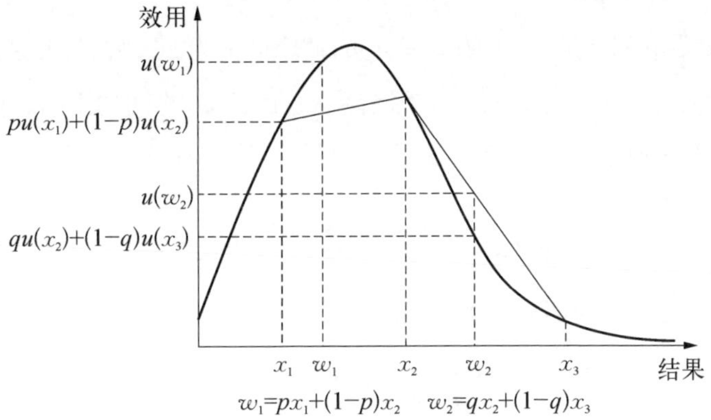

图 3.7　风险和空间偏好

交点,给出了这个概率分布的期望效用。理想点在 x_1 与 x_2 之间,所以,在这个区间中肯定存在结果 w_1 使得 $u(w_1) > pu(x_1) + (1-p)u(x_2)$。就是说,在理想点附近,餍足性偏好表现出厌恶风险特征。但它未必具有全局性风险厌恶特征。在远离理想点的区域中,如果效用函数呈凸函数特征,则人们喜好风险。下一节会更详细地讨论这一点。

3.2.3　风险和 n 维欧几里得偏好*

本节探讨对 $\mathbb{R}^n$ 空间上的概率分布的选择。本道尔与梅罗维茨(Bendor and Meirowitz,2004)指出,我们可以把前文中在严格递增偏好情况中提出的厌恶风险概念推广至欧几里得偏好。前面说过,$\mathbb{R}^n$ 上的偏好是欧几里得偏好,如果我们能把它们表示为具有如下形式的效用函数:

$$u(x) = h(-\|\mathbf{x} - \mathbf{x}^*\|)。$$

在这里,$\mathbf{x}^*$ 是 $\mathbb{R}^n$ 中的点,$h(\cdot)$ 是严格增函数。如果函数 $h(\cdot)$ 严格凸,我们就能证明效用函数 $u(\cdot)$ 严格凹。在这种情况中,伯努利效用函数具有厌恶风险特征。甚至在 h 不是凸函数时,偏好依然可能具有厌恶风险特征。为把保持均值展开型概念推广至 $\mathbb{R}^n$,我们直接应用定义 3.7,只是此时的状态是 $\mathbb{R}^n$ 中的点。

定理 3.4　设 $u(\cdot)$ 表示欧几里得偏好,理想点为 x^*。则对 $\mathbb{R}^n$ 上的任意两个概率分布 $\mathbf{p}$ 和 $\mathbf{q}$,如果它们的期望值都为 x^* 且 $\mathbf{q}$ 是 $\mathbf{p}$ 的保持均值展开型,

则 $EU(\mathbf{q}) < EU(\mathbf{p})$。

证明： 设 $\mathbf{p}$ 和 $\mathbf{q}$ 是 $\mathbb{R}^n$ 上的概率分布，期望值都为 x^*，并且，$\mathbf{q}$ 是 $\mathbf{p}$ 的保持均值展开型。定义 $d_j \equiv \| x_j - x^* \|$ 为结果 x_j 和点 x^* 之间的距离。由于偏好为欧几里得偏好，所以，$EU(\mathbf{q}) < EU(\mathbf{p})$ 当且仅当存在递增函数 $h(\cdot)$，使得

$$\sum_j q_j h(-d_j) < \sum_j p_j h(-d_j)。$$

由于 $\mathbf{q}$ 是 $\mathbf{p}$ 的保持均值展开型，所以

$$\sum_j q_j d_j > \sum_j p_j d_j。$$

这意味着对任意增函数 $g(\cdot)$，包括 $h(\cdot)$，

$$\sum_j q_j g(-d_j) < \sum_j p_j g(-d_j)。\quad \square$$

定理 3.4 指出，对均值等于理想点的概率分布，结果上的二阶随机占优等价于负效用上的一阶随机占优。换句话说，有欧几里得偏好的人，在均值等于理想点的概率分布上，厌恶风险。

3.3　学　　习

我们需要知道，面对关于各个结果的发生概率的新信息，理性决策者如何反应。我们看个例子。在图 3.8 中，一位选民认为，在位官员是“好官”的概率为 3/4，是“庸官”的概率为 1/4。假设这位选民现在得到了关于这位官员任职表现的新信息，例如其经济政策所导致的通货膨胀率。这一信息如何改变他对这位官员资质的概率推断呢?

假设这位选民知道，相对于庸官，好官能以更大概率实现低通胀。具体地说，他知道，好官以 2/3 的概率实现低通胀，庸官以 1/5 的概率实现低通胀。直觉告诉我们，在通胀低时，选民应该在初始概率为 3/4 的基础上，调高他对在位官员是好官的概率推断。在通胀高时，他应该降低对在位官员是好官的概率推断。我们可以更深入地进行这种分析，根据所实现的通胀，计算在位者是好官的准确概率。

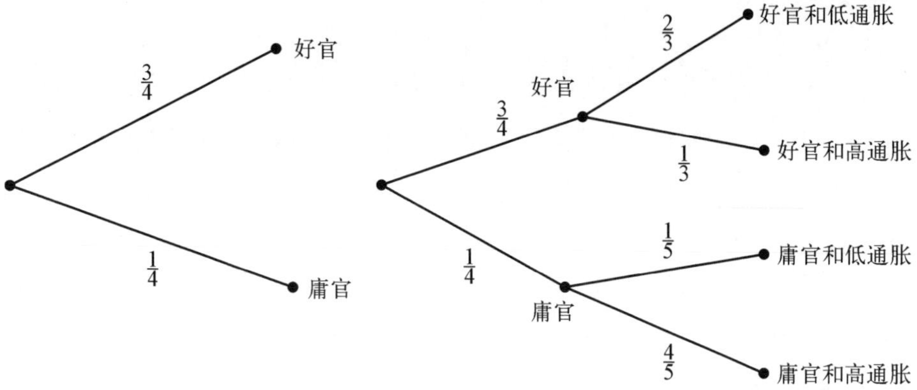

图 3.8　了解在位官员的类型

假设通货膨胀很低。理性选民知道，在图 3.8 的第二幅图中，这一结果或者出现于最上面的节点或出现于第三个节点。他知道，最上面节点的发生概率为 $\frac{3}{4}\cdot\frac{2}{3}=\frac{1}{2}$，第三个节点的发生概率为 $\frac{1}{4}\cdot\frac{1}{5}=\frac{1}{20}$。就是说，在发生低通胀时，在位官员是好官的可能性十倍于他是庸官的可能性。设 $p(l)$ 是低通胀时在位官员是好官的概率，$p(h)$ 是高通胀时在位官员是好官的概率。由于各结果的发生概率之和为 1，即 $p(l)+\frac{p(l)}{10}=1$，因此，$p(l)=\frac{10}{11}$。同理，$p(h)=\frac{5}{9}$。这证实了前面的判断：低通胀提高在位官员是好官的概率，高通胀降低在位官员是好官的概率。

但是，要把这个例子扩展为关于学习的模型，需要更精确的概率论概念。设 A 和 B 为两个事件（就像图 3.8 中的终端节点）。假设决策者知道事件 B 已发生，他要据此计算事件 A 的发生概率。这个概率是给定事件 B，事件 A 的条件概率。如果 $\Pr(B)>0$，我们可以将它写为

$$\Pr(A\mid B)=\frac{\Pr(A\&B)}{\Pr(B)},$$

在这里，$\Pr(A)$ 是事件 A 的发生概率，$\Pr(B)$ 是事件 B 的发生概率，$\Pr(A\&B)$ 是事件 A 和 B 同时发生的概率（联合概率）。这一公式，称为贝叶斯法则，只在 $\Pr(B)\neq0$ 时有定义。事件 A 和 B 如果相互独立，则 $\Pr(A\&B)=\Pr(A)\Pr(B)$，

这时，

$$\Pr(A \mid B)=\frac{\Pr(A)\Pr(B)}{\Pr(B)}=\Pr(A)。$$

我们用贝叶斯法则重新阐述上面的例子。事件“低通胀和好官”的发生概率1/2，是给定“好官”时低通胀的发生概率2/3乘以“好官”的发生概率3/4。根据上述定义，我们有下面的定理：

定理3.5(贝叶斯法则)　设事件 A_1，…，A_N 两两不交(就是说，其中任何两个事件都不能同时发生)使得 $\sum \Pr(A_n)=1$ 且对所有的 n，$\Pr(A_n)>0$。设 B 为任意事件。则

$$\Pr(A_j \mid B)=\frac{\Pr(B \mid A_j)\Pr(A_j)}{\sum_{n=1}^{N}\Pr(B \mid A_n)\Pr(A_n)}。$$

贝叶斯法则告诉我们，理性决策者在获得新信息后如何更新自己的概率推断。我们用它分析前述选民所面对的问题。设事件 A_1 为在位官员是位好官，事件 A_2 为在位官员是位庸官。在位官员不可能既是好官也是庸官，所以，这两个事件不交。设事件 B 为低通胀。于是，根据贝叶斯法则，

$$\Pr(A_1 \mid B)=\frac{\Pr(B \mid A_1)\Pr(A_1)}{\Pr(B \mid A_1)\Pr(A_1)+\Pr(B \mid A_2)\Pr(A_2)},$$

$$\Pr(A_2 \mid B)=\frac{\Pr(B \mid A_2)\Pr(A_2)}{\Pr(B \mid A_1)\Pr(A_1)+\Pr(B \mid A_2)\Pr(A_2)}。$$

根据图3.8中的数字，我们得到以下概率：

$$\Pr(A_1)=3/4,\ \Pr(A_2)=1/4,\ \Pr(B \mid A_1)=2/3,\ \Pr(B \mid A_2)=1/5。$$

把这些数值代入条件概率 $\Pr(A_1 \mid B)$ 和 $\Pr(A_2 \mid B)$ 的表达式中，得到

$$\Pr(A_1 \mid B)=\frac{\frac{2}{3}\cdot\frac{3}{4}}{\frac{2}{3}\cdot\frac{3}{4}+\frac{1}{5}\cdot\frac{1}{4}}=\frac{10}{11},$$

$$\Pr(A_2 \mid B)=\frac{\frac{1}{5}\cdot\frac{1}{4}}{\frac{2}{3}\cdot\frac{3}{4}+\frac{1}{5}\cdot\frac{1}{4}}=\frac{1}{11}。$$

贝叶斯法则尽管直观且逻辑严密，但是，作为学习模型，常被诟病。它对计算能力要求高，常常超越常人对条件概率的把握，其结论常与直觉相悖。我们看蒙提·霍尔(Monte Hall)主持的游戏节目“我们做个交易”(“Let's Make a Deal”)中的场景。蒙提让参赛者从三扇门中选择一扇。在一扇门后，藏着一辆豪华车；在另两扇门后，藏着很便宜的奖品(山羊常被用作奖品)。在参赛者做出选择之后和打开所选择的门之前，蒙提会打开另外一扇门，从里面放出一只山羊。他问参赛者是否改变自己的选择，就是说，改选剩下的那扇门。参赛者应改变自己的选择吗？大部分人认为没有必要，因为改变选择而得到豪华车的概率和在初始选择中得到这辆车的概率相同，都是 1/3。这个问题出现在一份发行量很高的报纸的专栏中。许多数学家和统计学家对此问题的看法与大部分人的感觉一致。但是，这种认识与贝叶斯法则不一致。

假设参赛者选择了 3 号门。在事前，各扇门相同，所以，这里的分析适用于参赛者选择任何一扇门。先看参赛者在不改变选择时赢得汽车的概率。它和汽车停在 3 号门后的初始概率相同，为 1/3。再看参赛者中途改变选择后赢得汽车的概率。设事件 A_1、A_2 和 A_3 分别为汽车藏于 1 号、2 号和 3 号门后；事件 B_1 和 B_2 分别为蒙提打开 1 号门和打开 2 号门。$\Pr(A_1)=\Pr(A_2)=\Pr(A_3)=1/3$，所以，我们只需就所有事件计算 $\Pr(B_i \mid A_j)$。蒙提从不打开藏有汽车的那扇门，所以，$\Pr(B_1 \mid A_1)=\Pr(B_2 \mid A_2)=0$。设在事件 A_3 中，蒙提随机打开藏有山羊的一扇门。于是，$\Pr(B_1 \mid A_2)=\Pr(B_2 \mid A_1)=1$ 且 $\Pr(B_1 \mid A_3)=\Pr(B_2 \mid A_3)=1/2$。

假设蒙提打开 2 号门。改变选择的参赛者赢得汽车的概率是：

$$\Pr(A_1 \mid B_2)$$

$$=\frac{\Pr(B_2 \mid A_1)\Pr(A_1)}{\Pr(B_2 \mid A_1)\Pr(A_1)+\Pr(B_2 \mid A_2)\Pr(A_2)+\Pr(B_2 \mid A_3)\Pr(A_3)}$$

$$=\frac{1\cdot\frac{1}{3}}{1\cdot\frac{1}{3}+0\cdot\frac{1}{3}+\frac{1}{2}\cdot\frac{1}{3}}=\frac{2}{3}$$

如果蒙提打开 1 号门，赢得汽车的概率同样是 $\Pr(A_2 \mid B_1)=2/3$。所以，改变选择的参赛者以 2/3 的概率赢得汽车，坚持初始选择的人以 1/3 的概率赢得汽车。[①]

那么，中途改变选择不会带来好处的直觉判断，为什么不正确呢？因为大部分人没有认识到蒙提从来不暴露汽车所在位置的事实具有的意义。他没有打开某扇门，这一信息被中途改变选择的参赛者在决策中利用，坚持初始选择的人没有利用这一信息。

蒙提·霍尔问题揭示了贝叶斯学习模型的缺陷，但是，不能因此否定贝叶斯法则，因为它正确地指出，中途改变选择的参赛者赢得汽车的机会是 2/3。经常观看这档节目的人，即使不计算条件概率，也会意识到参赛者应该改变选择。为支持贝叶斯法则，我们不妨这样理解：人们选择自己的行动，就好像他们已经进行了条件概率计算一样，即使他们只是在遵循从经验中获取的法则。

3.4　对期望效用理论的批判

本书中的大部分模型以期望效用理论为基础，但是，有一批很有影响力的文献对期望效用理论持批判态度。只是这些批判和取代期望效用理论的模型在政治博弈论中的应用尚处于起步阶段。[②]

3.4.1　风险、不确定性和主观概率

对期望效用理论的基本批判之一，建立在对风险和不确定性的区别上。经济学家弗兰克·奈特(Frank Knight，1921)指出，期望效用理论所探讨的是风险而非不确定性。按他的解释，不确定性指人们缺乏足够的统计信息，无法估计各种结果的发生概率。换句话说，不确定性意味着人们不知道实际概率分布集 **P**。统计学家莱昂纳德·萨维奇(Leonard Savage，1954)对这一批判进行了批判，认为人们能形成关于 **P** 的主观推断，进而形成结果集上的(主观)概

---

① 这里对蒙提·霍尔问题的阐述有些复杂，因为我们想借此说明贝叶斯法则。还有更容易的证明：中途改变选择的参赛者，只在自己最初选择正确的那扇门时，才失败。就是说，改变选择的参赛者，得不到汽车的概率是 1/3，赢得汽车的概率是 2/3。

② (与以期望效用理论为基础的模型相对立的)“行为模型”，近些年在经济学中的应用越来越多(Camerer，2003)。

率分布。

但是,实验证据对不确定性能简化为关于概率推断的推断提出质疑。我们看丹尼尔·埃尔斯伯格(Daniel Ellsberg,1961)提出的悖论。有两个箱子。在1号箱子中,有100个红球和黑球,红球的数量未知。在2号箱子中,有50个红球和50个黑球。

实验对象只要摸出一个红球就能得到100元奖金。从哪个箱子中摸球呢?大部分人选择2号箱。现在,实验方案改为摸出一个黑球就奖励100元钱。从哪个箱子中摸球呢?大部分人还是选择2号箱。在两个方案下,人们都选择从2号箱中摸球。这违背了期望效用理论中的有关公理。根据期望效用理论,选择从2号箱中摸红球,表明实验对象认为1号箱子中红球数量少于50;选择从2号箱子中摸黑球,表明实验对象认为1号箱子中黑球数量少于50。这些推断显然与1号箱中有100个球的已知事实矛盾。同理,在两个实验方案下都从1号箱子中摸球的做法,同样违背期望效用理论。

3.4.2 阿莱斯悖论

期望效用理论的各种结论在实验环境中被检验。实验表明,存在大量与期望效用理论不一致的决策行为。最早提出的悖论,也是研究得最多的悖论,由法国经济学家莫里斯·阿莱斯(Maurice Allais)提出。他通过实验发现,实验对象经常做出与独立性公理不一致的选择。

在实验中,实验对象首先被要求在概率分布 **a** 与 **b** 之间做选择,其中,

概率分布 **a**:0.33的概率赢得2 500元,0.66的概率赢得2 400元,0.01的概率得到0元。

概率分布 **b**:确定得到2 400元。

面对这两个分布,绝大多数人选择 **b**。卡尼曼与特沃斯基(Kahneman and Tversky,1979)发现,面对着这两个选项,82%的人选择概率分布 **b**。接着,实验对象被要求在概率分布 **c** 与 **d** 直接做选择,其中,

概率分布 **c**:0.33的概率赢得2 500元,0.67的概率赢得0元。

概率分布 **d**:0.34的概率赢得2 400元,0.66的概率赢得0元。

人们一般选择 **c**。卡尼曼与特沃斯基发现,83%的人选择这一概率分布。在

第一个实验中选择 **b** 而在第二个实验中选择 **c**，违背独立性公理，因此违背期望效用理论。选择 **b** 和 **c** 分别蕴含着

$$u(2\,400) > 0.33u(2\,500) + 0.66u(2\,400) + 0.01u(0),$$

$$0.33u(2\,500) + 0.67u(0) > 0.34u(2\,400) + 0.66u(0)。$$

由前一个不等式得到

$$0.34u(2\,400) > 0.33u(2\,500) + 0.01u(0);$$

由后一个不等式得到

$$0.33u(2\,500) + 0.01u(0) > 0.34u(2\,400)。$$

矛盾。上述行为违背独立性公理。概率分布 **a** 是结果（2 500，2 400，0）上的复合分布：$0.34\left(\frac{33}{34},\ 0,\ \frac{1}{34}\right)+0.66(0,\ 1,\ 0)$；**b** 也是结果（2 500，2 400，0）上的复合分布：$0.34(0,\ 1,\ 0)+0.66(0,\ 1,\ 0)$。如果 $\mathbf{a}P\mathbf{b}$，则根据独立性公理，$\left(\frac{33}{34},\ 0,\ \frac{1}{34}\right)P(0,\ 1,\ 0)$，即 $\left[0.34\left(\frac{33}{34},\ 0,\ \frac{1}{34}\right)+0.66(0,\ 1,\ 0)\right]P[0.34(0,\ 1,\ 0)+0.66(0,\ 1,\ 0)]$，就是说，$\mathbf{c}P\mathbf{d}$。

3.4.3 期望理论

卡尼曼与特沃斯基(1979)提出了自己的决策模型，解释阿莱斯悖论和其他异常实验结果。在他们之前，许多人把阿莱斯悖论归因于人们对确定性的偏好。但是，卡尼曼与特沃斯基指出，当所有概率分布都远离确定性时，独立性公理仍常被违背。我们看下面四个分布：

概率分布 **a**：0.45 的概率得到 6 000 元，0.55 的概率得到 0 元；

概率分布 **b**：0.90 的概率得到 3 000 元，0.10 的概率得到 0 元；

概率分布 **c**：0.001 的概率得到 6 000 元，0.999 的概率得到 0 元；

概率分布 **d**：0.002 的概率得到 3 000 元，0.998 的概率得到 0 元。

他们发现，在 **a** 和 **b** 之间，人们一般选择 **b**；在 **c** 和 **d** 之间，人们一般选择 **c**。这种选择违背独立性公理。在概率分布 **c** 和 **d** 中，高收益的发生概率都很小，人

们一般选择奖金数更高的那个分布。但是当两个分布中高收益的发生概率都比较高时，例如 **a** 和 **b**，人们一般选择相对更确定的那个分布。

卡尼曼与特沃斯基指出，当人们得在损失上的概率分布之间而非收益上的概率分布之间做选择时，对确定性的这种偏好不复存在。我们再看几个概率分布：

概率分布 **a**：0.80 的概率得到 −4 000 元，0.20 的概率得到 0 元；

概率分布 **b**：确定得到 −3 000 元；

概率分布 **c**：0.20 的概率得到 −4 000 元，0.80 的概率得到 0 元；

概率分布 **d**：0.25 的概率得到 −3 000 元，0.75 的概率得到 0 元。

如果阿莱斯悖论源于对确定性的偏好，**b** 和 **c** 就应是典型选择。但是，卡尼曼与特沃斯基发现，典型选择是 **a** 和 **d**。他们给出的解释是在损失上人们愿冒风险，虽然人们在收益上厌恶风险。

卡尼曼与特沃斯基指出，概率分布的表述形式影响人们的选择。给一个人 1 000 元，然后让他在以下两个概率分布之间做出选择：

概率分布 **a**：0.5 的概率得到 1 000 元，0.5 的概率得到 0 元；

概率分布 **b**：确定地得到 500 元。

给一个人 2 000 元，然后让他在以下两个概率分布之间做出选择：

概率分布 **c**：0.5 的概率输掉 1 000 元，0.5 的概率得到 0 元；

概率分布 **d**：确定输掉 500 元。

卡尼曼与特沃斯基发现，**b** 和 **c** 是典型选择。

为解释这些发现，卡尼曼与特沃斯基提出了期望理论[①]，以取代期望效用理论。在他们的模型中，选择包含两个阶段：编辑阶段和定价阶段。在编辑阶段，人们“组织和整理所面对的选项，以简化随后的定价和选择”。

3.4.3.1　编辑阶段

卡尼曼与特沃斯基认为在编辑阶段，人们进行六项活动。

---

① 译者注：卡尼曼与特沃斯基称自己的理论为“Prospect Theory”，这里译为“期望理论”。国内也有“前景理论”和“展望理论”等译法。但是，本意上，这一理论依然探讨人们在各种概率分布之间的选择。“prospect”一词，指的就是概率分布。卡尼曼与特沃斯基在 1979 年的文章中，把“prospect”定义为 $(x_1, p_1; \cdots; x_n, p_n)$，它“以概率 p_i 产生结果 x_i，其中，$p_1+p_2+\cdots+p_n=1$”。所以，在下文中，在单独出现“prospect”时，我们将其译为“概率分布”或“分布”。

(1) 编码：卡尼曼与特沃斯基认为，人们把收益和损失分开定价，所以，第一项工作是确定参照点，据此把结果编码为收益或损失。

(2) 合并：人们把相同结果的发生概率合并。

(3) 分离：人们找出并分离各选项中的无风险部分。例如，以 0.7 的概率得到 200 元和 0.3 的概率产生 100 元的概率分布，被理解为 100 元的无风险收益和再得到 100 元的可能性。

(4) 扣除：在比较两个概率分布时，人们不考虑它们之间相同的成分。例如，在前一个例子中，2 000 元的奖金被“扣除”，不影响在 **c** 和 **d** 之间的选择。

(5) 简化：人们可能对概率四舍五入，例如把 0.49 记为 0.5，或者不考虑极不可能发生的结果等，目的是简化计算。

(6) 找出占优方案：人们不考虑一阶随机劣势的概率分布。

3.4.3.2 估价阶段

卡尼曼与特沃斯基的估价模型与期望效用理论十分相似，都假定人们用结果收益的加权平均，对概率分布定价。但是，卡尼曼与特沃斯基使用的权重不是各个结果的主观概率而是这些概率的函数。他们认为，与期望效用理论不同，定价函数应不对称地对待收益和损失。

设 x 和 y 是两个不同的货币结果，p 是 x 的发生概率，q 是 y 的发生概率；以 $1-p-q$ 的概率，没有其他结果发生或者说收益为 0。如果 $x, y>0$ 且 $p+q=1$，卡尼曼与特沃斯基定义分布为严格正；如果 $x, y<0$ 且 $p+q=1$，为严格负；在其他所有情况中，为正常。对正常分布，人们最大化

$$V(x, p; y, q)=\pi(p)v(x)+\pi(q)v(y),$$

其中，$v(x)$ 和 $v(y)$ 是每种结果的价值，$\pi(p)$ 和 $\pi(q)$ 是权重，是各结果的发生概率的函数。他们认为，$v(0)=0$，$\pi(0)=0$，$\pi(1)=1$。如果 v 是伯努利函数且对所有的 p，$\pi(p)=p$，则函数 V 等价于期望效用函数。

对严格正或严格负的分布，例如 $x>y>0$ 或 $x<y<0$，同时 $p+q=1$，人们最大化

$$V(x, p; y, q)=v(y)+\pi(p)[v(x)-v(y)]。$$

这一函数形式反映了卡尼曼与特沃斯基的观点：人们认为严格正或严格负的概率分布由无风险部分 $v(y)$ 和风险部分 $v(x)-v(y)$ 构成。

期望理论的关键假设是 $v(\cdot)$ 不对称地对待收益和损失。卡尼曼与特沃斯基给出了三个具体假设：

(1) 价值函数定义在对参照点(既无收益也无损失)的偏离上；

(2) 价值函数在收益上是凹函数，在损失上是凸函数；

(3) 价值函数在损失上比在收益上更陡峭。

图 3.9 中的函数满足这些特征。

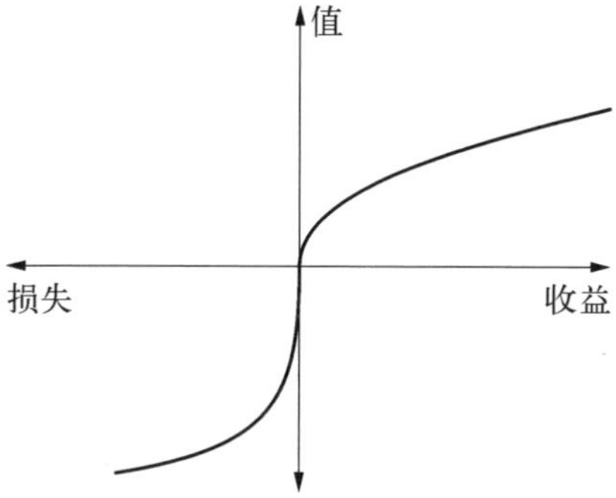

图 3.9　分布理论：价值函数

对决策权重 $\pi(p)$ 的特征，卡尼曼与特沃斯基给出了几个假设。

(1) π 是 p 的增函数；

(2) $\pi(0)=0$；

(3) $\pi(1)=1$；

(4) 在 p 值较小时，$\pi(p)>p$；

(5) 在 p 值较小时，π 具有次可加性，就是说，$\pi(rp)>r\pi(p)$，其中，$0<r<1$；

(6) 对所有的 p，π 具有确定性不足特征，就是说，$\pi(p)+\pi(1-p)<1$；

(7) 对所有的 $0<p, q, r<1$，π 具有比例不足特征，就是说，$\frac{\pi(pq)}{\pi(p)} \leqslant \frac{\pi(pqr)}{\pi(pr)}$。

前三个假设顺理成章。第四个假设说的是人们赋予较小概率更大权重。次可加性假设——它有助于解释阿莱斯悖论——与假设(2)结合，蕴含在 p 值较小时，π 是凸函数。确定性不足假定也有助于解释阿莱斯悖论。在阿莱斯悖论的例子中，典型选择蕴含 $v(2\,400)>\pi(0.33)v(2\,500)+\pi(0.66)v(2\,400)$ 和 $\pi(0.33)v(2\,500)>\pi(0.34)v(2\,400)$。这两个不等式蕴含 $1>\pi(0.66)+\pi(0.34)$。比例不足假设可以解释许多违背独立性公理的行为，因为保持概率比率固定，这一假设蕴含在概率很高时，决策权重的比例接近 1。

图 3.10 中画出了满足这些假设的一个函数。

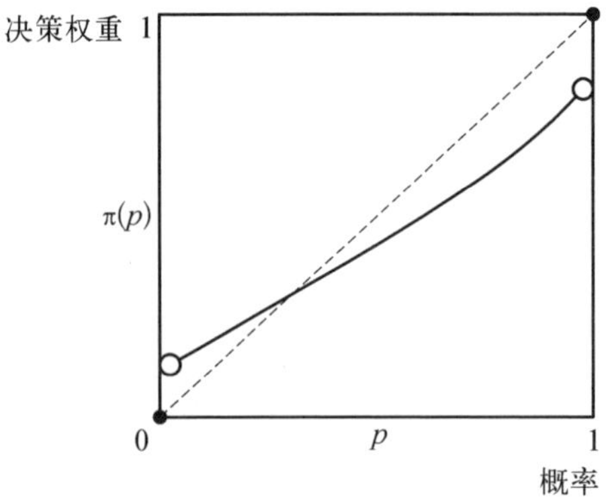

图 3.10 决策权重

3.5 时间偏好

许多动态模型要求决策者在当前收入和未来收入之间权衡取舍。一个合理的假定是：相对于未来效用，人们更看重当前效用(原因？在明天，我们可能死去)。我们用**贴现因子**反映这一现象。设 $\delta \in (0, 1)$ 是相对于当期效用，人们赋予下一个时期的效用的权重。这种常数贴现因子，意味着未来第二个时期的效用被赋予权重 δ^2，未来第 t 个时期的效用被赋予权重 δ^t，如此等等。

3.5.1 计算收益流

我们把没有确定的终点的博弈，称为无限期博弈，它的时期数趋于 ∞。在无限期博弈中，我们不能把各个时期中的收益相加，得到某个行动列所实现的效用，因为这种效用流的和为无穷大。几何贴现概念能解决这一问题。

我们看最简单的情况：在无限期中，某个人每个时期得到的效用为 u（即 $u_t = u$）。我们有两种方法计算这个效用流量的值 v^∞。

方法 1

$v^\infty = u + \delta u + \delta^2 u + \cdots = u \sum_{t=0}^{\infty} \delta^t$。由于 $\delta \in (0, 1)$，所以，$\sum_{t=0}^{\infty} \delta^t$ 是收敛幂级数。在 $t \to \infty$ 时，$\sum_{t=0}^{\infty} \delta^t$ 收敛于 $\frac{1}{1-\delta}$。因此，$v^\infty = \frac{u}{1-\delta}$。利

用这个结果，我们还能得到其他结论：

$$\sum_{t=0}^{T}\delta^t=\frac{1-\delta^{T+1}}{1-\delta}，\sum_{t=0}^{\infty}\delta^t=\frac{\delta^T}{1-\delta}，\sum_{t=T}^{S}\delta^t=\frac{\delta^T-\delta^{S+1}}{1-\delta}。$$

我们可以用这些结果计算有限效用流的值。例如，T 期效用流的值为

$$u\sum_{t=0}^{T}\delta^t=\frac{u(1-\delta^{T+1})}{1-\delta}。$$

方法2

计算 v^{∞} 的另一种方法是递归法，它是贝尔曼(Bellman，1957)最优性原理的基础。v^{∞} 是个无限期效用流，我们可以将其写为单期效用 u 加一个时期后开始的无限期效用流的现值，即

$$v^{\infty}=u+\delta v^{\infty},$$

得到 $v^{\infty}=u/(1-\delta)$。 我们也可以用这种方法计算有限期收益流。在 T 个时期中，决策者每个时期得到的效用为 u，我们计算 v^T。$v^T=v^{\infty}-\delta^{T+1}v^{\infty}$，所以

$$v^T=\frac{u}{1-\delta}-\frac{\delta^{T+1}u}{1-\delta}=\frac{u(1-\delta^{T+1})}{1-\delta}。$$

在这个例子中，这种方法的优势没有显现。在更复杂的环境中，这种方法有明显优势。假设有 n 种自然状态 $(s_1, \cdots, s_n)$。 在状态 j，决策者得到效用 u_j。 假设状态变化服从马尔科夫过程，就是说，时期 t 中每个状态的发生概率只取决于时期 $t-1$ 中的状态。就是说，对每个 i、j 和 t，$\Pr(S_t=s_i \mid S_{t-1}=s_j)=\pi_{ij}$。

我们计算始自状态 j 的效用流的值 v_j。 利用递归法，得到

$$v_j=u_j+\delta\sum_{i=1}^{n}\pi_{ij}v_i。$$

我们于是得到 n 个方程和 n 个未知数(即 v_i)。 由于对所有的 j，$\sum_{i=1}^{n}\pi_{ij}=1$，所以，用这一关系替换某个方程，有时候更容易求解这一方程组。

我们看个例子。假设美国某个政党在执政时，每年收益为 u_1；在野时，每年收益为 u_2。 设 $u_1>u_2$。 我们计算它的长期收益。假设存在执政党优势，

就是说，在它执政时（状态 1），它在大选中胜出并继续执政的概率为 $p > 1/2$。这意味着在它是在野党时（状态 2），下个时期，它依然在野的概率为 p。它从执政党变为在野党或从在野党变为执政党的概率为 $1-p$。为计算它在每种状态中的收益，我们建立递归方程。我们有 $n=2$ 个未知数，并且，$\pi_{11}=\pi_{22}=p$ 和 $\pi_{12}=\pi_{21}=1-p$。两个方程于是为

$$v_1 = u_1 + \delta(pv_1 + (1-p)v_2),$$

$$v_2 = u_2 + \delta((1-p)v_1 + pv_2)。$$

求解这一方程组，得到

$$v_1 = \frac{(1-\delta p)u_1 + \delta(1-p)u_2}{1-2\delta p + \delta^2(2p-1)},$$

$$v_2 = \frac{\delta(1-p)u_1 + (1-\delta p)u_2}{1-2\delta p + \delta^2(2p-1)}。$$

在上面这些例子中，效用流外生给定：它或者固定或者由固定概率分布生成。我们放松这一条件。设决策者的状态选择集为 $X(s_t)$。他通过选择政策 $x_t \in X(s_t)$，最大化收益流 $u(x_t, s_t)$ 的现值，其中，$s_t \in \{s_1, \cdots, s_t\}$ 是时期 t 的自然状态。假设状态 s_t 生成的概率分布决定于 x_t，就是说，给定状态 s_t 和选择 x_t，状态 s_{t+1} 的发生概率为 $\pi(s_{t+1} \mid x_t, s_t)$。这里只探讨稳态方案（即所选择的行动只决定于状态的方案）。设 $x(s)$ 是稳态方案，它给出了在状态为 s 时所应采取的行动。

在状态 s 中执行方案 $x(s)$，实现的收益为

$$v(x(s), s) = u(x(s), s) + \delta \sum_{s'} v(x(s'), s')\pi(s' \mid x(s), s)。$$

假设我们能就所有方案求解出 $v(x(s), s)$。于是，最优收益为

$$v^*(s) = \sup_x v(x(s), s)。$$

根据贝尔曼最优性原理，

$$v^*(s) = \sup_{x \in X(s)} u(x, s) + \delta \sum_{s'} v^*(s')\pi(s' \mid x, s)。$$

3.5.2　双曲线贴现

大部分博弈模型使用几何贴现。但是，在行为决策理论中，越来越多的文献使用与试验证据更一致的其他贴现方法①，其中，使用得最多的方法称为双曲线贴现。它假定在时点0，人们赋予时点t的效用的贴现因子为

$$h(t)=(1+\alpha t)^{-\frac{\gamma}{\alpha}},$$

其中，$\gamma>0$，$\alpha>0$。除非α接近0，否则，双曲线贴现方法赋予未来效用的权重比常数贴现方法赋予的权重大很多。它还存在“时间一致性”问题，就是说，时点t的最优方案取决于未来时点t到现在的距离。假设一个人要决定如何把1元钱的消费预算分配到时期0、1和2中。设$U(x)=\sqrt{x}$。在使用常数贴现因子时，最优方案是以下优化问题的解：

$$\max_{x_0,x_1,x_2}\sqrt{x_0}+\delta\sqrt{x_1}+\delta^2\sqrt{x_2}\quad s.t.\quad \sum x_t=1。$$

最优解必须满足$x_1=\delta^2x_0$和$x_2=\delta^4x_0$。将它们代入预算约束条件，得到

$$x_0=\frac{1}{1+\delta^2+\delta^4},\ x_1=\frac{\delta^2}{1+\delta^2+\delta^4},\ x_2=\frac{\delta^4}{1+\delta^2+\delta^4}。$$

现在，在第一个时期之后，即在消费了$x_0=\dfrac{1}{1+\delta^2+\delta^4}$之后，此人决定重新优化自己的消费结构。他再次选择了$x_2=\delta^2x_1$。将这一结果代入预算约束条件$x_1+x_2=\dfrac{\delta^2+\delta^4}{1+\delta^2+\delta^4}$中，得到

$$x_1=\frac{1}{1+\delta^2}\cdot\frac{\delta^2+\delta^4}{1+\delta^2+\delta^4}=\frac{\delta^2}{1+\delta^2+\delta^4},\ x_2=\frac{\delta^4}{1+\delta^2+\delta^4}。$$

就是说，此人继续执行初始最优消费方案。

现在，假设此人使用双曲线贴现。我们分析他的配置问题。为使计算简单，设$\alpha=\gamma=1$。此人现在的优化问题为

---

① 在学习本节前，你应该重温数学附录中的优化部分。

$$\max_{x_0,x_1,x_2} \sqrt{x_0}+\frac{1}{2}\sqrt{x_1}+\frac{1}{3}\sqrt{x_2} \quad s.t. \quad \sum x_t=1,$$

最优解满足一阶条件：$x_1=\frac{1}{4}x_0$，$x_2=\frac{1}{9}x_0$。最优解于是为

$$x_0=36/49,\ x_1=9/49,\ x_2=4/49。$$

假设在消费了 x_0 之后，此人决定重新优化自己的消费结构。新的一阶条件为 $x_2=\frac{1}{4}x_1$。把它代入预算约束条件 $x_1+x_2=13/49$ 中，得到

$$x_1=\frac{4}{5}\cdot\frac{13}{49}=\frac{52}{245}>\frac{9}{49},\ x_2=\frac{13}{245}<\frac{4}{49}。$$

此人改变了初始最优方案，把更多的消费从时期 2 转移到时期 1。造成这种变化的原因是和时期 0 时的消费决策相比，在时期 1 的消费决策中，时期 1 的权重相对于时期 2 的权重更高。

双曲线贴现在解释试验中出现的异常结果和消费的时间特征等方面(例如，退休人口的消费小于常数贴现模型所预测的消费)尽管十分有用，但在政治科学中，很少被用到。①

3.6　习　　题

习题 3.1　斯密是众议员，她在考虑竞选参议员。她认为自己获得党内提名的概率为 50%；如果没有获得提名，她依然做众议员；如果获得提名，她有 40% 的可能性赢得参议院席位；参议院席位带给她的效用为 W。如果竞选失败，她就得打道回府，经营自己的家族生意，得到效用 L。如果不参加竞选而依然做众议员，她的效用为 H。

(1) 利用概率树，描述斯密的竞选决策所涉及的概率分布。

---

① 一个概念上的障碍是，在这种贴现方法中，无限时域上的效用现值可能没有定义。假设要计算无限期效用流的现值，每个时期中的效用都为 u，则级数 $\sum_{t=0}^{\infty}h(t)u$ 必须收敛。但是，在参数 α 和 γ 的很多取值上，它不收敛。

(2) 计算竞选决策的期望效用。

(3) H 必须比 W 和 L 低多少，才能使斯密决定竞选参议员？

习题 3.2　证明定理 3.1。

习题 3.3　计算以下概率分布的期望收益：连续五个时期，某个人在每个时期抛一次硬币。在任何一个时期里，如果他抛出正面向上，则他得到 x 元钱，如果算上这一次，他已经连续 x 次抛出正面向上的话。在这里，连续抛出正面向上，指的是在前一个时期或后一个时期皆抛出正面向上。

习题 3.4　在蒙提·霍尔的节目中，假设蒙提随机打开一扇门而非始终打开藏有山羊的门，就是说，他可能打开藏有豪华车的那扇门。在他打开藏有豪华车的那扇门时，参赛者显然应该改变自己的选择，选择这扇门。但是，如果在他打开的门后，出现的是山羊，参赛者应该改变自己的选择，选择另一扇门吗？

习题 3.5　某个国家卷入一场战争。在每个时期，它都得进行一场战役，耗费成本 $f>0$。在每场战役中，这个国家胜出的概率为 π。如果它连续赢得两场战役，它就赢得整场战争，得到收益 $w>0$。如果它连续输掉两场战役，它就输掉整场战争，得到 $l=0$。这个国家的贴现因子为 δ。

对应连续赢得战役或连续输掉战役，有五种可能的状态。其中两种状态是终点状态，分别是赢得战争和输掉战争。对每个非终点状态，计算继续这场战争的期望效用。f 满足什么条件才能使这个国家不主动挑起战争？f 必须满足什么条件才能使这个国家在输掉一场战役后便举手投降呢？

习题 3.6　证明 $\pi(p)>p$ 和次可加性假定蕴含在较小的 p 值中，决策权重函数 π 是凸函数。

习题 3.7　分析下面的概率分布：

概率分布 **a**：0.45 的概率得到 6 000 元，0.55 的概率得到 0 元；

概率分布 **b**：0.90 的概率得到 3 000 元，0.10 的概率得到 0 元；

概率分布 **c**：0.001 的概率得到 6 000 元，0.999 的概率得到 0 元；

概率分布 **d**：0.002 的概率得到 3 000 元，0.998 的概率得到 0 元。

期望理论所预测的选择是哪一项？为什么？

习题 3.8　卡尼曼与特沃斯基发现，在下面的实验中，**b** 和 **c** 是典型选择：

实验 1：给某个人 1 000 元，然后让他在下面两个概率分布之间做出选择：

概率分布 **a**：0.5 的概率再得到 1 000 元，0.5 的概率得到 0 元；

概率分布 **b**：确定得到 500 元。

实验 2：给某个人 2 000 元，然后让他在下面两个概率分布之间做出选择：

概率分布 **c**：0.5 的概率失去 1 000 元，0.5 的概率得到 0 元；

概率分布 **d**：确定失去 500 元。

这些选择与期望效用理论不一致吗？

习题 3.9 求证：

(1) $\sum_{t=0}^{\infty}\delta^t=\frac{1}{1-\delta}$，(2) $\sum_{t=0}^{\infty}\delta^{t-1}=\sum_{t=0}^{\infty}\delta^t$，

(3) $\sum_{t=0}^{T}\delta^t=\frac{1-\delta^{T+1}}{1-\delta}$，(4) $\sum_{t=T}^{\infty}\delta^t=\frac{\delta^T}{1-\delta}$，

(5) $\sum_{t=T}^{S}\delta^t=\frac{\delta^T-\delta^{S+1}}{1-\delta}$。

习题 3.10 计算 $\sum_{t=0}^{\infty}\delta^{2t}$ 的值。

习题 3.11 设贴现因子为 $\delta=2/3$。收益列 (1，2，1，2，1，2，1，…) 的值是多少？

习题 3.12 你在无限次地抛一枚只有三个面的骰子。在任何时期，如果第一面落地，你得到 1 元；如果第二面落地，你得到 0 元；如果第三面落地，你得到 2 元。假设骰子以第 x 面落地的概率为 π_x，并且，掷骰子的结果是独立事件。假设这个骰子密度分布均匀，贴现因子是 δ。这一概率分布列的期望值是多少？如果货币收益产生的效用为 $u(x)=\ln x$，这一概率分布的确定性等价是多少？

习题 3.13 现在，假设骰子是特制的。掷骰子的结果遵循马尔科夫过程，对 i，$j=\{1, 2, 3\}$，转移概率为 π_{ij}。设贴现因子为 3/4；$\pi_{ii}=2/3$；如果 $i\neq j$，则 $\pi_{ij}=1/6$。回答前一题中的问题。

习题 3.14 $\{x_t\}_{t=1}^{\infty}$ 为收益列。要使 $\sum_{t=0}^{\infty}x_t\delta^{t-1}$ 取有限值，这个列必须满足什么条件？

习题 3.15 参数 α 和 γ 取什么值时，$\sum_{t=1}^{\infty}h(t)=\sum_{t=1}^{\infty}(1+\alpha t)^{-\gamma/\alpha}$ 取

有限值?

习题 3.16　使用双曲线贴现,设 $h(t)=(1+\alpha t)^{-\gamma/\alpha}$。收益列 (1, 2, 1, 2, 1, 2, 1, …) 的值是多少?

第 4 章　社会选择理论

4.1　名 额 分 配

本节讨论的情况，很多读者在职业生涯中会遇到（或已经遇到）：分配师资名额。我们根据现实，虚构一个政治科学系，它的师资均匀分布于五个专业：美国政治 (A)、比较政治 (C)、国际关系 (I)、政治理论 (T) 和数理政治理论/方法 (F)。 由于大学资金紧张，院长只允许政治科学系增加一个编制。她不愿得罪系中各个山头，所以，没有指明为哪个专业增加师资，只是说，“你们研究政治学，想来能解决这个问题”。有过类似经历的读者，不难领悟院长的挖苦之意。

同一专业领域中的教师，对引进哪方面人才，自然有相同偏好。我们假定在五个专业中，每个专业都有自己的完全的和传递的偏好序。表 4.1 给出了他们的偏好序。

表 4.1

A	C	I	T	F
A	C	I	T	F
F	T	C	I	A
C	I	T	C	I
T	A	F	F	C
I	F	A	A	T

从表中可以看出，美国政治专业认为，最好是招聘研究美国政治的学者，最糟糕的莫过于招聘研究国际关系的学者；如此等等。系主任考虑如何集体决定师资名额的分配。他首先想到由全系教师投票，得票最多者胜出（plurality rule)。但他马上想到，每个教师投票给自己最偏好的专业，结果必然是各专业得票数相等。他决定采用逐对投票多数通过的投票规则(pairwise majority)。在这一投票程序下，每个专业与其他每个专业配对，逐对投票决胜负。如果有专业在所有逐对投票中胜出，系里就为它招聘教师。系主任自觉这种方式公平，决定在全系大会上推行。各个专业首先对 A 和 C 投票。C 胜出，它得到 T 和 I 支持。接着对 C 和 I 投票。I 以 3 比 2 的票数胜出。接着，T 打败 I，打败 F，打败 A；然后输给 C。 就是说，每个专业都在至少一轮的配对对决中落败。系主任的投票程序没有产生结果。但是，他看到，在配对对决中，A 不曾胜过；F 战胜过 A 但输给其他专业。系主任意识到，这个名额不能给美国政治专业 (A) 和数理理论专业 (F)。

一番折腾后，系主任觉得打分排序也许行得通。他要求每个教师对所有专业排序打分。排位第一的专业得 5 分，排位第二的专业得 4 分，以此类推[这种投票程序称为博尔达计分(Borda Count)]。系主任事先做了番计算，知道如果每个人都按自己的偏好打分，最终排位为 C (17 分)、I (16 分)、T (15 分)、F (14 分)和 A (13 分)。

拿到结果时，系主任惊讶不已。数理政治学家们(即 F) 做了手脚，在打分时把 I 排在第一位，把 C 排到第五位。I 得到 18 分，C 得到 16 分——与 F 对 I 和 C 的排序正好一致。C 被激怒，要求重新打分。他们想在重新打分时，把 I 排在第五位，这样，C 就能与 I 并列第一。系主任意识到，如果重新打分，I 会把 C 排到最后一位；如果 T 在打分时也要花招，最终胜出的甚至可能是 T。他宣布休会。第二天，他打电话给院长，把名额让给了经济学系。

这种集体选择落得如此下场，并不使人意外。社会选择理论的一个基本结论是：集体选择过程必须限制选择集或者限制偏好截面集，或者违背其他某个合乎常理的规范条件。我们将看到，所有合乎常理的集体决策机制，都会被人策略性操纵，就像在博尔达计分规则下 F 所做的那样。

4.2 偏好加总规则

本节为后文正式分析偏好加总规则提供基本概念和思想。假设有 $n > 2$

个人，即 $N=\{1, \cdots, n\}$，他们必须集体从集合 X 中选择一个结果。[①] 我们的目的是了解个人偏好如何加总为集体偏好。设第 i 个人在 X 上的偏好序为 R_i。和第2章一样，个人偏好序是完全的、反身的和传递的。我们用 $\mathcal{R}$ 表示所有可能的完全的、反身的和传递的偏好序。我们用 $\rho=(R_1, R_2, \cdots, R_n)$ 表示 n 个人的偏好序，称它为偏好截面。偏好截面集于是为 $\mathcal{R}^n$。集合 $\mathcal{B}$ 由 X 上的完全的社会偏好序构成。就是说，$\mathcal{B}$ 中的偏好序可能不具有传递性。

定义 4.1 一个偏好加总规则是一个函数 $f: \mathcal{R}^n \rightarrow \mathcal{B}$。

偏好加总规则是个函数，它把每个偏好截面映射到社会偏好。我们用 R_i 表示个人偏好序，用 R 表示社会偏好序。我们看本章开头的逐对投票多数通过的投票规则。如果偏好序为 xR_iy 的人数和偏好序为 yR_ix 的人数至少相同，我们就说这一投票规则——它是一种偏好加总规则——产生的社会偏好为 xRy。对任意偏好截面，这一投票规则都能产生完全偏好序，所以，它满足定义4.1。定义4.1没有要求偏好加总规则产生具有传递性的社会序。在政治学系的例子中，逐对投票多数通过的规则，就产生循环序 $T>I>C>T$。

我们希望偏好加总规则具有哪些性质呢？也许，最重要的性质是它能产生出最好的结果，人们能真正地做选择。换句话说，对所有的偏好截面，社会最优集 $M(R, X)$ 应该是非空集。第2章告诉我们，在偏好序 R 具有非循环性或传递性时，对所有偏好截面，$M(R, X)$ 是非空集。

定义 4.2 偏好加总规则 f 是传递的，如果对每个 $\rho \in \mathcal{R}^n$，f 生成的社会偏好序是传递的。

其次，偏好加总规则至少应实现最低限度的民主，不能由一个人的偏好或者说由独裁者的偏好决定对各选项的社会排序。

定义 4.3 偏好加总规则 f 是非独裁的，如果不存在 $i \in N$ 使得对每个 $\rho \in \mathcal{R}^n$ 和每个 $x, y \in X$，xP_iy 蕴含 xPy。

这个条件相当苛刻。按照这一定义，“独裁者”能在每种偏好截面下，实现自己的偏好。

再次，所有人都不认可的社会序，自然不是好东西。如果在 x 和 y 之间，

① 本章只介绍完全信息模型，“行动”、“政策”或“结果”等在这种模型中含义相同。

所有人都偏好 x，则社会偏好应该反映这一排序。这一标准，用意大利经济学家维尔弗雷多・帕累托(Vilfredo Pareto)的名字命名，称为**帕累托效率**或**帕累托最优**。

定义 4.4　偏好加总规则 f 是弱帕累托最优的，如果对所有的 $x, y \in X$，对每个 $i \in N$，xP_iy，则 xPy。

最后，社会对任意两个结果的排序，应该只决定于人们对这两个结果的个人排序，不应牵扯其他。在前面的例子中，数理政治学家之所以操纵计分程序，原因是社会对 C 与 T 的排序，决定于 F 对 F、A 和 I 的相对偏好。仅就从 C 和 T 之间的选择而言，F 对 F、A 和 I 的偏好不应产生影响。这一性质被称为**无关选项的独立性**(IIA)。

定义 4.5　偏好加总规则 f 独立于无关选项，如果对任意一对政策 x，$y \in X$ 和任意两个偏好截面 ρ，$\rho' \in \mathcal{R}^n$，xRy 当且仅当 $xR'y$，只要对每个 $i \in N$，xR_iy 当且仅当 xR'_iy。

所有这些性质都合情合理，每个性质都能找到支持它的规范理由或实际理由(对 IIA 的支持可能弱一些)。但是，阿罗定理(Arrow，1951)指出，加总规则无法同时满足所有这些性质。阿罗定理是社会科学中最重要的定理之一。根据这一定理，产生传递性偏好、具有帕累托效率且满足 IIA 的加总函数必然是独裁的。换句话说，社会偏好要具有个人偏好所具有的传递性特征，它就必须是某个人即独裁者的个人偏好。

现在介绍并证明阿罗定理。

定理 4.1　设 X 是有限集，包含至少三个选项。不存在具有传递性、非独裁性、弱帕雷托最优性且独立于无关选项的偏好加总规则 $f: \mathcal{R}^n \to \mathcal{B}$。

我们所寻找的加总规则，在 $\mathcal{R}^n$ 中所有的偏好截面上都有定义。这是隐含于阿罗定理中的重要前提，但它常被误解。它没有说对每个偏好截面 $\rho \in \mathcal{R}^n$，满足 IIA、弱帕累托最优性和非独裁性的加总规则都产生无传递性的偏好序；它只是说在某个偏好截面上，传递性被违背。一些人于是在表述阿罗定理时，增加一个条件，称为“不受限制的定义域”，就是说，$\mathcal{R}^n$ 中每个偏好截面都必须在偏好加总规则的定义域中。我们则明确要求偏好加总规则的定义域为 $\mathcal{R}^n$。要证明阿罗定理，我们还需要一个定义。

定义 4.6　给定加总规则 f，集合 $W \subset N$ 对 x 胜过 y 是**半决定性的**，如果对每个 $\rho \in \mathcal{R}^n$ 使得对所有的 $i \in W$，xP_iy，且对所有的 $j \in W^c = N \backslash W$，$yP_ix$，$xPy$。$W$ 对 x 胜过 y 是**决定性的**，如果对每个 $\rho \in \mathcal{R}^n$ 使得对所有的 $i \in W$，xP_iy，xPy。W 是**决定性的**，如果对所有的 x，$y \in X$，集合 W 对 x 胜过 y 是决定性的。

我们介绍并证明在偏好加总规则满足阿罗定理的某些条件时，决定性集合具有的一个性质。以此为基础，我们给出阿罗定理的一种证明。

引理 4.1　设偏好加总规则 f 具有传递性、独立于无关选项且具有弱帕累托效率。则 $W \subset N$ 是决定性的，如果对某个 x，$y \in X$，$W \subseteq N$ 对 x 胜过 y 是半决定性的。

证明：设 $W \subset N$ 对 x 胜过 y 是半决定性的。设在偏好截面 $\rho \in \mathcal{R}^n$ 下，对所有的 $i \in W$，xP_iz。

设偏好截面 $\rho' \in \mathcal{R}^n$ 具有以下特征：(1) 对所有的 $i \in W$，$xP'_iyP'_iz$；(2) 对所有的 $z \notin \{x, y\}$ 和所有的 $j \in W^c$，yP'_jx 且 yP'_jz；(3) 对所有的 $z \notin \{x, y\}$ 和所有的 $j \in W^c$，xR_jz 当且仅当 xR'_jz。就是说，每个人在 ρ 和 ρ' 中对 x 和 z 的排序相同。由于 W 对 x 胜过 y 是半决定性的，所以，$xP'y$。因为 f 具有弱帕累托效率，所以，$yP'z$。因为 f 具有传递性，所以，$xP'z$。但是，由于：(1) ρ' 没有明确 W^c 在 x 与 z 上的偏好；(2) ρ 和 ρ' 在 x 与 z 上的排序相同；(3) xR_jz 当且仅当 xR'_jz。因此，f 具有无关选项独立性蕴含 xPz。因此，**W 对 x 胜过 z 是决定性的**。这自然蕴含 W 对 x 胜过 z 是半决定性的。

同理，可证明 **W 对 x 胜过 y 是决定性的**。

现在证明 W 对 y 胜过 z 是决定性的。我们看具有如下特征的两个偏好截面 $\rho^0 \in \mathcal{R}^n$ 和 $\rho^+ \in \mathcal{R}^n$：在 ρ^0 下，对所有的 $i \in W$，yP_i^0z；在 ρ^+ 下，对所有的 $i \in W$，$yP_i^+xP_i^+z$，对所有的 $j \in W^c$，zP_j^+x 且 yP_j^+x；对所有的 $j \in W^c$，yR_j^0z 当且仅当 yR_j^+z。由于 W 对 x 胜过 z 是决定性的，所以，xP^+z。由于 f 是弱帕累托最优，所以，yP^+x。由于 f 具有传递性，所以，yP^+z。ρ^+ 只明确了 W 中的成员在 $\{y, z\}$ 上的偏好，并且，ρ^0 和 ρ^+ 在 y 与 z 的排序上一致，因

此，IIA 蕴含 yP^0z。因此，**W 对 y 胜过 z 是决定性的**。因此，W 对 y 胜过 z 是半决定性的。

重复前面的步骤并利用这一结论，我们能证明 **W 对于 y 胜过 x 是决定性的**。综合所有结论，W 是决定性的。 □

就是说，如果在对某一对选项的比较中，某个团体是半决定性的，则它是决定性的。如果偏好加总规则满足 IIA 和弱帕累托标准，则在某一对选项的比较中说了算的团体，在所有的两个选项的比较中说了算。现在证明阿罗定理。我们将证明或者有一个人是决定性的或者整个集体不是决定性的——前者违背非独裁性条件，后者违背弱帕累托条件。就是说，阿罗定理的诸条件在逻辑上不兼容。

阿罗定理的证明

设 X 是有限集，包含至少三个选项；设偏好加总规则满足传递性、非独裁性、弱帕累托效率和无关选项独立性。根据引理 4.1，对任意集合 $W \subset N$，W 是决定性的，或不存在任何一对 $x, y \in X$ 使得 W 对 x 胜过 y 是半决定性的。我们看两个不交集 $A, B \subset N$，它们对任何 x 和 y 都不是半决定性的(因此不是决定性的)。设 $C = N \backslash \{A \cup B\}$。由于 $n > 2$ 且没有任何单元素集合 $\{i\}$ 是决定性的，所以，存在这样三个集合 A，B 和 C。设偏好截面 $\rho^- \in \mathcal{R}^n$ 使得对所有的 $i \in A$，$xP_i^- yP_i^- z$；对所有的 $j \in B$，$zP_j^- xP_j^- y$；对所有的 $t \in C$，$yP_t^- zP_t^- x$。由于 A 和 B 对任意一对选项都不是半决定性的，因此，$zR^- x$ 且 $yR^- z$。f 具有传递性，因此，$yR^- x$。这蕴含集合 $A \cup B$ 对 x 胜过 y 不是半决定性的，因此，集合 $A \cup B$ 不是决定性的。就是说，两个非决定性的不交集的并，不是决定性的。f 是非独裁的，因此，没有任何单元素集合是决定性的。因此，没有任何团体是决定性的。这蕴含 N 不是决定性的。与 f 具有弱帕累托效率的前提矛盾。 □

第一节中的例子佐证了阿罗定理：逐对投票多数通过规则不具有传递性，博尔达计分规则不满足 IIA。再看一致通过的投票规则。加总规则为一致通过规则，如果对任意的 x 和 y，xPy 当且仅当对所有的 i，xR_iy，且对某个 i，xP_iy。它显然满足弱帕累托标准并满足 IIA，因为它只根据所有人在 x 和

y 上的偏好，在 x 和 y 之间做出选择。它不具有传递性。表 4.2 中的个人偏好序就是例证：一致通过规则蕴含 xRy 且 yRz，但它也蕴含 zPx。

表 4.2

1	2	3
y	z	z
z	y	x
x	x	y

偏好加总规则的定义域由所有可能的偏好截面构成。所以，阿罗定理允许在某个偏好截面上，存在令人满意的偏好加总结果，即令人满意的社会偏好序。于是，对阿罗定理的一种反应是限制偏好截面集，探讨在受限制的偏好截面集上，是否存在满足所有规范公理的偏好加总规则。

一种限制是单峰性。直观地说，单峰性要求按一定顺序把结果从左到右排列使得每个人的偏好序逐步上升至最偏好的结果然后逐步下降。图 4.1 画出了政治科学系各个专业的偏好序。在自左向右 $ACITF$ 的排列顺序下，只有专业 I 和 T 有单峰偏好，它们的偏好序逐步上升至各自的理想结果然后逐步下降。其他专业的偏好则为多峰。例如，专业 A 在 A 和 F 上到达顶峰。你可以验证，对表 4.1 中的偏好截面，我们无法通过调整结果的自左至右的排列顺序而使所有偏好有单峰。表 4.1 中的偏好截面不是单峰。

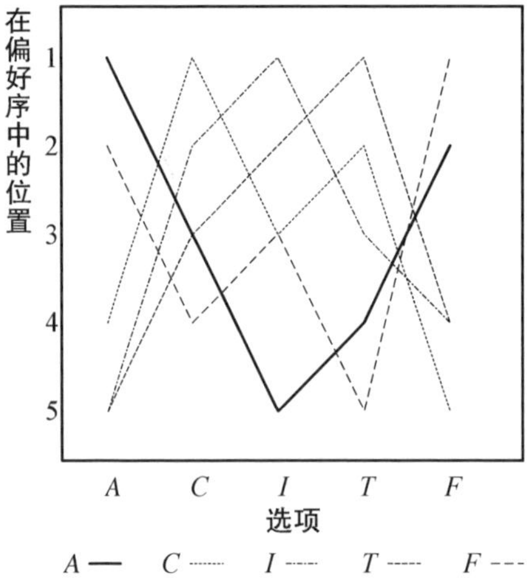

图 4.1　五个专业上的偏好

再看表 4.3 中的偏好截面。如果我们把结果按 $TCIAF$（或 $FAICT$）顺序自左向右排列，则所有专业的偏好都为单峰，位于峰顶的结果正是他们自己的专业领域，见图 4.2。我们在这一偏好截面下，分析逐对投票多数通过规则下生成的结果。现在，在所有选项中，I 胜出。而且，逐对投票多数通过规则产生了具有传递性的严格偏好序 $ICAFT$，它正好是 I 的偏好序。逐对投票多数通过规则在这个单峰偏好截面上产生如此奇妙的结果，是纯属偶然吗？答案是否定的。单峰性是逐对投票多数通过规则具有传递性的充分条件（但非必要条件）。

表 4.3

A	C	I	T	F
A	C	I	T	F
F	T	C	C	A
I	I	A	I	I
C	A	F	A	C
T	F	T	F	T

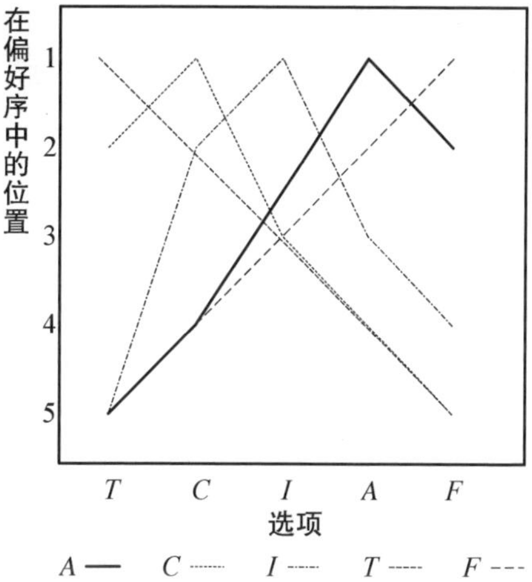

图 4.2　五个专业的单峰偏好

我们介绍一个概念，然后表述和证明这一结论。q 是个排序函数，如果它把结果集映射为一个确定的排列，正式地说，$q: X \to \{1, 2, \cdots, |X|\}$ 是单射和满射（即双射）。① 现在定义单峰性。

定义 4.7　给定集合 N 和有限选择集 X，偏好截面 $\rho \in \mathcal{R}^n$ 是单峰，如果存在双射 $q: X \to \{1, 2, \cdots, |X|\}$ 使得对每个 $i \in N$，存在 $t_i \in X$ 使得如果 $q(y) < q(t_i)$，则 $t_i P_i y$（并且，如果 $q(x) < q(y) < q(t_i)$，则 $t_i P_i y P_i x$），如果 $q(t_i) < q(b)$，则 $t_i P_i b$（并且，如果 $q(t_i) < q(b) < q(c)$，则 $t_i P_i b P_i c$）。我们用集合 $\mathcal{S} \subset \mathcal{R}^n$ 表示所有单峰偏好截面。

在这一定义中，选项 t_i 是 i 的理想点，它是 $M(R_i, X)$ 的唯一元素。随着

---

① 函数 $q: X \to X$ 是单射，如果对每个 $y \in X$，集合 $q^{-1}(y) = \{x \in X: q(x) = y\}$ 是单元素集。它是满射，如果对每个 $y \in X$，存在 $x \in X$ 使得 $q(x) = y$。

$q(x)$ 偏离 $q(t_i)$，i 的偏好序下降。

定理 4.2 给定 $\rho \in \mathcal{S}$，多数通过投票规则是传递的、弱帕累托最优的、IIA 和非独裁的。

我们证明传递性。任取 x、y 和 z 三个选项。不失一般性，(根据定义 4.7)设它们的位置为 $q(z) > q(y) > q(x)$。我们用 $P(x, y; \rho)$ 表示在偏好截面为 ρ 时，认为 x 优于 y 的所有人。

单峰性对 x、y 和 z 上的偏好序施加了限制。例如，某个人认为 x 优于 y。则在单峰性下，他只有一种偏好序，即 xP_iyP_iz；其他偏好序在 x 和 z 上有顶峰。我们因此知道他认为 x 优于 z。就是说，认为 x 优于 y 的人，也认为 x 优于 z。换句话说，$P(x, y; \rho) \subseteq P(x, z; \rho)$。请你证明单峰性产生以下结果：

$$P(x, y; \rho) \subseteq P(x, z; \rho),$$

$$P(z, x; \rho) \subseteq P(y, x; \rho),$$

$$P(z, y; \rho) \subseteq P(z, x; \rho),$$

$$P(x, z; \rho) \subseteq P(y, z; \rho)。$$

多数通过规则还有一个性质。一群人在一对选项上是决定性的，如果它的任意一个子集在这对选项上是决定性的。就是说，如果一群人构成多数，则这群人所在的每个群体，由于都比它大，也构成多数。因此，单峰性产生的上述结果蕴含以下结论：

$$如果\ xPy，则\ xPz； \tag{4.1}$$

$$如果\ zPx，则\ yPx； \tag{4.2}$$

$$如果\ zPy，则\ zPx； \tag{4.3}$$

$$如果\ xPz，则\ yPz。 \tag{4.4}$$

要证明传递性，我们需要证明以下六个命题彼此不矛盾。每个命题，或者直接得自(4.1)至(4.4)中的某个结论或者它的前提不成立。[1]

---

① 如果命题的前提(即“如果”部分)不成立，则命题成立。

(1) 如果 xPy 且 yPz，则 xPz。得自(4.1)。

(2) 如果 xPz 且 zPy，则 xPy。前提与(4.3)矛盾。

(3) 如果 yPx 且 xPz，则 yPz。得自(4.4)。

(4) 如果 yPz 且 zPx，则 yPx。得自(4.2)。

(5) 如果 zPx 且 xPy，则 zPy。前提与(4.2)矛盾。

(6) 如果 zPy 且 yPx，则 zPx。得自(4.3)。

我们穷尽了一切可能，证明了在只有三个选项时，如果偏好截面为单峰，则多数通过的投票规则具有传递性。这一结论可推广至有限多个选项。请你证明多数通过规则是弱帕累托最优的、IIA 和非独裁的。

4.3　集体选择

我们探讨了偏好加总规则应具有的性质。现在，我们探讨给定偏好加总规则下的最优政策。类似对个人选择问题的处理，我们假定社会选择来自社会偏好所生成的最优集。在社会选择背景中，我们称最优选项集为核。

定义 4.8　给定 X、$\rho \in \mathcal{R}^n$ 和偏好加总规则 f，核为 $C_{f(\rho)}(X) = M(f(\rho), X)$。

根据定理 2.1，如果 X 是有限集且集体偏好是完全的和传递的，则核是非空集，社会能做出选择。但是，根据阿罗定理，偏好加总规则未必具有传递性。在这种情况中，核可能是空集。

在多数通过投票规则下，如果核存在，则核中的结果被称为**孔多塞赢家**——孔多塞(Marquis de Condorcet)是用数学方法研究投票程序的第一人。只是单峰偏好下多数通过投票规则的核为非空集的结论，一般归功于邓肯·布莱克(Duncan Black)。

定理 4.3　设 $n > 2$ 且为奇数，$\rho \in S$，$f(\cdot)$ 为逐对投票多数通过规则。则 $C_{f(\rho)}(X) = \{t_m : |j \in N \backslash m : q(t_j) \leqslant q(t_m)| = |k \in N \backslash m : q(t_k) \geqslant q(t_m)|\}$。就是说，核是中位投票人的理想点。

这一定理的证明，类似单峰偏好下多数通过投票规则的传递性的证明，只是更简单。设 t_m 是中位理想点。就是说，$n/2$ 个人的理想点 t_i 满足 $q(t_i) \leqslant$

$q(t_m)$，$n/2$ 个人的理想点 t_i 满足 $q(t_i) \geqslant q(t_m)$。我们用 $P(t_m, x)$ 表示所有认为 t_m 优于 x 的人。如果 $q(x) < q(t_m)$，单峰性意味着 $P(t_m, x)$ 包含中位投票人和理想点 t_i 满足 $q(t_i) > q(t_m)$ 的所有人。这个集合是多数，因为它包含至少 $(n+1)/2$ 个人。如果 $q(x) > q(t_m)$，$P(t_m, x)$ 就包含中位投票人和理想点 t_i 满足 $q(t_i) < q(t_m)$ 的所有人。因此，对所有的 $x \neq t_m$，$t_m P x$。t_m 因此是最优集的唯一元素。

根据这一结论，如果偏好截面为单峰，则多数通过规则的核有定义。在这种情况中，服从"多数人的意志"可能是做出集体选择的合理的方式。

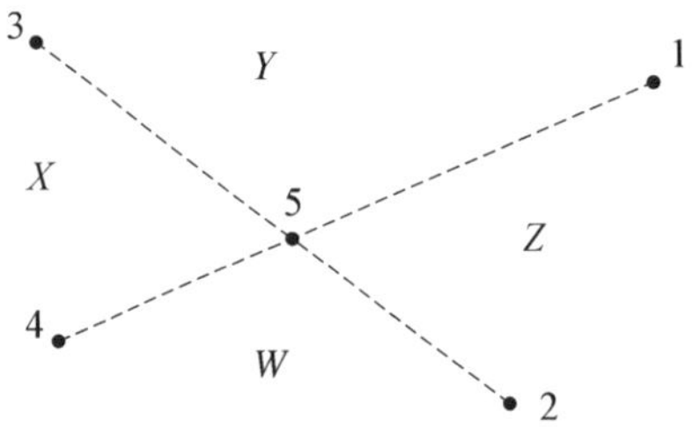

图 4.3　两维空间中的孔多塞赢家

但是，把偏好截面限制为单峰未必始终管用。选项有时有多个维度。我们很难把单峰性推广至这种情况。图 4.3 给出了五个投票人在两维空间中的理想点。每个人的无差异曲线为同心圆，对任意两个选项，每个人都偏好其中最接近理想点的选项。这种无差异曲线对应着欧几里得偏好。点 5 是多数通过规则中的核点或者说是孔多塞赢家，因为相对于其他的点，多数人偏好这个点。我们证明相对于点 5，其他任意选项遭到至少三个人反对。首先分析由点 5 向区域 W 中的政策的转变。投票人 5 反对这种变化；投票人 1 和 3 也反对。就是说，相对于区域 W 中的政策，投票人 5 的理想点被多数人偏好。如果点 5 为现状，则投票人 1、2 和 5 反对区域 X 中的政策；投票人 2、4 和 5 投票反对区域 Y 中的政策；投票人 3、4 和 5 投票反对区域 Z 中的政策。

投票人 5 的理想点是核，因为在任意两个选项上，投票人 5 都是中位投票人：如果他认为 x 比 y 好，则至少有另外两个人也这样认为。在把其他人的理想点两两比较时，这一结论肯定也成立，所以，投票人 5 的理想点肯定位于连接两个对立理想点(2 与 3，1 与 4)的直线上。下一节将介绍的普罗特条件(Plott，1967)概括了这一性质。但是，这一性质非常脆弱。对这样的两条直线的交点的微小偏离，如图 4.4 所示，会破坏掉多数通过规则的核。首先，图 4.4 中的交点不可能是核点，因为投票人 3、4 和 5 更偏好投票人 5 的理想点。其次，投票人 5 的理想点不可能是孔多塞赢家，因为存在集合 Y'，投票人 1、2 和

3更偏好 Y' 中的点。

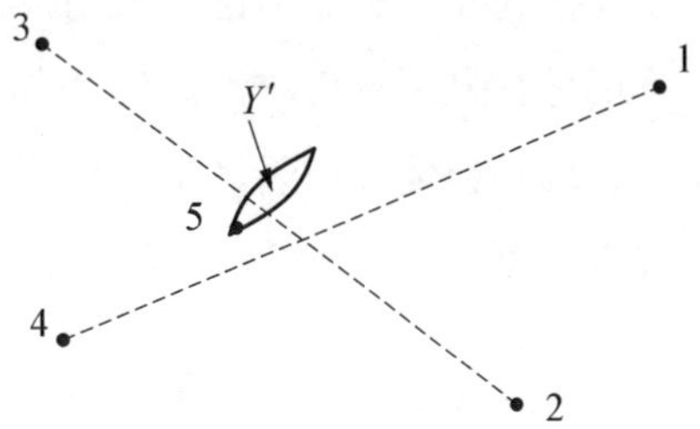

图 4.4　无孔多塞赢家

多数通过规则的核的存在性条件(或者,更准确地说,非空性条件)如此苛刻,我们自然要问,多数通过规则能否剔除一些不合理选项,缩小选项集。在第一节的例子中,系主任认为系里不应该增加美国政治和数理理论两个专业的师资数量,因为在逐对投票中,这两个专业败给另外三个专业。利用多数通过规则,可以剔除这两个选项,但是,后果是在顶端三个选项上产生了循环序。就是说,C、I 和 T 构成**顶端循环集**(top cycle set):集合中的选项优于集合外所有选项;但是,在顶端循环集上,多数通过规则不具有传递性。多数通过规则未必产生非空核,但它也许能生成很小的顶端循环集。这一点亦未必能实现。麦凯尔维(Richard McKelvey,1976)指出,在诚实投票(即在任何一对选项上,每个人都投票给自己偏好的那个选项)和欧几里得偏好下,顶端循环集或者是核或者是整个选择集。下一节正式介绍麦凯尔维的理论,这里用图4.5说明其中的原理。只有三个投票人,他们都有二次方偏好;政策 a 为现行政策。我们证明逐对投票多数通过规则能导致从 a 到政策空间中任何一点的变化。首先,和 a 点相比,b 点得到多数人支持,因为投票人1和2偏好 b。但是,一旦到达 b 点,投票人2和3认为 c 比 b 好;一旦到达 c 点,投票人1和3认为 d 比 c 好。这一过程不断持续。结果,多数人认为优于现状的选项越来越多。我们离各个投票人的理想点越来越远。从图上看,投票人1和2认为更远的点 e 比 d 好。一旦到达 e 点,我们可能回到 a 点(在 a 和 e 之间,投票人一致偏好 a),也可能到达更偏远的点。

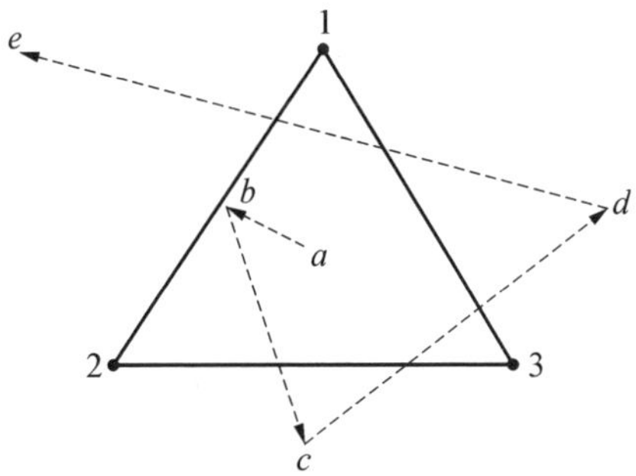

图 4.5　麦凯尔维定理

麦凯尔维对偏好加总的分析不是严格意义上的实证研究,没有得到明确的结论。从他的模型中,一些人看到政治混沌:循环的偏好序导致选择不稳定。这种解读把麦凯尔维模型简单化,一个没有得到任何实证结论的模型被强加了一个结论。对麦凯尔维模型的更合理解读是它强调研究政治制度的作用,集体选择终究是在政治制度中做出。只包含偏好和偏好加总规则的模型,常常缺乏解释力。非合作博弈论,为构造具有现实重要性的集体选择模型,提供了工具。

普罗特条件和麦凯尔维定理*

本节在多数通过投票规则和多维偏好背景下介绍普罗特和麦凯尔维的定理。条件 4.1 描述了这两个定理所依托的社会选择环境。

条件 4.1 $\mathbb{R}^d$ 是有限维实空间,$X \subset \mathbb{R}^d$ 是凸集,人们拥有 X 上的严格凸的连续偏好。

在 X 是紧集时,根据定理 2.3 和 2.4,每个人都有理想点。设 i 的理想点为 $y_i \in X$。这里直接假定每个人都有理想点,而不假定 X 是紧集。严格凸偏好蕴含上优集是严格凸集。如果我们将偏好限制为欧几里得偏好,即 $u_i(x) = -\|x - y_i\|$,我们就能准确描述在政策选项 x 变化时,效用如何变化。

定义 4.9 如果偏好为欧几里得偏好,则对任意的 $x \in X$,梯度向量为

$$\nabla u_i(x) = y_i - x。$$

梯度向量 $\nabla u_i(x)$ 是个有方向的量或者说是个有向线段,指向 i 希望在 x 点发生的政策变化方向。对一般效用函数而言,x 点的梯度向量是点 x 上的偏导数向量。

定义 4.10 设效用函数为 $u: \mathbb{R}^d \to \mathbb{R}$。则梯度向量为

$$\nabla u_i(x) = \begin{pmatrix} \dfrac{\partial u(x)}{\partial x_1} \\ \vdots \\ \dfrac{\partial u(x)}{\partial x_d} \end{pmatrix}。$$

在普罗特条件中,需要用到配对(pairing)概念。设 A 是有限集。如果映射 $p: A \to A$ 为双射,则它是个配对函数:A 中每个点 i 与 A 中一个点 j 配对。现在定义普罗特条件。

定义4.11　在偏好为欧几里得偏好的空间模型中，普罗特条件在政策 $x \in X$ 上得到满足，如果存在集合 $L = \{j \in N: y_j \neq x\}$ 上的配对函数 p 使得对每个 $i \in L$，存在 $\lambda_i > 0$ 使得 $\nabla u_i(x) = -\lambda_i \nabla u_{p(i)}(x)$。

如果普罗特条件在 x 点得到满足，则理想点异于 x 的每个人，都对应着另一个人使得两人分别希望政策自 x 点向完全相反的方向变化。每种政策变化的支持者都遭遇一个反对者，所以，不可能形成多数人联盟，推翻政策 x。定理4.4概括了在偏好为欧几里得偏好的空间模型中，普罗特条件与多数通过规则的核之间的关系。

定理4.4　在偏好为欧几里得偏好的空间模型中，在 n 为奇数时，X 的内点 x 位于核 $C_{f(\rho)}(X)$ 中当且仅当普罗特条件在点 x 得到满足。[①]

普罗特条件显然在一般情况下得不到满足。假设它在某个 x 上得到满足。则对所有的 i，$y_i - x = -\lambda_i(y_{p(i)} - x)$。我们扰动 $y_{p(i)}$ 使它位于始自原点的另一向量上，则普罗特条件在 x 点不再成立。设集合 $\mathbb{R}^{dn}$ 由拥有选择空间 $\mathbb{R}^d$ 上的欧几里得偏好的 n 个人的理想点构成，则使得普罗特条件在某个点 $x \in \mathbb{R}^d$ 上得到满足的 $\mathbb{R}^{dn}$ 的子集极小。它不包含任何开集，它的内点集为空集。如果随机抽取一个偏好截面，则抽到在某个点上满足普罗特条件的偏好截面的概率为零。

有核点的偏好截面集虽然很小，但是有核点的各个偏好截面都任意地相互接近。如果扰动有核点的偏好截面，则得到的偏好截面的核点（如果存在的话）任意地接近原始核点。[②] 请你证明这一结论

鉴于核一般为空集，在政策空间中，存在其他某个子集，具有我们希望它具有的特征并且是可能发生的结果吗？顶端循环集可能满足这种要求。

定义4.12　给定集合 X、偏好截面 $\rho \in \mathcal{R}^n$ 和偏好加总规则 f，顶端循环集为 $T_{f(\rho)} = \{x \in X: \forall y \in X \backslash \{x\}, \exists \{a_0, \cdots, a_t\} \subset X$ 使得 $a_0 = x$ 且对 $t < \infty$，$a_t = y$，且 $\forall z \leqslant t$，$a_{z-1} P a_z\}$。

顶端循环集中的点，是从其他任意点出发，通过包含有限多个环节的严格

---

① x 是 X 的内点，如果存在包含于 X 中的开球 $B(x, \varepsilon)$。见数学附录。

② 用可微性假定，代替偏好为欧几里得偏好假定，能得到更一般的结论。

偏好链条，能够到达的点。就是说，如果 $x \in T_{f(\rho)}$，则对每个 $y \in X\backslash\{x\}$，存在有限多个政策 $\{a_1, a_2, \cdots, a_t\}$ 使得 $xPa_1Pa_2P\cdots Pa_tPy$。下面的结论指出，或者普罗特条件得到满足，或者顶端循环集覆盖政策空间。麦凯尔维证明了这一结论。

定理 4.5 在空间模型中，$C_{f(\rho)}(X)$ 为非空集或 $T_{f(\rho)}=X$。

这两个定理意义重大。在偏好为欧几里得偏好的空间模型中，除非刀锋状普罗特条件在某个政策上得到满足，否则，对任何政策，都能从其他任何一个政策起步，通过有限严格偏好链条，到达这一政策。

4.4 操纵社会选择函数

前一节中指出，多数通过的投票规则，常常无法为做出社会选择提供足够指导。事实上，即使多数通过规则的核非空，人们可能没有动机真实揭示自己的偏好。吉巴德(Gibbard，1973)和萨特维特(Sattherwaite，1975)证明了所有**合乎常理的**社会选择函数，包括多数通过规则，都能被投票人操纵。例如，在第一节中，数理政治学专业就通过谎报自己的偏好，操纵博尔达计分程序。这种操纵行为在投票中可能经常发生。给定三个选项 x、y 和 z。假设在所有人都按照自己的真实偏好投票时，在多数通过规则下，xPy、zPx，yPz。就是说，x 先打败 y，接着输给 z。假设现在的投票规则为：首先就 x 与 y 投票，然后就胜出者与 z 投票。此时，在 x 与 y 之间偏好 x 和在 y 与 z 之间偏好 y 的投票人，就有动机在第一轮投票中投票给 y（就是说，谎报自己在 x 与 y 上的偏好）。因为如果 y 在第一轮中胜出，它就能在第二轮投票中打败 z。

我们先定义几个概念，然后阐述和证明吉巴德–萨特维特定理。

定义 4.13 社会决策函数是个满射函数 $G: \mathcal{R}^n \rightarrow X$。对每个偏好截面，它产生一个结果。

社会决策函数把偏好截面映射到结果上。要求 G 是“满射”，是要求对每个结果，存在偏好截面产生这个结果。现在定义操纵。

定义 4.14 G 在偏好截面 ρ 上是可操纵的当且仅当存在某个人 i，存在另一偏好截面 $\rho'=\{R_1, \cdots, R_{i-1}, R_i', R_{i+1}, R_n\}$ 使得 $G(\rho')P_iG(\rho)$。如果 G

在任何截面 ρ 上都不能被操纵，则说 G 无法被操纵。

社会决策函数是可操纵的，如果有人能通过谎报自己的偏好，实现自己偏好的结果。在这一定义中，i 通过谎报自己的偏好为 R_i' 而非真实的 R_i，把结果从 $G(\rho)$ 改变为她所偏好的 $G(\rho')$。现在介绍吉巴德–萨特维特定理。

定理 4.6　如果选项数不止三个并且 G 不可操纵，则存在独裁(就是说，存在某个人 i，对所有的 $x \in X\backslash G(\rho)$ 和所有的 $\rho \in \mathcal{R}^n$，$G(\rho)P_i x$)。

现在介绍这一定理的证明思路。设 G 无法被操纵。首先，应用 G 到整个选项集 X，得到社会最偏好的结果；再应用 G 到 X 中的剩余选项上，得到次佳结果；依此类推。以这种方法，我们构造出具有传递性和满足 IIA 的社会偏好序。我们能证明这个偏好序满足弱帕累托标准，于是，根据阿罗定理，存在独裁者。

现在详细介绍证明过程。设 G 无法被操纵。第一步，设偏好截面 ρ 使得存在集合 B，对所有的 $x \in B$ 和所有的 $y \in X\backslash B$，对所有的 i，$xP_i y$。就是说，和不在集合 B 中的选项相比，所有人都偏好集合 B 中的选项。第一个命题：社会的决策必然落在这一“最好的”集合中，即 $G(\rho) \in B$。

设这个命题不成立。因为 G 是满射，所以，存在另一偏好截面 ρ' 使得 $G(\rho') \in B$。我们于是能构造一列选项：

$$
\begin{aligned}
y_0 &= G(\rho), \\
y_1 &= G(\rho \mid R_1') = G(R_1', R_2, \cdots, R_n), \\
&\vdots \\
y_i &= G(\rho \mid R_1', \cdots, R_i') = G(R_1', \cdots, R_i', R_{i+1}, \cdots, R_n), \\
&\vdots \\
y_n &= G(\rho')。
\end{aligned}
$$

设 k 是使得 $y_j \in B$ 的最小整数 j。由于相对于不在 B 中的选项，投票人 k 偏好 B 中的选项，所以，通过报告 R_k' 而非 R_k，她得到更好的结果。因此，G 可被操纵。矛盾。因此，$G(\rho) \in B$。

第二步，给定偏好截面 ρ，我们构造加总规则，或者说对所有选项进行社会排序。设排位最高的选项为 $x_1 = G(\rho)$。然后，我们把 x_1 挪到每个人的偏好序的底部，得到偏好截面 ρ_2。给定 ρ_2，设排位最高的选项为 $x_2=G(\rho_2)$。根据 x_1 的产生方式，$x_2\neq x_1$。我们持续这一过程直至所有选项都得到排列。

最终得到的偏好序，满足弱帕累托标准，因为在每个阶段上社会决策规则都从这一阶段上构造的偏好截面下的"最好的"集合中选出一个选项。

现在证明我们得到的加总规则满足 IIA。设它不满足 IIA。则存在两个偏好截面 ρ 和 ρ' 和两个选项 $x, y\in X$ 使得对所有的 i，xR_iy 当且仅当 xR'_iy，但是，$xf(\rho)y$，$yf(\rho')x$。设策略截面 $\rho(x, y)$ 与 ρ 一致，只是 x 和 y 位于每个人的偏好序顶端。我们证明 $G(\rho(x, y))=x$。设这一命题不成立。我们不断把顶端选项逐个挪到每个人的偏好序的底部，直至得到偏好截面 $\hat{\rho}$ 使得 $G(\hat{\rho})=x$。我们看选项列 $y_i=G(\rho(x, y)\mid\hat{R}_1, \cdots, \hat{R}_i)$，就是说，$y_i$ 是把 $\rho(x, y)$ 中前 i 个人的偏好序换为偏好截面 $\hat{\rho}$ 中的偏好序时产生的社会决策。于是，$y_n=G(\hat{\rho})=x$，$y_0=G(\rho(x, y))=y$，因为上面的第一步蕴含 $G(\rho(x, y))\in\{x, y\}$。和前面一样，设 k 是使得 $y_j\neq y$ 的最小整数 j。如果 $y_k=x$ 且 xP_ky，则报告 $\hat{R}_k$ 而非 R_k，就能操纵 G；如果 yP_kx，则报告 R_k 而非 $\hat{R}_k$，亦能操纵 G。如果 $y_k\neq x$，则考虑使 $y_j\in\{x, y\}$ 的最小的 $j>k$。利用上述证明思路，我们能证明投票人 j 能操纵 G。这与 G 不能被操纵的前提矛盾；我们证明了 $G(\rho(x, y))=x$。再看列 $z_i=G(\rho(x, y)\mid R'_1(x, y), \cdots, R'_i(x, y))$。假设偏好序不满足 IIA。则 $z_n=G(\rho'(x, y))=y$，$z_0=G(\rho(x, y))=x$。和前面一样，肯定存在一个人，在 x 和 y 之间他偏好 y，他能通过谎报自己的偏好为 $R'(x, y)$ 而非 $R(x, y)$ 把结果从 x 变为 y；或者存在一个人，在 x 和 y 之间他偏好 x，他能通过谎报自己的偏好为 $R(x, y)$ 而非 $R'(x, y)$ 把结果从 y 变为 x。就是说，G 是可操纵的。矛盾。因此，我们构造的偏好序满足 IIA。

根据阿罗定理，对社会加总函数 f，存在独裁者；因此，对社会选择函数 G，存在独裁者。

吉巴德-萨特维特定理相当消极，但对政治学研究有重要意义。它最重要的结论，也许是在政治中策略性行为无所不在："杜绝策略性行为"的机制常常不存在。下一章开始研究策略性政治模型。

4.5 习　　题

习题 4.1　投票人 1 和 2 在 a、b、c、d 和 e 五个选项上的偏好序如下表所示：

1	2
a	e
b	b
c	d
d	a
e	c

(1) 在博尔达计分规则下，每个选项的得分是多少？

(2) 投票人 1 如何通过谎报自己的偏好得到更好结果？

(3) 投票人 2 如何通过谎报自己的偏好得到更好结果？

(4) 是否存在某个(未必真实的)报告截面使得两人都没有动机在事后反悔？

习题 4.2　证明下面的命题：

给定 $\rho \in \mathcal{S}$，多数通过规则具有传递性、弱帕累托效率、IIA 和非独裁性。

习题 4.3　(取自 Austen-Smith 与 Banks，1999)

偏好加总规则 f 满足公民权利，如果对所有的 x，$y \in X$ 且 $x \neq y$，存在 $\rho \in \mathcal{R}^n$ 使得 xPy。偏好加总规则 f 是单调的，如果对所有的 x，$y \in X$，对所有的 ρ，$\rho' \in \mathcal{R}^n$，以下命题为真：如果(1) xP_iy 蕴含 xP'_iy，(2) xR_iy 蕴含 xR'_iy，(3) xPy，则 $xP'y$。

设 f 是弱单调的且满足公民权利。证明 f 具有弱帕累托效率。

习题 4.4　三个投票人，要通过逐对投票多数通过规则，从三个选项中选出一个选项。三个人在三个选项上的偏好序都是严格序，并且，没有任何两人有相同偏好序。哪些可能的偏好截面会产生孔多塞赢家？(提示：如果其中两人有相同偏好序，则这两人最偏好的选项肯定是孔多塞赢家。为什么？)

习题 4.5 有三个投票人，他们都有两维空间上的欧几里得偏好，三人的理想点分别为 $(-1, 0)$、$(0, 1)$ 和 $(1, 0)$。

(1) 构造一个政策选项以实现从 $(0, 0)$ 到达 $(2, 2)$；

(2) 构造一个政策选项以实现从 $(0, 0)$ 到达 $(5, 5)$；

(3) 构造一个政策选项以实现从 $(0, 0)$ 到达 $(-5, -5)$。

习题 4.6 证明下面的命题：

设 $\rho \in \mathbb{R}^{dn}$ 是个理想点截面，在这一截面中，普罗特条件在点 $x \in \mathbb{R}^{d}$ 上得到满足，则对每个 $\varepsilon > 0$，存在截面 $\rho^{\varepsilon} \in B(\rho, \varepsilon)$ 使得在这一截面中，普罗特条件在任何点上都得不到满足。

习题 4.7 证明下面的命题：

设 $\rho \in \mathbb{R}^{dn}$（n 为奇数）是个理想点截面，在这一截面中，普罗特条件在点 $x \in \mathbb{R}^{d}$ 上得到满足，则对每个 $\varepsilon > 0$，存在 $\delta > 0$ 使得如果 $\rho^{\delta} \in B(\rho, \delta)$ 且在截面 ρ^{δ} 中，普罗特条件在某个点上得到满足，则普罗特条件在某个点 $x' \in B(x, \varepsilon)$ 上得到满足。

第5章 标准式博弈

节目播出12分钟半，警官罗根和布里斯科就抓到两名杀人嫌犯。地区检察官亚当·希夫指示助理检察官杰克·马考伊分别向两名嫌犯开出以下条件：

- 如果你认罪而你的同伙不认罪，你将以非法携带武器罪名服刑1年。如果你和你的同伙都认罪，你们将以二级谋杀罪名各服刑8年。
- 如果你不认罪而你的同伙认罪，你将以一级谋杀罪名服刑25年。如果你和你的同伙都不认罪，你们将以二级杀人罪名各服刑4年。

假设每坐牢一年，嫌犯得到的收益为－1。表5.1给出了在所有可能的结果中，两个嫌犯各自实现的收益。各行是嫌犯1的行动，各列是嫌犯2的行动。每对数字中的第一个数字是在相应的行动截面中嫌犯1实现的收益，第二个数字是嫌犯2实现的收益。

表5.1 囚徒困境博弈

		嫌犯2 不认罪	嫌犯2 认罪
嫌犯1	不认罪	－4，－4	－25，－1
嫌犯1	认罪	－1，－25	－8，－8

检察官开出的条件，让两个嫌犯落于**策略环境**中：嫌犯1的选择所导致的后果，还决定于嫌犯2的选择；反之亦然。两个嫌犯应该如何选择呢？从集体角度看，他们都应该不认罪。如果都不认罪，两人共坐牢8年，远低于其他结果下的总刑期。但是，除非两人已达成有约束力的协议，否则，两人对个人利益的追求，会使这一结果无法实现。假设嫌犯1不认罪。嫌犯2意识到，如果自己认罪，刑期就从4年减至1年。假设嫌犯1认罪。嫌犯2意识到，如果

自己认罪，刑期就从 25 年减至 8 年。嫌犯 2 因此意识到，不管同伙如何选择，认罪给自己带来更大好处。嫌犯 1 也意识到这一点。结果，两人都认罪，共坐牢 16 年。在这一博弈中，个人理性导致了对社会而言更差的结果(在这里，社会，指的是两个嫌犯。检察官和警察自然喜欢这个结果)。[①]

这就是著名的“囚徒困境”博弈。在这个博弈中，我们很容易推导出理性参与者的选择。但是，换一种策略环境，做这种预测可能并非易事。我们构造一个“反恐”博弈。假设美国联邦调查局(FBI)和美国中央情报局(CIA)负责抓捕恐怖分子。假设有两类恐怖分子：大头目和小喽啰。两个机构都想抓大头目，又都不想一无所获。抓到大头目需要两个机构协作，都对联合抓捕行动投入资源。两个机构单独行动就能抓到小喽啰。表 5.2 描述了两个机构在决定抓捕头目还是抓捕喽啰时所处的策略环境。

表 5.2 反 恐 博 弈

		CIA 抓捕头目	CIA 抓捕喽啰
FBI	抓捕头目	2，2	0，1
	抓捕喽啰	1，0	1，1

在这一矩阵中，各行是 FBI 的策略(抓捕头目和抓捕喽啰)，各列是 CIA 的策略(抓捕头目和抓捕喽啰)。如果抓到头目，则两个机构各得到 2 单位效用；如果抓到喽啰，则抓捕机构得到 1 单位效用；如果一无所获，则得到 0 单位效用。我们看 FBI 的决策。和囚徒困境博弈不同，在这里，FBI 的最优选择决定于 CIA 的选择。如果 CIA 在抓捕头目，则与 CIA 合作，FBI 得到 2 单位效用；如果独自抓捕喽啰，FBI 得到 1 单位效用。如果 CIA 在抓捕喽啰，则独自抓捕头目，给 FBI 带来 0 单位效用。所以，FBI 的最优选择取决于它对 CIA 所做选择的推断。对 CIA 来说，亦是如此。那么，它们如何形成自己的推断呢？在对策略行为的研究中，约翰·纳什(John Nash，1950b)对理性均衡行为的概括，是最重要的理论突

① 接下来的剧情是：由于技术上的瑕疵，法院推翻嫌犯的认罪口供。在这一集最后，马考伊给自己倒了一杯 18 年陈苏格兰威士忌，希夫就案子做了一番精辟点评。(译者注：美国电视连续剧 *Law and Order* 中的一集。)

破。纳什认为,每个机构选择的策略都是对另一机构所选择的策略的“最优反应”。如果两个机构都以这种方式做选择,结果就是对最优反应的最优反应,两个机构都没有动机改变自己的策略。由于这种策略截面产生稳定的行为预测,所以,它被称为均衡。为纪念纳什(1950b)的贡献,它被进一步称为**纳什均衡**。

要确定某个策略截面是否是纳什均衡,只需验证在这一截面上,没有机构能通过单方面偏离到其他策略而获得更高效用。两个机构都抓捕头目的策略截面是纳什均衡吗?如果 CIA 在抓捕头目,则 FBI 的最优反应是抓捕头目;如果 FBI 在抓捕头目,则 CIA 的最优反应是抓捕头目。因此,两个机构都抓捕头目的策略截面是纳什均衡。但是,它不是这一博弈唯一的纳什均衡。如果 CIA 决定抓捕喽啰,则 FBI 的最优选择是抓捕喽啰;如果 FBI 在抓捕喽啰,则 CIA 也应抓捕喽啰,因为相对于抓捕头目,这样做能给 CIA 带来更大好处。所以,两个机构都抓捕喽啰的策略截面是纳什均衡。[①] 纳什提出的解概念虽然没有产生唯一的均衡结果,但是,它剔除了一些行为。例如,一个机构抓捕头目而另一机构抓捕喽啰的策略截面不是纳什均衡。抓捕头目的机构,在另一机构保持抓捕喽啰的策略不变时,如果转而抓捕喽啰,就能得到更高效用;选择抓捕喽啰的机构也有动机单方面偏离自己的策略。

上述例子尽管简单,其中用到的纳什均衡概念却是个相当有力的分析工具,能分析各种博弈。在本章(和本书),我们将发展纳什均衡概念。

5.1　标准式博弈

用博弈论分析政治现象,第一步是给出策略环境。这里介绍最简单的博弈表示形式:完全且完美信息标准式博弈。它包括以下构成要素:

(1) **参与者**:设 N 为参与者集合。$i \in N$ 表示任一参与者,$-i \in N$(读为“非 i”)表示 i 以外的其他所有参与者。

(2) **纯策略集**:参与者 $i \in N$ 的一个纯策略是他的一个行动方案,如“认

---

① 还存在第三个均衡:两个机构都以 0.5 的概率抓捕核心分子,以 0.5 的概率抓捕行动分子。在下文中,我们将求解这一均衡。

罪”或“抓捕喽啰”。在只进行一个回合的博弈中，例如前面两个例子，一个策略就是一个行动。在多回合博弈中，一个策略是一个函数，它根据此前所有阶段各方采取的行动，规定每个阶段应采取的行动。在标准式博弈中，每个参与者有一个纯策略集：参与者 i 的策略集为 S_i。$s_i \in S_i$ 是参与者 i 的一个策略。一个策略截面是一个向量 $s=(s_1, \cdots, s_i, \cdots, s_n)$。所有可能的策略截面构成策略截面集 S，正式地说，$S \equiv \times_{i \in N} S_i$。集合 $S_{-i} \equiv \times_{j \in N \setminus \{i\}} S_j$ 由 i 以外的所有参与者的策略截面构成，它的一个元素 s_{-i} 是参与者 $N \setminus \{i\}$ 的一个策略截面。我们常把 s 写为 (s_i, s_{-i})。在后文中，我们将拓展策略的定义，允许参与者在纯策略集上随机做出选择。

(3) **收益函数**：在标准式博弈中，我们使用冯·诺依曼—摩根斯特恩期望效用函数，它定义在 S 的概率分布集上。每个参与者都有定义在策略截面集上的效用函数 $u_i: S \to \mathbb{R}$。我们常把 i 的效用函数写为 $u_i(s_i, s_{-i})$。根据第 3 章中的定义，$u_i(\cdot)$ 是伯努利效用函数。给定 S 上的某个概率分布，参与者能算出在这一分布下自己得到的期望效用。在标准式博弈中，我们可以把收益理解为期望效用。例如，对两个执法机构都抓捕头目的策略实现的 2 单位收益，我们可以理解为从反恐行动上的某一概率分布中得到的期望效用——在这一概率分布中，两个机构都在抓捕头目。

对标准式博弈，我们还可以这样理解：在阶段 1，每个参与者 $i \in N$ 选择自己的策略 $s_i \in S_i$；在阶段 2，每个参与者 i 得到收益 $u_i(s)$，其中，$s=(s_1, \cdots, s_n)$。我们将看到，多阶段博弈可以表示为标准式博弈。

我们于是可以把标准式博弈定义为 $\langle N, \{S_i, u_i(\cdot)\}_{i \in N} \rangle$ 或简写为 $\langle N, S, u \rangle$，其中，无下标的 u 为效用函数截面 $(u_1(\cdot), \cdots, u_n(\cdot))$。只有两个参与者的博弈，可以表示为矩阵形式，就像前面两个例子中那样。

现在用标准式博弈表示前面两个例子。在囚徒困境博弈中，$N=\{$参与者 1，参与者 2$\}$，$S_1=S_2=\{$不认罪，认罪$\}$，收益函数为

$$u_i(s_i, s_{-i})=\begin{cases} -8, & \text{当 } s_i=s_{-i}=\text{认罪时}, \\ -4, & \text{当 } s_i=s_{-i}=\text{不认罪时}, \\ -1, & \text{当 } s_i=\text{认罪}, s_{\ i}=\text{不认罪时}, \\ -25, & \text{当 } s_i=\text{不认罪}, s_{-i}=\text{认罪时}。 \end{cases}$$

在反恐博弈中，$N=\{\text{CIA}, \text{FBI}\}$，$S_1=S_2=\{$抓捕头目，抓捕喽啰$\}$，

$$u_i(s_i, s_{-i})=\begin{cases}2, & \text{当 } s_i=s_{-i}=\text{抓捕头目时，}\\ 1, & \text{当 } s_i=s_{-i}=\text{抓捕喽啰时，}\\ 1, & \text{当 } s_i=\text{抓捕喽啰，} s_{-i}=\text{抓捕头目时，}\\ 0, & \text{当 } s_i=\text{抓捕头目，} s_{-i}=\text{抓捕喽啰时。}\end{cases}$$

前面用矩阵表示这两个博弈。事实上，对两人博弈，如果策略集为有限集，则标准表示形式和矩阵表示形式之间的关系，可以概括为表 5.3 中的模式，其中，$N=\{1, 2\}$，$S_1=\{s_{11}, \cdots, s_{1l}\}$，$S_2=\{s_{21}, \cdots, s_{2k}\}$。

表 5.3 一般标准式博弈

参与者 2

		s_{21}	s_{22}	$\cdots$	s_{2k}
参与者 1	s_{11}	$u(s_{11}, s_{21})$	$u(s_{11}, s_{22})$	$\cdots$	$u(s_{11}, s_{2k})$
	s_{12}	$u(s_{12}, s_{21})$	$u(s_{12}, s_{22})$	$\cdots$	$u(s_{12}, s_{2k})$
	$\vdots$	$\vdots$	$\vdots$	$\ddots$	$\vdots$
	s_{1l}	$u(s_{1l}, s_{21})$	$u(s_{1l}, s_{22})$	$\cdots$	$u(s_{1l}, s_{2k})$

在参与者多于两人时，我们很难用矩阵表示博弈，因为我们无法用两维矩阵描述策略截面。但并非完全做不到。假设美国国家安全局(NSA)也参与反恐，它的策略集与另两个机构相同，即 $S_3=\{$抓捕头目，抓捕喽啰$\}$。抓到恐怖分子头目依然需要至少两个机构合作，但各个机构依然能独立抓到小喽啰。FBI 的收益函数为

$$u_1(s_1, s_{-1})=\begin{cases}2, & \text{当 } s_1=\text{抓捕头目且 } s_2=\text{抓捕头目或 } s_3=\text{抓捕头目时，}\\ 1, & \text{当 } s_1=\text{抓捕喽啰时，}\\ 0, & \text{当 } s_1=\text{抓捕头目，} s_2=\text{抓捕喽啰，} s_3=\text{抓捕喽啰时。}\end{cases}$$

我们看表 5.4 和表 5.5 中的两个矩阵。

在表 5.4 对应的各个策略截面中，NSA 在抓捕头目；在表 5.5 对应的各个策略截面中，NSA 在抓捕喽啰。一般来说，对策略集为有限集的三人标准式博弈，我们可以用多个收益矩阵来表示它，每个收益矩阵对应参与者 1 的

表 5.4 NSA 抓捕头目

FBI \ CIA	抓捕头目	抓捕喽啰
抓捕头目	2，2，2	2，1，2
抓捕喽啰	1，2，2	1，1，0

表 5.5 NSA 抓捕喽啰

FBI \ CIA	抓捕头目	抓捕喽啰
抓捕头目	2，2，1	0，1，1
抓捕喽啰	1，0，1	1，1，1

一个策略。①

在上述博弈中，不存在任何不确定性：每个参与者都知道策略集和收益函数，都知道对手知道博弈的这些构成要素，都知道对手知道他知道博弈的这些构成要素，都知道对手知道他们知道对手知道博弈的这些构成要素，如此等等。这种无限循环套被称为**共同知识**。标准式适用于更复杂的环境，例如，参与者不知道各个策略截面所实现的收益，只知道各个策略截面所实现的期望效用，知道对手知道这一期望效用，如此等等。我们修改反恐博弈。现在，参与者知道抓到恐怖分子带有运气成分。他们对给定策略下抓到恐怖分子的概率各有自己的推断。我们用表 5.6 表示这一博弈，表中的收益数字为期望效用。

表 5.6 不确定性条件下的反恐博弈

FBI \ CIA	抓捕头目	抓捕喽啰
抓捕头目	$10\times\frac{1}{5}+0\times\frac{4}{5}=2$， $10\times\frac{1}{5}+0\times\frac{4}{5}=2$	0，$6\times\frac{1}{6}+0\times\frac{5}{6}=1$
抓捕喽啰	$6\times\frac{1}{6}+0\times\frac{5}{6}=0$，0	$6\times\frac{1}{6}+0\times\frac{5}{6}=1$， $6\times\frac{1}{6}+0\times\frac{5}{6}=1$

① 参与者数量超过三人的博弈更难用矩阵表示，需要使用更多页面和衍射图。

在表5.6中，10是抓到头目时实现的收益；如果两个机构合作抓捕头目，抓到的概率是1/5。0是没有抓到头目时实现的收益；如果两个机构合作抓捕头目，没有抓到的概率是4/5。矩阵中的收益虽然和前面矩阵中的收益相同，但是，这里明确了收益如何决定于两个机构的策略和随机事件。在这个博弈中，两个参与者对随机因素有相同的概率推断。因此，它依然是个对称信息博弈。但在许多策略环境中，对各个结果发生的概率，各参与者可能有不同的概率推断和信息。下一章将讨论这种不对称信息博弈。

5.2　标准式博弈的解概念

博弈论的一个目的，是预测参与者选择 S 中哪个策略截面。它的另一目的，是剔除 S 中与理性不一致的策略截面。在囚徒困境博弈中，{认罪，认罪}是极可能发生的结果；在反恐博弈中，{抓捕头目，抓捕头目}或{抓捕喽啰，抓捕喽啰}是极可能发生的结果。我们探讨隐藏于这些预测中的一般原理。

5.2.1　剔除劣策略

理性行为的第一要义，是参与者不会选择严格劣策略，如果存在另一策略，在对手的每个策略截面上，它都实现更高收益。在表5.1的囚徒困境中，我们的解隐含参与者1不使用不认罪策略，因为无论参与者2选择什么，不认罪给参与者1实现的效用严格小于认罪实现的效用。就是说，对参与者1，不认罪策略严格劣于认罪策略。同理，不认罪策略对参与者2也是严格劣的。不包含严格劣策略的唯一策略截面是{认罪，认罪}。现在给出严格占优概念的定义。

定义5.1　（纯策略上的严格占优）

参与者 i 的策略 s_i 严格劣于他的策略 s_i' 当且仅当对所有的 $s_{-i} \in S_{-i}$，$u_i(s_i, s_{-i}) < u_i(s_i', s_{-i})$。

我们只需分析不包含严格劣策略的策略截面。

定义5.2　（通过纯策略的严格占优概念进行剔除）

策略截面 $s=(s_i, s_{-i})$ 与严格占优概念一致，如果对每个 $i \in N$，s_i 不是严格劣策略。

我们一般无法通过剔除劣策略得到唯一解。但是,通过剔除劣策略,我们能提高预测准确性。反复剔除劣策略是对已剔除过严格劣策略的策略截面,继续剔除其中的严格劣策略。我们用表 5.7 中的博弈说明这种方法。

表 5.7

参与者 2

		左	中	右
参与者 1	上	1，0	1，2	0，1
	下	0，3	0，1	2，0

在这一博弈中,参与者 1 没有严格劣策略。参与者 2 的策略*右*劣于策略*中*:在参与者 1 使用策略*上*时,策略*中*带给参与者 2 的收益为 2,策略*右*带给参与者 2 的收益为 1;在参与者 1 使用策略*下*时,策略*中*和*右*带给参与者 2 的收益分别为 1 和 0。所以,参与者 2 不会使用策略*右*。如果参与者 1 意识到参与者 2 不会使用策略*右*,他就会意识到面对的是表 5.8 中的博弈。

表 5.8

参与者 2

		左	中
参与者 1	上	1，0	1，2
	下	0，3	0，1

在表 5.8 中的博弈中,参与者 1 的策略*下*劣于策略*上*,因为无论对手的选择是什么,*上*和*下*带给参与者 1 的收益分别是 1 和 0。参与者 2 意识到参与者 1 将选择策略*上*,于是选择策略*中*。{*上*,*中*}是反复剔除严格劣策略概念下的唯一的解。我们给出这一剔除过程的正式定义。

定义 5.3 (反复剔除严格劣策略)

对标准式博弈 $\Gamma^0 = \langle N, S^0, u^0 \rangle$,按下面的算法反复剔除严格劣策略:

在阶段 t,任取参与者 $i^t \in N\backslash\{i^{t-1}\}$,从 S_i^{t-1} 中剔除在博弈 Γ^{t-1} 中严格劣的所有策略。S_i^t 由在这轮剔除中留下来的策略构成。对 $j \in N\backslash\{i^t\}$,定义 $S_j^t \equiv S_j^{t-1}$;对每个 $z \in N$,用 u_z^t 表示 u_z^0 在 S^t 上的限制。

如果在阶段 τ,没有人在博弈 $\Gamma^{\tau-1}$ 中有严格劣策略,则称集合 $S^{\tau-1}$ 为反复剔除严格劣策略过程中留下来的结果集。

无论剔除顺序如何，最终得到同一个非劣策略集。对这一过程的行为辩解，是人们以下面的方式推理：

我知道对手不使用严格劣策略，我知道对手知道我不使用严格劣策略。现在，我们都从前 n 次剔除中留下来的策略集中做选择。我知道对手不使用严格劣策略，我知道对手知道我不使用严格劣策略，如此等等。

我们也可以使用弱占优概念求解博弈，但它建立在更强的前提之上。一个参与者的一个策略是弱劣策略，如果他有另一个策略，在对手的每个策略截面上，它产生的收益与弱劣策略产生的收益至少相同，并且，在对手的某个策略截面上，它产生的收益高于弱劣策略产生的收益。

定义 5.4 （纯策略上的弱占优）

参与者 i 策略 s_i 弱劣于他的策略 s_i' 当且仅当对所有的 $s_{-i} \in S_{-i}$，$u_i(s_i, s_{-i}) \leqslant u_i(s_i', s_{-i})$，且在某个 $s_{-i} \in S_{-i}$ 上，$u_i(s_i, s_{-i}) < u_i(s_i', s_{-i})$。

弱占优剔除概念，类似严格占优剔除。在政治科学中，弱占优剔除概念在多数通过规则下的投票博弈中有重要应用。n 个人（n 为奇数）就候选人 D 和 R 进行投票。每个人，在自己支持的候选人胜出时，得到收益 1；否则，得到收益 0。$s_i=1$ 表示投票给 D，$s_i=0$ 表示投票给 R。i 的策略集于是为 $\{0, 1\}$。由于使用多数通过的投票规则，所以，候选人 D 的支持者的收益为

$$u_D = \begin{cases} 1, & \text{当} \sum s_i > \dfrac{n-1}{2} \text{时} \\ 0, & \text{在其他情况中} \end{cases}$$

候选人 R 的支持者的收益为 $1-u_D$。

这一博弈没有严格劣策略。除非在其他人中，$(n-1)/2$ 个人选择 $s_i=1$ 和 $(n-1)/2$ 个人选择 $s_i=0$，否则，每个人的效用都不受自己这一票影响。就是说，在几乎所有策略截面上，投票人没有严格偏好；但是，在 S_{-i} 中产生平局的策略截面上，i 有严格偏好，他投票给自己支持的候选人。换句话说，投票给自己支持的候选人弱优于投票给自己所不喜欢的候选人：在某个策略截面上，它实现更大收益；在其他所有策略截面上，它实现相同收益。剔

除弱劣策略意味着每个人都投票给自己支持的候选人，多数人支持的候选人胜出。

占优解概念虽有诱人之处，但是，它常常无法剔除任何策略。例如，前面构造的几个反恐博弈，都不包含严格劣或弱劣策略。在占优概念下，它们中的所有策略截面都可行。

5.2.2　纳什均衡

约翰·纳什对博弈论的突破性贡献，是为标准式博弈提供了解概念，它应用广泛。纳什的解是一个策略截面 $s^*=(s_i^*, s_{-i}^*)$ 使得对所有的 $i \in N$，策略 s_i^* 是对对手的策略截面 s_{-i}^* 的"最优反应"。因为这个原因，最优反应对应成为博弈论中最重要的概念之一。①

定义 5.5　最优反应对应

参与者 $i \in N$ 的最优反应对应是个映射 $b_i: S_{-i} \twoheadrightarrow S_i$：对每个 $s_{-i} \in S_{-i}$，$b_i(s_{-i})=\{s_i \in S_i$：对每个 $s_i' \in S_i$，$u_i(s_i, s_{-i}) \geqslant u_i(s_i', s_{-i})\}$。

对对手的策略截面 s_{-i} 的最优反应，是在对手使用 s_{-i} 时，最大化参与者 i 的效用的所有策略 s_i。就是说，对每个策略截面 s_{-i}，最优反应对应给出了参与者 i 的最优反应集。我们看几个例子。在囚徒困境中，最优反应是

$$b_1(\text{认罪})=\{\text{认罪}\},$$

$$b_1(\text{不认罪})=\{\text{认罪}\},$$

$$b_2(\text{认罪})=\{\text{认罪}\},$$

$$b_2(\text{不认罪})=\{\text{认罪}\}。$$

在两机构反恐博弈中，最优反应对应是

$$b_1(\text{抓捕头目})=\{\text{抓捕头目}\},$$

$$b_1(\text{抓捕喽啰})=\{\text{抓捕喽啰}\},$$

$$b_2(\text{抓捕头目})=\{\text{抓捕头目}\},$$

$$b_2(\text{抓捕喽啰})=\{\text{抓捕喽啰}\}。$$

---

①　书末的数学附录介绍了对应概念。

在这些例子中，每个参与者的最优反应都只有一个。但在许多博弈中，最优反应集中可能有多个策略。例如，在多数通过规则下的投票博弈中，除非其他人的策略截面产生平局，否则，投票给任何候选人都是最优反应。正式地说，支持候选人 D 的选民 i 的最优反应对应为

$$b_i\left(s_{-i}: \sum_{j \in N \setminus \{i\}} s_j = \frac{n-1}{2}\right) = \{1\},$$

$$b_i\left(s_{-i}: \sum_{j \in N \setminus \{i\}} s_j \neq \frac{n-1}{2}\right) = \{0, 1\}。$$

简单地说，纳什均衡是个策略截面，给定对手的策略，每个人都使用自己的最优反应集中的策略。

定义 5.6　标准式博弈的（纯策略）纳什均衡

在标准式博弈中，（纯策略）纳什均衡是个策略截面 $s^* = (s_i^*, s_{-i}^*)$ 使得对每个 $i \in N$，

$$s_i^* \in b_i(s_{-i}^*)。$$

现在给出纳什均衡的第二个定义，它没有使用最优反应对应概念。

定义 5.7　标准式博弈的（纯策略）纳什均衡

在标准式博弈中，（纯策略）纳什均衡是个策略截面 $s^* = (s_i^*, s_{-i}^*)$ 使得对每个 $i \in N$，每个 $s_i' \in S_i$，

$$u_i(s_i^*, s_{-i}^*) \geqslant u_i(s_i', s_{-i}^*)。$$

这两个定义等价。纳什均衡概念，看似简单，实则深奥。它要求人们正确猜测对手的行动，根据自己的猜测，做出最优反应。对纳什均衡的另一种解释则以第二个定义为基础，认为没有人有动机单方面偏离纳什均衡。

我们应用这两个定义求解前面的博弈。

(1) 囚徒困境：认罪是每个参与者对对手的所有策略的最优反应。因此，唯一的纳什均衡为{认罪，认罪}。

(2) 两机构反恐博弈：对两个机构而言，b_i(抓捕头目)＝{抓捕头目}，所以，{抓捕头目，抓捕头目}是纳什均衡；b_i(抓捕喽啰)＝{抓捕喽啰}，所以，{抓捕喽啰，抓捕喽啰}是纳什均衡。

(3) 在三机构反恐博弈中,每个联邦机构的最优反应对应为

b_i(抓捕头目,抓捕头目)={抓捕头目},

b_i(抓捕喽啰,抓捕头目)={抓捕头目},

b_i(抓捕头目,抓捕喽啰)={抓捕头目},

b_i(抓捕喽啰,抓捕喽啰)={抓捕喽啰}。

b_i(抓捕头目,抓捕头目)={抓捕头目}蕴含{抓捕头目,抓捕头目,抓捕头目}是纳什均衡;b_i(抓捕喽啰,抓捕喽啰)={抓捕喽啰}蕴含{抓捕喽啰,抓捕喽啰,抓捕喽啰}是纳什均衡;b_i(抓捕喽啰,抓捕头目)={抓捕头目}和b_i(抓捕头目,抓捕喽啰)={抓捕头目}意味着不存在只有两个机构在抓捕头目的纳什均衡,虽然只需两个机构相互合作就能抓到头目。

(4) 多数通过规则下的投票博弈:几乎所有的策略截面都是纳什均衡。给定策略截面 s。设 $\sum_{i\in N} s_i < \frac{n-1}{2}$ 或 $\sum_{i\in N} s_i > \frac{n+1}{2}$,则对所有的 i,$b_i(s)=\{0,1\}$。因此,这种策略截面是纳什均衡。设 $\sum_{i\in N} s_i = \frac{n+1}{2}$。这种策略截面是纳什均衡当且仅当所有选择 $s_i=1$ 的人都支持 D。如果不是如此,则存在 i,他选择 $s_i=1$ 但是支持 R。由于 $\sum_{j\in N\setminus\{i\}} s_j = \frac{n-1}{2}$,所以,$b_i(s_{-i})=\{0\}$。因此,这种策略截面不是纳什均衡。设 $\sum_{i\in N} s_i = \frac{n-1}{2}$。则 s 是纳什均衡当且仅当所有选择 $s_i=0$ 的人都支持 R。就是说,在这一博弈中,纳什均衡集几乎包含所有策略截面。在不属于这个集合的策略截面上,一位候选人以一票的优势胜出,但有选民虽支持落选者却把票投给胜出者。

现在探讨纳什均衡集与反复剔除严格劣策略中留下来的策略截面集之间的关系。在囚徒困境中,这两种解概念产生相同结果。在几个反恐博弈中,纳什均衡集均小于剔除劣策略中留下来的策略截面集。在多数通过规则下的投票博弈中,纳什均衡集小于剔除严格劣策略中留下来的策略截面集,大于剔除弱劣策略中留下来的结果集——剔除弱劣策略得到唯一结果。

下面的定理明确了纳什均衡与在反复剔除严格劣策略中留下来的策略截面之间的关系。

定理5.1　如果策略截面 $(s_1^*, \cdots, s_N^*)$ 是纳什均衡,则其中任何一个策略都不会在反复剔除严格劣策略过程中被剔除。

证明: 反证,设 s_i^* 是这一纳什均衡策略截面中首先被剔除的策略。根据严格劣策略的定义,存在 s_i,在所有尚未被剔除的 s_{-i} 上,$u_i(s_i^*, s_{-i}) < u_i(s_i, s_{-i})$。因为根据假设,$s_{-i}^*$ 尚未被剔除,因此,$u_i(s_i^*, s_{-i}^*) < u_i(s_i, s_{-i}^*)$。与 $(s_1^*, \cdots, s_N^*)$ 是纳什均衡的前提矛盾。 □

定理5.2　如果策略截面 $(s_1^*, \cdots, s_N^*)$ 是反复剔除严格劣策略过程中留下来的唯一策略截面,则它是唯一的纯策略纳什均衡。

证明: 唯一性得自前一定理,因为纳什均衡策略在反复剔除中肯定留下来。我们证明留下来的策略截面是纳什均衡。反证,设 $(s_1^*, \cdots, s_N^*)$ 不是纳什均衡。则存在某个参与者 i,存在策略 s_i' 使得 $u_i(s_i^*, s_{-i}^*) < u_i(s_i', s_{-i}^*)$,但是,$s_i'$ 肯定将被剔除。设 s_i 是导致 s_i' 被剔除的策略。如果 $s_i = s_i^*$,则矛盾。设 $s_i \neq s_i^*$。由于 s_i 使得 s_i' 被剔除,所以 $u_i(s_i', s_{-i}^*) < u_i(s_i, s_{-i}^*)$。把这一过程持续进行有限多次直至我们得到 $u_i(s_i^*, s_{-i}^*) > u_i(s_i', s_{-i}^*)$。 □

在我们的例子中,都存在至少一个纳什均衡。但是,有可能没有任何策略截面满足纳什均衡的定义。我们构造一个博弈。设有两支军队,一支防御 (D),另一支进攻 (I)。进攻方要决定是进攻山区 (M) 还是进攻平原 (P)。防御方要决定是防守山区 (M) 还是防守平原 (P)。如果进攻方进攻无防守地区,则他得到收益1;如果进攻有防守的地区,则他得到收益 −1。如果防守方正确预测到敌人的进攻方向,则她得到收益1,否则得到收益 −1。这一博弈被称为上校博弈(Colonel Blotto),表5.9将其表示为矩阵形式。

表5.9　上校博弈

进攻方 I

		M	P
防御方 D	M	1, −1	−1, 1
	P	−1, 1	1, −1

这一博弈的最优反应对应为：$b_D(M)=\{M\}$、$b_D(P)=\{P\}$、$b_I(M)=\{P\}$ 和 $b_I(P)=\{M\}$。纳什均衡要求在某个策略截面 (S_D, S_I) 上，$b_I(S_D)=S_I$，$b_D(S_I)=S_D$。但是，这一博弈中的最优反应对应都不满足这一要求。给定任意一对策略，每一方都有动机选择另一策略。没有纳什均衡（或由占优概念施加的限制），我们无法预测这一博弈将如何进行。

在应用分析中，我们一般定义博弈，探讨其纳什均衡集的特征。在分析纳什均衡集的特征时，两个最重要的特征是纳什均衡的存在性和唯一性。就应用研究而言，只有一个纳什均衡是最理想的结局，因为对行为的预测没有任何含糊之处。相形之下，多均衡就不是很好，因为模型的预测不明确。最糟糕的情况莫过于没有均衡，无法做出任何预测。我们将看到，任何博弈，只要像上校博弈那样，有有限多个参与者和有限多个策略，只要参与者能在策略集上随机做选择，就存在纳什均衡。

5.3　应用：霍特林模型

霍特林模型（Hotelling，1929），经由当斯（Downs，1957）发展，已是政治科学中应用最广泛的博弈模型。一个小镇要为新学校选址。镇民们沿一条一英里长的马路均匀分布，每个人都希望学校离自己家近。就是说，镇民们的理想点服从 $[0, 1]$ 上的均匀分布。小镇换届选举，两人竞选镇长职位，竞选纲领便是学校的位置。胜出者将在自己承诺的位置上建学校，自己得到收益 1；落选者得到收益 -1。如果两人得票相等，就抛硬币决定胜出者，两人胜出的概率都为 0.5。为使分析简单，设投票人没有策略行为，都只投票给承诺校址距自己家最近的人。[①]

两个候选人的策略集为 $S_1=S_2=[0, 1]$。设策略截面为 (s_1, s_2)。我们计算两人的得票数。投票人均匀分布，就是说，在任何区间中，投票人的数量等于这个区间的长度。设 $s_2>s_1$。位于点 $(s_1+s_2)/2$ 左边的人投票给候选

---

① 这一假定不重要；投票给承诺地点更近的候选人的博弈，与镇民首先了解两位候选人选定的校址，然后投票的博弈有相同的均衡。

人 1，候选人 1 的得票数为 $(s_1+s_2)/2$；位于点 $(s_1+s_2)/2$ 右边的人投票给候选人 2，候选人 2 的得票数为 $1-(s_1+s_2)/2$。设 $s_1>s_2$。候选人 2 的得票数为 $(s_1+s_2)/2$，候选人 1 的得票数为 $1-(s_1+s_2)/2$。给定任意策略截面 (s_1, s_2)，候选人 1 和 2 的收益函数分别为

$$u_1(s_1, s_2)=\begin{cases}1, & \text{当 } s_1<s_2 \text{ 且 } \dfrac{s_1+s_2}{2}>0.5 \text{ 时，或当 } s_1>s_2 \text{ 且 } \dfrac{s_1+s_2}{2}<0.5 \text{ 时，}\\ 0, & \text{当 } s_1=s_2 \text{ 时，}\\ -1, & \text{当 } s_1<s_2 \text{ 且 } \dfrac{s_1+s_2}{2}<0.5 \text{ 时，或当 } s_1>s_2 \text{ 且 } \dfrac{s_1+s_2}{2}>0.5 \text{ 时。}\end{cases}$$

$u_2(s_1, s_2)=-u_1(s_1, s_2)$。

我们证明 $(0.5, 0.5)$ 是纳什均衡。首先求候选人 1 的最优反应对应。设 $s_2<0.5$。只要候选人 1 选择的地点能产生 0.5 或更多票数，他就能胜出，因此，$b_1(s_2)=(s_2, 1-s_2)$。设 $s_2>0.5$。$b_1(s_2)=(1-s_2, s_2)$。设 $s_2=0.5$。对 1 而言，最好的选择是 0.5，即 $b_1(0.5)=0.5$，两人得票相等。

候选人 2 的情况与候选人 1 正好相反，他的最优反应对应为

$$b_2(s_1)=\begin{cases}(s_1, 1-s_1), & \text{当 } s_1<0.5 \text{ 时，}\\ (1-s_1, s_1), & \text{当 } s_1>0.5 \text{ 时，}\\ \{s_1\}, & \text{当 } s_1=0.5 \text{ 时。}\end{cases}$$

由于 $b_1(0.5)=\{0.5\}$ 且 $b_2(0.5)=\{0.5\}$，所以，$(0.5, 0.5)$ 是纳什均衡。

在这个例子中，利用纳什均衡的第二个定义（在纳什均衡上，没有人有动机单方面偏离自己的均衡策略），能更直观地证明纳什均衡唯一。没有人单方面偏离 $s_1^*=s_2^*=0.5$，因为只要偏离，他的收益便从 0 降到 -1。设存在其他纳什均衡，为 (s_1^*, s_2^*)。在这一均衡中，如果有人胜出，则落选者可以选择 0.5，这么做让她至少得到平局。所以，它不是均衡。就是说，在任何均衡中，结果肯定都是平局。而且，除非 $s_1^*=s_2^*=0.5$，否则，任何人都能通过选择 0.5 而胜出。策略截面 $s_1^*=s_2^*=0.5$ 是唯一的纳什均衡。

剔除弱劣策略也能产生这一结果。任何候选人，通过选择 0.5，至少实现平局。只当对手选择 0.5 时，才出现平局。相对于这一策略，其他任何策略都

会导致落选。就是说，$s_i = 0.5$ 弱优于其他所有策略。

5.3.1 候选人最大化得票数

在前一模型中，每个候选人最大化自己胜选的概率。现在，每个候选人最大化自己的得票数。两人的收益函数分别为

$$u_1(s_1, s_2) = \begin{cases} \dfrac{s_1 + s_2}{2}, & \text{当 } s_1 < s_2 \text{ 时，} \\ 0, & \text{当 } s_1 = s_2 \text{ 时，} \\ 1 - \dfrac{s_1 + s_2}{2}, & \text{当 } s_1 > s_2 \text{ 时。} \end{cases}$$

$$u_2(s_1, s_2) = 1 - u_1(s_1, s_2)。$$

我们证明策略截面 $s_1^* = s_2^* = 0.5$ 是唯一的纳什均衡。首先求解两人的最优反应对应。设 $s_2 < 0.5$。候选人 1 偏好大于 s_2 的最小位置。但是，在策略集中，不存在这样的位置。设 $s_2 > 0.5$。候选人 1 偏好小于 s_2 的最大位置。但是，不存在这样的位置。候选人 2 的处境与候选人 1 相同。因此，$b_i(s_{-i} \neq 0.5) = \varnothing$，即最优反应对应为空集。设 $s_2 = 0.5$。如果候选人 1 选择 0.5，则他得到一半选票；如果他没有选择 0.5，则他的得票数低于一半。0.5 是候选人 1 的最优反应。候选人 2 的处境与候选人 1 相同，因此，$b_i(s_{-i} = 0.5) = 0.5$。$s_1^* = s_2^* = 0.5$ 是纳什均衡。由于对对手的其他策略，每个人的最优反应集是空集，所以，$s_1^* = s_2^* = 0.5$ 是唯一的纳什均衡。

5.3.2 极端候选人

现在，两个候选人各有自己的政策主张。候选人 1 希望学校尽可能地靠近点 0。如果学校定址于点 x，则他获得效用 $-x^2$。候选人 2 希望学校尽可能地靠近点 1。如果学校定址于点 x，则她获得效用 $-(1-x)^2$。候选人在当选后必须兑现自己的竞选承诺。[①] 如果两人得票数相等，则抛硬币决定胜出者，胜出者依然得兑现自己的承诺。两个候选人都希望政策（即校址）靠

① 候选人在当选后可能违背竞选承诺，选择自己的理想点。这里不考虑这种可能性。

近自己偏好的端点，最终结果似乎不应是中间位置。但是，最终结果就是中间位置！

我们证明 $s_1^* = s_2^* = 0.5$ 是唯一纳什均衡。两个候选人的收益函数分别为

$$u_1(s_1, s_2) = \begin{cases} -s_1^2, & \text{当 } s_1 < s_2 \text{ 且 } \dfrac{s_1+s_2}{2} > 0.5 \text{ 时，或当 } s_1 > s_2 \text{ 且 } \dfrac{s_1+s_2}{2} < 0.5 \text{ 时，} \\ -0.5s_1^2 - 0.5s_2^2, & \text{当 } s_1 = s_2 \text{ 时，} \\ -s_2^2, & \text{当 } s_1 < s_2 \text{ 且 } \dfrac{s_1+s_2}{2} < 0.5 \text{ 时，或当 } s_1 > s_2 \text{ 且 } \dfrac{s_1+s_2}{2} > 0.5 \text{ 时。} \end{cases}$$

$$u_2(s_1, s_2) = \begin{cases} -(1-s_1)^2, & \text{当 } s_1 < s_2 \text{ 且 } \dfrac{s_1+s_2}{2} > 0.5 \text{ 时，或当 } s_1 > s_2 \text{ 且 } \dfrac{s_1+s_2}{2} < 0.5 \text{ 时，} \\ -0.5(1-s_1)^2 - 0.5(1-s_2)^2, & \text{当 } s_1 = s_2 \text{ 时，} \\ -(1-s_2)^2, & \text{当 } s_1 < s_2 \text{ 且 } \dfrac{s_1+s_2}{2} < 0.5 \text{ 时，或当 } s_1 > s_2 \text{ 且 } \dfrac{s_1+s_2}{2} > 0.5 \text{ 时。} \end{cases}$$

我们看两个候选人的最优反应。设 $s_2 < 0.5$。候选人1的小于 s_2 的任何竞选纲领都无法击败 s_2。所以，候选人1的最优反应是选择 s_2 或者选择输给 s_2 的某个方案，即 $b_1(s_2 < 0.5) = [0, s_2] \cup (1-s_2, 1]$。设 $s_2 > 0.5$。候选人1的最优反应是选择能击败 s_2 的最靠左的位置。根据3.1节中的分析，不存在这样的位置，所以，$b_1(s_2 > 0.5) = \varnothing$。同理，$b_2(s_1 > 0.5) = [s_1, 1] \cup [0, 1-s_1)$，$b_2(s_1 < 0.5) = \varnothing$。设 $s_i = 0.5$。候选人 i 的对手的任何反应，只要不是0.5，就注定落败，得到效用 -0.25。如果对手选择0.5，则 $s_1 = s_2 = 0.5$，抛硬币决胜负。双方从抛硬币的概率分布中得到的期望效用为 -0.25。最优反应于是为 $b_i(0.5) = [0, 1]$。

给定上述最优反应对应，(0.5, 0.5) 是纳什均衡，因为对两个候选人，$0.5 \in b_i(0.5)$。现在证明 (0.5, 0.5) 是唯一均衡。由于 $b_1(s_2 > 0.5) = \varnothing$，$b_2(s_1 < 0.5) = \varnothing$，所以，策略截面 (s_1^*, s_2^*) 要为纳什均衡，要求 $s_1^* > 0.5 > s_2^*$。把这一不等式与 $b_1(s_2 < 0.5) = [0, s_2] \cup (1-s_2, 1]$ 和 $b_2(s_1 > 0.5) =$

$[s_1, 1] \cup [0, 1-s_1]$ 结合，得到 $s_1^* > 1 - s_2^*$ 和 $s_2^* < 1 - s_1^*$。矛盾。(0.5, 0.5) 是唯一的纳什均衡。

5.3.3 不确定性条件下的极端候选人

甚至在意识形态上走极端的候选人也在靠拢中间选民。原因很简单，没有中间选民支持，没人能够胜出。现在，我们假定两位候选人都不知道中间选民支持的理想点。① 换句话说，两位候选人都不知道中间选民的位置。我们不再假定选民在单位区间上均匀分布，而是假定两位候选人认为中间选民的位置服从 [0, 1] 区间上的均匀分布。这一模型源自魏特曼(Wittman, 1977)和卡尔弗特(Calvert, 1985)。设中间选民位于区间 [0, 1] 中。候选人的偏好是共同知识，在这一博弈中，所有的不确定性可概括为 [0, 1] 上的分布函数 $F(\omega)=\omega$。如果我们能把候选人的期望效用表示为策略截面的函数，我们就能把所研究的问题转化为标准式博弈。候选人在政策上的偏好依然为二次方形式，即 $u_1(x)=-x^2$, $u_2(x)=-(1-x)^2$。给定两人的政策选择 (s_1, s_2)，如果中间选民更接近 s_1，则候选人 1 胜出。设 $s_1 < s_2$。则当中间选民的位置小于 $(s_1+s_2)/2$ 时，候选人 1 胜出。因为中间选民的位置服从均匀分布，所以，候选人 1 胜出的概率为 $(s_1+s_2)/2$。同理可推得在 $s_1 > s_2$ 时，候选人 1 胜出的概率。候选人 1 和 2 的期望效用为：

$$Eu_1(s_1, s_2)=\begin{cases} -s_1^2\left(\dfrac{s_1+s_2}{2}\right)-s_2^2\left(1-\dfrac{s_1+s_2}{2}\right), & \text{在 } s_1 < s_2 \text{ 时，} \\ -s_2^2\left(\dfrac{s_1+s_2}{2}\right)-s_1^2\left(1-\dfrac{s_1+s_2}{2}\right), & \text{在 } s_1 > s_2 \text{ 时。} \end{cases}$$

$$Eu_2(s_1, s_2)$$

$$=\begin{cases} -(1-s_1)^2\left(\dfrac{s_1+s_2}{2}\right)-(1-s_2)^2\left(1-\dfrac{s_1+s_2}{2}\right), & \text{在 } s_1 < s_2 \text{ 时，} \\ -(1-s_2)^2\left(\dfrac{s_1+s_2}{2}\right)-(1-s_1)^2\left(1-\dfrac{s_1+s_2}{2}\right), & \text{在 } s_1 > s_2 \text{ 时。} \end{cases}$$

① 在学习本节前，你可能需要重温数学附录中的优化知识。

我们求解纳什均衡。假设候选人1知道候选人2选择的位置为 $z \geqslant \frac{1}{2}$。候选人1的问题于是为：

$$\max_{s_1}\left[-s_1^2\left(\frac{s_1+z}{2}\right)-z^2\left(1-\frac{s_1+z}{2}\right)\right]$$

这里不考虑选择 $s_1>z$ 的可能性，因为这种策略总是劣于 $s_1=z$。[①] 把目标函数对 s_1 求导，令导数等于0，我们得到一阶条件：

$$-\frac{3}{2}s_1^2-zs_1+\frac{z^2}{2}=0。$$

求解 s_1，得到两个解，但只有一个解位于区间 $[0, 1]$，这个解给出了最优反应函数：

$$s_1(s_2)=\frac{s_2}{3}。$$

为确保这个解是实现局部最大值点（而非局部最小值点或鞍点），我们验证二阶条件：目标函数的二阶导数在这个解上取负值。把目标函数的一阶导数对 s_1 求导，得到二阶导数，在最优解 $s_1=\frac{z}{3}$ 上，二阶导数值为 $-2z$。对任何的 $z\in(0, 1]$，它为负。

设候选人2知道候选人1选择的位置为 $z \leqslant \frac{1}{2}$。候选人2的问题于是为：

$$\max_{s_2}\left[-(1-z)^2\left(\frac{s_2+z}{2}\right)-(1-s_2)^2\left(1-\frac{s_2+z}{2}\right)\right]$$

这里不考虑选择 $s_2<z$ 的可能性，原因同上。对目标函数求导，让导数等于零，求得参与者2的最优反应函数：

$$s_2(s_1)=\frac{2}{3}+\frac{1}{3}s_1。$$

① 如果候选人1选择 $s_1>z$，则他在让候选人2胜出。

请你验证二阶条件得到满足。纳什均衡（s_1^*，s_2^*）于是为以下方程组的解：

$$\begin{cases} s_1^* = \dfrac{1}{3}s_2^* \\ s_2^* = \dfrac{2}{3} + \dfrac{1}{3}s_1^* \end{cases}$$

这个方程组有唯一解：$s_1^* = \dfrac{1}{4}$，$s_2^* = \dfrac{3}{4}$。就是说，当候选人有极端的意识形态立场，但是在选民的偏好上存在不确定性时，两个候选人选择不同的竞选纲领。在确定性模型中，如果候选人选择的政策纲领偏离 0.5，则他肯定落选。在不确定性模型中，政策纲领偏离 0.5，只导致胜选概率下降。极端候选人一般愿意在胜选概率上做出牺牲，以使政策纲领更接近其理想点。结果，两个候选人都偏离中间选民而向自己的理想点靠拢。因为两个人都这么做，所以，两人的胜选概率依然各为 50%。

5.4　纳什均衡的存在性

在上校博弈中，不存在**纯策略纳什均衡**。本节探讨在什么条件下存在纳什均衡。我们首先介绍存在纯策略纳什均衡的充分条件。第一个条件是效用函数严格拟凹。

定义 5.8　严格拟凹函数

设 X 是凸集。函数 $f: X \to \mathbb{R}$ 是严格拟凹函数，如果对所有的 x，$y \in X$ 且 $x \neq y$，对所有的 $\lambda \in (0, 1)$ 和对所有的 $t \in \mathbb{R}$，如果 $f(x) \geqslant t$ 且 $f(y) \geqslant t$，则 $f(\lambda x + (1-\lambda)y) > t$。

换句话说，函数严格拟凹，如果它的上优集是凸集。因为严格凸偏好产生单元素最优集（见第 2 章），所以，在策略集 S 为凸集且对每个 $s_{-i} \in S_{-i}$，效用函数 $u_i(s_i, s_{-i})$ 在 s_i 上严格拟凹的博弈中，最优反应对应为函数（即为单值对应）。我们有以下的结论。

定理 5.3

标准式博弈 $\langle N, S, u \rangle$ 有纳什均衡，如果以下条件都得到满足：

(1) 对每个 $i \in N$，S_i 是欧几里得空间的凸的和紧的子集；

(2) 对每个 $i \in N$，$u_i: S \to \mathbb{R}$ 是连续函数；

(3) 对每个 $i \in N$ 和每个 $s'_{-i} \in S_{-i}$，函数 $u_i(\cdot, s'_{-i}): S_i \to \mathbb{R}$ 在 S_i 上严格拟凹。

这一定理尽管有用，但限制性很强，许多博弈不满足其中的前提。上校博弈就不满足条件(1)，因为它的策略集不是凸集（M 和 P 的线性组合不是一个可用的策略）。在许多霍特林博弈中，即使存在唯一的纳什均衡，但是，收益函数不是严格拟凹函数，在一些区间中，收益函数在候选人的竞选纲领中是"平的"（落选方案，即使不断远离中间选民，依然是落选方案）。

对策略空间为非凸集的博弈，一种解决办法是允许参与者使用**混合策略**。参与者 i 的一个混合策略 σ_i，是其纯策略集 S_i 上的一个概率分布。$\sigma_i(s_i)$ 表示在混合策略 σ_i 中，参与者 i 使用策略 s_i 的概率。参与者 i 的混合策略集，由 S_i 上的所有概率分布构成，写为 $\Delta_i = \Delta(S_i)$。

混合策略博弈类似纯策略博弈，只是参与者选择 $\sigma_i \in \Delta_i$ 而不选择 $s_i \in S_i$，并且，参与者用 σ_i 诱生的概率分布的期望效用比较各个策略。现在定义混合策略博弈。

定义 5.9

对标准式博弈 $\Gamma = \langle N, S, u \rangle$，我们用 $\Gamma^m = \langle N, \Delta, u^m \rangle$ 表示它的混合策略博弈；用 $\Delta_i = \Delta(S_i)$ 表示参与者 $i \in N$ 的混合策略集；用 $\sigma_i \in \Delta_i$ 表示 i 的一个混合策略，用 $\sigma_i(s_i)$ 表示 σ_i 赋予纯策略 s_i 的概率；用 $\Delta = \times_{i \in N} \Delta_i$ 表示混合策略截面集。对所有的 $i \in N$，期望效用函数 $u_i: \Delta \to \mathbb{R}$ 为

$$u_i(\sigma_i, \sigma_{-i}) = \sum_{s_{-i} \in S_{-i}} \sum_{s_i \in S_i} u_i(s_i, s_{-i}) \sigma_i(s_i) \sigma_{-i}(s_{-i})。$$

因为标准式博弈的混合策略博弈形式依然是标准式博弈，所以，纳什均衡概念适用于混合策略博弈。

我们用上校博弈说明参与者如何使用混合策略。攻防双方现在选择自己的策略集上的概率分布。设 $\sigma_1 = \sigma_1(M)$ 是防守方防守山区的概率，$\sigma_2 = \sigma_2(M)$ 是进攻方进攻山区的概率。给定这两个概率分布，每一方的两个行动实现的期望效用分别为：

$$u_1(M, \sigma_2) = \sigma_2 - (1-\sigma_2) = 2\sigma_2 - 1,$$

$$u_1(P, \sigma_2) = -\sigma_2 + (1-\sigma_2) = 1 - 2\sigma_2,$$

$$u_2(\sigma_1, M) = -\sigma_1 + (1-\sigma_1) = 1 - 2\sigma_1,$$

$$u_2(\sigma_1, P) = \sigma_1 - (1-\sigma_1) = 2\sigma_1 - 1。$$

我们计算双方的最优反应 $b_1(\sigma_2)$ 和 $b_2(\sigma_1)$。如果 $\sigma_2 > \frac{1}{2}$，则防守方防守山区，因为 $u_1(M, \sigma_2) > u_1(P, \sigma_2)$；如果 $\sigma_2 = \frac{1}{2}$，则防守方对防守山区和防守平原两个纯策略无差异；如果 $\sigma_2 < \frac{1}{2}$，防守方防守平原。就是说，对进攻方的混合策略 σ_2，防守方的最优反应是

$$b_1(\sigma_2) = \begin{cases} M, & \text{当 } \sigma_2 > \frac{1}{2} \text{ 时}, \\ P, & \text{当 } \sigma_2 < \frac{1}{2} \text{ 时}, \\ M \text{ 或 } P \text{ 或} \{M, P\} \text{ 上的任意概率分布}, & \text{当 } \sigma_2 = \frac{1}{2} \text{ 时}。 \end{cases}$$

因为在 $\sigma_2 = \frac{1}{2}$ 时，$b_1(\sigma_2) = M$ 或 P，所以，$\{M, P\}$ 上的任何概率分布都是最优反应。

同理，可求得进攻方的最优反应。因为

$$\text{在 } \sigma_1 < \frac{1}{2} \text{ 时}, u_2(\sigma_1, M) > u_2(\sigma_1, P);$$

$$\text{在 } \sigma_1 > \frac{1}{2} \text{ 时}, u_2(\sigma_1, M) < u_2(\sigma_1, P);$$

$$\text{在 } \sigma_1 = \frac{1}{2} \text{ 时}, u_2(\sigma_1, M) = u_2(\sigma_1, P)。$$

所以，进攻方的最优反应对应是

$$b_2(\sigma_1)=\begin{cases} M, & \text{当 } \sigma_1<\frac{1}{2} \text{ 时；} \\ P, & \text{当 } \sigma_1>\frac{1}{2} \text{ 时；} \\ M \text{ 或 } P \text{ 或}\{M,P\}\text{ 上的任意概率分布，} & \text{当 } \sigma_1=\frac{1}{2} \text{ 时。} \end{cases}$$

前面说过，这一博弈没有纯策略纳什均衡。所以，在求解纳什均衡时，我们只需验证是否存在满足纳什标准的截面 (σ_1, σ_2)。当 $\sigma_2=\frac{1}{2}$ 时，混合策略 σ_1 是防守方的最优反应；当 $\sigma_1=\frac{1}{2}$ 时，混合策略 σ_2 是进攻方的最优反应。所以，$\left(\sigma_1=\frac{1}{2}, \sigma_2=\frac{1}{2}\right)$ 是这一博弈唯一的混合策略纳什均衡。

对两人两策略博弈，画出最优反应函数常常能帮助我们找到混合策略纳什均衡。在图 5.1 中，横轴表示防守方的混合策略，它的取值范围为 $\sigma_1=0$(防守平原)到 $\sigma_1=1$(防守山区)；纵轴表示进攻方的混合策略，它的取值范围为 $\sigma_2=0$(进攻平原)到 $\sigma_2=1$(进攻山区)。实线为防守方的最优反应，虚线为进攻方的最优反应。两条最优反应曲线只相交于纳什均衡 (1/2, 1/2)。

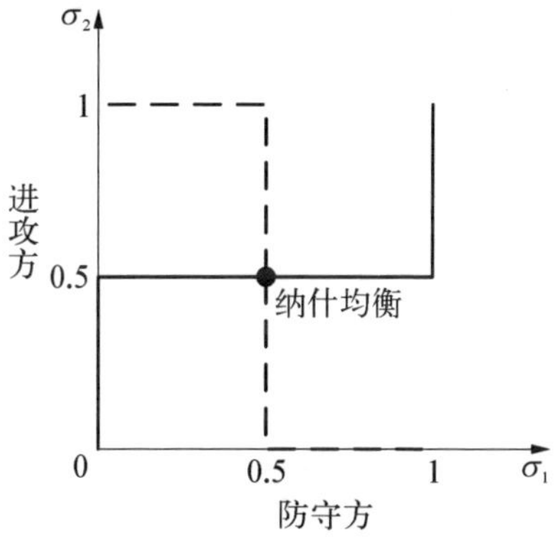

图 5.1　上校博弈的混合策略纳什均衡

在有纯策略纳什均衡的博弈中，也可能存在混合策略纳什均衡。我们看表 5.2 中的两机构反恐博弈。设 σ_1 和 σ_2 分别为 FBI 和 CIA 抓捕头目的概率。给定对方的混合策略，每一方的两个行动实现的期望效用分别为

$$u_1(\text{抓捕头目}, \sigma_2)=2\sigma_2,$$

$$u_1(\text{抓捕喽啰}, \sigma_2)=1,$$

$$u_2(\sigma_1, \text{抓捕头目})=2\sigma_1,$$

$$u_2(\sigma_1, \text{抓捕喽啰})=1。$$

和前一例子一样，我们比较这些效用，求得最优反应函数：

$$b_1(\sigma_2)=\begin{cases}\text{抓捕头目}, & \text{当}\ \sigma_2>\frac{1}{2}\ \text{时},\\ \text{抓捕喽啰}, & \text{当}\ \sigma_2<\frac{1}{2}\ \text{时},\\ \sigma_1\in[0,1], & \text{当}\ \sigma_2=\frac{1}{2}\ \text{时}。\end{cases}$$

$$b_2(\sigma_1)=\begin{cases}\text{抓捕头目}, & \text{当}\ \sigma_1>\frac{1}{2}\ \text{时},\\ \text{抓捕喽啰}, & \text{当}\ \sigma_1<\frac{1}{2}\ \text{时},\\ \sigma_2\in[0,1], & \text{当}\ \sigma_1=\frac{1}{2}\ \text{时}。\end{cases}$$

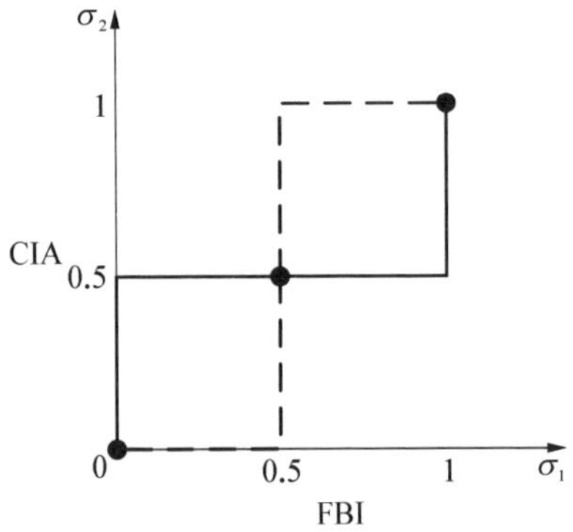

图 5.2　反恐博弈中的混合策略纳什均衡

图 5.2 画出了两个机构的最优反应函数。它们有三个交点：(0，0)、(1，1) 和 (1/2，1/2)。前两个点是纯策略纳什均衡，第三个点是混合策略纳什均衡。

在混合策略均衡中，参与者使用某一策略的概率，不是她自己的偏好的函数，而是其对手的偏好的函数，因为她只在对自己的一组纯策略无差异时，才会使用混合策略。所以，她的对手通过对混合策略的选择，确保她在她自己的各个纯策略上无差异。就是说，是对手的偏好决定她的混合策略。这一特征有时产生与直觉相悖的结论。我们修改反恐博弈，假设 CIA 从抓到头目中实现的收益高于 FBI 实现的收益，见表 5.10。

表 5.10　反 恐 博 弈

		CIA	
		抓捕头目	抓捕喽啰
FBI	抓捕头目	2，4	0，1
	抓捕喽啰	1，0	1，1

你可能认为CIA现在更可能抓捕头目，因为抓到头目带给CIA的收益上升。这种认识错误。两个机构的最优反应函数为

$$b_1(\sigma_2)=\begin{cases}\text{抓捕头目}, & \text{当}\ \sigma_2>\frac{1}{2}\ \text{时}, \\ \text{抓捕喽啰}, & \text{当}\ \sigma_2<\frac{1}{2}\ \text{时}, \\ \sigma_1\in[0,1], & \text{当}\ \sigma_2=\frac{1}{2}\ \text{时。}\end{cases}$$

$$b_2(\sigma_1)=\begin{cases}\text{抓捕头目}, & \text{当}\ \sigma_1>\frac{1}{4}\ \text{时}, \\ \text{抓捕喽啰}, & \text{当}\ \sigma_1<\frac{1}{4}\ \text{时}, \\ \sigma_2\in[0,1], & \text{当}\ \sigma_1=\frac{1}{4}\ \text{时。}\end{cases}$$

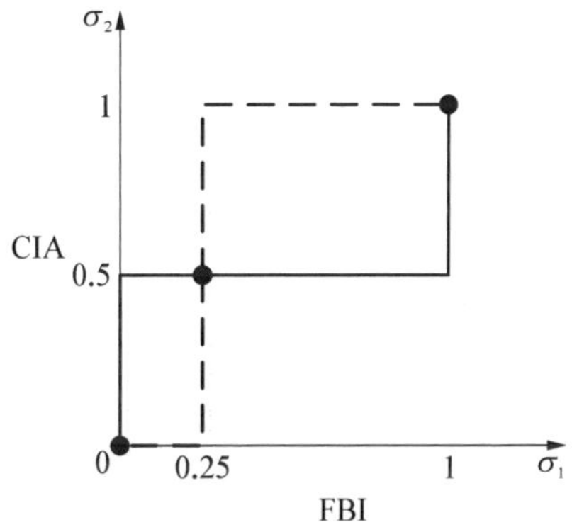

图5.3　(表5.1)反恐博弈中的混合策略纳什均衡

图5.3画出了两个机构的最优反应函数。混合策略均衡现在是(1/4，1/2)。CIA的偏好的变化，没有激励它以更大概率去抓捕头目，概率依然为1/2。但是，CIA的偏好的变化**降低了**FBI抓捕头目的概率。相对于博弈5.2中的混合策略纳什均衡，在现在的均衡中，头目被抓到的概率下降。这种变化背后的逻辑不难理解。在混合策略纳什均衡中，CIA通过对σ_2的选择使FBI在抓捕头目和抓捕喽啰之间无差异。FBI的偏好没有改变，所以，CIA对σ_2的选择没有改变。由于FBI通过对σ_1的选择使CIA在自己的两个纯策略之间无差异，所以，抓捕头目带给CIA更高效用的事实，蕴含FBI必须降低抓捕头目的概率，以保持这种无差异性。

尽管混合策略纳什均衡有这些差强人意之处，但是，在策略集为有限集的博弈中，肯定存在混合策略纳什均衡。这就是著名的纳什定理。

定理 5.4 （纳什定理）

对标准式博弈 $\Gamma=\langle N, S, u\rangle$，在 S 为有限集时，混合博弈 $\Gamma^m=\langle N, \Delta, u^m\rangle$ 有至少一个纳什均衡。换句话说，有限博弈有混合策略纳什均衡。

这一定理的证明需要用到一些高深的数学概念，我们将专用一节证明这一定理。这样做是想告诉读者，你应该知道这个结论，但在初次接触这个定理时，可以跳过它的证明。

5.5　占优和混合策略

我们把占优概念推广至混合策略。

定义 5.10

参与者 i 的纯策略 $s_i \in S_i$ 严格劣，如果存在 $\sigma'_i \in \Delta(S_i)$ 使得对每个 $s_{-i} \in S_{-i}$，

$$u_i(\sigma'_i, s_{-i}) > u_i(s_i, s_{-i})。$$

i 的纯策略 $s_i \in S_i$ 弱劣，如果存在 σ'_i 使得对每个 $s_{-i} \in S_{-i}$，

$$u_i(\sigma'_i, s_{-i}) \geqslant u_i(s_i, s_{-i}),$$

且存在 $s'_{-i} \in S_{-i}$ 使得

$$u_i(\sigma'_i, s'_{-i}) > u_i(s_i, s'_{-i})。$$①

这个定义比纯策略占优概念更有力，因为一些纯策略可能劣于混合策略但不劣于其他纯策略。② 在表 5.11 的博弈中，两个人的每个纯策略都不劣于其他纯策略。设参与者 2 的混合策略为：$\sigma_2(L)=\frac{1}{2}$，$\sigma_2(R)=\frac{1}{2}$。不管参与者 1 使用策略 U 还是策略 D，这一混合策略给参与者 2 实现的期望收益都为 2.5，高于参与者 2 使用纯策略 M 时实现的收益。就是说，M 严格劣于这一混合策略。

---

① 前面说过，$u_i(\sigma'_i, s_{-i}) = \sum_{s'_i \in S_i} u_i(s'_i, s_{-i})\sigma'_i(s'_i)$。

② 但是，某个策略，如果劣于其他纯策略，则必然劣于赋予此占优纯策略的概率为 1 的混合策略。

表 5.11

		参与者 2		
		L	M	R
参与者 1	U	3，1	4，2	1，4
	D	2，4	1，2	3，1

定理 5.5 明确了混合策略纳什均衡与反复剔除严格劣策略之间的关系。

定理 5.5

设 $\Gamma^m = \langle N, \Delta, u^m \rangle$ 是有限标准式博弈，有混合策略纳什均衡 σ^*。如果在混合策略 σ_i^* 下，策略 s_i 以正概率被使用，则在反复剔除严格劣策略过程中，s_i 留下来。

请你证明这一定理。它对计算混合策略均衡十分有用。我们不需要对所有策略上的概率分布求最优反应，只需对反复剔除过程中留下来的策略上的概率分布求最优反应。

5.6 求解纳什均衡

虽然我们知道存在纳什均衡的充分条件，但是，求解均衡常常需要技巧。国际象棋等游戏有纳什均衡，可没有人能解出它的均衡策略。尽管如此，还是有一些技巧和算法能帮助我们找到均衡。

5.6.1 有限博弈的纯策略纳什均衡

现在介绍一种算法，我们可用它验证某一策略截面是否为纳什均衡。对有限博弈，求解所有纯策略纳什均衡的一种方法是逐个检验每个策略截面 $s' \in S$ 是否是纳什均衡。我们从策略截面 $s' = (s_1', \cdots, s_n')$ 开始，依次回答以下问题：

(1) 保持 $s_2', \cdots, s_n'$ 固定，存在策略 s_1'' 使得 $u_1(s_1'', s_{-1}') > u_1(s_1', s_{-1}')$ 吗？如果存在，则 s' 不是纳什均衡。如果不存在，则继续下面的过程。

(2) 保持 $s_1', s_3', \cdots, s_n'$ 固定，存在策略 s_2'' 使得 $u_2(s_2'', s_{-2}') > u_1(s_2', s_{-2}')$

吗？如果存在，则 s' 不是纳什均衡。如果不存在，则继续下面的过程。

⋮

(3) 保持 $s'_1, \cdots, s'_{i-1}, s'_{i+1}, \cdots, s'_n$ 固定，存在策略 s''_i 使得 $u_i(s''_i, s'_{-i}) > u_i(s'_i, s'_{-i})$ 吗？如果存在，则 s' 不是纳什均衡。如果不存在，则继续下面的过程。

⋮

(4) 保持 $s'_1, \cdots, s'_{n-1}$ 固定，存在策略 s''_n 使得 $u_n(s''_n, s'_{-n}) > u_n(s'_n, s'_{-n})$ 吗？如果存在，则 s' 不是纳什均衡。如果不存在，则 s' 是纳什均衡。

然后，对 S 中的其他策略截面重复上述算法。

在两人有限博弈中，即在能用矩阵表示的博弈中，这种算法特别管用。从矩阵的某个单元格开始，验证在同一列中是否存在其他单元格使得行参与者实现更高收益。如果存在这样的单元格，则初始策略截面不是纳什均衡。如果不存在，则验证在同一行中是否存在其他单元格使得列参与者实现更高收益。如果存在这样的单元格，则初始策略截面不是纳什均衡。如果不存在，则初始策略截面是纳什均衡。对每个单元格，进行这一过程。

表 5.12

		参与者 2		
		l	c	r
参与者 1	t	5，4	2，3	6，2
	m	2，5	3，6	5，5
	b	5，2	0，3	7，4

我们看表 5.12 中的博弈。首先看 (t, l)。给定 $s_2 = l$，参与者 1 比较 $u_1(t, l)=5$、$u_1(m, l)=2$ 和 $u_1(b, l)=5$。他的最优反应为 $b_1(l)=\{t, b\}$。给定 $s_1 = t$，参与者 2 比较收益 4、3 和 2。她的最优反应为 $b_2(t)=\{l\}$。因此，(t, l) 是纳什均衡。由于 $b_2(t)$ 中只有一个元素，所以，(t, l) 是包含策略 t 的唯一纯策略纳什均衡。由于 $b_1(l)=\{t, b\}$，所以，(m, l) 不是纳什均衡，因为在参与者 2 选择 l 时，参与者 1 会偏离到 t 或 b。再看 (m, c)。由于 $b_1(c)=\{m\}$，$b_2(m)=\{c\}$，所以，(m, c) 是纳什均衡。由于 $r \notin b_2(m)$，

所以,包含策略 m 的唯一纯策略纳什均衡是 (m, c)。再看 (b, l)。由于 $b_2(b)=\{r\}$,所以,(b, l) 不是纳什均衡。由于 $b_1(c)=\{m\}$,所以,(b, c) 也不是纳什均衡。再看 (b, r)。任何一个参与者无法通过偏离这一策略截面提高自己的收益,所以,它是纳什均衡。通过这一过程,我们求得纯策略纳什均衡集为 $\{(t, l), (m, c), (b, r)\}$。

5.6.2　策略空间为连续统的博弈的纯策略纳什均衡

除非策略空间为有限集,否则,上述算法不管用。[①] 但是,我们有时能用优化技术求解均衡。如果效用函数 $u_i(s)$ 二阶可微,我们就能用微分方法求得最优反应对应。由于对 s_{-i} 的最优反应是 $u_i(s_i, s_{-i})$ 在 S_i 上的最大化问题的解,所以,$s_i \in b_i(s_{-i})$ 的充分条件是

$$\frac{\partial u_i(s_i, s_{-i})}{\partial s_i}=0 \text{ 和 } \frac{\partial^2 u_i(s_i, s_{-i})}{\partial s_i^2}<0,$$

其中,前一个等式是一阶条件,后一个不等式是二阶条件。[②] 如果一、二阶条件皆成立,则方程 $\partial u_i(s_i, s_{-i})/\partial s_i=0$ 的解是对 s_{-i} 的最优反应对应。如果 $u_i(s)$ 还是个严格凹函数,则满足一、二阶条件的解只有一个,最优反应对应就是个函数。在这种情况中,以下方程组的解是纳什均衡:

$$\begin{gathered} s_1^*=b_1(s_{-1}^*), \\ \vdots \\ s_i^*=b_i(s_{-i}^*), \\ \vdots \\ s_n^*=b_n(s_{-n}^*)。 \end{gathered}$$

但是,这种方法常常很烦琐,它要求既求解最优反应函数又求解方程组。一般情况下,我们可直接求解一阶条件方程组:

---

① 在学习本节前,你可能需要温习数学附录中有关优化的知识。

② 如果 S_i 是多维空间,则 $\partial u_i(s_i, s_{-i})/\partial s_i$ 是个向量,它的每个坐标是对 s_i 的一个坐标的偏导数。**0** 为零向量。二阶条件是二阶导数矩阵为负定。

$$\frac{\partial u_1(s_1, s_{-1})}{\partial s_1}=0,$$
$$\vdots$$
$$\frac{\partial u_i(s_i, s_{-i})}{\partial s_i}=0,$$
$$\vdots$$
$$\frac{\partial u_n(s_n, s_{-n})}{\partial s_n}=0。$$

为确保方程组的解是纳什均衡,我们还需验证每个参与者的二阶条件在方程组的解上得到满足。

如果方程组有多个解,就存在多个纯策略均衡。但是,如果方程组无解,则不意味着不存在纯策略纳什均衡。一、二阶条件只是充分条件而非必要条件。在许多博弈中,最优反应不满足这两个条件。原因很多,例如,如果对给定的 s_{-i},收益函数不是拟凹函数。例如,如果收益函数在 S_i 上单调递增或递减,则参与者 i 的最优反应就位于 S_i 的边界。这种最优反应,称为"角解",一般不满足一阶条件。如果收益函数在 s_{-i} 上不连续,则一阶条件不管用,因为在不连续的点上,我们写不出一、二阶条件。

5.7 应用:政治献金

利益集团 1 和 2 试图影响政府政策。它们知道最终政策是它们给政府的政治献金的函数。集团 1 最偏好的政策为 0,集团 2 最偏好的政策为 1。政府想要的政策是 1/2,但是实际政策决定于政治献金。设每个集团的献金额为 $s_i \in [0, 1]$,则最终政策为 $x(s_1, s_2)=\frac{1}{2}-s_1+s_2$。假设两个集团同时决定自己的献金额。[1] 它们在政治献金额和最终政策上的效用函数分别为

$$u_1(s_1, s_2)=-(x(s_1, s_2))^2-s_1,$$

$$u_2(s_1, s_2)=-(1-x(s_1, s_2))^2-s_2。$$

① 这一博弈类似经济学中的全支付拍卖。本书后半部分将讨论拍卖。

把政策函数代入这两个效用函数，得到

$$u_1(s_1,\ s_2)=-\left(\frac{1}{2}-s_1+s_2\right)^2-s_1,$$

$$u_2(s_1,\ s_2)=-\left(1-\left(\frac{1}{2}-s_1+s_2\right)\right)^2-s_2。$$

两个集团效用最大化问题的一阶条件分别为

$$2\left(\frac{1}{2}-s_1+s_2\right)-1=0,$$

$$2\left(1-\left(\frac{1}{2}-s_1+s_2\right)\right)-1=0。$$

求解第一个一阶条件，把 s_1 写为 s_2 的函数，得到集团 1 的最优反应函数

$$b_1(s_2)=s_2,$$

求解第二个一阶条件，得到集团 2 的最优反应函数

$$b_2(s_1)=s_1,$$

很明显，在这个博弈中，纳什均衡不止一个。任何一对献金额，只要满足 $s_1=s_2$，就是纳什均衡。我们把这一博弈的纯策略纳什均衡集写为

$$\{(s_1,\ s_2)\in[0,\ 1]^2:\ s_1=s_2\}。$$

这一结果的含义很直观。任何一对等值献金都是纳什均衡，并且，在所有均衡中，政策结果都是 1/2。 两个利益集团都没有动机单方面偏离，因为增加一元钱的献金所实现的边际政治收益（把政策拉向自己的理想点）正好与减少一元钱的资源的边际成本抵销。与囚徒困境一样，这一博弈的纳什均衡缺乏效率。就是说，献金者完全可以彼此承诺不给政府一分钱。但是，这种承诺靠不住，所以，在均衡中，献金额为正。

5.8　应用：国际外部性

两个国家必须决定投入多少资金治理空气污染。它们的策略是投资额

$s_1>0$ 和 $s_2>0$。每个国家为此发生的成本为 $c(s_i)=k_is_i$。设 $k_1<k_2$，就是说，国家 1 能以更低成本减少污染。总污染量影响两国居民，所以，从污染治理中得到的效用决定于总投资额，设效用函数为 $u_i(s_1, s_2)=\sqrt{s_1+s_2}$。每个国家实现的收益于是决定于从污染治理中得到的效用和为污染治理付出的成本，就是说，收益函数为

$$\sqrt{s_1+s_2}-k_is_i。$$

利用两个国家的收益函数，我们能得到收益最大化问题的一阶条件：

$$\frac{1}{2}(s_1+s_2)^{-\frac{1}{2}}-k_1=0,$$

$$\frac{1}{2}(s_1+s_2)^{-\frac{1}{2}}-k_2=0。$$

最大化问题的二阶条件得到满足，因为 $-\frac{1}{4}(s_1+s_2)^{-\frac{3}{2}}<0$。

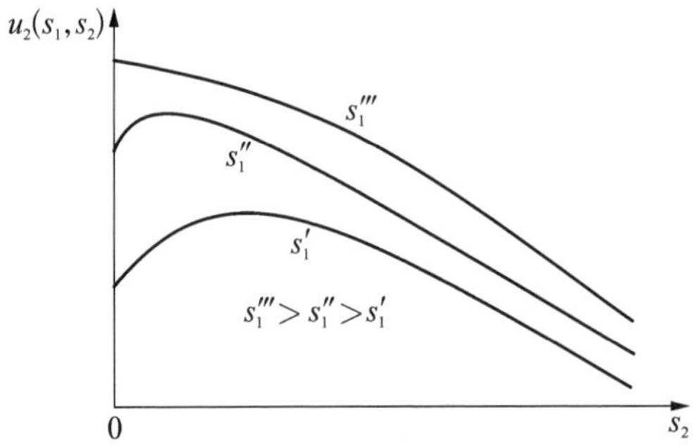

图 5.4 国家 2 的收益是国家 1 的投资额的函数

由于 $k_1<k_2$，一阶条件方程组无解。设 $s_1>(2k_2)^{-2}$。则在国家 2 的一阶条件中，等号左边部分始终为负，就是说，国家 2 的收益在其投资额上始终递减。给定国家 1 的三个投资水平 s_1'、s_1'' 和 s_1''' 使得 $s_1'''>s_1''>s_1'$，图 5.4 画出了对应这三个投资水平的国家 2 的收益函数曲线。最上方的曲线是 $s_1'''>(2k_2)^{-2}$ 时，国家 2 的收益曲线。由于投资额不能取负值，所以，国家 2 对国家 1 的投资水平 s_1''' 的最优反应为 0。同理，如果 $s_2>(2k_1)^{-2}$，则国家 1 的最优反应也是 0。这两个"角解"是两个国家的最优反应。对这种情况，我们无法用标准的一阶条件求解。

但是，我们能用图形求解。图 5.5 画出了两个国家的最优反应函数。纵轴表示国家 2 的策略；横轴表示国家 1 的策略。虚线为国家 2 的最优反应函数，

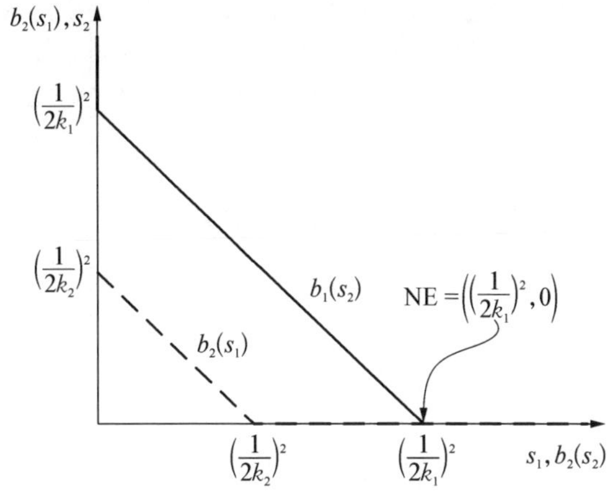

图 5.5　外部性博弈中的最优反应函数

它在 s_1 上递减，直至 $s_1 > (2k_2)^{-2}$，然后它等于 0。实线是国家 1 的最优反应函数，它在 s_2 上递减，直至在 $s_2 = (2k_1)^{-2}$ 时为 0。这两个最优反应曲线的唯一交点是 $s_1 > (2k_1)^{-2}$ 和 $s_2 = 0$。在这一博弈唯一的纳什均衡上，高成本国家搭乘低成本国家便车。低成本国家知道高成本国家不会投资，它在这一认识基础上，选择自己的最优投资额。

5.9　应用：利用约束优化方法求解均衡

在博弈中，当最优反应是策略空间的边界点时，我们可以用约束最大化问题的求解技术，例如库恩−塔克（Kuhn-Tucker）规划，求解纳什均衡的必要条件。① 在国际外部性博弈中，我们增加约束条件 $s_1 \geqslant 0$ 和 $s_2 \geqslant 0$。我们用拉格朗日因子 λ_1 和 λ_2，把这两个条件与目标函数结合，得到拉格朗日函数。现在，参与者 i 最大化

$$\sqrt{s_1 + s_2} - k_i s_i + \lambda_i s_i + \lambda_{-i} s_{-i}。$$

纳什均衡的必要条件是两个参与者的**一阶条件**

---

① 你可能需要重温数学附录中关于约束条件下的优化理论。

$$\frac{1}{2}(s_1+s_2)^{-\frac{1}{2}}-k_1+\lambda_1=0,$$

$$\frac{1}{2}(s_1+s_2)^{-\frac{1}{2}}-k_2+\lambda_2=0。$$

和“**松弛性**”**条件**

$$\lambda_1 s_1=0,$$

$$\lambda_2 s_2=0。$$

和**约束条件**

$$\text{对所有的 } i,\ \lambda_i \geqslant 0,$$

$$\text{对所有的 } i,\ s_i \geqslant 0。$$

纳什均衡是满足约束条件的前四个方程的解。前两个方程蕴含

$$\lambda_1=k_1-\frac{1}{2}(s_1+s_2)^{-\frac{1}{2}},$$

$$\lambda_2=k_2-\frac{1}{2}(s_1+s_2)^{-\frac{1}{2}}。$$

把这两个结果代入松弛性条件关于 λ 的约束条件中,得到

$$s_1\left[k_1-\frac{1}{2}(s_1+s_2)^{-\frac{1}{2}}\right]=0,$$

$$s_2\left[k_2-\frac{1}{2}(s_1+s_2)^{-\frac{1}{2}}\right]=0。$$

$$k_1 \geqslant \frac{1}{2}(s_1+s_2)^{-\frac{1}{2}},$$

$$k_2 \geqslant \frac{1}{2}(s_1+s_2)^{-\frac{1}{2}}。$$

和前一小节的结论一样,不存在两个国家的投资额都大于 0 的解,因为这种解要求两个松弛性条件中的括号内的项都为 0,但这不可能。策略截面 $s_1=s_2=0$ 也不是均衡,因为条件 $k_i \geqslant \frac{1}{2}(s_1+s_2)^{-\frac{1}{2}}$ 被违背。设 $s_1=0$, $s_2>0$。第二

个一阶条件于是蕴含 $k_2 = \frac{1}{2}(s_1 + s_2)^{-\frac{1}{2}}$，违背 λ_1 必须非负的约束条件。于是，唯一可能的纳什均衡要求 $s_1 > 0$ 且 $s_2 = 0$。根据第一个一阶条件，$s_1^* = (2k_1)^{-2}$，这正是前一小节中的结论。

5.10　证明纳什均衡存在

我们证明纳什定理。首先介绍有关数学概念，其中最重要的概念是不动点。直观地说，函数（或对应）的不动点是定义域中的一个点，它被映射到它自身上。正式地说，给定对应 $c: A \twoheadrightarrow A$，则 $x^* \in A$ 是它的不动点，如果 $x^* \in c(x^*)$。如果 $c(\cdot)$ 是函数，则 x^* 是它的不动点，$x^* = c(x^*)$。纳什均衡是个策略截面 s^* 使得对每个 $i \in N$，$s_i^* = b_i(s_{-i}^*)$，所以，它是最优反应对应 $b(s) \equiv (b_1(s_{-1}), \cdots, b_i(s_{-i}), \cdots, b_n(s_{-n}))$ 的不动点。证明纳什均衡存在，不过是证明最优反应对应 $b(s)$ 有不动点。我们有足够的数学概念找到存在不动点的充分条件。对这一充分条件的描述，称为**不动点定理**。如果博弈的最优反应对应所具有的特征与不动点定理的前提吻合，则存在纳什均衡。

要证明不动点存在，我们要用到凸值对应概念。

定义 5.11

对应 $c: A \twoheadrightarrow A$ 为凸值对应，如果对每个 $a \in A$，$c(a)$ 是 A 的凸子集。

就是说，对应 $c(\cdot)$ 是凸值对应，如果对每个 $x \in A$，对每个 $y, z \in c(x)$ 和每个 $\lambda \in [0, 1]$，$\lambda y + (1-\lambda)z \in c(x)$。

我们还要用到集合的上反像(upper inverse)概念。在对应 $c: A \twoheadrightarrow A$ 下，集合 $B \subseteq A$ 的上反像，由定义域 A 中被对应 $c(\cdot)$ 映射到 B 的子集的点构成。

定义 5.12

给定对应 $c: A \twoheadrightarrow A$。集合 $B \subseteq A$ 的上反像是集合 $c^+(B) \equiv \{x \in A \mid c(x) \subset B\}$。

我们用上反像概念定义对应的**上半连续性**。

定义 5.13

对应 $c: A \twoheadrightarrow A$ 上半连续，如果对每个开集 $O \subseteq A$，它的上反像 $c^+(O)$ 是开集。

但是，定义 5.13 常常很难用，闭图的存在却相对容易确定。

定义 5.14 对应 $c: A \twoheadrightarrow A$ 有闭图，如果对任意两个点列 $x^n \to x \in A$ 和 $y^n \to y \in A$ 使得对每个 n，$x^n \in A$，$y^n \in c(x^n)$，则 $y \in c(x)$。

根据下面的定理（请你证明），有闭图的对应上半连续。

定理 5.6

如果 A 是紧集，则对应 $c: A \twoheadrightarrow A$ 上半连续，如果它有闭图。

闭图条件不是很难理解。在 A 中有两个点列 x^n 和 y^n 使得对每个 n，$y^n \in c(x^n)$ 且这两个点列分别收敛于 A 中的点 x 和 y。如果 c 有闭图，则 $y \in c(x)$。换句话说，对有闭图的对应，集合 $\{(x, y) \in A^2: y \in c(x)\}$ 是空间 A^2 的闭集。鲍德尔（Border，1989）更全面地讨论了这些概念。

我们说过，对每个 $a \in A$，如果对应 $c: A \twoheadrightarrow A$ 是单值对应，则它是函数。如果单值对应上半连续，则它是连续函数。

要证明定理 5.3，我们需要用到布劳威尔不动点定理。

定理 5.7 （布劳威尔不动点定理）

设集合 $A \subset \mathbb{R}^d$ 是紧的和凸的。如果 $f: A \to A$ 是连续函数，则 f 在 A 中有不动点。

要证明定理 5.4，我们需要用到角谷不动点定理。

定理 5.8 （角谷不动点定理）

设集合 $A \subset \mathbb{R}^d$ 是紧的和凸的。如果对应 $c: A \twoheadrightarrow A$ 满足以下条件

(1) 对每个 $x \in A$，$c(x)$ 是非空集，

(2) $c(\cdot)$ 是凸值对应，

(3) $c(\cdot)$ 上半连续，

则 $c(\cdot)$ 在 A 中有不动点。

鲍德尔（1989）介绍了这些定理的证明。要证明纳什均衡存在，如果使用定理 5.7，我们只需证明 $b(s)$ 是连续函数；如果使用定理 5.8，我们只需证明 $b(s)$ 是满足定理 5.8 中条件（1）至（3）的对应。但是，要证明 $b(s)$ 非空[条件（1）]和上半连续[条件（3）]，我们需要使用伯奇最大值定理（Berge，1997）。

定理 5.9 （伯奇最大值定理）

设集合 $X \subset \mathbb{R}^d$ 和 $M \subset \mathbb{R}^z$ 都是紧的和凸的。设函数 $f: X \times M \to \mathbb{R}$ 在 x

和 m 上连续。定义对应 $c: M \twoheadrightarrow X$ 为

$$c(m) \equiv \underset{x \in X}{\operatorname{argmax}}\{f(x, m)\}。$$

则对每个 $m \in M$，$c(m)$ 非空且上半连续。

对定理 5.9 中的 $c(\cdot)$ 上半连续，我们可以这样理解：向量 m 是优化问题 $\max\limits_{x \in X}\{f(x, m)\}$ 的参数向量。如果参数向量列 m^n 收敛于 m，则对收敛于 x 的任意最优政策列 $x^n \in c(m^n)$，$x \in c(m)$。

现在证明定理 5.3。

定理 5.3 的证明：

对每个 $i \in N$，设 S_i 是 $\mathbb{R}^d$ 的凸子集；对每个 $i \in N$，对每个 $s'_{-i} \in S_{-i}$，设 $u_i: S \to \mathbb{R}$ 在 s_i 上连续且严格拟凹。定义对应 $b_i: S_{-i} \twoheadrightarrow S$ 为

$$b_i(s_{-i}) \equiv \underset{s_i \in S_i}{\operatorname{argmax}}\, u_i(s_i, s_{-i})。$$

根据定理 5.9，对每个 $s_{-i} \in S_{-i}$，$b_i(s_{-i})$ 非空且上半连续。由于严格拟凹的效用函数可以用严格凸的偏好序表示，根据定理 2.4，对每个 $s_{-i} \in S_{-i}$，$b_i(s_{-i})$ 是单元素集。而上半连续的单值对应是连续函数（习题 5.15），因此，对每个 $i \in N$，$b_i(s_{-i})$ 是从 S_{-i} 到 S_i 的连续函数。我们定义函数 $b: S \to S$ 为

$$b(s_1, \cdots, s_n) \equiv (b_1(s_{-1}), \cdots, b_n(s_{-n}))。$$

因为 s_{-i} 是 s 的连续函数（因为 s_{-i} 是 s 的投影），我们定义复合函数 $\tilde{b}_i(s) = b_i(s_{-i}(s))$。函数 $b(s)$ 连续，因为：(1) $b_i(\cdot)$ 连续，(2) 连续函数的复合 $\tilde{b}_i(s)$ 连续，(3) 连续函数的积 $(\tilde{b}_1(s), \cdots, \tilde{b}_n(s))$ 连续。布劳威尔不动点定理蕴含这一映射有不动点 s^* 使得 $s^* = b(s^*)$。就是说，对每个 $i \in N$，$b_i(s^*_{-i}) = s^*_i$。所以，s^* 是纳什均衡。 □

定理 5.4 说的是在有限博弈的混合策略形式中，最优反应对应满足角谷不动点定理的条件。它的证明与 5.3 的证明类似。

定理 5.4 的证明：

给定标准式博弈 Γ，对每个 $i \in N$，设策略集 S_i 是有限集。于是，在混合博弈 Γ^m 中，Δ_i 为有限维欧几里得空间的紧的和凸的子集。根据定义 5.9，$u_i(\sigma_i, \sigma_{-i})$ 是线性的，因此在 σ 上连续。定义 $b_i: \Delta_{-i} \twoheadrightarrow \Delta_i$ 为

$$b_i(\sigma_{-i}) \equiv \underset{\sigma_i \in \Delta_i}{\operatorname{argmax}}\{u_i(\sigma_i, \sigma_{-i})\}。$$

根据定理5.9，对每个$\sigma_{-i} \in \Delta_{-i}$，$b_i(\sigma_{-i})$非空且上半连续。因为对任意的$\sigma_{-i}$，$u_i(\sigma_i, \sigma_{-i})$为线性，所以，如果$u_i(\sigma'_i, \sigma_{-i}) = u_i(\sigma''_i, \sigma_{-i})$，则对任意的$\lambda \in (0, 1)$，$u_i(\lambda\sigma'_i + (1-\lambda)\sigma''_i, \sigma_{-i}) = u_i(\sigma'_i, \sigma_{-i})$。就是说，$b_i(\sigma_{-i})$是凸值对应。定义对应$b$：$\Delta \twoheadrightarrow \Delta$为

$$b(\sigma_1, \cdots, \sigma_n) = (b_1(\sigma_{-1}), \cdots, b_n(\sigma_{-n}))。$$

上述结论蕴含它满足角谷不动点定理中的条件。因此，存在混合策略截面σ^*使得$\sigma^* \in b(\sigma^*)$。这个策略截面是Γ^m的纳什均衡，因此是Γ的混合策略纳什均衡。 □

5.11 比较静态分析

博弈论模型的一个特征使得它对应用研究特别有用，那就是它能解释政治问题中的外生变量如何影响内生变量。外生变量与内生变量之间的这种关系，称为比较静态。[①] 我们通过一个竞选广告支出模型阐述这种关系。候选人$i \in \{1, 2\}$同时选择各自的竞选广告支出水平$s_i \in \mathbb{R}_+$；不管是否当选，每个人都得承担成本$c_i(s_i)$，即广告支出s_i给候选人i造成的成本。胜选产生效用1，落选产生效用0。设$p(s_1, s_2)$是在两人的支出分别为s_1和s_2时，候选人1胜选的概率。两人的收益因此为

$$u_1(s_1, s_2) = p(s_1, s_2) - c_1(s_1),$$

$$u_2(s_1, s_2) = 1 - p(s_1, s_2) - c_2(s_2)。$$

我们首先赋予c_i和p具体的函数形式：

$$c_i(s_i) = ks_i^2,$$

$$p(s_1, s_2) = \max\left\{0, \min\left\{1, \frac{1}{2} + \beta(s_1 - s_2)\right\}\right\}。$$

① 不熟悉微积分的读者，在学习本节前，应该重温数学附录中的微积分部分。

其中，k 和 β 是严格为正的参数。为保证内解，设 $\beta^2 < 2k$。设均衡解为 s_1^* 和 s_2^*，它满足条件 $p(s_1^*, s_2^*) \in (0, 1)$。求解一阶条件，得到

$$\beta = 2ks_1, \ \beta = 2ks_2。$$

均衡解于是为

$$s_1^* = \frac{\beta}{2k}, \ s_2^* = \frac{\beta}{2k}。$$

为强调外生参数与均衡行为之间的关系，我们把均衡解写为 $s_i^*(\beta, k) = \beta/2k$ 的形式。为说明均衡行为如何随外生参数变化，我们把均衡解对参数求导，得到

$$\frac{\partial s_i^*(\beta, k)}{\partial \beta} = \frac{1}{2k}, \ \frac{\partial s_i^*(\beta, k)}{\partial k} = -\frac{\beta}{2k^2}。$$

就是说，均衡广告支出在广告的边际产出上递增，在广告的边际成本上递减。在这个例子中，从一阶条件中得到的最优反应与对手的选择无关；一般情况不是这样。因为这个原因，在这个例子中，比较静态分析十分简单。而在一般情况中，一阶条件以隐函数形式给出各个人的最优反应对应，均衡是最优反应对应的不动点。我们通常不愿对 $p(\cdot, \cdot)$ 和 $c(\cdot)$ 的函数形式施加很强的假定。但是，如果不明确具体的函数形式，我们如何了解均衡的比较静态特征呢？或者，如果我们选择的函数形式无法让我们把 s_i^* 表示为参数的显函数，我们又如何进行分析呢？隐函数定理为这些问题提供了答案。

我们把候选人1胜出的概率写为两人的选择变量和外生参数的函数，即 $p(s_1, s_2; \beta)$ 的形式；把成本写为选择变量和外生参数的函数，即 $c_1(s_1; k_1)$ 和 $c_2(s_2; k_2)$ 的形式。我们用分号把内生变量与外生变量分隔开。前面的例子是这类模型的特殊情况。现在，一阶条件是

$$\begin{aligned} &\frac{\partial p(s_1, s_2; \beta)}{\partial s_1} - \frac{\partial c_1(s_1; k_1)}{\partial s_1} = 0, \\ &\frac{\partial p(s_1, s_2; \beta)}{\partial s_2} - \frac{\partial c_2(s_2; k_2)}{\partial s_2} = 0。\end{aligned} \tag{5.1}$$

为避免出现技术问题，我们假定方程组(5.1)产生单值最优反应；就是说，我们

假定存在最优反应函数。[①] 在探讨均衡行为如何随外生变量变化之前，我们分析最优反应如何随外生参数和对手的策略而变化，在这里，我们暂时把对手的策略视为外生变量。隐函数定理指出，只要某些条件得到满足，我们就能用导数描述在 s_2、β 或 k_1 的值发生微小变化时，候选人 1 的最优选择如何变化。数学附录介绍了这一定理。

我们用 $b_1(\cdot;\ \cdot,\ \cdot,\ \cdot)$ 表示参与者 1 的最优反应函数，它把 $(s_2;\ \beta,\ k_1,\ k_2)$ 映射到 s_1。设函数 $p(\cdot,\ \cdot;\ \cdot)$、$c_1(\cdot;\ \cdot)$ 和 $c_2(\cdot;\ \cdot)$ 在参数向量 $(s_2;\ \beta,\ k_1,\ k_2)$ 上连续可微；设在 $s_1=b_1(s_2;\ \beta,\ k_1)$ 时，$\frac{\partial^2 p(s_1,\ s_2;\ \beta)}{\partial s_1 \partial s_1} \neq \frac{\partial^2 c_1(s_1;\ k_1)}{\partial s_1 \partial s_1}$。隐函数定理指出，在向量 $(s_2;\ \beta,\ k_1)$ 的某个邻域中，函数 b_1 可微，它有以下一阶偏导数：

$$\frac{\partial s_1}{\partial s_2}=\frac{\dfrac{\partial^2 p(s_1,\ s_2;\ \beta)}{\partial s_1 \partial s_2}}{\dfrac{\partial^2 p(s_1,\ s_2;\ \beta)}{\partial s_1 \partial s_1}-\dfrac{\partial^2 c_1(s_1;\ k_1)}{\partial s_1 \partial s_1}},$$

$$\frac{\partial s_1}{\partial \beta}=\frac{\dfrac{\partial^2 p(s_1,\ s_2;\ \beta)}{\partial s_1 \partial \beta}}{\dfrac{\partial^2 p(s_1,\ s_2;\ \beta)}{\partial s_1 \partial s_1}-\dfrac{\partial^2 c_1(s_1;\ k_1)}{\partial s_1 \partial s_1}},$$

$$\frac{\partial s_1}{\partial k_1}=\frac{\dfrac{\partial^2 c_1(s_1;\ k_1)}{\partial s_1 \partial k_1}}{\dfrac{\partial^2 p(s_1,\ s_2;\ \beta)}{\partial s_1 \partial s_1}-\dfrac{\partial^2 c_1(s_1;\ k_1)}{\partial s_1 \partial s_1}}。$$

在 $s_1=b_1(s_2;\ \beta,\ k_1)$ 时，$\frac{\partial^2 p(s_1,\ s_2;\ \beta)}{\partial s_1 \partial s_1} \neq \frac{\partial^2 c_1(s_1;\ k_1)}{\partial s_1 \partial s_1}$ 的假定，保证这三个式子中的分母不为 0。隐函数定理使我们能分析参数变化如何影响一阶条件。请你对 $b_2(\cdot;\ \cdot,\ \cdot,\ \cdot)$ 进行有关比较静态分析。我们可以放松一阶条件产生唯一最优反应的假定。只要 $\frac{\partial^2 p(s_1,\ s_2;\ \beta)}{\partial s_1 \partial s_1} \neq \frac{\partial^2 c_1(s_1;\ k_1)}{\partial s_1 \partial s_1}$，一阶条

① 找出使这一假设成立，原始函数需满足的充分条件。参考与定理 5.3 有关的一些结论。

件就有局部唯一解，就是说，对一阶条件的每个解，存在一个邻域，在这个邻域中不存在其他解。因此，比较静态分析能揭示最优反应对应在每个外生变量上的局部变化特征。

上述分析探讨最优反应在参数值上如何变化，它没有告诉我们均衡行为如何变化。现在探讨均衡行为的特征。

5.11.1　均衡分析*

设 (s_1^*, s_2^*) 是方程组(5.1)的解。[1] 我们对这个方程组应用隐函数定理，探讨参数 (β, k_1, k_2) 的变化如何影响均衡。前一小节只是应用隐函数定理于各个最优反应。要分析均衡解的比较静态特征，我们需要用到一些矩阵代数知识。雅可比矩阵为

$$\begin{vmatrix} \dfrac{\partial^2 p(s_1, s_2; \beta)}{\partial s_1 \partial s_1} - \dfrac{\partial^2 c_1(s_1; k_1)}{\partial s_1 \partial s_1} & \dfrac{\partial^2 p(s_1, s_2; \beta)}{\partial s_1 \partial s_2} \\ \dfrac{\partial^2 p(s_1, s_2; \beta)}{\partial s_2 \partial s_1} & \dfrac{\partial^2 p(s_1, s_2; \beta)}{\partial s_2 \partial s_2} - \dfrac{\partial^2 c_2(s_2; k_2)}{\partial s_2 \partial s_2} \end{vmatrix}$$

前一小节要求 $\dfrac{\partial^2 p(s_1, s_2; \beta)}{\partial s_1 \partial s_1} \neq \dfrac{\partial^2 c_1(s_1; k_1)}{\partial s_1 \partial s_1}$，与此相对应，这里要求雅可比矩阵非奇异(就是说，它的行列式不为零)。[2] 设函数 $p(\cdot, \cdot; \cdot)$、$c_1(\cdot; \cdot)$ 和 $c_2(\cdot; \cdot)$ 都连续可微；设在参数向量 (β, k_1, k_2) 上，(s_1^*, s_2^*) 是方程组(5.1)的解，并且在这个解上，雅可比矩阵为非奇异矩阵。隐函数定理指出，存在向量 (β, k_1, k_2) 的一个邻域 B 和解 (s_1^*, s_2^*) 的一个邻域 A 使得在这些邻域上，方程组 5.1 的解是参数向量的可微函数 $s: B \to A$，它的一阶导数为

---

[1] 本节用到一些线性代数和多元微积分知识。

[2] 这是个 2×2 矩阵。对 2×2 矩阵 $\begin{bmatrix} a & b \\ c & d \end{bmatrix}$，行列式为 $\det = ad - cb$，逆矩阵的行列式为 $\dfrac{1}{\det \begin{bmatrix} d & -a \\ -b & a \end{bmatrix}}$。在矩阵更大时，计算很烦琐。

$$\begin{bmatrix}\dfrac{\partial s_1}{\partial \beta}\\[2ex]\dfrac{\partial s_2}{\partial \beta}\end{bmatrix}=-\left|\begin{matrix}\dfrac{\partial^2 p(s_1,s_2;\beta)}{\partial s_1\partial s_1}-\dfrac{\partial^2 c_1(s_1;k_1)}{\partial s_1\partial s_1} & \dfrac{\partial^2 p(s_1,s_2;\beta)}{\partial s_1\partial s_2}\\[2ex]\dfrac{\partial^2 p(s_1,s_2;\beta)}{\partial s_2\partial s_1} & \dfrac{\partial^2 p(s_1,s_2;\beta)}{\partial s_2\partial s_2}-\dfrac{\partial^2 c_2(s_1;k_1)}{\partial s_2\partial s_2}\end{matrix}\right|^{-1}\begin{bmatrix}\dfrac{\partial^2 p(s_1,s_2;\beta)}{\partial s_1\partial \beta}\\[2ex]\dfrac{\partial^2 p(s_1,s_2;\beta)}{\partial s_2\partial \beta}\end{bmatrix}$$

$$\begin{bmatrix}\dfrac{\partial s_1}{\partial k_1}\\[2ex]\dfrac{\partial s_2}{\partial k_1}\end{bmatrix}=\left|\begin{matrix}\dfrac{\partial^2 p(s_1,s_2;\beta)}{\partial s_1\partial s_1}-\dfrac{\partial^2 c_1(s_1;k_1)}{\partial s_1\partial s_1} & \dfrac{\partial^2 p(s_1,s_2;\beta)}{\partial s_1\partial s_2}\\[2ex]\dfrac{\partial^2 p(s_1,s_2;\beta)}{\partial s_2\partial s_1} & \dfrac{\partial^2 p(s_1,s_2;\beta)}{\partial s_2\partial s_2}-\dfrac{\partial^2 c_2(s_1;k_1)}{\partial s_2\partial s_2}\end{matrix}\right|^{-1}\begin{bmatrix}\dfrac{\partial^2 c_1(s_1;k_1)}{\partial s_1\partial k_1}\\[2ex]0\end{bmatrix}$$

$$\begin{bmatrix}\dfrac{\partial s_1}{\partial k_2}\\[2ex]\dfrac{\partial s_2}{\partial k_2}\end{bmatrix}=-\left|\begin{matrix}\dfrac{\partial^2 p(s_1,s_2;\beta)}{\partial s_1\partial s_1}-\dfrac{\partial^2 c_1(s_1;k_1)}{\partial s_1\partial s_1} & \dfrac{\partial^2 p(s_1,s_2;\beta)}{\partial s_1\partial s_2}\\[2ex]\dfrac{\partial^2 p(s_1,s_2;\beta)}{\partial s_2\partial s_1} & \dfrac{\partial^2 p(s_1,s_2;\beta)}{\partial s_2\partial s_2}-\dfrac{\partial^2 c_2(s_1;k_1)}{\partial s_2\partial s_2}\end{matrix}\right|^{-1}\begin{bmatrix}0\\[2ex]\dfrac{\partial^2 c_2(s_2;k_2)}{\partial s_2\partial k_2}\end{bmatrix}$$

这里有几点需要说明。首先，$\partial s_1/\partial k_2$ 可能不为零的事实，反映了均衡分析的重要性。前面说过，k_2 不影响候选人 1 的最优反应。但是，k_2 的变化可能影响候选人 2 的最优反应，进而影响 s_1 的均衡解。其次，确定比较静态的符号是个烦琐过程，特别是当策略空间维数很大时。最后，一阶条件可能有多个解。这会增加分析难度。最优反应对应的比较静态特征可能不确定，但是，在雅可比矩阵非奇异时，均衡却有相当好的特征。它们在局部唯一，就是说，对每个均衡点，存在一个邻域，其中没有其他均衡。而且，在参数上的变化足够小时，新的均衡在局部依然唯一。在存在多均衡时，常遇到的问题是对给定的参数向量，$\partial s_i/\partial \beta$ 在两个不同的均衡点上，可能有相反的符号。下面两节介绍的分析工具，能直接处理存在这一问题的一些博弈。

5.11.2 策略互补性

假设候选人 1 和 2 分别选择竞选支出水平 $s_i > 0$。为简化分析，我们假定竞选支出 s_i 的机会成本是 $c_i(s_i)=c_i s_i$，其中，$c_i > 0$。候选人 1 胜出的概率 $p(s_1, s_2)$ 在 s_1 上递增，在 s_2 上递减。在构造竞选模型时，我们需要回答一个重要问题：在竞选中，候选人 1 的最优反应在候选人 2 的支出水平是递增还是递减？面对着更高的 s_2，候选人 1 似乎应该选择更高的 s_1；反之亦然。如果真是这种情况，我们就说这两个选择变量**策略互补**。具有策略互补性的博弈称为**超模博弈**。对这种博弈，很容易进行均衡和比较静态分析。本节通过一个例子阐述这种博弈的特征，下一节介绍其中的技术细节。

卡恩和肯尼(Kahn and Kenney，1990)研究了美国参议院选举，认为竞争性是决定媒体对竞选活动曝光程度的重要因素。竞争性决定选民对竞选活动的反应方式，而竞选活动影响竞争性。没有竞争性选举，媒体和选民就不会关注，竞选广告的边际价值就很低。在竞争性很高时，竞选广告就有很大影响。卡恩和肯尼认为媒体是一种机制，它让竞争性成为竞选活动的函数。根据这种解释，竞选支出越大，竞争性就越大。在竞争激烈的选举中，广告等竞选支出产生更大影响。这种回馈效应表明两个候选人的广告支出水平在策略上互补。因此，每个候选人的最优反应是对手策略的严格增函数。图 5.6 画出了这种博弈的最优反应曲线，它们相交于唯一的均衡点 (s_1^*, s_2^*)。

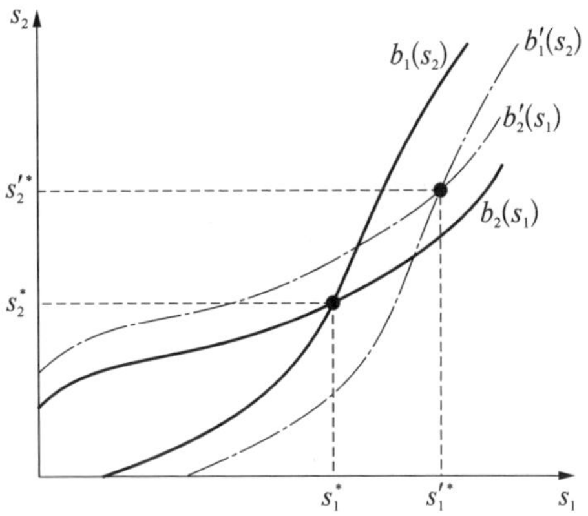

图 5.6　策略互补性

如果有多个均衡，则这些均衡能按顺序排列，就是说，如果 (s_1^*, s_2^*) 和 (s_1^{**}, s_2^{**}) 是两个均衡点并且 $s_1^* > s_1^{**}$，则 $s_2^* > s_2^{**}$(并且 $s_2^* > s_2^{**}$ 蕴含 $s_1^* > s_1^{**}$)。情况肯定如此。不相信的话，就在最优反应严格递增的前提下，试着画出个反例。

我们发展卡恩和肯尼的竞争性解释。假设在竞选开始时，存在外生的竞争程度。它可能决定于职位的重要性、媒体环境和选民的关注度等。假设有两种选举环境，它们在竞争程度上有差异。任取 s_i，则在竞争程度更高的竞选中，$b_{-i}(s_i)$ 应该更高。在图 5.6 中，$b_i'(s_{-i})$ 为竞争程度更高的选举活动中的最优反应曲线，$b_i(s_{-i})$ 为竞争程度较低的选举活动中的最优反应曲线。我们看到，前一环境中的均衡竞选支出 $(s_1'^*, s_2'^*)$ 高于后一环境中的均衡支出 (s_1^*, s_2^*)。

这一比较静态结论，完全得自策略互补性假定。只要两个最优反应函数严格递增，则它们同时向上移动，导致更高的交点。但是，如果其中一人的最优反应曲线向下倾斜，则竞争程度对均衡的影响不确定。只要候选人的支出水平在策略上互补，最终结果就不取决于对函数形式或参与者偏好的假定。隐函数定理要求最优反应函数连续可微；这里没有这种需要。

当然了，关键是模型所探讨的问题要与互补性一致。下一小节介绍超模博弈的基本理论，探讨在什么条件下肯定存在具有单调比较静态特征的均衡。

5.11.3 超模和单调比较静态*

纳什定理要求最优反应对应连续且策略集是紧集。在这些前提下，角谷不动点定理保证存在纳什均衡。但是，这意味着我们得对博弈的构成要素施加相当强的假定。如果最优反应满足前一小节中讨论的单调性条件，我们就可以用另一种不动点定理证明纳什均衡存在。而且，在最优反应满足单调性条件时，可直接对均衡集进行比较静态分析。并且，相对于以隐函数定理为工具的均衡分析，它更简单、更直接。本节介绍关于超模博弈的一些结论。即使最优反应对应不连续，我们依然能证明均衡存在并且得到比较静态结论。

本节中的概念以偏序的单调性为基础。为使分析简单，我们只探讨定义在 $\mathbb{R}^n$ 的子集上的自然偏序 $\geqslant$。首先介绍一些定义。对任意两个实数 x, y，它们的**并**(join)为 $x \vee y = \max\{x, y\}$，它们的**交**(meet)为 $x \wedge y = \min\{x, y\}$。这些定义可推广至向量。对任意两个向量 x, $y \in \mathbb{R}^n$，它们的**并**为 $x \vee y = \{\max\{x_1, y_1\}, \cdots, \max\{x_n, y_n\}\}$，它们的**交**为 $x \wedge y = \{\min\{x_1, y_1\}, \cdots, \min\{x_n, y_n\}\}$。一个集合，如果包含其所有元素的并和交，则为格。

定义 5.15

集合 A 是个格，如果对每个 x, $y \in A$, $x \vee y \in A$ 且 $x \wedge y \in A$。

区间是格，区间积是格，单纯形 $\{x \in \mathbb{R}^3: x_1 + x_2 + x_3 \leqslant 1\}$ 不是格。[①] 方块(即区间积)是格，三角形面不是格。[②]

---

① Topkis(1998)探讨了如何把非格转化为格。

② 在我们的例子中，没有涉及离散集或其他非凸集。但是，格的定义和与之有关的结论能推广至非凸集。

在本节探讨的单人或多人决策中，选项集 X 和外生参数集 P 都是格。决策者的目标函数 f 是这两类变量的函数，就是说，$f: X \times P \to \mathbb{R}$。

定义 5.16

函数 $f: X \times P \to \mathbb{R}$ 是 (x, p) 上的超模，如果对所有的 $z, z' \in X \times P$，

$$f(z) + f(z') \leqslant f(z \vee z') + f(z \wedge z')。$$

超模常常很难验证，但是，递增差条件相对容易验证。

定义 5.17

函数 $f: X \times P \to \mathbb{R}$ 在 (x, p) 上有递增差，如果对所有的 $p \leqslant p'$ 和 $x \leqslant x'$，

$$f(x', p') - f(x, p') \geqslant f(x', p) - f(x, p)。$$

对有递增差的函数，x 的边际效应在 p 上递增。换句话说，递增差概念定义了互补性。与超模性相比，递增差概念常常更容易在具体的模型背景中做出解释。下面的定理指出，递增差概念与超模性概念等价。

定理 5.10(Topkis)

函数 $f: X \times P \to \mathbb{R}$ 在 (x, p) 上有递增差当且仅当它在 (x, p) 上超模。

如果函数 $f: X \times P \to \mathbb{R}$ 二阶可导，则对 (x, p) 的任意分量 z_1 和 z_2，超模性(和递增差)等价于 $\partial^2 f / \partial z_1 \partial z_2 \geqslant 0$。

超模性在几种数学运算下具有不变性，这使得超模性概念容易处理。

定理 5.11

设 X 是个格。以下命题为真：

(1) 如果 $f(x)$ 在 X 上超模且 $\alpha > 0$，则 $\alpha f(x)$ 在 X 上超模。

(2) 如果 $f(x)$ 和 $g(x)$ 在 X 上超模，则 $f(x) + g(x)$ 在 X 上超模。

(3) 如果对所有的 $t = 1, 2, \cdots$，$f_t(x)$ 是 X 上的超模函数，并且对每个 $x \in X$，$f(x) = \lim_{k \to \infty} f_k(x)$，则 $f(x)$ 在 X 上超模。

(4) 如果 $F(\omega)$ 是集合 Ω 上的分布函数且对每个 $\omega \in \Omega$，$g(x, \omega)$ 在 X 上超模，则 $f(x) = \int_{\Omega} g(x, \omega) dF(\omega)$ 在 X 上超模。

我们应用超模性于个人优化问题。超模性蕴含个人优化问题的最优解有

单调比较静态特征：$\underset{x\in X}{\operatorname{argmax}} f(x, p)$ 的每个元素都是 p 的增函数。

定理 5.12(Topkis)

如果 $f: X\times P\to\mathbb{R}$ 在 (x, p) 上超模，$g(p)=\operatorname{argmax}_{x\in X} f(x, p)$，参数集 $B\subset P$ 使得 $g(p)$ 非空，则 $g(p)$ 的每个分量在 $p\in B$ 上递增。

这一定理没有告诉我们最优解是否存在。对紧集上的下连续的偏好序，定理 2.3 指出最优集非空。而偏好的下连续性与目标函数的上半连续性等价。

定义 5.18

函数 $f: X\to\mathbb{R}$ 在点 $x_0\in X$ 上半连续，如果对所有的 $\varepsilon > f(x_0)$，存在 $\delta>0$ 使得对所有的 $x\in B(x_0, \delta)$($B(x_0, \delta)$ 是以 x_0 为圆心、以 δ 为半径的开球)，$\varepsilon\geqslant f(x)$。函数 f 在 X 上上半连续，如果它在每个点 $x_0\in X$ 上上半连续。

函数 f 在点 x_0 上半连续，要求 $\liminf_{x\to x_0} f(x)\leqslant f(x_0)$。利用习题 5.21 中的结论、定理 2.3 和塔普吉斯(Donald M. Topkis)定理，我们得到定理 5.13。

定理 5.13

如果 $f: X\times P\to\mathbb{R}$ 在 (x, p) 上超模且对每个 p，在 x 上上半连续，则对每个 $p\in P$，$g(p)=\operatorname{argmax}_{x\in X} f(x, p)$ 非空并且 $g(p)$ 的每个分量在 p 上递增。

在定理 5.4 的证明中，我们要求目标函数具有某些特征，从而使最优反应对应具有不动点定理要求的特征。塔斯基不动点定理则要求最优反应对应单调，借此保证纳什均衡存在。结合定理 5.13，我们将看到，在效用函数为超模和上半连续的博弈中，有至少一个纳什均衡。现在介绍塔斯基定理。

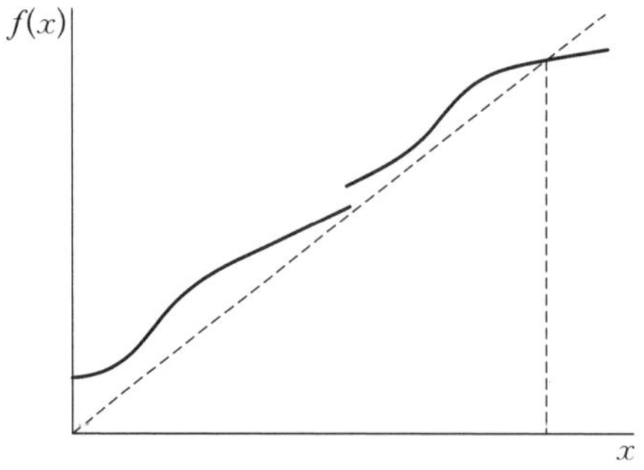

图 5.7 塔斯基不动点定理

定理 5.14(Tarsky)

如果函数 f 是从紧格 X 到 X 的递增自映射，则存在至少一个不动点 x^* 使得 $f(x^*)=x^*$。

图 5.7 在 X 为单维空间情况中，展示了塔斯基(Alfred Tarsky)不动点定理。只要函数 $f(x)$ 递增，即使它不连续，$f(x)$ 依然与 45° 线相交。角谷

不动点定理把布劳威尔不动点定理推广至对应，周林（Zhou，1994）把塔斯基不动点定理推广至对应。这里不介绍周林的定理，因为这需要引入更多概念。我们直接给出关于超模博弈的结论。

定义 5.19

标准超模博弈是个标准式博弈 $\langle N, \{S_i, u_i(\cdot, \cdots, \cdot)\}_{i \in N}\rangle$，对每个 $i \in N$，S_i 是紧格，$u_i(\cdot, \cdots, \cdot)$ 是超模且在每个 s_i 上上半连续。

下面的定理给出了关于标准超模博弈的主要结论。

定理 5.15

标准超模博弈有至少一个纯策略纳什均衡，它的纯策略纳什均衡集是个格，包含最小和最大均衡。

我们为什么关心最小和最大均衡呢？因为关于超模博弈的下一个重要结论便与最小和最大均衡的比较静态特征有关。图 5.8 画出了一个递增函数，它有四个不动点。虚线 $f'(x)$ 是 $f(x)$ 的向上平移。随着函数 $f(x)$ 向上平移，最大和最小不动点都向右移动（它们在变大）。但是，有些不动点在向左移动。最小和最大不动点一般是函数从上方穿越 45° 线的结果，它们有相同的行为特征。下面的比较静态结论反映了这一特征。

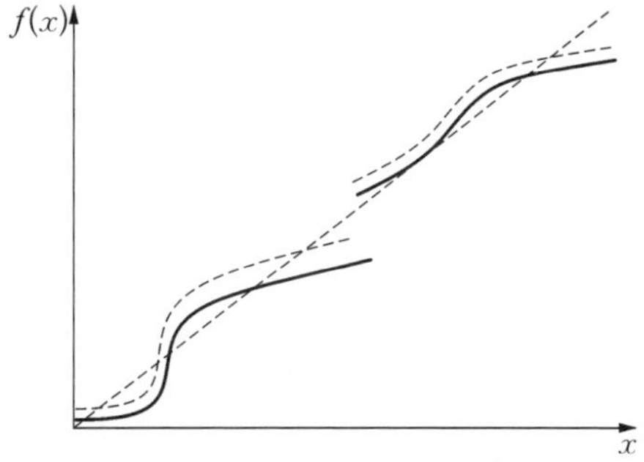

图 5.8　最小和最大不动点的比较静态特征

定理 5.16

在标准超模博弈中，最小和最大均衡策略截面都在 p 上递增。

图 5.8 中的其他均衡未必具有这一特征。爱琴尼克（Echenique，2002）证明在具有互补性的博弈中，任何均衡点，如果不具有最大和最小均衡所具有的比较静态特征，就不稳定。换句话说，我们有理由选择具有单调比较静态特征的均衡点。

我们再看卡恩和肯尼关于选举的竞争性解释。设候选人 1 最大化 $p(s_1, s_2, \gamma) - c_1 s_1$，候选人 2 最大化 $1 - p(s_1, s_2, \gamma) - c_2 s_2$。候选人 1 胜选的概率 $p(s_1, s_2, \gamma)$ 表明这个概率还决定于外生竞争程度 $\gamma \in \mathbb{R}$。如果竞选

支出影响竞争程度,并且在竞争激烈的竞选中选民的关注度更高,则当 s_2 或 γ 更高时,s_1 对 $p(s_1, s_2, \gamma)$ 的边际影响就更高。s_2 的边际效应也具有这一特征。就是说,收益函数为超模的假定,与卡恩和肯尼的观点一致。假定选项集为紧集、$p(s_1, s_2, \gamma)$ 在 s_1 上上半连续和 $-p(s_1, s_2, \gamma)$ 在 s_2 上上半连续,我们就能(利用定理 5.16 和 5.17)确保均衡存在。而且,在最大与最小均衡中,s_i 在 γ 上递增。这是个十分有力的结论;在 $p(\cdot, \cdot, \cdot)$ 各种可能的形式下,它都成立。单调比较静态的威力在于它为我们做出具体预测提供了最小结构。[①]

5.12 精炼纳什均衡

在 2.2 节的多数通过规则下的投票博弈中,任何策略截面,只要没有人是关键投票人,就是纳什均衡。我们不用在乎这些均衡,因为它们包含弱劣策略。但是,剔除弱劣策略不是精炼纳什均衡集的唯一方法。我们还可以允许每个参与者以某个很小的概率**颤抖**,选择别的策略,而不再假定参与者总是以概率 1 使用自己的最优反应。我们构造一个三人投票博弈,其中,两人偏好 D,一人偏好 R。设每个参与者都被迫以至少 ε 的概率使用每个纯策略,ε 是个小于 1/2 的很小正数。[②] 这一假定想反映的是人们总会犯错误,这种错误使得所有策略都以某个最小概率被使用。

显然,最大化每个投票人所偏好的候选人胜出的概率,是他的最优反应。这一目标等同于最小化其最不喜欢的候选人胜出的概率。所以,我们只需计算每个候选人在各种策略截面下的胜出概率。候选人 R 的胜出概率为

$$\Pr(R \mid \text{三人想投票给 } R \text{ 的策略截面}) = (1-\varepsilon)^3 + 3(1-\varepsilon)^2\varepsilon,$$

$$\Pr(R \mid \text{二人想投票给 } R \text{ 的策略截面}) = (1-\varepsilon)^3 + (1-\varepsilon)^2\varepsilon + 2(1-\varepsilon)\varepsilon^2,$$

$$\Pr(R \mid \text{一人想投票给 } R \text{ 的策略截面}) = \varepsilon^2(1-\varepsilon) + 2(1-\varepsilon)^2 + \varepsilon^3,$$

---

① Topkis(1998)全面介绍了关于超模博弈和单调比较静态的结论。Ashworth 与 Bueno de Mesquita(2006)集中概括了与政治科学有关的结论和应用。

② 自 2000 年美国总统选举后,选民们可能不投票给他们想支持的候选人的问题,再次具有现实意义。

Pr(R | 无人想投票给 R 的策略截面)$=\varepsilon^3+3\varepsilon^2(1-\varepsilon)$。

你应能证明 $\varepsilon<1/2$ 蕴含 R 胜出的概率在有意投票给他的人数上严格递增。

我们看原始博弈中“差的”均衡，即 R 全票胜出的均衡。它能在**颤抖**中(就是说，每个选民都以 $1-\varepsilon$ 的最大概率投票给 R)留下来吗？支持 R 的选民显然会以概率 $1-\varepsilon$ 投票给 R 以求最大化 R 胜出的概率。再看支持 D 的选民的选择。他可以选择与均衡一致，即想投票给 R，R 胜出的概率于是为 $(1-\varepsilon)^3+3(1-\varepsilon)^2\varepsilon$。他也可以偏离这一均衡而想投票给 D，R 胜出的概率于是为 $(1-\varepsilon)^3+(1-\varepsilon)^2\varepsilon+2(1-\varepsilon)\varepsilon^2$。他对 R 全票胜出的均衡的偏离，使得 R 胜选的概率下降 $2(1-\varepsilon)^2\varepsilon-2(1-\varepsilon)\varepsilon^2>0$。显然，支持 D 的选民会偏离这一均衡。同理，所有选民都投票给 D 的均衡也不会在**颤抖**中留下来。

这一精炼思想，源于莱茵哈德·泽尔腾(Reinhardt Selten，1965)，强调均衡结果必须能承受参与者的微小失误。泽尔腾称这种均衡为**精炼**。现在给出精炼均衡的标准定义。

定义 5.20

给定 $\varepsilon>0$，ε-均衡是个完全混合的策略截面 σ^ε 使得对每个参与者 i，σ_i^ε 是以下最大化问题的解：

$$\max_{\sigma_i}(\sigma_i,\sigma_{-i}^{\varepsilon})\quad s.t.\quad \text{对所有的 } s_i,\ \sigma_i(s_i)\geqslant\varepsilon。$$

精炼均衡是在 ε 趋向零时，某个 ε-均衡列的极限。

全票胜出的投票均衡不满足这一定义。在 ε-均衡中，所有参与者以概率 ε 投票给他们最不喜欢的候选人。因此，这些均衡的极限，是以零概率投票给自己不喜欢的候选人的策略截面。唯一的精炼均衡是所有人投票给自己所偏好的候选人。

精炼均衡有几个好的特征。首先，所有精炼均衡都是原始博弈的纳什均衡，因此，精炼均衡集是纳什均衡集的子集。其次，利用纳什均衡存在性的证明方法，我们能证明有限标准式博弈有至少一个精炼均衡。①

① 这里要看到，ε 约束下的混合策略空间是紧的、凸的和非空的。首先证明存在 ε-均衡，然后证明它收敛于纳什均衡。

5.13 应用：私人提供公共品

自曼瑟·奥尔森的著作《集体行动的逻辑》(Olson，1965)出版以来，在什么条件下，具有个人理性的决策者愿意发生用私人成本为公共品出资的问题，就成为政治科学的核心问题。本节以帕尔弗里与罗森泰尔(Palfrey and Rosenthal，1984)的模型为基础，研究私人提供公共品问题。

由 n 个人构成的社会要决定是否通过个人出资方式为生产公共品筹集资金。生产公共品，需要至少一人出资。如果公共品生产出来，则每人从中获得 1 个单位的效用。但是，出资者要发生成本 $c<1$。每个人的策略集为{出资，不出资}。我们把“出资”定义为 $s_i=1$，把“不出资”定义为 $s_i=0$。因为我们还要分析混合策略均衡，所以，我们用 σ_i 表示第 i 个人出资的概率。每个人，如果出资，得到收益 $1-c$；如果没有出资但其他人出资，得到收益 1；如果所有人都不出资，得到收益 0。这个模型揭示了搭便车动机。每个人都希望其他人出资，自己坐享其成。

首先探讨纯策略均衡。对每个 i，$s_i=1$ 和 $s_{-i}=0$ 是纯策略纳什均衡。i 实现收益 $1-c$，其他人的收益都为 1。i 不会偏离自己的出资策略，因为如果选择不出资，自己的收益下降到 0。其他人也不会偏离自己的不出资策略，因为如果选择出资，她的收益就从 1 下降到 $1-c$。其他策略截面都不是纯策略纳什均衡。设对所有的 i，$s_i=0$。在此策略截面上，任何人只要出资，就能提高自己的收益。所以，对所有的 i，$s_i=0$ 的策略截面不是均衡。设不止一个人出资。在此策略截面上，任何出资者单方面停止出资，能增加自己的效用，因为依然有人在为生产公共品提供资金。所以，不止一个人出资的策略截面不是均衡。

这种纯策略纳什均衡，与奥尔森从决策理论分析中得到的结论完全不同。具体地说，奥尔森认为搭便车行为导致公共品生产无效率；但在帕尔弗里-罗森泰尔博弈中，所有的纯策略均衡都具有帕累托效率：正好有一人在为公共品出资。但是，我们有理由认为这种纯策略均衡没有真实描述博弈的进行方式。首先，纳什均衡如此之多，人们如何协调至某个均衡？其次，在任何一个均衡中，事前完全相同的参与者却选择了不同策略。更合理的情况应是相同的参与者使用相同的策略。

所以，我们探讨对所有的 i，$\sigma_i=\sigma$ 的对称混合策略均衡。这种均衡与我们对纯策略纳什均衡中内在的不对称性的批判一致。我们说过，参与者 i 使用混合策略，只当他对这一策略的支持集中的各个纯策略无差异。就是说，在其他 $n-1$ 个人都以概率 σ 出资时，参与者 i 选择策略 $\sigma\in(0,1)$ 当且仅当 u_i(出资，σ)$=u_i$(不出资，σ)。由于还有其他人出资的概率为 $1-(1-\sigma)^{n-1}$，所以，这一无差异条件等价于

$$1-c=1-(1-\sigma)^{n-1}。$$

于是，出资概率的均衡值 $\sigma=1-c^{1/(n-1)}$。这一均衡与奥尔森的结论更一致。随着 n 变大，σ 趋于 0。随着 c 趋于 0，σ 趋于 1。

多人出资

我们扩展这一模型。假设在 n 个人中至少 k 个人出资才能把公共品生产出来。首先，所有人都不出资的策略截面是纳什均衡。任何人单方面偏离这一均衡，就是说选择出资，不仅一无所获而且发生损失 c。另外，正好 k 个人出资的策略截面也是纯策略均衡。没有出资的人显然没有动机改变自己的选择(即没有动机出资)，因为选择出资，一方面发生成本 c，另一方面不改变公共品会被提供的事实。出资者也没有动机改变自己的选择，因为选择不出资会导致公共品不被提供；他虽省下一笔钱，但是，他因此获得的效用小于失去公共品而损失的效用。就是说，对出资者而言，改变选择会让自己的收益下降。因此，在这一博弈中，存在正好 k 个人出资的均衡。根据组合数学，n 个人中正好 k 个人出资的纳什均衡有 $\binom{n}{k}$ 个。①

这种纯策略均衡，甚至比单人出资博弈中的纯策略均衡，更缺乏说服力。现在探讨这一博弈的对称混合策略均衡，设 σ 是社会成员 i 出资的概率。鉴于

① $\binom{n}{k}\equiv\dfrac{n!}{k!\,(n-k)!}$ 被称为二项式系数，是从 n 个物体中抽取 k 个物体的组合数。

其他 $n-1$ 个参与者都使用混合策略 σ，我们用 x_{-i} 表示其他 $n-1$ 人中的出资者数量。选择出资，给参与者 i 实现的收益为

$$\Pr(x_{-i} < k-1)\cdot 0+\Pr(x_{-i} \geqslant k-1)\cdot 1-c;$$

选择不出资，给参与者 i 实现的收益为

$$\Pr(x_{-i} < k)\cdot 0+\Pr(x_{-i} \geqslant k)\cdot 1。$$

和前面一样，混合策略均衡要求参与者 i 在出资和不出资两个策略之间无差异。让上述两个收益相等，得到使用混合策略的必要条件：

$$\Pr(x_{-i}=k-1)=c。$$

这一条件有相当好的直观含义。只在正好有另外 $k-1$ 个人出资时，i 选择出资才能为他实现正收益。就是说，从出资行为中实现的收益，取决于出资者是否是关键出资人。由于所有人都在使用混合策略，所以，这一预期收益肯定等于出资成本 c。

由于所有人都独立使用同一混合策略，我们可以算出 $\Pr(x_{-i}=k-1)$ 的值：它等于每次试验成功的概率为 σ 时，$n-1$ 次试验中正好有 $k-1$ 次试验取得成功的概率。就是说：

$$\Pr(x_{-i}=k-1)=\binom{n-1}{k-1}\sigma^{k-1}(1-\sigma)^{n-k}。$$

求解对称混合策略纳什均衡，要求求解以下方程

$$\binom{n-1}{k-1}\sigma^{k-1}(1-\sigma)^{n-k}=c。$$

调整这个方程，得到

$$\sigma^{k-1}(1-\sigma)^{n-k}=\frac{(k-1)!\,(n-k)!}{(n-1)!}c。$$

我们先看几个例子。设 $n=5$，$k=3$。代入上式，均衡条件为

$$\sigma^2(1-\sigma)^2=c/6。$$

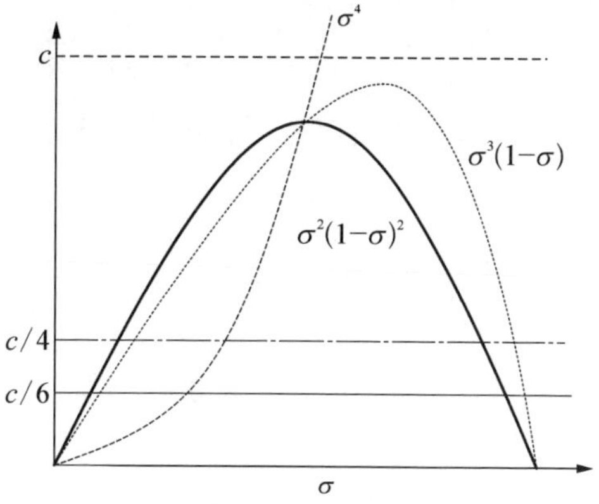

图 5.9　帕尔弗里—罗森泰尔出资博弈中的均衡

图 5.9 中的两条实线分别是函数 $\sigma^2(1-\sigma)^2$ 和 $c/6$。只要 c 足够低，这个方程就有两个解 σ_L^* 和 σ_H^*，$\sigma_L^* < 1/2 < \sigma_H^*$，表示两个不同的混合策略均衡。因此，均衡策略的比较静态特征决定于所探讨的均衡策略是 σ_L^* 还是 σ_H^*。在图上，我们看到它们如何随 c 的变化而变化：随着 c 上升，σ_L^* 上升，σ_H^* 下降。

图 5.9 中还画出了在 $n=5$ 时，$k=4$ 和 $k=5$ 对应的两种情况。在 $k=4$ 时，均衡条件为

$$\sigma^3(1-\sigma)=c/4。$$

它有两个混合策略均衡。在 $\sigma>1/2$ 时，$\sigma^3(1-\sigma)>\sigma^2(1-\sigma)^2$。因为 $c/4>c/6$，σ_H^* 在 k 上递增。在 $\sigma<1/2$ 时，$\sigma^3(1-\sigma)<\sigma^2(1-\sigma)^2$，$\sigma_L^*$ 在 k 上递增。在 $k=5$ 时，均衡条件为

$$\sigma^4=c。$$

σ^4 随 $\sigma\in[0,1]$ 单调递增，只有一个混合策略均衡，出资概率高于 $k=4$ 时的 σ_L^*，并且，它在 c 上递增。

这个例子有些具有普遍性的结论。首先，无论 n 和 k 为多大，至多有两个混合策略均衡。设 $c(\sigma)$ 是支持 σ 为均衡混合策略的成本水平，即

$$c(\sigma)=\binom{n-1}{k-1}\sigma^{k-1}(1-\sigma)^{n-k}。$$

对 σ 求导，得到

$$c'(\sigma)=\binom{n-1}{k-1}[(k-1)(1-\sigma)-(n-k)\sigma]\sigma^{k-2}(1-\sigma)^{n-k-1}。$$

在 $k<n$ 时，函数 $c(\sigma)$ 为单峰(它在全局最大值的左边递增，在右边递减)，因为

$$如果\ \sigma\lesseqgtr\frac{k-1}{n-1},则\ c'\gtreqless 0。$$

在 $1<k<n$ 且 c 小于 $c\left(\frac{k-1}{n-1}\right)\equiv c_{\max}$ 时，存在两个对称混合策略均衡。在 $c>c_{\max}$ 时，没有对称混合策略均衡。① 在 $k=n$ 或 $k=1$ 时，只要 $c<1$，就只存在一个对称混合策略均衡。

在 $\sigma_H^*>\frac{k-1}{n-1}$ 的均衡中，出资概率在 c 与 n 上递减，在 k 上递增。在 $\sigma_L^*<\frac{k-1}{n-1}$ 的均衡中，出资概率在 c 与 n 上递增。在 $\sigma_L^*<\frac{k-1}{n}$ 的均衡中，出资概率在 k 上递减；在 $\sigma_L^*\in\left(\frac{k-1}{n},\ \frac{k-1}{n-1}\right)$ 的均衡中，出资概率在 k 上递增。② 和 $k=1$ 时的情况相同，随着 n 变大，出资概率趋于 0。③

5.14 习　　题

习题 5.1　证明纳什均衡的两个定义等价。（首先证明如果某策略截面满足第一个定义，则它满足第二个定义；然后证明如果它满足第二个定义，则它满足第一个定义。）

习题 5.2　证明在囚徒困境中，没有非纯策略纳什均衡。

习题 5.3 和 5.4

		参与者 2			
		a	b	c	d
参与者 1	w	1, 2	1, 3	2, 1	5, 1
	x	4, 2	2, 4	3, 4	4, 3
	y	3, 2	2, 3	4, 5	2, 2
	z	3, 2	1, 2	2, 2	1, 4

① 在 $c=c_{\max}$ 这一不可能发生的事件中，只有一个对称混合策略均衡。

② 帕尔弗里与罗森泰尔(1988)证明了这些结论。

③ 最后一个结论的证明用到大数法则。$c(\sigma)$ 是两项分布的概率函数，随着 n 变大，除点 $\frac{k-1}{n-1}$ 外，它处处收敛于 0。就是说，σ_L^* 和 σ_H^* 肯定收敛于 $\frac{k-1}{n-1}$，而 $\frac{k-1}{n-1}$ 收敛于 0。

在表中给出的标准式博弈中，

(1) 哪些策略在反复剔除严格劣策略中留下来(要考虑混合策略占优)?

(2) 哪些策略截面是纯策略纳什均衡?

(3) 混合策略纳什均衡是什么?

习题 5.5　对表中给出的博弈，找出混合策略纳什均衡。

		参与者 2	
		L	R
参与者 1	T	2，1	0，2
	B	1，3	3，0

习题 5.6 和 5.7

		参与者 2			
		a	b	c	d
参与者 1	u	2，0	3，1	4，0	6，1
	m	3，4	4，2	6，3	4，1
	d	4，4	3，3	5，6	6，2

在表中给出的标准式博弈中，

(1) 存在弱劣策略吗?

(2) 哪些策略在反复剔除严格劣策略中留下来(要考虑混合策略占优)?

(3) 找出混合策略纳什均衡和/或纯策略纳什均衡。

习题 5.8　一个立法机构，由三个立法人员组成，按多数通过规则决策。设 y 为现行法案，x 是法案。游说者 L_1 希望用法案 x 代替法案 y，游说者 L_2 希望保持现状 y。游说者可以“贿赂”立法人员支持自己偏好的法案。设贿赂额只能为 $p>0$(p 是个确定的数)。如果立法人员只得到 L_1 的贿赂，则她投票给 x；如果只得到 L_2 的贿赂，则她投票给 y；如果得到双方的贿赂或没有得到任何贿赂，则她投票给 y。两个游说者的偏好可用下面的效用函数表示：

$$U_{L_1}(x)=u^*-pB_{L_1},$$

$$U_{L_1}(y)=-pB_{L_1},$$

$$U_{L_2}(x) = -pB_{L_2},$$

$$U_{L_2}(x) = u^* - pB_{L_2}。$$

其中，B_{L_1} 是接受 L_1 贿赂的立法人员数(其值为 0、1、2 或 3)，B_{L_2} 是接受 L_2 贿赂的立法人员数(其值为 0、1、2 或 3)。设 $u^* \geqslant 3p$。游说者的纯策略是贿赂哪个或哪些立法人员(如果他行贿的话)。例如，$(b, 0, b)$ 表示向立法人员 1 和 3 行贿但不给 2 贿赂。混合策略是八个可能的纯策略上的概率分布。

(1) 找出这一博弈的(混合策略或纯策略)纳什均衡。(提示：首先剔除严格劣策略。)

(2) 在纳什均衡中，法案 x 得以通过的概率是多少？这一概率如何对参数 p 和 u^* 的变化做出反应？

习题 5.9 a 和 b 两人竞选同一公职。政策空间为 $\{-1, 0, 1\}$；选民有对称的伞状效用函数。候选人不知道中间选民的位置，他们推断中间选民位于点 -1 的概率为 $\pi < 1/2$，位于点 1 的概率为 π，位于点 0 的概率为 $1-2\pi$。设候选人 a 更优秀(例如，她的履历更杰出、更吸引力或她所在的党派更受欢迎)。设两人之间的这种质量差异很小使得如果 a 和 b 到中间选民的距离相等，或者 a 更接近中间选民，则 a 胜出；如果 b 更接近中间选民，则 b 胜出。在这个标准式博弈中，两个候选人同时从政策空间 $\{-1, 0, 1\}$ 中选择政策。

(1) 在这一博弈中，存在纯策略纳什均衡吗？如果存在，找出它们。

(2) 在这一博弈中，存在混合策略纳什均衡吗？如果存在，找出它们。

习题 5.10 在当斯/霍特林模型中，设中间选民的理想点服从 $[0, 1]$ 上的均匀分布，一位候选人的理想点服从 $[0, 1/3]$ 上的均匀分布，另一位候选人的理想点服从 $[1/2, 1]$ 上的均匀分布。找出纳什均衡。

习题 5.11 在正文讨论的各种形式的霍特林模型中，证明在有三个候选人时，不存在纯策略均衡。如果有四个候选人并且每个候选人最大化自己的得票份额，则纳什均衡是什么？

习题 5.12 证明定理 5.5。

习题 5.13 在国际外部性博弈中，找出 $k_1 = k_2$ 时的纯策略纳什均衡。

习题 5.14(*) 证明定理 5.6。

习题 5.15(*) 证明上半连续的单值对应是连续函数。

习题 5.16 设 s_1^* 是一阶条件 $\beta-2ks_1=0$ 的解。利用隐函数定理,求 $\frac{\partial s_1^*}{\partial \beta}$ 和 $\frac{\partial s_1^*}{\partial k}$。

习题 5.17 利用方程组 5.1,求 $b_2(\cdot,\ \cdot;\ \cdot)$ 的各个偏导数。

习题 5.18 利用方程组 5.1,求最优反应函数的二阶(和交叉)偏导数。

习题 5.19 设 $f(\cdot,\ \cdot)$ 在 $(x,\ p)$ 上有递增差。证明对所有的 $p \leqslant p'$ 和 $x \leqslant x'$, $f(x,\ p')-f(x,\ p) \geqslant f(x',\ p')-f(x',\ p)$。

习题 5.20(*) 证明定理 5.11 中的 a—c 部分。

习题 5.21(*) 设 X 是 $\mathbb{R}^n$ 的紧子集, R 是 X 上的偏序,效用函数 $u(\cdot)$ 表示偏序 R。证明 $u(\cdot)$ 在 X 上上半连续当且仅当 R 下连续。

习题 5.22(*) 证明每个有限博弈有至少一个精炼均衡。

习题 5.23 在帕尔弗里-罗森泰尔的公共品出资博弈中,构造不对称纳什均衡: l 个人出资 $(\sigma_i=1)$, m 个人不出资 $(\sigma_i=0)$,其余 $n-m-l$ 个人使用混合策略 $\sigma_i=q\in(0,\ 1)$。设 $l>0$ 或 $m>0$。证明 q^* 唯一。

习题 5.24 在帕尔弗里-罗森泰尔多人出资公共品模型中,如果公共品因为出资不足而没有生产,则资金全额退还给出资者。找出纯策略均衡和混合策略均衡。

第6章　贝叶斯博弈

前一章的标准式博弈假定参与者拥有完全信息或者在存在不确定性时，参与者有相同的概率推断。这种假定常常不合理。竞选公职的候选人比选民更了解自己的政策偏好；利益集团比立法机构更了解政策与结果之间的关系；一个国家比敌对国更了解自己的军事实力。忽视这种信息不对称性，可能会错失许多重要的策略动机。

表6.1　反恐博弈

CIA

		抓捕头目	抓捕喽啰
FBI	抓捕头目	2，2	0，1
	抓捕喽啰	1，0	1，1

我们看表6.1中的反恐博弈。CIA知道FBI希望抓到喽啰而不愿两手空空。FBI知道CIA知道这一点，如此等等。但是，如果CIA不确定FBI偏好抓捕喽啰还是偏好两手空空——例如，FBI可能认为抓到喽啰所实现的国土安全不足以补偿抓捕成本——则博弈发生变化。如果CIA知道FBI不愿抓捕喽啰，它就知道实际进行的博弈是表6.2中的博弈。

表6.2　反恐博弈

CIA

		抓捕头目	抓捕喽啰
FBI	抓捕头目	2，2	0，1
	抓捕喽啰	0，0	0，1

当然,CIA也可能认为FBI更偏好抓捕喽啰而非头目——例如,FBI可能认为喽啰会在压力下招供而头目会抗拒到底。如果CIA有这种推断,它就知道实际进行的博弈是表6.3中的博弈。

表6.3　反恐博弈

		CIA 抓捕头目	CIA 抓捕喽啰
FBI	抓捕头目	1, 2	0, 1
	抓捕喽啰	2, 0	2, 1

如果CIA不确定FBI赋予各个结果的价值,它就很难决定自己应选择哪个策略。在博弈6.1中,纯策略纳什均衡为(抓捕头目,抓捕头目)和(抓捕喽啰,抓捕喽啰)。但是,如果CIA认为FBI在进行博弈6.2和博弈6.3中的某一个但是不确定到底是哪一个,我们就不清楚CIA偏好哪个策略,不知道如何求解纳什均衡或剔除劣策略。即使我们知道FBI的收益函数,能够确定哪个策略对FBI而言是最优反应或是劣的,这些解概念还要求CIA知道FBI的收益函数。

在本节的博弈中,我们将假定参与者不知道对手的收益函数。这种博弈被称为**不完全信息**博弈。我们将介绍分析此类博弈所需的工具。[约翰·海萨尼(Harsanyi,1967—1968)提出的]标准处理方法是把这种博弈转化为另一种博弈:存在一个虚构的参与者,被称为"**自然**",它首先行动,依照某一概率分布抽取各个参与者的收益函数。参与者知道这一概率分布,但观察不到**自然**抽取的全部结果,只知道**自然**为自己抽取的收益函数。在**自然**行动之后,各个参与者同时选择自己的行动。这种博弈被称为**完全非完美信息**博弈。

在反恐博弈中,**自然**依照某个已知概率分布抽取FBI的偏好(又称为"类型")。FBI知道自己的类型,根据自己的类型选择行动方案。CIA不知道FBI的真实类型,只知道FBI的每种类型发生的概率。现在,求解CIA的选择变得棘手。在权衡自己的各个策略时,CIA必须推断各种类型的FBI——它现在有6.1、6.2和6.3三种类型——所使用的策略。只有形成这种推断,CIA才能计算"抓捕头目"策略和"抓捕喽啰"策略的期望效用。另外,每种类型的FBI

也得推断 CIA 使用的策略。只有形成对 CIA 所使用的策略的推断，FBI 才能计算自己的最优反应。本质上说，海萨尼方法是把 CIA 不确定 FBI 的偏好的博弈转化为一个新博弈：CIA 与服从某个已知概率分布的 FBI 博弈。在这个新博弈中，各个参与者类型（即 CIA 和三种类型的 FBI）分别选择自己的策略。

在这里，我们需要强调共同知识（common knowledge）在不完全信息博弈中的作用。我们说过，完全信息博弈假定所有参与者都知道博弈的所有构成要素，包括参与者、策略集和收益函数，以及所有参与者都知道所有参与者都知道博弈的所有构成要素，如此等等。不完全信息博弈保留了共同知识假定：所有参与者都知道**自然**在选择参与者类型时使用的概率分布，所有参与者都知道对手知道**自然**在选择参与者类型时使用的概率分布，所有参与者都知道所有参与者都知道对手知道**自然**在选择参与者类型时使用的概率分布，如此等等。

6.1 定　　义

我们扩充标准式博弈 Γ 的结构，引入关于参与者类型的非完美信息。[①] 具体地说，我们向 Γ 中增加参与者类型、状态变量和状态变量上的概率分布。

(1) 类型：每个参与者 $i \in \mathbb{N}$ 有一个类型集 Θ_i，它是个有限集。我们用 $\theta_i \in \Theta_i$ 泛指参与者 i 的类型；$\theta \in \Theta = \times_{i \in N} \Theta_i$ 是个类型截面，它包含每个参与者的一个类型。θ_{-i} 和 Θ_{-i} 分别表示其他参与者 $-i$ 的类型截面和类型截面集。例如，在反恐博弈中，CIA 的类型集中只有一个元素，FBI 的类型集中有三个元素。

(2) 随机状态变量：Γ 可能包含状态变量 $\omega \in \Omega$，Ω 是有限集。[②]

① 在学习本节前，你可能需要重温数学附录中的概率论知识。

② 严格地说，在贝叶斯博弈中没有必要出现随机变量 ω。我们可以定义仅决定于 θ 的收益函数和假定参与者最大化期望效用。既然我们在这里引入了状态向量，就把收益定义在 θ 和 ω 上。在前一章中，我们看到，收益可以为随机变量。这两种处理方法等价。我们引入随机状态，是为说明不确定性进入博弈的两种方式（关于其他人拥有的知识即 θ 上的不确定性和关于行动影响收益的方式即 ω 上的不确定性）。

(3) **自然**做出的随机选择：在博弈开始时，**自然**依照一个联合概率分布选择类型-状态截面 (θ, ω)，其中，$\theta = (\theta_1, \cdots, \theta_n) \in \Theta = \prod_{i \in N} \Theta_i$，$\omega \in \Omega$。在这个联合分布中，$(\theta, \omega)$ 发生的概率为 $p(\theta, \omega)$。$p(\theta_{-i}, \omega \mid \theta_i)$ 是给定 θ_i 时，(θ_{-i}, ω) 的条件发生概率。

(4) 策略：每个参与者从自己的策略集 S_i 中选择行动 s_i。

(5) 期望效用：给定策略截面 s、类型截面 θ 和状态 ω，参与者 i 得到效用 $u_i(s_i, s_{-i}, \theta, \omega)$。给定类型 θ_i，参与者 i 从策略截面 s 中实现的条件期望效用为

$$EU_i(s, \theta_i) = \sum_{\theta_{-i} \in \Theta_{-i}} \sum_{\omega \in \Omega} p(\theta_{-i}, \omega \mid \theta_i) u_i(s, \theta_i, \theta_{-i}, \omega)。$$

我们因此可以把标准式贝叶斯博弈写为 $\langle N, \Omega, \{S_i, \Theta_i, u_i\}_{i \in N}, p(\cdot, \cdot)\rangle$ 或 $\langle N, \Omega, S, \Theta, u, p\rangle$。正如标准式博弈可以定义在无限策略空间上，贝叶斯博弈也可以定义在无限类型空间和无限行动空间上。[①] 我们将介绍这方面的例子。

在贝叶斯博弈中，一个策略截面为每个参与者的每个类型规定了一个行动。就是说，参与者 i 的一个策略是一个函数 $\phi_i: \Theta_i \to S_i$，它为 i 的每个类型 $\theta_i \in \Theta_i$ 指定了一个行动 $s_i \in S_i$。在反恐博弈中，对应博弈 6.1、6.2 和 6.3，FBI 的类型集为 Θ_{FBI} = {标准型，抓捕头目型，抓捕喽啰型}。ϕ_{FBI}(标准型) = 抓捕头目、ϕ_{FBI}(抓捕头目型) = 抓捕头目 和 ϕ_{FBI}(抓捕喽啰型) = 抓捕喽啰，就是 FBI 的一个策略。

在贝叶斯博弈中，与纳什均衡对应的概念是贝叶斯纳什均衡。由于策略现在是类型的函数，求解最优反应因此略有些难。我们避重就轻，使用纳什均衡的第二个定义来定义贝叶斯纳什均衡。

定义 6.1　在贝叶斯博弈 $\langle N, \Omega, S, \Theta, u, p\rangle$ 中，一个贝叶斯纳什均衡是一个策略截面 $(\phi_1^*(\cdot), \cdots, \phi_n^*(\cdot))$ 使得对每个 $i \in N$，对每个 $\theta_i \in \Theta_i$ 和对每个 $s_i' \in S_i$，

$$EU_i(\phi_i^*(\theta_i), \phi_{-i}^*(\cdot); \theta_i) \geqslant EU_i(s_i', \phi_{-i}^*(\cdot); \theta_i)。 \tag{6.1}$$

---

① 如果类型空间和行动空间都不是有限空间，则求解均衡需要用到更复杂的数学工具。

就是说,在贝叶斯纳什均衡中,给定所有其他参与者使用的策略和类型集上的概率分布,每个参与者的每一种类型都选择最大化自己的期望效用的策略。

我们求解多类型反恐博弈的贝叶斯纳什均衡。为使分析简单,设 FBI 的三种类型以相等概率发生。我们看 FBI 的策略 $\phi_{\mathrm{FBI}}(\cdot)$:$\phi_{\mathrm{FBI}}$(标准型)=抓捕头目,$\phi_{\mathrm{FBI}}$(抓捕头目型)=抓捕头目,$\phi_{\mathrm{FBI}}$(抓捕喽啰型)=抓捕喽啰。在这一博弈中,CIA 只有一种类型,并且,除 FBI 的类型外,不存在其他不确定性。所以,我们不考虑 ω。给定 FBI 的策略 $\phi_{\mathrm{FBI}}(\cdot)$,CIA 的两个策略实现的期望效用分别为:

$$EU_{\mathrm{CIA}}(\text{抓捕头目},\ \phi_{FBI}(\cdot))=\frac{1}{3}\times 2+\frac{1}{3}\times 2+\frac{1}{3}\times 0=\frac{4}{3},$$

$$EU_{\mathrm{CIA}}(\text{抓捕喽啰},\ \phi_{FBI}(\cdot))=\frac{1}{3}\times 1+\frac{1}{3}\times 1+\frac{1}{3}\times 1=1。$$

因此,对 FBI 的策略 $\phi_{FBI}(\cdot)$,CIA 的最优反应是抓捕头目。现在验证在 CIA 选择抓捕头目时,是否有某一类型的 FBI 有动机偏离策略 $\phi_{\mathrm{FBI}}(\cdot)$。对标准型 FBI,匹配 CIA 的选择总是它的最优反应。就是说,ϕ_{FBI}(标准型)=抓捕头目是这一类型的最优反应,它不会偏离。对抓捕头目型 FBI,在 CIA 抓捕头目时,选择"抓捕头目"给它带来最高收益,所以,它没有动机偏离。对抓捕喽啰型 FBI,在 CIA 抓捕头目时,选择"抓捕喽啰"实现 2 单位效用,选择"抓捕头目"实现 1 单位效用,因此,它没有动机偏离。所以,($\phi_{\mathrm{FBI}}(\cdot)$,抓捕头目)是贝叶斯纳什均衡。请你思考这一博弈是否还有其他贝叶斯纳什均衡。

6.2　应用:贸易政策

国家 1 和国家 2 两个国家在考虑是否限制彼此间的国际贸易。每个国家有两种可能的类型。类型 u 为单边限制进口型;类型 b 为双边自由贸易型,就是说,它只在对方国家限制进口时才限制进口。国家 i 的类型集于是为 $\Theta_i=\{u,\ b\}$。两个国家的类型服从独立分布,类型 u 发生的概率为 $p\in(0,\ 1)$。两个国家有相同的策略空间 $S_i=\{l,\ f\}$,l 表示限制进口,f 表示自由贸易。国家 i 的收益函数为:

$$u_i(s_i, s_{-i}; \theta_i)=\begin{cases}3, & \text{在 } s_i=l, s_{-i}=f, \theta_i=u \text{ 时}\\ 2, & \text{在 } s_i=f, s_{-i}=f, \theta_i=u \text{ 时}\\ 1, & \text{在 } s_i=l, s_{-i}=l, \theta_i=u \text{ 时}\\ 0, & \text{在 } s_i=f, s_{-i}=l, \theta_i=u \text{ 时}\\ 3, & \text{在 } s_i=f, s_{-i}=f, \theta_i=b \text{ 时}\\ 2, & \text{在 } s_i=l, s_{-i}=f, \theta_i=b \text{ 时}\\ 1, & \text{在 } s_i=l, s_{-i}=l, \theta_i=b \text{ 时}\\ 0, & \text{在 } s_i=f, s_{-i}=l, \theta_i=b \text{ 时}\end{cases}$$

国家 i 的一个策略是一个映射 s_i: $\{u, b\}\rightarrow\{l, f\}$。这一博弈有个特点：无论对方采取什么行动，类型 u 从政策 l 中获得的收益始终高于从政策 f 中获得的收益。如果两个国家都为类型 u 并且这一事实是共同知识，则这一博弈为囚徒困境：两个国家都有占优策略，即策略 l。如果两个国家都为类型 b，并且这一事实是共同知识，则这一博弈有 (f, f) 和 (l, l) 两个纯策略纳什均衡。

作为求解贝叶斯纳什均衡的一种方法，我们首先猜测均衡策略，然后验证它们是否满足均衡条件。因为类型 u 有占优策略 l，所以，每个均衡都应包含 $s_i(u)=l$。这意味着对称纯策略均衡只能为 $(s_i(u), s_i(b))=(l, f)$ 或 $(s_i(u), s_i(b))=(l, f)$。首先验证 $(s_i(u), s_i(b))=(l, l)$ 是否是均衡。如果国家 2 使用这一策略，则以 p 的概率 $s_2=l$，以 $1-p$ 的概率 $s_2=f$。在国家 2 使用这一策略时，类型为 u 的国家 1 在使用策略 l 时实现的期望效用为

$$\begin{aligned}&EU_1(s_1=l, s_2(\cdot), \theta_1=u)\\ &=pu_1(s_1=l, s_2(u), \theta_1=u)+(1-p)u_2(s_1=l, s_2(b), \theta_1=u)\\ &=pu_1(s_1=l, s_2=l, \theta_1=u)+(1-p)u_2(s_1=l, s_2=f, \theta_1=u)\\ &=p\times 1+(1-p)\times 3\\ &=p+3(1-p);\end{aligned}$$

在使用策略 f 时实现的期望效用为

$$EU_1(s_1=f, s_2(\cdot), \theta_1=u)=2(1-p)。$$

在类型为 b 的国家 1 在使用策略 l 时实现的期望效用为

$$EU_1(s_1=l,\ s_2(\cdot),\ \theta_1=b)=p+2(1-p);$$

在使用策略 f 时实现的期望效用为

$$EU_1(s_1=f,\ s_2(\cdot),\ \theta_1=b)=3(1-p)。$$

策略 $(s_1(u),\ s_1(b))=(l,\ f)$ 是国家 1 的最优反应吗？策略 $s_1(u)=l$ 是类型 u 的最优反应,因为限制进口是类型 u 的占优策略;在 $3(1-p)\geqslant 2(1-p)+p$ 时,即在 $p\leqslant 1/2$ 时, $s_1(b)=f$ 是类型 b 的最优反应。这些结论对国家 2 也成立。所以,在 $p\leqslant 1/2$ 时,策略截面 $s_i(u)=l$ 和 $s_i(b)=f$ 是贝叶斯纳什均衡。

现在验证对这两个国家, $s_i(b)=l$ 是否是最优反应和在什么条件下是最优反应。如果不管 θ_2 取什么值,国家 2 始终使用策略 $s_2(\theta_2)=l$, 则类型为 u 的国家 1 在使用策略 l 时实现的期望效用为

$$EU_1(s_1=l,\ \theta_1=u)=1;$$

在使用策略 f 时实现的期望效用为

$$EU_1(s_1=f,\ \theta_1=u)=0。$$

显然,对类型为 u 的国家 1, $s_1(u)=l$ 是最优反应。

类型为 b 的国家 1 在使用策略 l 时实现的期望效用为

$$EU_1(s_1=l,\ \theta_1=b)=1;$$

在使用策略 f 时实现的期望效用为

$$EU_1(s_1=f,\ \theta_1=b)=0。$$

显然,对类型为 b 的国家 1, $s_1(b)=l$ 是最优反应。就是说,不管 p 为多大,策略截面 $(s_i(b)=l,\ s_i(u)=l)$ 都是贝叶斯纳什均衡。

我们看到,在这一博弈中,始终存在一个贝叶斯纳什均衡,两个国家都限制进口。如果 $p\leqslant 1/2$, 则还存在另一个均衡: $s_i(u)=l,\ s_i(b)=f$。在这个均衡中,如果两个国家都为类型 b, 就有自由贸易。这一结果的先验概率为 $(1-p)^2$。就是说,当每个国家都是自由贸易型,并且都认为对方国家是自由

贸易型时，就有自由贸易。

6.3　应用：陪审团制度

三个陪审员负责判决被告有罪或无罪①，参与者集合为 $N=\{1, 2, 3\}$。他们必须以同时投票、多数通过的规则，从结果集｛判决有罪，判决无罪｝中选出一个结果。陪审员 i 的策略为 $v_i \in S_i=\{c, a\}$，c 为投票"认定被告有罪"，a 为投票"认定被告无罪"。每个陪审员都不确定被告有罪或无罪。设 G 表示他有罪，I 表示他无罪，状态集于是为 $\Omega=\{G, I\}$。②每个陪审员赋予状态 G 的先验概率都为 π，$\pi > 1/2$。如果被告有罪，则每个陪审员从有罪判决中得到 1 单位效用，从无罪判决中得到 0 单位效用。如果被告无罪，则每个陪审员从无罪判决中得到 1 单位效用，从有罪判决中得到 0 单位效用。

如果无法取得更多信息，则每个陪审员从有罪判决中获得期望效用 π，从无罪判决中获得期望效用 $1-\pi$。因为 $\pi > 1/2$，陪审员从有罪判决中获得更高收益。在以剔除弱劣策略方法得到的纳什均衡中，每个陪审员都投票认定被告有罪。

现在，在投票之前，每个陪审员都收到关于被告特征的私人信号 $\theta_i \in \{0, 1\}$。它包含有用信息：在被告有罪时，相对于被告无罪，陪审员更可能收到信号 $\theta_i=1$。为使分析简单，设在被告有罪时，陪审员收到信号 $\theta_i=1$ 的概率为 p；在被告无罪时，陪审员收到信号 $\theta_i=0$ 的概率为 p。$p>0$。换句话说

$$\Pr(\theta_i=1 \mid \omega=G)=p, \ \Pr(\theta_i=0 \mid \omega=G)=1-p,$$

$$\Pr(\theta_i=0 \mid \omega=I)=p, \ \Pr(\theta_i=1 \mid \omega=I)=1-p。$$

在收到私人信号 θ_i 后，陪审员 i 选择自己的投票策略 $v(\theta_i)$，最大化做出正确决策——不放过一个坏人也不冤枉一个好人——的概率。设每个陪审员都使用**诚实策略**(sincere strategy)：$v_i(\theta_i=1)=c$，$v_i(\theta_i=0)=a$。就是说，诚实

---

① 本节是奥斯顿–史密斯和班克斯(1996)陪审团模型的简化版本。

② 译者注：被告有罪、陪审员认定被告有罪和陪审团判决被告有罪是三个不同概念。被告有罪是个事实或者状态；陪审员观察不到这个事实或状态，只能根据庭审证词或证据认定被告有罪；只要至少两个陪审员认定被告有罪，结果就为判决有罪。

策略要求陪审员在收到被告极可能有罪的信号 $\theta_i = 1$ 后投票认定被告有罪，在收到被告极可能无辜的信号 $\theta_i = 0$ 后投票认定被告无罪。诚实策略是贝叶斯纳什均衡蕴含陪审员 1——在他推断陪审员 2 和 3 使用诚实策略时——使用这一策略。根据这些推断，陪审员 1 从投票认定被告有罪的选择中得到的期望效用为[①]

$$
\begin{aligned}
&1\times \Pr(\theta_2=1,\ \theta_3=0,\ \omega=G \mid \theta_1)\\
&+1\times \Pr(\theta_2=0,\ \theta_3=1,\ \omega=G \mid \theta_1)\\
&+1\times \Pr(\theta_2=1,\ \theta_3=1,\ \omega=G \mid \theta_1)\\
&+1\times \Pr(\theta_2=0,\ \theta_3=0,\ \omega=I \mid \theta_1)\\
&+0\times \Pr(\theta_2=0,\ \theta_3=0,\ \omega=G \mid \theta_1)\\
&+0\times \Pr(\theta_2=1,\ \theta_3=0,\ \omega=I \mid \theta_1)\\
&+0\times \Pr(\theta_2=0,\ \theta_3=1,\ \omega=I \mid \theta_1)\\
&+0\times \Pr(\theta_2=1,\ \theta_3=1,\ \omega=I \mid \theta_1)\\
&=\Pr(\theta_2=1,\ \theta_3=0,\ \omega=G \mid \theta_1)\\
&+\Pr(\theta_2=0,\ \theta_3=1,\ \omega=G \mid \theta_1)\\
&+\Pr(\theta_2=1,\ \theta_3=1,\ \omega=G \mid \theta_1)\\
&+\Pr(\theta_2=0,\ \theta_3=0,\ \omega=I \mid \theta_1)
\end{aligned}
$$

陪审员 1 从投票认定被告无罪的选择中得到的期望效用为

$$
\begin{aligned}
&\Pr(\theta_2=1,\ \theta_3=0,\ \omega=I \mid \theta_1)\\
&+\Pr(\theta_2=0,\ \theta_3=1,\ \omega=I \mid \theta_1)\\
&+\Pr(\theta_2=0,\ \theta_3=0,\ \omega=I \mid \theta_1)\\
&+\Pr(\theta_2=1,\ \theta_3=1,\ \omega=G \mid \theta_1)
\end{aligned}
$$

---

① 译者注：$(\theta_2 = 1,\ \theta_3 = 0,\ \omega = G \mid \theta_1)$ 的含义：在陪审员 1 收到信号 θ_1 时，陪审员 2 收到信号 $\theta_2 = 1$，诚实投票策略蕴含他投票认定被告有罪；陪审员 3 收到信号 $\theta_3 = 0$，诚实投票策略蕴含他投票认定被告无罪。当陪审员 1 投票认定被告有罪时，二人中两人投票认定被告有罪，则判决有罪。在状态为 $\omega = G$ 时，即在被告有罪时判决有罪，陪审员 1 得到 1 单位的效用。这种情况的发生概率为 $\Pr(\theta_2 = 1,\ \theta_3 = 0,\ \omega = G \mid \theta_1)$。

于是,投票认定被告有罪是陪审员1的最优反应当且仅当

$$\Pr(\theta_2=1,\ \theta_3=0,\ \omega=G\mid\theta_1)+\Pr(\theta_2=0,\ \theta_3=1,\ \omega=G\mid\theta_1)$$
$$\geqslant\Pr(\theta_2=1,\ \theta_3=0,\ \omega=I\mid\theta_1)+\Pr(\theta_2=0,\ \theta_3=1,\ \omega=I\mid\theta_1)$$

由于不等号两边的项的值取决于状态和其他陪审员所收到的信号——$(\theta_2,\theta_3,\omega)$——的条件概率,所以,陪审员1使用贝叶斯法则计算其中各个条件概率。设陪审员1收到信号$\theta_1=1$。根据贝叶斯法则①,

$$\begin{aligned}\Pr(\theta_2=1,\ \theta_3=0,\ \omega=G\mid\theta_1=1)&=\Pr(\theta_2=0,\ \theta_3=1,\ \omega=G\mid\theta_1=1)\\&=\frac{\pi p^2(1-p)}{\pi p+(1-\pi)(1-p)},\end{aligned}$$

$$\begin{aligned}\Pr(\theta_2=1,\ \theta_3=0,\ \omega=I\mid\theta_1=1)&=\Pr(\theta_2=0,\ \theta_3=1,\ \omega=I\mid\theta_1=1)\\&=\frac{(1-\pi)p(1-p)^2}{\pi p+(1-\pi)(1-p)}。\end{aligned}$$

把这些结果代入上面的不等式中,我们看到,$v_1(\theta_1=1)=$投票认定被告有罪对陪审员1最优,如果

$$2\frac{\pi p^2(1-p)}{\pi p+(1-\pi)(1-p)}\geqslant 2\frac{(1-\pi)p(1-p)^2}{\pi p+(1-\pi)(1-p)}。$$

整理得到

---

① 译者注:作为例子,我们计算其中一个条件概率。

$$\begin{aligned}&\Pr(\theta_2=1,\ \theta_3=0,\ \omega=G\mid\theta_1=1)\\
&=\frac{\Pr(\theta_1=1,\ \theta_2=1,\ \theta_3=0,\ \omega=G)}{\Pr(\theta_1=1)}\\
&=\frac{\Pr(\theta_1=1,\ \theta_2=1,\ \theta_3=0,\ \omega=G)}{\Pr(\theta_1=1,\ \omega=G)+\Pr(\theta_1=1,\ \omega=I)}\\
&=\frac{\Pr(\theta_1=1,\ \theta_2=1,\ \theta_3=0\mid\omega=G)\Pr(\omega=G)}{\Pr(\theta_1=1\mid\omega=G)\Pr(\omega=G)+\Pr(\theta_1=1\mid\omega=I)\Pr(\omega=I)}\\
&=\frac{[\Pr(\theta_1=1\mid\omega=G)\Pr(\theta_2=1\mid\omega=G)\Pr(\theta_3=0\mid\omega=G)]\Pr(\omega=G)}{\Pr(\theta_1=1\mid\omega=G)\Pr(\omega=G)+\Pr(\theta_1=1\mid\omega=I)\Pr(\omega=I)}\\
&=\frac{[p\times p\times(1-p)]\pi}{p\pi+(1-p)(1-\pi)}=\frac{\pi p^2(1-p)}{p\pi+(1-p)(1-\pi)}\end{aligned}$$

$$\frac{\pi p^2(1-p)}{\pi p^2(1-p)+(1-\pi)p\,(1-p)^2} \geqslant \frac{1}{2}。$$

这个不等式左边的项，是在两个信号值为1和一个信号值为0时，被告有罪的条件概率。就是说，陪审员1投票认定被告有罪，如果给定自己的信号和对自己是关键投票人的推断，他认为被告更可能有罪而非无辜。

在收到信号 $\theta_1=0$ 时，陪审员1投票认定被告无罪，如果

$$\frac{\pi p\,(1-p)^2}{\pi p\,(1-p)^2+(1-\pi)p^2(1-p)} \leqslant \frac{1}{2}。$$

结论是：在根据私人信号投票的贝叶斯均衡中：(1) 如果 i 是关键投票人且 $\theta_i=1$，则被告有罪的后验概率大于1/2；(2) 如果 i 是关键投票人且 $\theta_i=0$，则被告有罪的后验概率小于1/2。

Austen-Smith 和 Banks(1996)证明了在许多情况中，诚实策略不是均衡行为。就是说，在参数 π 和 p 取某些值时，上述条件得不到满足。陪审员可能使用其他投票策略：在某些信号值上，他们可能随机做选择；或者，不管收到什么信号，他们都以相同方式投票；或者，每个人都采用异于其他陪审员的投票策略。Fedderson 和 Pessendorfer(1998)探讨了在投票规则和陪审员数量改变时，这种博弈具有的均衡特征。

6.4 应用：在信号集为连续统时陪审团的投票行为

设陪审员收到的不是两元信号，而是信号 $\theta_i \in [0, 1]$。设 θ_i 服从条件分布 $F(\theta_i \mid \omega)$。设 $f(\theta_i \mid \omega)$ 是 $F(\theta_i \mid \omega)$ 的可微密度函数，满足单调似然率条件。①

定义6.2 条件密度函数 $f(\theta_i \mid \omega)$ 满足严格单调似然率条件，如果 $f(\theta_i \mid G)/f(\theta_i \mid I)$ 是 $\theta_i \in [0, 1]$ 的严格单调函数。

这一条件很重要。根据贝叶斯法则，

---

① Duggan 和 Martinelli(2001)以及 Meirowitz(2002)探讨了这种情况。

$$\Pr(G \mid \theta_i) = \frac{f(\theta_i \mid G)\pi}{f(\theta_i \mid G)\pi + f(\theta_i \mid I)(1-\pi)}$$

$$= \frac{\dfrac{f(\theta_i \mid G)}{f(\theta_i \mid I)}\pi}{\dfrac{f(\theta_i \mid G)}{f(\theta_i \mid I)}\pi + (1-\pi)}。$$

我们能证明 $\Pr(G \mid \theta_i)$ 在 θ_i 上递增当且仅当 $\dfrac{f(\theta_i \mid G)}{f(\theta_i \mid I)}$ 在 θ_i 上递增。换句话说，严格单调似然率条件蕴含在信号值更高时，$\omega = G$ 的后验概率更高。

这里只探讨对称策略：收到相同信号的陪审员使用相同的投票策略。设每个陪审员的策略都为映射 $v: [0, 1] \to \{c, a\}$。和两元信号模型一样，贝叶斯纳什均衡策略是每个人根据自己的私人信息和自己是关键投票人的推断而选择的最优策略。每个陪审员，如果认为被告有罪的概率不小于 1/2，就投票认定被告有罪；如果认为被告有罪的概率不超过 1/2，就投票认定被告无罪。由于信号值越大蕴含被告有罪的概率越大，所以，这种投票策略在信号值上弱递增。在信号值较低时，陪审员投票认定被告无罪；在信号值较高时，陪审员投票认定被告有罪。这种单调策略可以用折点 $\hat{\theta} \in [0, 1]$ 来定义。设陪审员 $i \in N$ 使用的单调策略为

$$v_i(\theta_i) = \begin{cases} c, & \text{当 } \theta_i \geq \hat{\theta} \text{ 时}, \\ a, & \text{当 } \theta_i < \hat{\theta} \text{ 时}。 \end{cases}$$

如果其他陪审员在使用这一折点策略，则给定信号 θ_i 和 i 是关键投票人的推断，$\omega = G$ 的后验概率为

$$\Pr(G \mid piv, \theta_i; \hat{\theta}) = \frac{\pi f_G \hat{F}_G^{n-q-1}[1-\hat{F}_G]^{q-1}}{\pi f_G \hat{F}_G^{n-q-1}[1-\hat{F}_G]^{q-1} + (1-\pi) f_I \hat{F}_I^{n-q-1}[1-\hat{F}_I]^{q-1}}。\tag{6.2}$$

其中，$f_\omega = f(\theta_i \mid \omega)$，$\hat{F}_\omega = F(\hat{\theta} \mid \omega)$。请你推导这一表达式。这个概率是参数 $\hat{\theta}$ 的函数。陪审员使用折点策略的对称均衡的存在，取决于存在 $\hat{\theta}$ 使得

$$\Pr(G \mid piv, \hat{\theta}; \hat{\theta}) = \frac{1}{2};$$

在 $\theta_i<\hat{\theta}$ 时，$\Pr(G \mid piv,\ \theta_i;\ \hat{\theta}) \leqslant \frac{1}{2}$；在 $\theta_i>\hat{\theta}$ 时，$\Pr(G \mid piv,\ \theta_i;\ \hat{\theta}) \geqslant \frac{1}{2}$。我们探讨在博弈的原始结构满足什么条件时，存在满足上述定义的 $\hat{\theta} \in (0,\ 1)$。首先，$\Pr(G \mid piv,\ \theta_i;\ \hat{\theta}) \geqslant \frac{1}{2}$ 当且仅当

$$\frac{\pi f(\theta_i \mid G)[F(\hat{\theta} \mid G)]^{n-q-1}[1-F(\hat{\theta} \mid G)]^{q-1}}{(1-\pi) f(\theta_i \mid I)[F(\hat{\theta} \mid I)]^{n-q-1}[1-F(\hat{\theta} \mid I)]^{q-1}}$$

$$=\frac{f(\theta_i \mid G)}{f(\theta_i \mid I)} \frac{\pi}{1-\pi} \frac{[F(\hat{\theta} \mid G)]^{n-q-1}[1-F(\hat{\theta} \mid G)]^{q-1}}{[F(\hat{\theta} \mid I)]^{n-q-1}[1-F(\hat{\theta} \mid I)]^{q-1}} \geqslant 1。$$

根据严格单调似然率条件，如果 $\Pr(G \mid piv,\ \hat{\theta};\ \hat{\theta})=\frac{1}{2}$ 时，则 $\theta_i<\hat{\theta}$ 蕴含 $\Pr(G \mid piv,\ \theta_i;\ \hat{\theta}) \leqslant \frac{1}{2}$，$\theta_i>\hat{\theta}$ 蕴含 $\Pr(G \mid piv,\ \theta_i;\ \hat{\theta}) \geqslant \frac{1}{2}$。如果 $\Pr(G \mid piv,\ 0;\ 0) \leqslant \frac{1}{2} \leqslant \Pr(G \mid piv,\ 1;\ 1)$——在很大一类博弈中，这种边界条件成立——因为 $\Pr(G \mid piv,\ \cdot;\ \cdot)$ 是连续函数，则根据介值定理，存在折点 $\hat{\theta} \in (0,\ 1)$。

在两元信号模型中，可能不存在所有人使用同一策略且投票行为决定于私人信息的均衡。在连续统模型中，一般存在这种均衡。在使用一致通过的投票规则时，使用两元信号模型还是使用连续统模型，对结论有影响。Feederson 和 Pesendorfer(1998)在两元信号模型中证明了当参与者人数众多时，一致通过的投票规则是唯一最差的信息加总方式，因为在均衡中，每个人都推断其他人认定被告有罪。Meirowitz(2002)在连续统模型中证明了一致通过的投票规则常常和其他投票规则一样好。

6.5 应用：不完全信息条件下的公共品出资博弈

我们继续第 5 章的帕尔弗里–罗森泰尔公共品出资博弈。我们现在假定每个社会成员不知道其他人的出资成本。为尽可能地与第 4 章的模型保持一

致，我们假定在至少 k 个人出资时，公共品就被提供，每个社会成员从公共品中获得1单位效用；如果不足 k 个人出资，公共品就无法被提供，每个社会成员得到0单位效用。社会成员 i 的出资成本 $c_i \leqslant 1$，它服从 $[0, 1]$ 上的均匀分布。每个人知道自己的出资成本，不知道其他人的出资成本。

6.5.1　$k=1$

我们首先假设提供公共品的充要条件是至少一人出资。由于对所有的 i，$c_i \leqslant 1$，所以，存在 n 个只有一人出资的贝叶斯纳什均衡。这里不考虑这种不对称均衡，只分析有相同成本的参与者使用相同策略的对称均衡。就是说，我们探讨折点策略均衡：参与者 i 出资当且仅当 $c_i \leqslant \hat{c}_n$ —— $\hat{c}_n$ 是这个 n 人博弈的均衡折点。① 在其他人都使用这一折点策略时，i 从出资决策中获得净收益 $1-c_i$；如果他没有出资但有人出资，则 i 获得净收益1；如果没有人出资，则 i 获得净收益0。因为对所有的 i，c_i 服从 $[0, 1]$ 上的均匀分布，所以，每个人出资的概率为 $\hat{c}_n$。②其他人都不出资的概率于是为 $[1-\hat{c}_n]^{n-1}$。③ i 从不出资决策中得到的期望效用于是为④

$$1-[1-\hat{c}_n]^{n-1}。$$

因为 i 从出资决策中得到的收益为 $1-c_i$，所以，i 选择出资只要⑤

---

① 所有均衡策略都是折点策略。给定其他人的策略，设 p_{-i} 是其中有人出资的概率。给定 p_{-i}，i 从出资决策中得到的期望效用为 $1-c_i$，从不出资决策中得到的期望效用为 p_{-i}。如果 $c_i < 1-p_{-i}$，则 i 的最优反应是出资；如果 $c_i > 1-p_{-i}$，则 i 的最优反应是不出资。这种最优反应是折点策略。

② 因为均衡折点策略是参与者 i 出资当且仅当 $c_i \leqslant \hat{c}_n$，所以，$\Pr(i\text{ 出资}) = \Pr(c_i \leqslant \hat{c}_n)$。因为 c_i 服从 $[0, 1]$ 上的均匀分布，所以，$\Pr(c_i \leqslant \hat{c}_n) = \hat{c}_n$。

③ 译者注：参与者 j 选择不出资当且仅当 $c_j > \hat{c}_n$。因为 $\Pr(c_j > \hat{c}_n) = 1-\hat{c}_n$，所以，其他 $n-1$ 个人不出资的概率为 $[1-\hat{c}_n]^{n-1}$。

④ 译者注：在 i 选择不出资时，或者有其他人出资，或者没有任何人出资。在前一种情况中，i 得到收益1，在后一种情况中，i 得到收益0。前一种情况发生的概率为 $1-[1-\hat{c}_n]^{n-1}$，后一种情况发生的概率为 $[1-\hat{c}_n]^{n-1}$。因此，i 从不出资决策中获得的期望效用为 $1\times(1-[1-\hat{c}_n]^{n-1})+0\times[1-\hat{c}_n]^{n-1} = 1-[1-\hat{c}_n]^{n-1}$。

⑤ 译者注：i 选择出资只要出资决策实现的收益高于不出资决策实现的收益，即只要

$$1-c_i \geqslant 1-[1-\hat{c}_n]^{n-1};$$

就是说，只要

$$[1-\hat{c}_n]^{n-1} \geqslant \hat{c}_i。$$

$$[1-\hat{c}_n]^{n-1} \geqslant \hat{c}_i。$$

由于出资成本为 $\hat{c}_n$ 的参与者，在出资和不出资两个选项上无差异，所以，贝叶斯纳什均衡蕴含

$$[1-\hat{c}_n]^{n-1} = \hat{c}_n。$$

现在证明折点 $\hat{c}_n$ 在 n 上递减。反证，设 $\hat{c}_{n+1} \geqslant \hat{c}_n$。折点条件蕴含 $[1-\hat{c}_{n+1}]^n \geqslant [1-\hat{c}_n]^{n-1}$。由于 $\hat{c}_n$ 和 $\hat{c}_{n+1}$ 位于 0 与 1 之间，所以，$\hat{c}_n > \hat{c}_{n+1}$。[①]矛盾。因此，$\hat{c}_n$ 在 n 上递减。随着社会成员数量增加，每个人的出资概率收敛于 0，无人出资的概率 $[1-\hat{c}_n]^n$ 收敛于 0。换句话说，随着 n 上升，每个人的出资概率在下降，但是，公共品被提供的概率 $1-[1-\hat{c}_n]^n$ 在上升，并收敛于 1。

6.5.2 $k>1$

现在，公共品的生产需要多人出资。我们依然假定所有人都使用折点策略，只在 $c_i \leqslant \hat{c}_n$ 时才出资。x_{-i} 表示 i 以外的真实出资人数。前一章说过，i 从出资决策中得到的净效用为

$$\Pr(x_{-i}=k-1)-c_i。$$

由于每个人都以先验概率 $\hat{c}_n$ 出资，因此，

$$\Pr(x_{-i}=k-1)=\binom{n-1}{k-1}\hat{c}_n^{k-1}(1-\hat{c}_n)^{n-k}。$$

在 $c_i=\hat{c}_n$ 时，i 在出资与不出资之间无差异，我们于是得到均衡条件，它以隐函数形式给出了 $\hat{c}_n$ 的解：

---

① 译者注：$[1-\hat{c}_{n+1}]^n \geqslant [1-\hat{c}_n]^{n-1}$。取自然对数，得到

$$n\ln[1-\hat{c}_{n+1}] \geqslant (n-1)\ln[1-\hat{c}_n]。$$

整理得到

$$n\ln\left[\frac{1-\hat{c}_{n+1}}{1-\hat{c}_n}\right] \geqslant -\ln[1-\hat{c}_n]。$$

当 $\hat{c}_n>0$ 时，$-\ln[1-\hat{c}_n]>0$。因此，$\frac{1-\hat{c}_{n+1}}{1-\hat{c}_n}>1$。得到 $\hat{c}_n>\hat{c}_{n+1}$。

$$\binom{n-1}{k-1}\hat{c}_n^{k-1}(1-\hat{c}_n)^{n-k}=\hat{c}_n。$$

它类似完全信息条件下的混合策略均衡解，只是在这里，$\hat{c}_n$ 起着 σ^* 的作用。所以，前一章的许多结论可以直接移植过来。

为简化符号，我们定义

$$\prod(\hat{c}_n)=\binom{n-1}{k-1}\hat{c}_n^{k-2}(1-\hat{c}_n)^{n-k}。$$

均衡条件于是为

$$\prod(\hat{c}_n)=1。$$

对 $\prod(\hat{c}_n)$ 求导，得到

$$\frac{\partial\prod(\hat{c}_n)}{\partial\hat{c}_n}=\binom{n-1}{k-1}[(k-2)\hat{c}_n^{k-3}(1-\hat{c}_n)^{n-k}-\hat{c}_n^{k-2}(n-k)(1-\hat{c}_n)^{n-k-1}]$$

$$=\binom{n-1}{k-1}\hat{c}_n^{k-3}(1-\hat{c}_n)^{n-k-1}[-(\hat{c}_n n-k-2\hat{c}_n+2)]。$$

就是说，$\frac{\partial\prod(\hat{c}_n)}{\partial\hat{c}_n}$ 的正负性与 $-(\hat{c}_n n-k-2\hat{c}_n+2)$ 的正负性相同。因此，

如果 $-(\hat{c}_n n-k-2\hat{c}_n+2)\gtreqless$ 或者说如果 $\hat{c}_n\lesseqgtr\frac{k-2}{n-2}$，则 $\prod'\gtreqless 0$。

这里有两种情况。在 $2<k<n$ 时，$\prod(\hat{c}_n)$ 首先在 $\hat{c}_n<(k-2)/(n-2)$ 的区间上随 $\hat{c}_n$ 递增，直至在 $\hat{c}_n=(k-2)/(n-2)$ 时取得唯一最大值；然后，在 $\hat{c}_n>(k-2)/(n-2)$ 的区间上随 $\hat{c}_n$ 递减。在 $\hat{c}_n\in\{0,1\}$ 时，$\prod(\hat{c}_n)=0$。$\prod(\hat{c}_n)$ 的这些特点意味着在 $2<k<n$ 且 $\max\prod>1$ 时，存在两个均衡折点 $\hat{c}_H$ 和 $\hat{c}_L$。如果 $\max\prod<1$，则不存在位于 $(0,1)$ 中的折点均衡。[①]

① 在 $\max\prod=1$ 这种极不可能发生的事件中，存在唯一的折点均衡。

我们证明随着 n 变大，折点均衡消失。我们看均衡条件：

$$\binom{n-1}{k-1}\hat{c}_n^{k-1}(1-\hat{c}_n)^{n-k}=\hat{c}_n。$$

对任意的 $\hat{c}_n$，等号左边项

$$p(n,\hat{c}_n)=\binom{n-1}{k-1}\hat{c}_n^{k-1}(1-\hat{c}_n)^{n-k}$$

是在单次试验成功的概率为 $\hat{c}_n$ 时，在 $n-1$ 次试验中成功 $k-1$ 次的概率。这个概率函数有个特征：除非 $\hat{c}_n$ 收敛于预期成功率 $(k-1)/(n-1)$，否则，随着 n 趋向无穷大，$p(n,\hat{c}_n)$ 收敛于 0。①如果 $\hat{c}_n$ 不收敛于 $(k-1)/(n-1)$ 而 $p(n,\hat{c}_n)$ 收敛于 0，则均衡条件蕴含 $\hat{c}_n$ 收敛于 0。如果 $\hat{c}_n$ 收敛于 $(k-1)/(n-1)$，则 $\hat{c}_n$ 收敛于 0，因为 $(k-1)/(n-1)$ 收敛于 0。

请你证明 n 和 k 对 $\hat{c}_H$ 和 $\hat{c}_L$ 的影响与前一章的对称混合策略均衡中 n 和 k 对 σ_L^* 和 σ_H^* 的影响相同。

6.6　应用：候选人偏好不确定的霍特林模型

在前一章的霍特林模型中，候选人有确定的意识形态立场而中间选民的位置不确定。这里依然假定中间选民的位置不确定，同时假定只有候选人自己知道自己的政策偏好。候选人 1 的理想点为 $\theta_1\in\{0,1/2\}$，候选人 2 的理想点为 $\theta_2\in\{1/2,1\}$。政策 x 带给候选人 i 的效用为 $u_i(x)=-(\theta_i-x)^2$。设每个候选人的两种类型以相等概率发生并且两个候选人的类型分布相互独立。和前一章一样，中间选民的理想点在 $[0,1]$ 上均匀分布。候选人 1 的一个策略是一个映射 $s_1:\{0,1/2\}\to[0,1/2]$，候选人 2 的一个策略是一个映射 $s_2:\{1/2,1\}\to[1/2,1]$。就是说，候选人只从自己的两个类型所界定的区间内选择政策。设候选人 2 使用的策略为：$s_2(1/2)=a$ 和 $s_2(1)=b$。首先

① 这一结论源自大数法则。根据大数法则，样本均值的极限分布只对随机变量的期望值赋予正的权重。

看类型 $\theta_1=1/2$ 的反应。任何政策 $s_1<1/2$ 都劣于政策 1/2，因为给定 a 和 b，政策 1/2 更可能胜出。而且，对 $\theta_1=1/2$，仅就政策立场而言，在政策 1/2 优于政策 $s_1<1/2$。因此，$s_1(1/2)=1/2$ 严格优于其他一切竞选纲领。同理，$s_2(1/2)=1/2$ 严格优于其他一切竞选纲领。

再看 $\theta_1=0$ 的最优反应。他的最优反应是以下最大化问题的解：

$$\max_{s_1}\left\{-s_1^2\left(\frac{s_1+\frac{1}{2}}{4}+\frac{s_1+b}{4}\right)-\frac{\left(\frac{1}{2}\right)^2}{2}\left(1-\frac{s_1+\frac{1}{2}}{2}\right)-\frac{b^2}{2}\left(1-\frac{s_1+b}{2}\right)\right\}。$$

把目标函数[①]对 s_1 求导，让导数等于 0，得到一阶条件：

$$\frac{1}{4}b^2-\frac{1}{2}bs_1-\frac{1}{4}s_1-\frac{3}{2}s_1^2+\frac{1}{16}=0。$$

最优解应落于区间 $[0,\ 1/2]$ 中，所以，

---

① 译者注：我们推导这个最大化问题的目标函数。设 $\theta_1=0$ 的策略为 $s_1\in[0,1/2]$。他以 1/2 的概率遭遇 $\theta_2=1/2$，以 1/2 的概率遭遇 $\theta_2=1$。假设他遭遇对手 $\theta_2=1/2$。根据前一段的分析，$\theta_2=1/2$ 必然选择 $a=1/2$。θ_1 的胜出概率于是为 $\frac{s_1+\frac{1}{2}}{2}$（即中间选民位于区间 $\left[0,\frac{s_1+\frac{1}{2}}{2}\right]$ 或者说距离 s_1 更近的概率），得到效用 $-(s_1-0)^2$；θ_1 的落选概率为 $1-\frac{s_1+\frac{1}{2}}{2}$，得到效用 $-\left(\frac{1}{2}-0\right)^2$。假设他遭遇对手 $\theta_2=1$，对手的选择为 b。θ_1 的胜出概率于是为 $\frac{s_1+b}{2}$，得到效用 $-(s_1-0)^2$；θ_1 的落选概率为 $1-\frac{s_1+b}{2}$，得到效用 $-(b-0)^2$。$\theta_1=0$ 从策略 s_1 中实现的期望效用于是为 $\frac{1}{2}\left[-(s_1-0)^2\times\frac{s_1+\frac{1}{2}}{2}+-\left(\frac{1}{2}-0\right)^2\times\left(1-\frac{s_1+\frac{1}{2}}{2}\right)\right]+\frac{1}{2}\left[-(s_1-0)^2\times\frac{s_1+b}{2}+-(b-0)^2\times\left(1-\frac{s_1+b}{2}\right)\right]$。第一个方括号内的项是在他遭遇对手 $\theta_2=1/2$ 时得到的期望效用；第二个方括号内的项是在他遭遇对手 $\theta_2=1$ 时得到的期望效用。两个方括号外的 $\frac{1}{2}$，分别是他遭遇这两类对手的概率。合并同类项，得到 $-s_1^2\left(\frac{s_1+\frac{1}{2}}{4}+\frac{s_1+b}{4}\right)-\frac{\left(\frac{1}{2}\right)^2}{2}\left(1-\frac{s_1+\frac{1}{2}}{2}\right)-\frac{b^2}{2}\left(1-\frac{s_1+b}{2}\right)$。

$$s_1(0;\ b)=\frac{1}{12}\sqrt{4b+28b^2+7}-\frac{1}{6}b-\frac{1}{12}。$$

候选人 2 的问题与候选人 1 的问题互为镜像。就是说，在均衡点上，$s_2(1)=b$，$s_1(0)=1-b$。因此，b 的均衡值满足以下方程：

$$1-b=\frac{1}{12}\sqrt{4b+28b^2+7}-\frac{1}{6}b-\frac{1}{12},$$

得到 $b=11/6-\sqrt{10}/3\simeq 0.779$。因此，贝叶斯纳什均衡为 $s_1(0)=0.221$，$s_1(1/2)=1/2$，$s_2(1/2)=1/2$，$s_2(1)=0.779$。我们把 $\theta_1=0$ 和 $\theta_2=1$ 的竞选纲领与已知两位候选人的理想点分别为 0 和 1 时的博弈结果做个比较。你可能认为在不完全信息条件下两个候选人的竞选纲领更接近，因为每个人都推断自己可能遭遇温和型对手。这种认识不全面。两位候选人都有自己的意识形态立场，他们宁愿输给温和对手也不愿输给极端对手。这一条件阻止极端候选人走温和路线。事实上，我们看到，在候选人的偏好不确定的博弈中，相对于候选人偏好为已知信息的博弈，两个候选人在竞选纲领上分歧更大。

6.7　应用：竞选、竞赛和拍卖

在我们介绍过的竞选模型中，候选人在一个连续统中选择政策。这种限制没有反映现实竞选中候选人面对的多元选项。本节以经济学中的竞赛模型为基础，候选人选择自己的努力水平。我们可以把这种努力视为一种投入，它需要发生成本。候选人的努力程度越高，他胜出可能性就越大。这里把努力理解为金钱，探讨金钱在竞选中的作用。设 n 个人竞选同一公职，参与者集合于是为 $N=\{1,\ \cdots,\ n\}$。候选人购买竞选广告。设 $a_i\in\mathbb{R}_+$ 是候选人 i 购买的广告量。给定所有人的广告购买量 $a=(a_1,\ \cdots,\ a_n)$，函数 p：$\mathbb{R}_+^n\to\mathbb{N}$ 是胜出函数，决定胜出者是谁，它在 a 上弱递增。为简化分析，设 $p(a)=\text{argmax}_{i\in\mathbb{N}}a_i$，即购买最大广告量的候选人胜出。[①] 候选人 i 的效用取决于谁是最终的胜出

① 我们也可以把 a_i 理解为候选人 i 在竞选公职过程中投入的精力或时间。

者、他自己的广告量 a_i 和他对公职的价值认定 $\theta_i \in [0, 1]$。各个候选人对公职的价值认定是私人信息，在 $[0, 1]$ 上均匀分布并且相互独立。我们可以把 i 的效用函数写为 $u_i(a) = \theta_i 1_{\{p(a)=i\}} - a_i$。$1_{\{p(a)=i\}}$ 是个示性函数，它在 $p(a) = i$ 时等于 1，在 $p(a) \neq i$ 时等于 0。所有候选人同时选择自己的广告购买量，每个人收益随即实现。[①] 每个候选人的一个策略是一个函数，把 $\theta_i \in [0, 1]$ 映射到 $a_i \in \mathbb{R}_+$。这里只探讨相同类型候选人购买相同数量广告的对称均衡。

在这种博弈中，直接求解连续策略函数不是易事。这里玩点儿技巧：我们首先假定策略函数具有某种形式，然后求解函数中的自由参数，最后证明我们所假定的策略函数的确是均衡策略。设候选人 $j \neq i$ 使用的策略为 $a_j(\theta_j) = b\theta_j^c$，$b$ 和 c 是待定参数。设候选人 2，…，n 使用这一策略，候选人 1 选择 a_1。则候选人 1 胜出的概率为 $\Pr\{\max_{j\neq i} b\theta_j^c < a_1\}$。[②] 我们能求出这一概率[③]：

$$\Pr\left\{\max_{j\neq i}\theta_j < \left(\frac{a_1}{b}\right)^{\frac{1}{c}}\right\} = \left(\frac{a_1}{b}\right)^{\frac{n-1}{c}}。$$

类型 θ_1 从选择 a_1 中获得的期望效用于是为[④]

$$\left(\frac{a_1}{b}\right)^{\frac{n-1}{c}}\theta_1 - a_1。$$

---

① 这一模型等价于候选人类型相互独立时的最高价格全支付拍卖。

② 译者注：这个式子的含义是候选人 1 购买的广告量 a_1 大于其他所有人的购买量的概率。

③ 译者注：如果 a_1 为所有人中的最大购买量，则其他人的购买量都小于 a_1。在每个人的价值认定均匀分布时，候选人 j 的购买量 $b\theta_j^c$ 小于 a_1 的概率就是类型 θ_j 小于 $\left(\frac{a_1}{b}\right)^{\frac{1}{c}}$ 的概率，为 $\left(\frac{a_1}{b}\right)^{\frac{1}{c}}$。其他 $n-1$ 个人的购买量同时小于 a_1 的概率于是为 $\left(\frac{a_1}{b}\right)^{\frac{n-1}{c}}$。

④ 译者注：θ_1 以概率 $\left(\frac{a_1}{b}\right)^{\frac{n-1}{c}}$ 胜出，获得效用 $\theta_1 - a_1$；以概率 $1-\left(\frac{a_1}{b}\right)^{\frac{n-1}{c}}$ 落选，获得效用 $0 - a_1$。因此，θ_1 从 a_1 中获得的期望效用为 $\left(\frac{a_1}{b}\right)^{\frac{n-1}{c}}(\theta_1 - a_1) + \left[1-\left(\frac{a_1}{b}\right)^{\frac{n-1}{c}}\right](0 - a_1) = \left(\frac{a_1}{b}\right)^{\frac{n-1}{c}}\theta_1 - a_1$。

对 a_1 求导，令导数等于零，得到类型 θ_1 的效用最大化问题的一阶条件：

$$\theta_1 \frac{n-1}{cb}\left(\frac{a_1}{b}\right)^{\frac{n-1-c}{c}}=1。$$

解得：

$$a_1=b\left(\frac{cb}{(n-1)\theta_1}\right)^{\frac{c}{n-1-c}}。 \tag{6.3}$$

我们首先猜测参与者 $j=2, \cdots, n$ 使用策略 $a_j(\theta_j)=b\theta_j^c$，我们发现候选人 1 的最优反应也具有这一函数形式。因此，求解 b 和 c，我们就能找到均衡策略。b 和 c 应使

$$b\theta_1^c=b\left(\frac{cb}{(n-1)\theta_1}\right)^{\frac{c}{n-1-c}}。$$

我们解得：$b=(n-1)/n$，$c=n$。将这个结果代入方程(6.3)中，得到

$$a_1=\frac{n-1}{n}\theta_1^n。$$

因此，$b=(n-1)/n$ 和 $c=n$ 是均衡参数值。这意味着在对称贝叶斯纳什均衡中，每个候选人使用的策略函数为

$$a_i(\theta_i)=\frac{n-1}{n}\theta_i^n。$$

关于这个均衡，我们有几点结论。首先，在均衡中，每个候选人 i 的广告购买量 a_i 与他的价值认定 θ_i 正相关。其次，它们之间的关系受候选人数量影响。把上式对 θ_i 求导，得到

$$\frac{\partial a_i(\theta_i)}{\partial \theta_i}=\theta_i^{n-1}(n-1)。$$

把这个导数对 n 求导，得到

$$\frac{\partial^2 a_i(\theta_i)}{\partial \theta_i \partial n}=\theta_i^{n-1}(n\ln\theta_i-\ln\theta_i+1)。$$

这个交叉导数为负(因为 $\theta_i \in (0, 1)$, $\ln\theta_i < 0$)。[①]就是说,随着候选人数量上升,均衡策略变得平坦。并且,随着 n 增大,候选人广告量收敛于 0。[②]因为在很多人参选时,每个候选人的价值认定高于其他所有人的概率收敛于 0。[③]在不大可能胜出的竞选中,没有人愿意投入太多资源。

在这一博弈中,每个候选人无论是否胜出,都要发生负效用 a_i。这就是我们可以把这一模型视为全支付拍卖模型的原因。我们也可以构造另一种模型,所有候选人只在自己当选时才承担竞选费用;或者,利益集团向委员会主席明示只在自己偏好的人获得任命时才提供政治献金。在机制设计部分,我们将探讨此类拍卖模型。

6.8　贝叶斯纳什均衡的存在性

贝叶斯纳什均衡肯定存在吗? 贝叶斯扩展式博弈只是标准式博弈的特殊情况而已:所有参与者类型同时选择策略,收益为参与者在策略截面上实现的期望效用。因此,贝叶斯纳什均衡的存在性条件与纳什均衡的存在性条件非常相似。对类型空间和行动空间皆为有限集的博弈,我们可以直接利用此前的结论证明存在混合策略贝叶斯纳什均衡。

任取贝叶斯博弈 $\langle N, S, \Theta, u, p\rangle$, N、S 和 Θ 都是有限集。因为 Θ 是有限集,我们可以把类型集写为 $\Theta_i = \{\theta_i^1, \cdots, \theta_i^{k_i}\}$;因为 N 也是有限集,我们可以定义新的参与者集合 $N' = \{\theta_1^1, \cdots, \theta_1^{k_1}, \cdots, \theta_i^1, \cdots, \theta_i^{k_i}, \cdots, \theta_n^1, \cdots, \theta_n^{k_n}\}$。我们于是可以定义一个标准式博弈 Γ'。它的参与者集合为 N'。所有下标为 i 的类型的策略空间都为 $S'_i = S_i$。给定博弈 Γ' 的策略截面 $s^+ =$

---

① 译者注:严格地说,应为"在候选人数量 n 很大时,这个交叉导数为负"。因为给定 $\theta_i \in (0, 1)$, $\ln\theta_i < 0$,所以,$1-\dfrac{1}{\ln\theta_i} > 0$。存在足够大的自然数 N 使得 $N > 1-\dfrac{1}{\ln\theta_i}$。即存在足够大的 N 使得 $N\ln\theta_i - \ln\theta_i + 1 < 0$。对所有的 $n \geqslant N$, $n\ln\theta_i - \ln\theta_i + 1 < 0$。

② 译者注:给定 $\theta_i \in (0, 1)$,让 n 趋向无穷大,则均衡策略 $a_i(\theta_i)$ 收敛于 0。

③ 译者注:θ_i 为最大广告购买量的概率为 θ_i^{n-1}。当 $\theta_i \in (0, 1)$ 时,随着 n 趋向无穷大,这个概率收敛于 0。

$(s_1^1, \cdots, s_n^{k_n})$，令 $s_i^+(\theta_i^j)=s_i^j$，我们就把这一策略截面与博弈 Γ 中的策略截面 $(s_1^+(\cdot), \cdots, s_n^+(\cdot))$ 对应起来。我们用原始贝叶斯博弈中的期望效用概念定义参与者 θ_i^j 的效用为

$$v_i^j(s^+)=EU_i(s_i^+(\theta_i^j), s_{-i}^+(\cdot); \theta_i^j)。$$

我们于是得到一个有限标准式博弈 $\Gamma'=\langle N', S', v\rangle$。我们有如下均衡存在性结论。

命题 6.1　给定贝叶斯博弈 $\langle N, S, \Theta, u, p\rangle$，其中，$N$、$S$ 和 Θ 是有限集。则存在混合策略贝叶斯纳什均衡。

证明：根据纳什定理（定理 5.4），有限博弈 $\langle N', S', v\rangle$ 有混合策略纳什均衡。用 σ_i^j 表示混合策略纳什均衡赋予策略集 S_i 的概率分布。由于策略截面 σ 满足纳什均衡的存在条件，所以，以概率 $\sigma_i^j(s')$ 使用 $\phi_i(\theta_i)=s'$ 的策略，满足条件 6.1。　□

6.9　习　　题

习题 6.1

（1）在陪审团投票博弈中，设 $p=3/4$，$\pi=2/3$。求解这一博弈的贝叶斯纳什均衡。

（2）假设陪审团采用一致通过的投票规则，就是说，只在所有人都认定被告有罪时，被告才被判有罪；如果有人投票认定其无罪，则被告被判无罪。求解这一博弈的贝叶斯纳什均衡（依然假定 $p=3/4$，$\pi=2/3$）。

习题 6.2　在每个陪审员的类型集为连续统的陪审团投票博弈中，证明方程 6.2。

习题 6.3　在帕尔弗里–罗森泰尔模型中，需要 k 个人出资才能生产出公共品。

（1）假定在出资人数小于 k 时，所提供的资金将全额退回给出资者。这一变化如何影响折点 $\hat{c}$ 的值？

（2）假定在出资人数超过 k 时，多余资金在参与者中间随机分配。结果又

是什么呢?

习题 6.4　在帕尔弗里—罗森泰尔模型中,需要 k 个人出资才能生产出公共品。分析 n 和 k 对内生值 $\hat{c}_H$ 和 $\hat{c}_L$ 的影响。

习题 6.5　在候选人的偏好为私人信息的竞选博弈中,中间选民位于点 3/4——这是共同知识。求解贝叶斯纳什均衡。

第7章 扩展式博弈

在标准式博弈中，所有参与者同时选择自己的策略，所以，标准式博弈是静态博弈。但是，在政治科学的许多应用研究中，参与者分先后顺序选择策略。虽然我们能把这类情况表述为标准式博弈，但是，使用**扩展式博弈**，引入时间因素，常常更容易处理这类情况，效果更好。

我们通过一个例子讲解扩展式博弈的构成要素。A 国是 B 国的殖民地。B 国控制 A 国的油田并对 A 国居民征税——这是它从殖民地获得的收入。现在，A 国要决定是“革命”(R)还是“接受现状”(C)。如果 A 国选择革命，则 B 国要决定是“允许 A 国独立”(G)还是“镇压 A 国革命”(S)。如果 B 国镇压 A 国革命，两国开战，A 国获胜的概率为 p。双方争夺油田，油田给控制者带来 4 单位收益。双方为战争各发生 6 单位成本。如果 B 国允许 A 国独立，则革命给 A 国造成 1 单位成本。如果 A 国接受现状，B 国要决定是“继续向 A 国居民征税”(T)——获得 2 单位税收收入——还是“取消税收”(E)。表 7.1 描述了这一博弈的各种可能的结果和每个结果带给两个国家的收益，每对数字中的第一个数字是 A 国的收益。

表 7.1 革命博弈

A 接受现状，B 取消税收	$(0, 4)$
A 接受现状，B 继续征税	$(-2, 6)$
A 革命，B 允许 A 独立	$(3, 0)$
A 革命，B 镇压革命①	$(4p-6-2(1-p), 6(1-p)-6)$

① 译者注：如果 A 国获胜，则它控制油田，获得收入 4。因为它得发生战争成本 6，所以，它的净收益为 4－6。如果 A 国落败，则它得向 B 国缴税，税额为 2，同时还得承担战争成本 6，所以，(转下页)

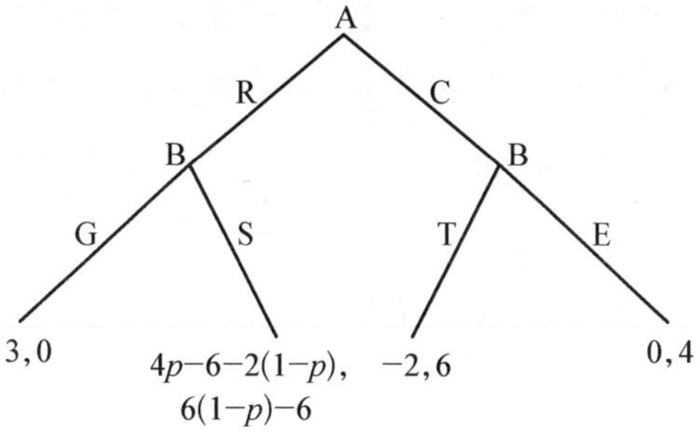

图 7.1　革命博弈

如果使用标准形式表示这一博弈，我们就看不到B国在做决策时已经观察到A国的决策的事实。表示这一博弈的更好方式是图7.1中的博弈树。博弈树由**节点**构成，每个节点描述博弈进行至此节点时所发生的全部决策。换句话说，节点描述博弈的进行**历史**。博弈自一个初始节点开始。在每个节点上，有数条**树枝**，给出在此节点上行动的参与者所面对的所有选项。每个树枝指向下个阶段的节点。终节点表示博弈结束。终节点给出每个参与者从博弈中得到的收益。

A国在初始节点做选择。从这个节点出发，有两个树枝，分别对应于R和C。在A国选择R之后，B国在G和S之间做选择。在A国选择C之后，B国在T和E之间做选择。每个终节点，给出双方的收益。

前一章用矩阵表示标准式博弈，这里用博弈树表示扩展式博弈。扩展式博弈的构成要素包括：

(1) 参与者集合 N。

(2) 历史集 H。H 中的元素是博弈树的节点。$H^T \subseteq H$ 为终点历史集，由所有终节点构成。初始节点一般用 $H^0 = \varnothing$ 即空集表示。

(3) 映射 p: $H \backslash H^T \rightarrow N$。映射 p 给每个非终点历史 h 分配一个参与者 $p(h) \in N$，由 $p(h)$ 在节点 h 做决策。

(4) 在每个历史 $h \in H \backslash H^T$ 上，有一个行动集 $A(h)$。$p(h)$ 从行动集 $A(h)$ 中选择行动。他也可以选择行动集 $A(h)$ 上的概率分布。

(5) 信息集 $I \subseteq H \backslash H^T$。所有信息集构成非终点历史集 $H \backslash H^T$ 的一个

(接上页)它的净收益为 $-2-6$。A国以 p 的概率获胜，以 $1-p$ 的概率落败，所以，它在“革命，镇压革命”策略截面上实现的期望效用为 $p(4-6)+(1-p)(-2-6)=4p-6-2(1-p)$。如果B国获胜，则它控制油田，获得收入4；征税，得到税收2；但是，它得承担战争成本6。所以，B国的净收益为 $4+2-6$。如果B国落败，则它一无所获，还得承担战争成本6。B国的净收益因此为 -6。B国以 p 的概率落败，以 $1-p$ 的概率获胜，所以，它在“革命，镇压革命”策略截面上实现的期望效用为 $p(-6)+(1-p)(4+2-6)=6(1-p)-6$。

分割。如果 $h, h' \in I$，则 $p(h)$ 不确定自己是位于节点 h 还是位于节点 h'。如果 h 和 h' 位于同一信息集中，则 $p(h)=p(h')$。在革命博弈中，每个参与者在轮到自己行动时，都知道所发生的历史，就是说，每个信息集只有一个元素。在所有信息集都是单元素集合时，我们称博弈为**完全且完美**信息博弈（简称完美信息博弈）。在后面，我们将放松这一假定，允许参与者在轮到自己行动时观察不到此前发生的所有行动。就是说，在一些信息集中，可能有多个元素。我们称这种博弈为**完全但非完美**信息博弈（简称非完美信息博弈）。我们还要求历史满足某些条件以保证它们构成良好形态的博弈树。①

(6) 收益 U，它由所有人的伯努利效用函数构成。参与者 $i \in N$ 的伯努利效用函数为 $u_i: H^T \to \mathbb{R}$。

我们把有限扩展式博弈 Γ^E 定义为 $\langle N, H, p, U\rangle$。在扩展式博弈中，每个参与者的一个策略是一个完整的行动方案，规定了在每个由此参与者采取行动的历史中，他要采取的行动。正式定义如下：

定义 7.1 对任意的扩展式博弈 Γ^E，参与者 $i \in N$ 的一个策略是一个映射 $s_i: H_i \to A(h)$。如果 h 和 h' 位于同一个信息集，则 $s_i(h)=s_i(h')$；H_i 由使得 $p(h)=i$ 的历史 $h \in H$ 构成。一个策略截面是一个映射 $s: H\backslash H^T \to A(h)$ 使得 $h \in H_i$ 蕴含 $s(h)=s_i(h)$。②

我们利用这一定义，写出革命博弈中两个国家的策略集。A 国只在初始节点上行动，他的策略集为{R, C}。B 国的每个策略必须明确它在每个信息集上采取的行动。它的策略集因此是{G 与 T, G 与 E, S 与 T, S 与 E}。策略"G 与 T"说的是在 A 国发动革命之后允许 A 国独立，在 A 国接受现状之后对 A 国

① 具体地说，我们要求节点集上有弱序"……在……之前"。如果节点 a 在节点 b 之前，我们就将 a 和 b 之间的这种关系写为 $a \to b$。第 2 章说过，弱序具有传递性，所以，在我们的扩展式博弈中，没有循环。为避免多个节点指向同一节点，我们假定，如果 $h \to h'$ 且 $h'' \to h'$，则 $h \to h'$ 或 $h' \to h$。另外，存在一个节点（初始节点）H^0，对每个 $h \in H$，$H^0 \to h$。另外，在任何终点历史 $h \in H^T$ 上，不存在历史 h' 使得 $h \to h'$。

② 译者注：这个定义不是很严谨。更好的表述方式应是：…… $i \in N$ 的一个策略应是一个映射 $s_i: H_i \to \bigcup_{h \in H_i} A(h)$ 使得对每个 $h \in H_i$，$s_i(h) \in A(h)$。就是说，i 在自己的每个信息集上采取的行动都应该来自这个信息集上的行动集中。……一个策略截面应是一个映射 $s: H\backslash H^T \to \bigcup_{h \in H\backslash H^T} A(h)$ 使得 $h \in H_i$ 蕴含 $s(h)=s_i(h)$。

继续征税。对 B 国的其他策略，可以以此方式理解。我们找到每个国家的策略集，我们就能把革命博弈表示为表 7.2 中的标准式博弈。我们能证明它有三个纳什均衡。前两个均衡是策略截面(R，G 与 T)与(R，G 与 E)。它们说的是 A 国发动革命，B 国允许 A 国独立。第三个纳什均衡是策略截面(C，S 与 T)，说的是 A 国接受 B 国统治，B 国选择镇压革命而阻止了 A 国革命。

表 7.2　标准式革命博弈

A 国

		R	C
B 国	G 与 T	0，3	6，−2
	G 与 E	0，3	4，0
	S 与 T	$6(1-p)-6,\ 4p-6-2(1-p)$	6，−2
	S 与 E	$6(1-p)-6,\ 4p-6-2(1-p)$	4，0

这个例子揭示了纳什均衡概念在动态博弈中的一些局限性。具体地说，第二和第三个均衡不大可能发生。我们看第二个均衡中 B 国的策略。它要求在 A 国决定接受 B 国的统治之后，B 国取消税收。但是，在 A 国接受 B 国的统治的信息集上，B 国没有动机取消税收。换句话说，对“不在均衡路径”上的历史，纳什均衡允许非理性行为发生。仅就第二个均衡而言，这一问题似乎不严重，因为它产生的行为与第一个均衡中的行为完全一样，而在第一个均衡中，所有信息集上的所有行为都是理性的。我们看第三个均衡。假设 A 偏离这一均衡而选择革命。在它偏离这一均衡之后，不管 p 为多大，B 选择 G 都能给它带来更大好处。就是说，B 国镇压革命的威胁不可信，因为它不具有理性。我们说这一和平结果中的行为不具有**序贯理性**，因为其中的行为没有在每一个信息集上最大化 B 国的效用。

在下面几节中，我们将在动态博弈背景下，对纳什均衡进行精炼，消除不具有序贯理性的策略。

7.1　反向归纳法

求解完美信息动态博弈的最常用方法是反向归纳法。在最后每个节点行动的人自然选择最大化其效用的行动。倒数第二个行动的参与者，知道最后行动的人将在每个节点上选择最优行动，于是在此推断下最优地选择自己的行动。这一过程一直持续至每个参与者，知道在他之后行动的所有人都做出最优选择，于是在此推断下做出自己的最优选择。

我们用反向归纳法求解革命博弈。首先，B 在自己的每个节点做出最优选择。在节点 R，B 从“允许 A 独立”即策略 G 中得到更高效用。在节点 C，B 从“征税”即策略 T 中得到更高效用。知道 B 会做出这些理性选择，A 选择“革命”即策略 R。反向归纳解于是为(R，G 与 T)，它是纳什均衡并且不包含不具有序贯理性的行为。

这一方法易于使用，但是，它的定义烦琐。这里只通过两个例子说明这一概念。

7.1.1 例子：蜈蚣博弈

图 7.2 中的博弈树，称为蜈蚣博弈，在实验经济学中用得很多。两个参与者轮流在 D 和 L 之间做选择。选择 D，博弈结束；选择 L，博弈继续，直至第五阶段。实验经济学之所以经常使用这个博弈，是因为头脑简单的参与者 1 可能会为获得最大收益 6 而不断选择 L，以求到达第五阶段。这一策略不具有序贯理性，在反向归纳过程中无法实现。我们先看第五阶段。在第五阶段，参与者 1 显然选择 D。回到第四阶段，参与者 2 知道参与者 1 在最后阶段肯定选择 D，自己只能得到 4 单位收益，所以，他选择 D，得到 5 单位收益。回到第三阶段，参与者 1 知道选择 L 能带来 2 单位收益，选择 D 能带来 3 单位收益，他选择 D。持续这一过程直至回到第一阶段，参与者 1 理性地选择 D。在反向归纳法中留下来的唯一策略截面是(D，D，D，D，D)。

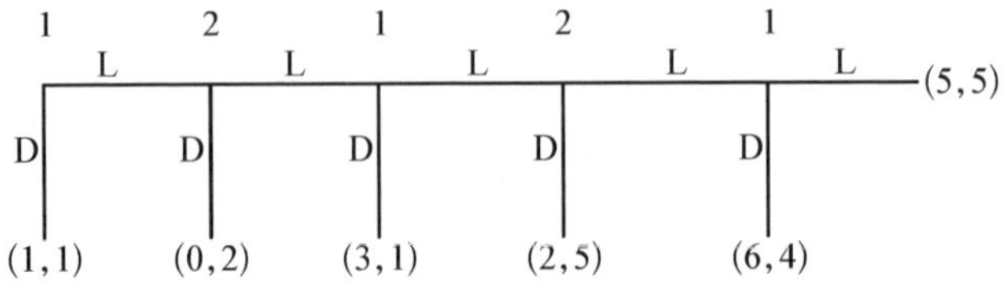

图 7.2　蜈蚣博弈

7.1.2　例子：序贯谈判

讨价还价模型在政治博弈论中的应用越来越多。第 10 章将专门介绍这类模型。这里只讨论最简单的情况。参与者 1 和 2，在为瓜分 1 元钱讨价还价。在第一阶段，1 提出分配方案：他给自己 x_1，给 2 的金额为 $x_2=1-x_1$。如果 2 接受这一方案，博弈结束。如果 2 不接受这一方案，则这 1 元钱的价值下降至 $\delta\in(0, 1)$。施加这一假定，是因为参与者缺乏耐性，他们总是希望尽早拿到钱。在第二阶段，2 提出方案：他给自己 x_2，给 1 的金额为 $\delta-x_2$。如果 1 接受这一方案，博弈结束。如果 1 不接受这一方案，这笔钱就彻底消失，两人的收益都为零。为简化分析，设两个参与者的收益函数都为 $u_i(x_i)=x_i$。

这一博弈有无数多个纳什均衡。事实上，任何一种分配方案都能得到纳什均衡策略支持。我们看下面的策略截面：

参与者 1：提议 $x_2=z$。如果 2 拒绝这一方案，自己就在第二阶段拒绝 2 提出的一切方案。

参与者 2：如果 $x_2\geqslant z$，就在第一阶段接受 1 的方案；否则就拒绝这一方案。在第二阶段提出方案 $x_2=\delta$。

显然，只要 $z\leqslant 1$，1 的最优反应是在第一阶段提出方案 $x_2=z$。否则，1 得到零收益。2 的最优反应是接受这一方案。但是，这一策略截面不具有序贯理性。对 1 来说，拒绝第二阶段一切方案的做法，缺乏理性。他应该接受任何方案，只要所实现的收益至少为零，即在拒绝一切方案时他得到的收益。这意味着在第二阶段，2 可以提议把所有的 δ 留给自己。所以，在第一阶段，1 提供给 2 的收益要和 2 从第二阶段的方案中得到的收益至少一样多。下面的策略与反向归纳法一致：

参与者 1：提议 $x_2=\delta$。如果这一方案被拒绝，则在第二阶段，接受一切方案。

参与者 2：如果 $x_2\geqslant\delta$，就在第一阶段接受 1 的方案；否则就拒绝。在第二阶段提出方案 $x_2=\delta$。

对参与者 1 来说，在阶段 2 得到零收益不低于从拒绝 2 的方案中得到的收益。因此，2 的最优方案是 $x_2=\delta$。回到第一阶段，1 提供给 2 的收益至

少必须为 δ，才能阻止 2 拒绝方案。因此，第一阶段的均衡方案是 $x_1 = 1-\delta$，$x_2 = \delta$。

7.2 完全非完美信息动态博弈

在此前的模型中，在每个历史中行动的参与者，都知道此前进行的所有行动，并因此能推断出自己现在位于哪个节点。换句话说，每个信息集只包含一个元素。现在介绍信息集中有多个历史的博弈，我们说这种博弈有**非完美信息**。当一些行动无法被观察到或同时发生时，就会出现这种情况。

我们看政府官员 B 和立法议员 P 之间的博弈。在这个博弈中，议员无法观察到官员的执法行动。官员从集合{H，L}中选择执法力度，H 和 L 分别为严格执法和松懈执法。在严格执法时，B 得发生执法成本 $c > 0$；在松懈执法时，执法成本为 0。为使分析简单，我们假设 B 从执法活动中得不到任何效用。就是说，在他选择 H 时，他得到收益 $-c$；在他选择 L 时，他得到收益 0。在 H 和 L 之间，政治家偏好 H。她的效用函数为：$u_P(\text{H}) = 1$，$u_P(\text{L}) = 0$。但是，除非她监督官员执法并因此发生监督成本 $k \in (0, 1)$，否则，P 无法观察到 B 的执法力度。如果议员监督执法而 B 被她发现执法松懈，B 就会被处以罚款 f 并被迫选择 H。

在决定是否监督时，P 不知道历史为 H 还是为 L。在图 7.3 的扩展式博弈中，我们用虚线连接 H 与 L，表示它们位于同一信息集。由于 P 观察不到 B 的

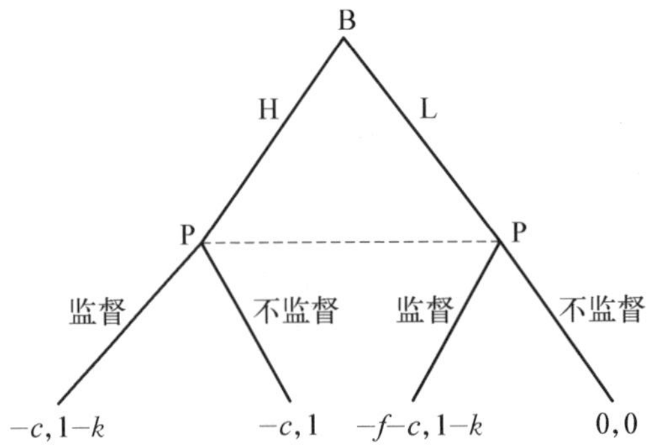

图 7.3 监督执法

行动，所以，在这两个节点上，她只能采取相同的行动；而 B 的一个策略只是他在初始节点上的一个选项。所以，这一博弈可表示为表 7.3 中的标准形式。这一博弈没有纯策略纳什均衡。如果 B 选择 H，P 的最优反应是不监督；如果 P 选择不监督，则 B 的最优反应是 L；如果 B 选择 L，则 P 选择监督；如果 P 选择监督，则 B 选择 H。这一博弈的混合策略均衡是 B 以概率 $1-k$ 选择严格执法，P 以概率 $c/(f+c)$ 选择监督。

表 7.3　监 督 执 法

		P: 监督	P: 不监督
B	H	$-c, 1-k$	$-c, 1$
B	L	$-f-c, 1-k$	$0, 0$

这个例子表明，第二个参与者无法观察到此前的行动的序贯博弈与同时行动博弈完全相同。我们再用囚徒困境为例说明扩展式博弈如何处理同时行动问题。两个嫌犯要决定是否认罪。我们把这个博弈表示为图 7.4 中的扩展形式：让嫌犯 1 首先行动，把嫌犯 1"认罪"和"不认罪"两个历史放到参与者 2 的一个信息集中。

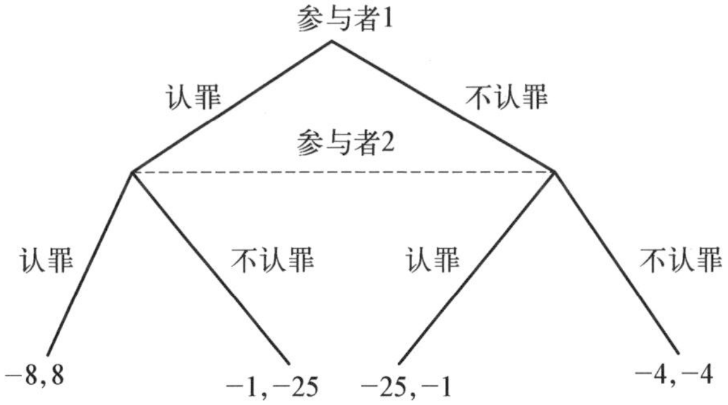

图 7.4　囚徒困境的扩展表示形式

我们再用图 7.5 中的三阶段博弈演示扩展形式的灵活性。每个参与者有三个选项：L、M 和 R。如果参与者 1 选择 L，则所有人观察到这一选择。如果参与者 1 选择 M 或 R，则参与者 2 观察不到 1 的行动。参与者 2 于是有{L}和{M, R}两个信息集。参与者 3 也无法完美观察到 1 和 2 的行动，他有四个

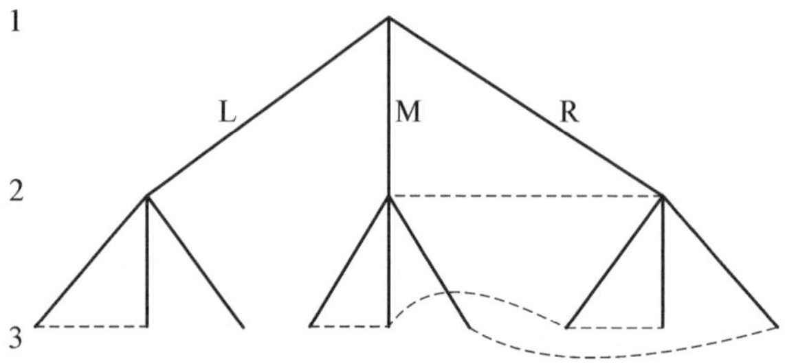

在第一阶段，参与者1只有一个单元素信息集；
在第二阶段，参与者2有两个信息集；
在第三阶段，参与者3有四个信息集。

图 7.5　多元素信息集

信息集：{LL，LM}、{LR}、{ML，MM，RL，RM}和{MR，RR}。

非完美信息博弈的棘手之处是我们无法用反向归纳法求解，因为参与者有时不知道哪个历史会出现。我们另有一种求解方法，它的思路是扩展式博弈的某些部分可能可被视为独立博弈。序贯理性概念要求所有参与者在每个小博弈中使用纳什均衡策略。一个博弈中的这种小博弈，称为**子博弈**。它是扩展式博弈的一部分，必须满足以下条件：

(1) 它开始于单元素信息集。换句话说，在子博弈的初始节点或者说第一个节点上采取行动的参与者知道自己位于哪一个节点。

(2) 它包含自此初始节点向后的所有节点而无其他。

(3) 它没有分拆任何信息集。如果历史 h 和 h' 位于同一个信息集中，则它们在一个子博弈中。

图 7.5 中的博弈有三个子博弈：原始博弈、从历史 L 开始的博弈和从历史 LR 开始的博弈。原始博弈中的纳什均衡策略截面，如果是所有子博弈的纳什均衡，则被称为**子博弈精炼纳什均衡**，缩写为 SPNE。为定义子博弈精炼纳什均衡，我们需要用到**受限策略截面**概念。给定策略截面 $s(\cdot)$ 和历史集为 H' 的子博弈，$s(\cdot)$ 在这个子博弈上的限制是定义域为 H' 的映射 s' 使得对每个 $h \in H'$，$s'(h)=s(h)$。

定义 7.2　对任意扩展式博弈 Γ^E，策略截面 $s(\cdot)$ 是**子博弈精炼纳什均衡**，如果在 Γ^E 的每个子博弈中，**受限策略截面** $s'(\cdot)$ 是这个子博弈的纳什均衡。

下面的定理指出，在有限扩展式博弈中存在子博弈精炼纳什均衡。

定理 7.1　有限扩展式博弈有子博弈精炼纳什均衡。而且，如果没有参与者在任何两个终点历史之间无差异，则只有一个子博弈精炼纳什均衡。

我们构造一个三人序贯投票博弈。三个人按照以下投票程序对三个政策方案 x、y 和 z 投票：首先，在多数通过规则下对 x 和 y 投票；然后，在多数通过规则下就第一阶段的胜出方案和 z 投票。最终胜出的方案成为法案。在每个投票阶段，三人同时投票。图 7.6 描述了这一博弈。

设参与者 1、2 和 3 在三个政策方案上的偏好序分别为 xP_1yP_2z、yP_2zP_2x 和 zP_3xP_3y。我们使用子博弈精炼和弱占优策略概念求解这个博弈。在始自 x 胜出节点的子博弈中，三人就 x 与 z 投票，参与者 2 和 3 投票给 z，最终胜出方案因此为 z。在始自 y 胜出节点的子博弈中，三人就 y 与 z 投票，参与者 1 和 2 投票给 y，最终胜出方案因此为 y。

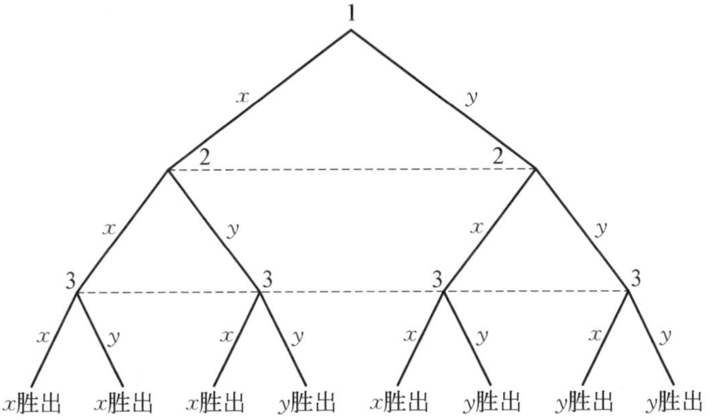

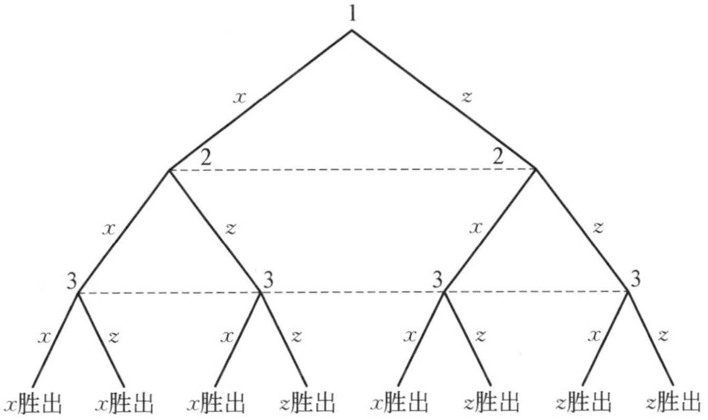

x胜出之后的子博弈

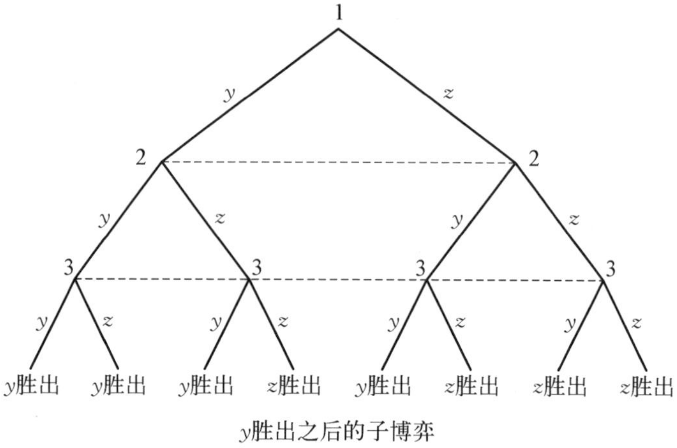

图 7.6 序贯投票博弈

在第一阶段就 x 与 y 的投票中，参与者知道真正的选择将发生在**复杂的等价**方案 z 与 y 之间。[①] 参与者 1 和 2 于是投票给 y。参与者 1 虽然更偏好 x，但是，他仍会投票给 y，因为他知道投票给 x 实际上等同于投票给 z，而 z 是他最不想要的结果。

如果参与者使用弱占优策略，则子博弈精炼纳什均衡集会很大。我们曾经说过，任何完全相同的投票行为，都是第二阶段子博弈的纳什均衡。为每个第二阶段子博弈规定不同的纳什均衡策略，我们就能构造出很多子博弈精炼纳什均衡。

我们再看个博弈。温加斯特(Weingast，1997)用这个博弈解释法治社会的形成。统治者 R 在考虑是对社会团体 A 还是对社会团体 B 剥削一笔数量为 x 的财富。社会团体 A 和 B 观察到其中一个团体被剥削，要分别决定是否挑战统治者。如果发起挑战，就得发生挑战成本 c。如果两个团体都选择挑战，则统治者的剥削企图落空，每个团体得到净收益 b(已扣除挑战成本)。如果挑战成功，统治者将发生损失 k。如果没有或只有一个团体发起挑战，则统治者的剥削企图就会得逞。图 7.7 描述了这一博弈的扩展形式。

---

① Richard Mckelvey 与 Richard Niemi(1978)在对策略投票的研究中，炮制出**复杂的等价**这一术语。

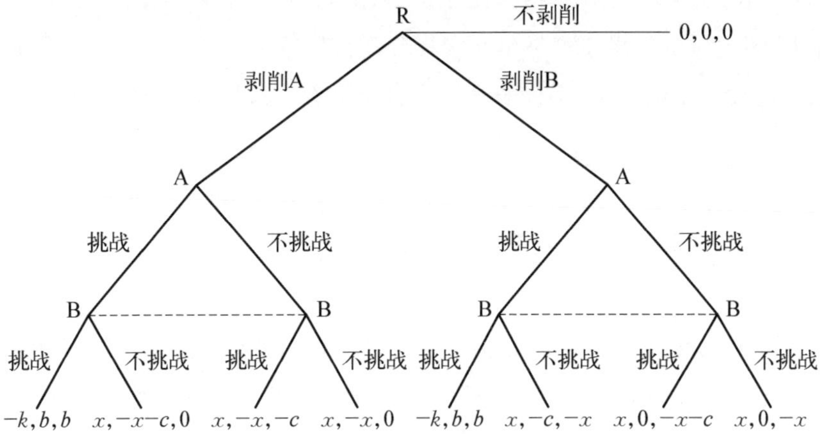

图7.7　法治博弈

首先求解始自统治者“剥削A”决策的子博弈的纳什均衡。表7.4从A和B的角度把这一子博弈表示为标准形式。它有两个纯策略纳什均衡：两个团体同时挑战统治者和两个团体都不挑战统治者。它还有一个混合策略均衡。为使分析简单，我们不考虑混合策略均衡。始自统治者“剥削B”决策的子博弈与始自“剥削A”决策的子博弈对称，因此也有两个纯策略均衡。

表7.4　剥削博弈

		A 挑　战	A 不挑战
B	挑　战	b, b	$-c, -x$
B	不挑战	$0, -x-c$	$0, -x$

再看第一阶段。R知道在第二阶段的每个子博弈中，A和B必然使用某个纳什均衡。如果他推断在两个子博弈中A和B都将挑战他，则他的最优反应是不剥削；如果在一个子博弈中他遭遇两个团体挑战，而在另一个子博弈中没有团体没有挑战他，则他剥削没有挑战行为的子博弈起点上的团体；如果在两个子博弈中都没有团体挑战他，则他任选一个团体进行剥削。因此，在整个博弈中，存在五个纯策略子博弈精炼纳什均衡。温加斯特认为建立法治社会的关键，是A和B要协调到挑战统治者剥削企图的均衡上。

前面谈到的反向归纳解,只是子博弈精炼纳什均衡的特例。在完美信息博弈中,因为所有信息集都是单元素集合,所以,每个节点都开始一个子博弈。每个节点上的优化,产生所有子博弈的纳什均衡。因此,反向归纳解是子博弈精炼纳什均衡。

7.3 单偏离原则

有限扩展博弈的子博弈精炼,有个相当有用的性质。在验证策略截面 $s(\cdot)$ 是子博弈精炼均衡时,我们只需验证没有任何参与者有动机在任何一个信息集上偏离这个截面。我们不需考虑多个信息集上的偏离。这一性质被称为**单偏离原则**,其原理是:如果有利可图的偏离涉及多个历史,则其中的最后一个历史上的偏离,在自此历史开始的子博弈中,实现更大收益。就是说,如果一个策略截面不是子博弈精炼,则可能存在很多有利可图的偏离,其中至少有一个偏离是单个时期中的偏离。

在本章习题中,我们请你在单人扩展式博弈背景下证明这一原理。这里就一般有限扩展博弈,表述和证明这一原理。要正式表述单偏离原则,我们需要定义什么是单阶段偏离。设 H 是扩展式博弈的非终点历史集,h' 是 H 的一个元素。给定策略 $s(\cdot)$,策略 $s^{h'}(\cdot)$ 是对 $s(\cdot)$ 的单偏离,如果对所有的 $h \in H\backslash\{h'\}$,$s(h)=s^{h'}(h)$。

定理 7.2 (单偏离原则)

对给定的有限扩展式博弈,设它的非终点历史集为 H。则策略截面 $s(\cdot)$ 是子博弈精炼纳什均衡,当且仅当对每个 $h' \in H$,参与者 $p(h')$ 从 $s(\cdot)$ 中获得的收益和他从单偏离 $s^{h'}(\cdot)$ 中获得的收益至少一样大。

证明: 我们证明必要性。由于子博弈精炼纳什均衡都是纳什均衡,所以,没有人有动机单方面改变自己的策略。就是说,对每个 $h' \in H$,参与者 $p(h')$ 从均衡策略 $s(\cdot)$ 中得到的收益和他从 $s^{h'}(\cdot)$ 中得到的收益至少一样大。就是说,在子博弈精炼纳什均衡中,没有任何单阶段偏离有利可图。

我们证明充分性。设存在策略截面 $s(\cdot)$,它不是子博弈精炼纳什均衡,但是,不存在对它的有利可图的单偏离。由于 $s(\cdot)$ 不是子博弈精炼纳什均衡，所以，存在子博弈使得 $s(\cdot)$ 在这种子博弈上的限制不是它的纳什均衡。设 H' 是构成这种子博弈的最小历史集。由于整个博弈为有限博弈，所以，存在这样的历史集。设 $h^1 \in H'$ 是这个子博弈的初始节点，设 $i = p(h^1)$ 是在节点 h^1 上行动的参与者。根据定义，对在历史 h^1 上行动的参与者 i，存在对 $s(\cdot)$ 在这一子博弈上的限制的有利偏离。但是，我们已假定对 $s(\cdot)$ 的任何单偏离都无利可图，所以，在 h^1 之后肯定存在非终点历史 h^2，h^1 和 h^2 上的偏离给 i 实现的收益高于均衡收益。这意味着在 h^2 开始的子博弈中，参与者 i 的偏离有利可图。矛盾，因为 H' 是 $s(\cdot)$ 在其上的限制不是纳什均衡的最小历史集。 □

只要连续性假定得到满足，则单偏离原则适用于无限博弈。在重复博弈部分，我们将继续讨论这一原则。

7.4　子博弈精炼和精炼均衡

子博弈精炼均衡一般用于求解扩展式博弈，但它与第 5 章讨论的精炼概念关系密切。我们说过，一个策略截面是**精炼的**，如果在所有参与者被迫使用完全混合策略时，它是构成最优反应的混合策略截面列的极限。我们用标准式革命博弈说明精炼和子博弈精炼之间的关系。我们看纳什均衡截面(C，S 与 T)。设 A 国和 B 国都必须以至少为 ε 的概率使用自己的每个纯策略。这一假定说的是参与者在执行其偏好的策略时，可能发生失误。

现在证明在 A 国以至少 ε 的概率使用其两个策略时，S 与 T 不可能是 B 国的最优反应。设 A 国以概率 ε 选择 R，则 B 国从 S 和 T 中得到的期望效用为 $\varepsilon(4p-6-2(1-p))+(1-\varepsilon)6$，从 G 与 T 中得到的期望效用为 $(1-\varepsilon)6$。$4p-6-2(1-p)<0$，所以，B 国将以最大概率使用 G 与 T。因此，在 ε 收敛于 0 时，(C，S 与 T)不可能是完全混合纳什均衡列的极限。就是说，它不满足子博弈精炼纳什均衡的条件，并且，它不是标准式博弈中的精炼均衡。请你证明只有(R，G 与 T)是精炼均衡。

所有子博弈精炼纳什均衡都是精炼均衡；但是，精炼均衡未必都是子博弈精炼均衡，因为当同一参与者在扩展形式中多次行动时，把扩展式博弈表示为标准式博弈常常导致颤抖上的相关性。解决这一问题的一种方法是重新命名参与者，使得任何人不在多个信息集上行动。以这种方法产生的博弈，被称为**代理人博弈**。在这种博弈形式中，精炼均衡集和子博弈精炼均衡集相同。请你证明这一命题。

7.5 应用：议程控制

7.5.1 罗默–罗森泰尔模型

在美国许多地方，学校预算必须经由当地市民投票表决。一般情况下，校董会提出预算案，交付市民表决。校董会因此拥有对学校预算的议程控制权。罗默和罗森泰尔(Romer and Rosenthal，1978)分析了这种议程控制。

我们介绍罗默–罗森泰尔模型。设 $s \in [0, \infty)$ 为支出预算，q 为现状，即当前支出水平。校董会的效用函数为 $u_B(s)$，它在 s 上严格递增，因此，校董会想最大化支出。首先，校董会提出支出预算 s。然后，市民(数量为奇数)在多数通过的投票规则下就预算表决。所有市民都参加投票，就是说，每个人的策略集为{Y，N}(即通过和不通过)。如果多数人选择 Y，则预算 s 成为法律；如果多数人选择 N，则预算维持在当前水平 q 上。投票者 i 在学校支出上有单峰对称偏好，我们用效用函数 $u_i(s)$ 表示他的偏好；v_i 是 i 的理想点。根据第 2 章中的讨论，我们假定投票者 i 的效用函数为 $u_i(s)=h(-|s-v_i|)$，$h(\cdot)$ 是个严格增函数。

我们求解子博弈精炼均衡。在校董会提出预算案后，博弈进入最后一个阶段，这个阶段实际上是个多数通过规则下的投票博弈，存在着通过预算案或否决预算案的纳什均衡。我们假定在一切投票子博弈中投票者都不使用弱劣策略。则给定预算方案 s，只要 $u_i(s) \geq u_i(q)$，i 就选择 Y。单峰性蕴含在中间投票人偏好 s 时，预算案在弱非劣投票中通过；在中间投票人偏好 q 时，预算案在弱非劣投票中被否决。

给定投票子博弈的均衡，校董会的最优反应是选择能被中间投票人接受的最大预算。设 v_m 是中间投票人的理想点。给定 v_m 和 q，我们可以算出相

对于 q，中间投票人所偏好的支出水平 s。它应满足条件 $u_m(s) \geqslant u_m(q)$。h 是增函数，所以，这一条件蕴含

$$| s - v_m | \leqslant | q - v_m |。$$

在 $q < v_m$ 时，对所有的 $s \in [q, 2v_m - q]$，这一不等式成立。在 $q > v_m$ 时，对所有的 $s \in [2v_m - q, q]$，这一不等式成立。因此，校董会能确保通过的最高预算为 $\max\{q, 2v_m - q\}$。校董会最大化 s，所以，它选择 $\max\{q, 2v_m - q\}$。图7.8描述了均衡预算 s^* 与 v_m 和 q 的关系。

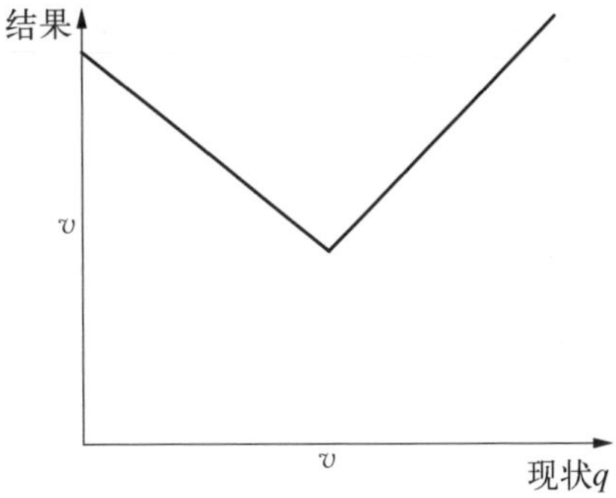

图 7.8 罗默–罗森泰尔均衡预算

这个简单模型阐明了投票人的偏好、现状点和政策结果之间的关系。首先，在当前支出水平很低且中间投票人希望支出更多时（即 $q < v_m$ 时），校董会能利用自己对议程的控制，获取更高预算，因为在当前支出水平很低时，投票人否决高支出预算的威胁不可信。其次，预算对投票人偏好的变化有反应（在 $q < v_m$ 时），但是，支出的增长速度两倍于中间投票人偏好的增长速度。①

7.5.2 总统否决权

在美国和实行总统制的许多国家中，总统对立法机构通过的法案拥有否决权。一些学者利用罗默–罗森泰尔模型研究否决权如何强化总统对立法机构的影响力。

为使分析尽可能简单，我们把立法机构看作一个行为主体，称它为 L。它有单维空间上的单峰对称偏好：它的理想点为 l，效用函数为 $u_L(x) = h(-| x - l |)$，$x \in \mathbb{R}$ 为政策结果，$h(\cdot)$ 是个严格增函数。总统 P 的理想点为 p，效用函数为 $u_P(x) = h(-| x - p |)$。

---

① 译者注：在 $q < v_m$ 时，均衡预算为 $2v_m - q$。将它对 v_m 求导，$\frac{\partial(2v_m - q)}{\partial v_m} = 2$。在中间投票人的偏好增长一个单位时，预算增长两个单位。

这一博弈很简单。在第一阶段，L 通过法案 b，取代现行政策 q。在第二阶段，总统 P 接受或否决法案 b。如果否决，则回到现行政策 q。这里暂不考虑立法机构推翻总统否决令的可能性。

我们用反向归纳法求解这一博弈。在第二阶段，只要 $u_P(b) \geqslant u_P(q)$，即 $-|b-p| \geqslant -|q-p|$，总统就会接受法案 b。就是说，如果 $p>q$，他接受法案 $b \in [q, 2p-q]$；如果 $p<q$，他接受法案 $b \in [2p-q, q]$。设集合 $P(q)$ 是相对于现状 q，能被总统接受的法案集。我们回到立法机构的决策节点。立法机构知道哪些法案被总统接受，它直接从 $P(q)$ 中选择自己最偏好的法案。如果 $l \in P(q)$，则 $b^* = l$。如果 $l < \min P(q)$，则 $b^* = \min P(q)$；如果 $l > \max P(q)$，则 $b^* = \max P(q)$。

设 $l > p$。根据 $P(q)$ 的定义，均衡政策结果为

$$b^* = \begin{cases} 2p-q, & \text{当 } p>q \text{ 且 } l>2p-q \text{ 时} \\ l, & \text{当 } p>q \text{ 且 } l<2p-q \text{ 时} \\ l, & \text{当 } l<q \text{ 时} \\ q, & \text{当 } l>q>p \text{ 时} \end{cases}$$

设 $p > l$。均衡结果为

$$b^* = \begin{cases} 2p-q, & \text{当 } p<q \text{ 且 } l<2p-q \text{ 时} \\ l, & \text{当 } p<q \text{ 且 } l>2p-q \text{ 时} \\ l, & \text{当 } l>q \text{ 时} \\ q, & \text{当 } p>q>l \text{ 时} \end{cases}$$

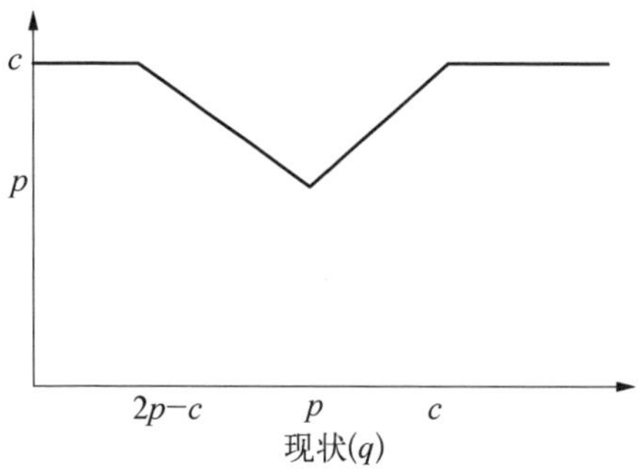

图 7.9　否决博弈的均衡结果

图 7.9 描绘了均衡结果与 l、p 和 q 的关系。它的比较静态特征与原始罗默–罗森泰尔模型中的特征十分接近。首先，当现状远离总统的理想点时，立法机构能得到自己想要的结果。其次，否决权的影响力不大。在否决权产生影响（即 $b^* \neq l$）的所有情况中，总统在均衡法案与现状之间无差

异。最后,这是个完美信息博弈,立法机构能完全预测到总统的行为,所以,在均衡中,不会出现法案被否决的情况。在均衡路径上,虽然没有否决法案情况发生,但是,否决权依然重要。在后面几章探讨的模型中,否决法案常常是均衡策略。

7.5.3 推翻总统否决令

在前一小节,如果法案 b 被总统否决,则现行政策 q 是当然选择。现在假定立法机构能在多数通过的投票规则下推翻总统的否决令。设立法机构有 n 个议员(n 为奇数)。则要推翻总统否决令,需要 $k>(n+1)/2$ 票支持。每个议员有单峰偏好,效用函数为 $u_i(x)=h(-|x-l_i|)$。假设理想点 l_i 有序排列,就是说,$l_i>l_j$ 当且仅当 $i>j$。我们假定法案提出者是中间议员,他的理想点为 $m\equiv l_{(n+1)/2}$。这一假定的由来,是在开放规则下的提案程序中,均衡提案由中间议员提出。我们只探讨在所有子博弈中均使用弱非劣策略的均衡。

在这些假设下,要成功推翻总统否决令,要求 $u_k(b)\geqslant u_k(q)$ 且 $u_{n-k-1}(b)\geqslant u_{n-k-1}(q)$。我们用反证法证明这一结论。设 $u_k(b)\geqslant u_k(q)$ 但 $u_{n-k-1}(b)<u_{n-k-1}(q)$。由于所有人的偏好都是单峰,所以,存在 $i\in[n-k-1, k]$ 使得对理想点小于 l_i 的所有议员,$u_i(b)<u_i(q)$。因此,支持推翻总统否决令的议员人数肯定严格小于 k。这一逻辑在另一种可能情况中也成立。[①] 由于议员 $n-k-1$ 和议员 k 的支持是成功推翻总统否决令的充要条件,所以,这两个人一般被称为**推翻否决令的关键投票人**。

由于只在总统行使否决权时,才需要推翻他的否决令,所以,在这两个关键投票人中,只有一个人在策略上重要。设被总统否决的法案为 b。它在立法机构中获得通过但被总统否决,因此,$u_P(b)<u_P(q)$,$u_m(b)>u_m(q)$。如果 $p<m$,则单峰性和 $l_k>m$ 蕴含 $u_k(b)>u_k(q)$。因此,能否推翻总统否决令,取决于议员 $n-k-1$ 的偏好。如果 $p>m$,单峰性和 $l_{n-k-1}<m$ 蕴含

---

① 译者注:这种可能性是 $u_k(b)<u_k(q)$ 但 $u_{n-k-1}(b)\geqslant u_{n-k-1}(q)$。

$u_{n-k-1}(b) > u_{n-k-1}(q)$。因此，能否推翻总统否决令，取决于议员 k 的偏好。总而言之，对推翻总统否决令而言，真正重要的是相对于中间位置和总统位于同一侧的关键投票人的偏好。

我们证明了提案人需要得到总统的支持或得到与总统位于同一侧的关键投票人的支持，才能使提案取代现行政策。现在分析提案人如何最优地选择自己的政策提案。首先设 $l_{n-k-1} < p < m$。在单峰性偏好下，我们知道 l_{n-k-1} 和 m 认为优于 q 的方案也是 p 认为优于 q 的方案。因此，提案人不需要获得 l_{n-k-1} 支持。设 $p < l_{n-k-1} < m$。在这种情况中，提案人只需得到 $n-k-1$ 的支持。$p > m$ 时的两种情况与这两种假定下的情况对称。提案人只需得到总统或与总统位于同一侧的关键投票人的支持，准确地说，得到两人中更接近中间位置的人的支持，就能使提案取代现行政策。

就是说，如果 $p < m$，则关键投票人的理想点为 $v = \max\{l_{n-k-1}, p\}$；如果 $p \geqslant m$，则关键投票人的理想点为 $v = \max\{l_k, p\}$。于是，在 $v > m$ 时，子博弈精炼纳什均衡法案为

$$b^* = \begin{cases} 2v - q, & \text{当 } v > q \text{ 且 } m > 2v - q \text{ 时} \\ m, & \text{当 } v > q \text{ 且 } m < 2v - q \text{ 时} \\ m, & \text{当 } m < q \text{ 时} \\ q, & \text{当 } m > q > m \text{ 时} \end{cases}$$

在 $v \leqslant m$ 时，子博弈精炼纳什均衡法案为

$$b^* = \begin{cases} 2p - q, & \text{当 } p < q \text{ 且 } m < 2p - q \text{ 时} \\ m, & \text{当 } p < q \text{ 且 } m < 2p - q \text{ 时} \\ m, & \text{当 } m > q \text{ 时} \\ q, & \text{当 } m > q > p \text{ 时} \end{cases}$$

图 7.10 中展示了在 k 取不同值时的均衡结果。随着推翻否决令所需的票数下降，否决权的威力下降。

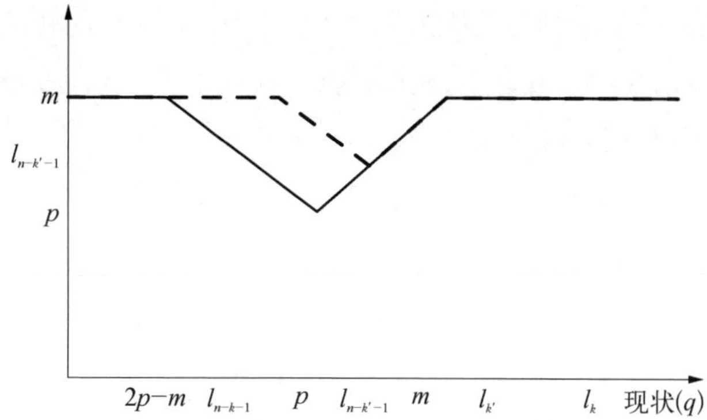

图 7.10 推翻否决令的效应

7.6 应用：国力变化模型

鲍威尔(Powell,1999)分析了国际关系中国力变化如何导致武力冲突的问题。假设国家A对国家B控制的一个地区提出领土要求。这个地区对两个国家具有相同价值，在每个时期价值1元。我们探讨一个两时期博弈模型。设两个国家都认为第一时期和第二时期的1元具有相同价值。

首先看B国。它可以在第一阶段中向A国进贡，金额为 $x_1 \in [0, 1]$，以求与A国和平相处；它可以进攻A国，用武力解决领土纠纷。如果B国选择战争并赢得战争，A国就放弃自己的领土主张，博弈结束；如果B国输掉战争，则A国就绝对控制冲突地区，博弈结束。第一阶段中的战胜国在每个阶段都获得1元收入，战败国在每个阶段都获得0元收入。战胜国和战败国都得发生战争成本 c。如果B国提议双方收益分享，向A国进贡 x_1，则A国或者接受 x_1，或者拒绝并发动战争。如果B国发动战争，A国别无选择，只能迎战。如果第一阶段没有发生战争，则在第二阶段，B国面临着相同的抉择：向A国进贡，金额为 $x_2 \in [0, 1]$，或者发起战争。如果B国在第二阶段提议收益分享，则A国或者接受，或者拒绝并发动战争。如果在第二阶段中发生战争，战胜国得到1元收入，战败国得到0元收入。双方都得为第二阶段中的战争发生成本 c。

这个模型的一个重要假定是随着时间推移，A 国的军力相对于 B 国在加强。在第一阶段，A 国以概率 p_1 赢得战争；在第二阶段，A 国以概率 $p_2 > p_1$ 赢得战争。为使分析有意义，设 $p_2 > c > p_1$。

在这一博弈中，存在两类均衡：B 国在两个阶段里都向 A 国进贡和 B 国在第一阶段发动战争。

首先设 $2c > p_2 - 2p_1$。则在子博弈精炼纳什均衡中，B 国在第二阶段向 A 国进贡 $p_2 - c$，在第一阶段进贡 $\max\{0, 2p_1 - p_2\}$。这是个完美信息博弈，我们用反向归纳法验证这些选择是子博弈精炼纳什均衡。在第二阶段，A 国从发动战争中获得的期望效用为 $p_2 - c$，所以，B 国给 A 国的贡金至少要达到这一数字才能阻止战争发生。B 国的纳贡行为为自己实现的收益为 $1 - p_2 + c$，大于 B 国从战争中获得的期望效用 $1 - p_2 - c$，所以，B 国选择向 A 国进贡。B 国在第二阶段的最优行动是向 A 国进贡 $x_2^* = p_2 - c$。

再看第一阶段。如果 A 国赢得战争，则它在每个阶段得到 1 元收入；如果它输掉战争，则得到 0 元收入。它从战争中得到的期望效用于是为 $2p_1 - c$。为得到和平，B 国对贡金 x_1 的选择必须满足 $x_1 + p_2 - c \geqslant 2p_1 - c$，即满足 $x_1 \geqslant 2p_1 - p_2$。B 国的理性选择是提供满足这一条件的最低数额的贡金，所以，它的均衡选择是 $x_1^* = \max\{0, 2p_1 - p_2\}$。我们需要验证 B 国愿意进贡 $x_1^* + x_2^*$。B 国从战争中得到的期望效用为 $2(1 - p_1) - c$，所以它愿意向 A 国进贡 x_1^* 当且仅当 $1 - x_1^* + 1 - x_2^* \geqslant 2(1 - p_1) - c$。这一充要条件等价于 $2 - x_1^* - p_2 + c \geqslant 2(1 - p_1) - c$，或者说等价于 $2c \geqslant p_2 - 2p_1 + x_1^*$。在 $2c > p_2 - 2p_1$ 时，这一条件得到满足。

现在假设这一条件得不到满足，即 $p_2 - 2p_1 > 2c$。则在 $c > 0$ 时，$x_1^* = 0$。就是说，B 国选择战争而不向 A 国纳贡，因为 $p_2 - 2p_1 + x_1^* > 2c$。因此，在 $p_2 - 2p_1 > 2c$ 时，在子博弈精炼纳什均衡中，B 国在第一阶段进攻 A 国。

只在 p_2 远大于 p_1 使得 A 国在第一阶段相对第二阶段弱很多时，A 国与 B 国和平相处的必要条件才得不到满足。就是说，在 A 国弱小时，B 国选择进攻，以避免在 A 国强大时，向 A 国纳贡很多。如果 A 国国力在两个时期中相对稳定(例如，当 $p_1 = p_2$ 时)，则不存在战争均衡。

7.7 应用：向民主制度的转轨

阿西莫格鲁和罗宾森（Acemoglu and Robinson，2005）设计了许多模型，探讨在什么条件下，专制政体会推行民主制度。我们介绍其中一个模型，借此勾勒其理论框架。

设有两类社会成员：富人和穷人。$\lambda > 1/2$ 是社会中穷人占比，$1-\lambda$ 是富人占比。富人的个人收入为 y^r，穷人的个人收入为 y^p。社会平均收入于是为 $\bar{y} = \lambda y^p + (1-\lambda)y^r$。显然，$y^r > \bar{y} > y^p$。在阿西莫格鲁–罗宾森模型中，一个重要的参数是 θ，表示全部社会收入中穷人收入的占比。它由下面两个恒等式定义：

$$y^p \equiv \frac{\theta\bar{y}}{\lambda},\ y^r \equiv \frac{(1-\theta)\bar{y}}{1-\lambda}。$$

不难看出，θ 上升蕴含收入差距缩小。

在阿西莫格鲁–罗宾森模型中，主要的政策工具是线性税收和转移支付：政府选择固定税率 τ 征税，把税收收入以人头补贴形式平均分配给全体社会成员。因为人们有不同收入，因此，人们对税率有不同偏好。给定税率 τ，人均税负为 $\tau\bar{y}$。为反映所得税的扭曲效应，阿西莫格鲁–罗宾森假定实际税收收入小于应征税额，因为征税过程存在交易成本。他们假定在应征税额为 $\tau\bar{y}$ 时，交易成本为 $C(\tau)\bar{y}$，$C(\tau)$ 是递增凸函数。为简化分析和获得闭式解，设 $C(\tau)=\tau^2/2$。在扣除这部分损耗后，转移支付总额为 $T=(\tau-C(\tau))\bar{y}$；在纳税和获得转移支付之后，类型为 $i \in \{r,\ p\}$ 的社会成员的可支配收入为

$$V^i(\tau) = (1-\tau)y^i + \left(\tau - \frac{1}{2}\tau^2\right)\bar{y}。$$

我们计算穷人和富人分别偏好的税率。把穷人的可支配收入对税率求导，让导数等于0，我们得到穷人最偏好的税率所需满足的一阶条件：

$$\bar{y} - y^p - \tau\bar{y} = 0。$$

把这个结果代入恒等式 $y^p = \theta\bar{y}/\lambda$ 中，我们得到穷人偏好的税率：

$$\tau^p = \frac{\lambda - \theta}{\lambda}。$$

穷人收入比富人低，因此，他们的收入占比低于他们的人口占比，即 $\lambda > \theta$。因此，$0 < \tau^p < 1$。τ^p 在 θ 上递减，就是说，收入差距越大，穷人所偏好的税率越高。

再看富人所偏好的税率。如果富人的最优税率为内解，则它满足一阶必要条件，即

$$\bar{y} - y^r - \tau \bar{y} = 0。$$

这一条件蕴含税率为负。但是，负税率不可行，所以，富人所偏好的可行税率为 $\tau^r = 0$。

在阿西莫格鲁-罗宾森模型中，每个时期都可能发生革命。革命一旦发生，就会推翻现有体制，左翼专制政权上台。在革命程度为 S 时，$1 - \mu^S$ 比例的社会收入被破坏，在这里，$S \in \{H, L\}$，$\mu^H > \mu^L$。就是说，在状态 H 时，相对于状态 L，推翻现有体制的成本较低。如果发生革命，富人的收入就被平均分配给穷人。因此，在状态 S 中，穷人在革命后的个人收入为

$$V^p(R, \mu^S) = \frac{\mu^S \bar{y}}{\lambda}。$$

为简化分析，阿西莫格鲁-罗宾森假定在革命后，富人没有收入，即 $V^r(R, \mu^S) = 0$。

为求解阿西莫格鲁-罗宾森博弈，我们探讨在多大程度上革命构成威胁。我们说在状态 S 中穷人发动革命的威胁起作用，如果穷人偏好革命而不接受非富人享受零税率的专制政体，或者说，如果 $V^p(R, \mu^S) > V^p(0)$。把有关表达式代入这一条件，则在 $\mu^S > \theta$ 时，穷人发动革命的威胁起作用。

给定这种经济结构和革命成本，我们探讨阿西莫格鲁-罗宾森构造的一个扩展式博弈。图 7.11 画出了状态 S 发生之后的博弈树。

首先，状态 H 或 L 发生。然后，富人行动，决定“过渡到民主政体”(D)或“维持专制统治”(N)。富人在选择 N 的同时，选择税率 $\hat{\tau}$。在富人做出选择后，穷人决定“发起革命”(R)或“接受富人统治”(NR)。如果发动革命，则

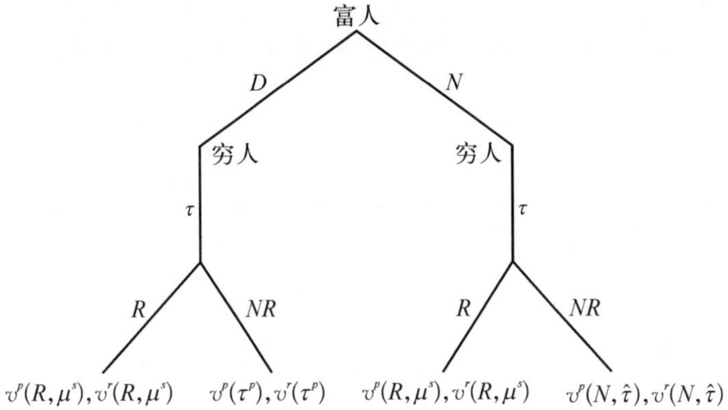

图 7.11　民主化博弈

穷人和富人的收益分别为 $V^p(R,\mu^S)=\mu^S\bar{y}/\lambda$ 和 $V^r(R,\mu^S)=0$。在富人选择 D 时，如果穷人选择不革命，则税率由多数通过投票规则决定。中间选民是穷人，所以，均衡税率是 τ^p，(D, NR) 实现的收益分别为 $V^p(\tau^p)$ 和 $V^r(\tau^p)$。把穷人的这一收益与他们在 (R, D) 下得到的收益相比，我们看到，在状态 S 中，当富人选择 D 时，穷人将选择革命而不接受民主政体当且仅当 $\mu^S>\theta+\tau^p(\lambda-\theta)-\tau^{p^2}\lambda/2$，或者说，$\mu^S>\theta+(\lambda-\theta)^2/2\lambda$。

假设富人选择 N，穷人选择不革命。阿西莫格鲁-罗宾森认为，在革命威胁解除后，富人可能不会推行税率 $\hat{\tau}>0$。为把这一因素引入模型中，他们假定富人以概率 p 兑现承诺，推行税率 $\hat{\tau}$；以概率 $1-p$ 撕毁承诺，选择 $\tau^r=0$。给定富人对税率的初始选择和撕毁承诺的可能性，穷人和富人从 N 中获得的效用分别为

$$V^p(N,\hat{\tau})=(1-p)y^p+p\left[(1-\tau)y^p+\left(\tau-\frac{1}{2}\tau^2\right)\bar{y}\right]$$

$$=y^p+p\left[\tau(\bar{y}-y^p)-\frac{1}{2}\tau^2\bar{y}\right],$$

$$V^r(N,\hat{\tau})=(1-p)y^r+p\left[(1-\tau)y^r+\left(\tau-\frac{1}{2}\tau^2\right)\bar{y}\right]$$

$$=y^r+p\left[\tau(\bar{y}-y^r)-\frac{1}{2}\tau^2\bar{y}\right]。$$

把穷人的收益与他们在发动革命时获得的收益作比较，我们看到，如果 $\mu^S > \theta + p[\hat{\tau}(\lambda-\theta) - \frac{1}{2}\hat{\tau}^2\lambda]$，穷人就会选择革命，推翻专制政体。

为减少需要研究的情况，阿西莫格鲁—罗宾森假定 $\mu^L < \theta$——这一假定使得在状态 L 下，穷人永不革命。这就剩下三种可能性：

(1) $\mu^H < \theta$。在这种情况中，无论富人的选择是什么，穷人发动革命的威胁都不起作用。唯一的子博弈精炼纳什均衡是 N、零税率和不革命。

(2) $\mu^H > \theta + \frac{(\lambda-\theta)^2}{2\lambda}$。在这种情况中，甚至过渡到民主政体都无法阻止穷人革命。革命必然发生。

(3) $\theta + \frac{(\lambda-\theta)^2}{2\lambda} > \mu^H > \theta$。在这种情况中，富人有可能能通过推行税率 $\hat{\tau}$ 迎合穷人，阻止革命发生。从前面的分析中我们知道，要做到这一点，富人对税率的选择必须使得

$$p < \frac{\mu^H - \theta}{\hat{\tau}(\lambda-\theta) - \frac{1}{2}\hat{\tau}^2\lambda}。$$

但是，如果

$$p < \frac{\mu^H - \theta}{\tau^p(\lambda-\theta) - \frac{1}{2}(\tau^p)^2\lambda} = \frac{2\lambda(\mu^H-\theta)}{(\lambda-\theta)^2},$$

则富人会选择 D 而不会把税率提高到 τ^p 以上。就是说，存在临界值 $p^* = 2\lambda(\mu^H-\theta)/(\lambda-\theta)^2$ 使得在 $p^* > p$ 时，民主政体成为最终结果。就是说，当富人无法兑现高税率承诺时，他们就会主动过渡到民主政治以阻止革命发生。

想知道在什么条件下可能出现民主政治？我们分析参数变化如何影响 p^*。p^* 在 μ^H 上递增，就是说，在革命成本很低时，富人更可能支持民主化。其次，p^* 和民主政治发生的概率在 θ 上递减，因为收入差距扩大会使革命对穷人更有吸引力，富人必须做出更大让步才能阻止革命发生。如果富人很难让步，向民主政治的转轨就会发生。

7.8　应用：执政联盟

政治博弈论很早就被用于研究执政联盟(Riker,1962)。早期模型建立在合作博弈和社会选择框架内,近期研究则大量使用非合作讨价还价模型。

本节介绍奥斯顿-史密斯与班克斯(Austen-Smith and Banks,1998)的联合执政模型。设有 α、β 和 γ 三个政党。我们用政策空间 $P \subset \mathbb{R}$ 中的点 p_α、p_β 和 p_γ 表示它们的理想点,$p_\alpha > p_\beta > p_\gamma$。这些是公开信息。向量 $\boldsymbol{\omega} = (\omega_\alpha, \omega_\beta, \omega_\gamma)$ 是在最近一轮选举中三个政党的得票份额。设所有党派的得票份额都低于 1/2,所以,只能实行多党联合执政。为简化分析,我们把三个政党的得票份额作为外生参数——在奥斯顿-史密斯和班克斯模型中,它们内生自一个投票模型。设 $C \subset \Omega = \{\alpha, \beta, \gamma\}$ 是执政联盟,它的得票份额为

$$\omega_C = \sum_{k \in C} \omega_k。$$

如果 $\omega_C > 1/2$,则联盟 C 执政;由于每个政党的得票比例都小于 1/2,所以,任何联盟,只要由至少两个政党组成,就必然胜出。

三个党派就组建新政府讨价还价。讨价还价的内容是选择什么政策和在各政党间如何分配数量为常数 G 的政府职位。设政府职位可无限分割。任何职位分配方案 $\mathbf{g} = (g_\alpha, g_\beta, g_\gamma)$ 都必须满足 $\sum_{k \in C} g_k = G$。

每个党派都有加式可分离的效用函数,一块效用是政策的二次方函数,另一块效用是职位数的线性函数。就是说,党派 k 从政策 y 和职位分配 $\mathbf{g}$ 中获得的收益为

$$-(y - p_k)^2 + g_k。$$

党派间的谈判规则如下:首先由得票最多的政党——称它为政党 k ——组建执政联盟。它提出政策 y_k 和分配方案 g_k。如果有其他某个政党接受 (y_k, g_k),则它们组成政府,执行 (y_k, g_k),博弈结束。如果其他政党都拒绝 (y_k, g_k),则由得票次多的党派——称它为政党 l ——组建执政联盟。它提出 (y_l, g_l)。如果它组阁失败,则由得票最少的政党组建政府。如果后者组

阁又失败，则由看守政府 c 执行现行政策 p_q 和选择 $g_c=(0, 0, 0)$。

我们用反向归纳法求解这一博弈。在每个组阁阶段 $j \in \{\alpha, \beta, \gamma, c\}$，设 v_i^j 是党派 i 获得的效用，$i \in \{\alpha, \beta, \gamma\}$。看守政府带给党派 i 的效用为 $v_k^c=-(p_q-p_k)^2$。为简化分析，设对所有的 j 和 k，$v_k^c<-(p_j-p_k)^2$，就是说，每个党派 k 都偏好党派 j 的理想点而排斥看守政府，即使自己在党派 j 的政府中没有获得任何职位。这一条件等价于 $p_q \notin [2p_\gamma-p_\alpha, 2p_\alpha-p_\gamma]$。

设三个党派的得票份额满足 $\omega_\alpha>\omega_\beta>\omega_\gamma$。则在第三阶段，政党 γ 组阁。根据前述假定，所有党派都偏好 $(y_\gamma=p_\gamma, g_\gamma=(0, 0, G))$ 而不喜欢看守政府。(y_γ, g_γ) 是党派 γ 的最优选项。

在第二阶段，党派 β 组阁。如果拒绝 β 的组阁方案而进入由 γ 组阁的阶段，党派 α 和 β 实现的效用分别为 $v_\gamma^\gamma=G$ 和 $v_\alpha^\gamma=-(p_\gamma-p_\alpha)^2$。由于 β 组阁失败的最大受益者是 γ，所以，β 只能拉拢党派 α。由于相对于 γ 的组阁方案，α 更偏好 $y_\beta=p_\beta$ 和 $g_\beta=(0, G, 0)$，所以，α 接受 β 的理想点并且不要求政府职位。

在第一阶段，α 组阁。如果拒绝 α 的组阁方案而进入由 β 组阁的阶段，党派 β 和 γ 实现的效用分别为 $v_\beta^\beta=G$ 和 $v_\gamma^\beta=-(p_\beta-p_\gamma)^2$。$\alpha$ 显然只能与 γ 结盟。α 面对的于是问题为①：

$$\max_{y_\alpha, g_\gamma} -(y_\alpha-p_\alpha)^2+(G-g_\gamma)$$

$$s.t. \quad -(y_\alpha-p_\gamma)^2+g_\gamma \geqslant -(p_\beta-p_\gamma)^2$$

$$G \geqslant g_\gamma \geqslant 0$$

根据是否存在角解 $g_\gamma^*=G$ 或 $g_\gamma^*=0$，这一问题有三种不同结果：

(1) 如果 $p_\alpha-p_\beta \geqslant p_\beta-p_\gamma$ 且 $G \geqslant \frac{1}{4}(p_\alpha-p_\gamma)^2-(p_\beta-p_\gamma)^2$，则

$$y_\alpha^*=(p_\alpha-p_\gamma)/2, \ g_\gamma^*=\frac{1}{4}(p_\alpha-p_\gamma)^2-(p_\beta-p_\gamma)^2。$$

---

① 书末的数学附录介绍了约束优化知识。

(2) 如果 $p_\alpha - p_\beta \geqslant p_\beta - p_\gamma$ 且 $G < \frac{1}{4}(p_\alpha - p_\gamma)^2 - (p_\beta - p_\gamma)^2$，则

$$y_\alpha^* = p_\gamma + \sqrt{G + (p_\beta - p_\gamma)^2},\ g_\gamma^* = G。$$

(3) 如果 $p_\alpha - p_\beta < p_\beta - p_\gamma$，则

$$y_\alpha^* = p_\beta,\ g_\gamma^* = 0。$$

在前两种情况中，α 的理想点 p_α 到 p_β 的距离大于 p_β 到 γ 的理想点 p_γ 的距离。政党 α 因此愿意放弃一些政府职位并在政策上妥协。在 G 足够大时，α 的妥协政策是 $y_\alpha^* = \frac{p_\alpha + p_\gamma}{2}$，它在政策上让步，换来的是比较多的政府职位。而在 G 很小时，α 让出了所有政府职位，换来的是政策更靠近其理想点。在最后一种情况中，α 选择了政策 p_β，没有用政府职位换取更接近自己的理想点的政策。在这三种情况中，执政联盟由两个极端党派组成，是个非连通集。它否定了一种观点，这种观点认为有意识形态立场的政党只与意识形态上接近的党派组建执政联盟(Axelrod,1970)。

设三个党派的得票份额满足 $\omega_\beta > \omega_\alpha > \omega_\gamma$。在第三阶段，$\gamma$ 依然选择 $y_\gamma^* = p_\gamma$ 和 $g_\gamma = (0, 0, G)$。现在看第二阶段中 α 的选择。它无法拉拢 γ，只能与 β 结盟。α 所面对的问题于是为

$$\max_{y_\alpha,\, g_\beta} -(y_\alpha - p_\alpha)^2 + (G - g_\beta)$$

$$s.t. \qquad -(y_\alpha - p_\beta)^2 + g_\beta \geqslant -(p_\beta - p_\gamma)^2$$

$$G \geqslant g_\beta \geqslant 0$$

这一问题的解包含四种情况：

(1) 如果 $\frac{p_\alpha + p_\beta}{2} \geqslant 2p_\beta - p_\gamma$ 且 $G \geqslant \frac{1}{4}(p_\alpha - p_\beta)^2 - (p_\beta - p_\gamma)^2$，则

$$y_\alpha^* = (p_\alpha + p_\beta)/2,\ g_\beta^* = \frac{1}{4}(p_\alpha - p_\beta)^2 - (p_\beta - p_\gamma)^2。$$

(2) 如果 $\frac{p_\alpha + p_\beta}{2} \geqslant 2p_\beta - p_\gamma$ 且 $G < \frac{1}{4}(p_\alpha - p_\beta)^2 - (p_\beta - p_\gamma)^2$，则

$$y_\alpha^* = p_\beta + \sqrt{G + (p_\beta - p_\gamma)^2},\ g_\beta^* = G。$$

(3) 如果 $p_\alpha > 2p_\beta - p_\gamma > \frac{p_\alpha + p_\beta}{2}$，则

$$y_\alpha^* = 2p_\beta - p_\gamma,\ g_\beta^* = 0。$$

(4) 如果 $p_\alpha < 2p_\beta - p_\gamma$，则

$$y_\alpha^* = p_\alpha,\ g_\beta^* = 0。$$

在后两种情况中，α 与 β 之间的讨价还价类似现行政策为 p_γ 的罗默–罗森泰尔博弈。在情况(1)和(2)中，党派 α 用政府职位交换更有利的政策，政策更靠拢 α 的理想点，靠拢程度超过罗默–罗森泰尔模型中的折点 $2p_\beta - p_\gamma$。在这四种情况中，$y_\alpha^* > p_\beta$ 且 $g_\gamma^* = 0$。于是，在第一阶段党派 β 组阁时，它知道党派 γ 接受 $y_\beta^* = p_\beta$ 和 $g_\gamma^* = 0$。子博弈精炼纳什均衡因此为 $y^* = p_\beta$ 和 $\mathbf{g}^* = (0, G, 0)$。现在，执政联盟是个连通集，由政策立场相近的党派组成，执行中间党派的理想点。

表 7.5 归纳了所有的可能性和有关结果。请你证明表中的结论。奥斯顿–史密斯和班克斯模型的一个重要结论是，执政联盟的构成和它所执行的政策决定于组阁顺序——组阁顺序决定于各政党的得票份额。由于得票份额决定于选民的投票行为，所以，我们还需要研究选民们在预见到政党之间的讨价还价的前提下如何投票。对这一模型中的投票博弈部分的分析，请阅读奥斯顿–史密斯和班克斯的原始论文。

表 7.5 奥斯顿–史密斯和班克斯模型中的结果

情 况	执政联盟	政 策
$\omega_\alpha > \omega_\beta > \omega_\gamma$	α 和 γ	$(p_\alpha + p_\gamma)/2$
$\omega_\beta > \omega_\alpha > \omega_\gamma$	β 和 γ	p_β
$\omega_\beta > \omega_\gamma > \omega_\alpha$	β 和 α	p_β
$\omega_\alpha > \omega_\gamma > \omega_\beta$	α 和 β	$(p_\alpha + p_\beta)/2$
$\omega_\gamma > \omega_\alpha > \omega_\beta$	γ 和 β	$(p_\gamma + p_\beta)/2$
$\omega_\gamma > \omega_\beta > \omega_\alpha$	γ 和 α	$(p_\alpha + p_\gamma)/2$

7.9 习 题

习题 7.1 请将蜈蚣博弈表示为标准式博弈并求解纳什均衡。

习题 7.2 对表 7.2 中的革命博弈,证明策略截面(R, G 与 T)是唯一的精炼均衡。

习题 7.3 黛安在为政治研究中心筹措咖啡基金。研究中心共有五位成员:A、B、L、P 和 R,她必须向至少三位成员每人募集 2 元,才能让这个基金正常运转一个月。每个人或者出资 2 元或者不出资。黛安无法禁止没有出资的人享用研究中心的咖啡。每个人从享用咖啡中获得相当于 10 元的收益。如果募集不到 6 元,黛安可以把募集到的钱装进自己口袋而不必提供咖啡。如果筹措的资金超过 6 元,黛安就得提供咖啡,但可以把多余的钱装入自己口袋。

(1) 黛安依下列 A、B、L、P 和 R 的顺序请求中心成员出资。每个成员都能观察到排在自己前面的人的出资决策。这一博弈有哪些纳什均衡?在反向归纳法中留下来的唯一均衡是什么?

(2) 现在设 L、P 和 R 在决定是否出资时,不知道 A 与 B 是否已出资;假设 L、P 和 R 必须同时决定是否出资。请用博弈树把这一博弈表示为扩展形式,注意各个信息集的特征。它的子博弈精炼均衡是什么?和前一博弈相比,黛安自己的情况是变好还是变差?

(3) 现在由黛安决定博弈的信息结构(就是说,她可以决定在哪个阶段上披露哪个人的出资决策)。假设她的目标是最大化自己获得的资金数,不在乎是否消费咖啡。她应该选择哪个博弈?

习题 7.4 在正文讨论的序贯讨价还价博弈中,证明以下策略是唯一的子博弈精炼纳什均衡:

参与者 1:提议 $x_2=\delta$。如果这一方案被参与者 2 拒绝,则 1 接受下一阶段中参与者 2 提出的任何方案。

参与者 2:只要 $x_2\geqslant\delta$,就在第一阶段接受参与者 1 提出的方案;否则,就拒绝参与者 1 的方案,在第二阶段提出方案 $x_2=\delta$。

提示:证明参与者 1 的如下策略不是第一阶段方案被拒绝后的子博弈纳

什均衡：参与者 1 接受第二阶段的方案，只要她的收益至少为 $\varepsilon > 0$。

习题 7.5 我们分析两人讨价还价问题。设参与者 1 提出分配方案为 (x_1^1, x_2^1)，x_2^1 表示在 1 提出的方案中，2 的所得。在第一阶段，参与者 1 就瓜分 1 元提出自己的分配方案(双方的所得皆非负且和为 1)。参与者 2 接受或拒绝这一方案。如果她接受，则双方依方案进行分配，博弈结束。如果她拒绝，则由她就瓜分 $\delta < 1$ 元钱提出方案 (x_1^2, x_2^2)(双方的所得皆非负且和为 δ)。参与者 1 接受或拒绝这一方案。如果他接受，则双方依方案进行分配，博弈结束。如果他拒绝，则双方各得 $\delta/2$。两人都想最大化自己的所得。求这一博弈的子博弈精炼均衡。

习题 7.6(Groseclose，1999) 设有 N 个议会议员，议员 i 的政策偏好为 $u_i(x)$，$x \in \mathbb{R}$ 为政策。他们就提案 x_B 和现行政策 x_0 进行投票。设 $x_B > x_0$。我们用 $\alpha_i = u_i(x_B) - u_i(x_0)$ 表示议员 i 认为 x_B 优于 x_0 的程度。L 和 R 两人在拉选票。他们的净偏好参数分别为 α_L 和 α_R。L 想阻止 x_B，就是说，$\alpha_L < 0$；R 希望 x_B 通过，就是说，$\alpha_R > 0$。我们看下面的博弈。R 首先行动，向投票支持提案的议员提供贿赂 z_i^R。然后，L 行动，向每个投票反对 x_B 的议员提供贿赂 z_i^L。于是，投票支持 x_B 的议员获得收益 $\alpha_i + z_i^R$；投票反对 x_B 的议员获得收益 $-\alpha_i + z_i^L$。

(1) 设 $N=5$，$\alpha_i = -3+i$，$i=1, \cdots, 5$。对任意的 α_L 和 α_R，求解子博弈精炼纳什均衡。

(2) 胜出方人数超过半数吗?

习题 7.7 在单人博弈中，参与者选择 A 或 B。如果她选择 A，她得接着在 C 和 D 之间做选择；如果她选择 B，她得接着在 E 和 F 之间做选择。设各个路径实现的收益为：$u(\mathrm{A}, \mathrm{C}) = u_1$、$u(\mathrm{A}, \mathrm{D}) = u_2$、$u(\mathrm{B}, \mathrm{E}) = u_3$ 和 $u(\mathrm{B}, \mathrm{F}) = u_4$。对任意的 u_1，u_2，u_3 和 u_4，证明单偏离原则适用这一博弈。提示：如果一个策略不是子博弈精炼均衡，则存在对它有利可图的单偏离。

习题 7.8(*) 在某扩展式博弈中，每个参与者只在一个信息集上行动(就是说，映射 $p(\cdot)$ 是双射)。设每个信息集都是单元素集合。证明在这种博弈中，子博弈精炼纳什均衡集与标准形式中的精炼纳什均衡集相同。

习题 7.9 就奥斯顿—史密斯和班克斯(1988)模型中剩余的几种情况，推导政策结果和执政联盟。

第 8 章　不完全信息动态博弈

在第 6 章的静态标准式博弈中，参与者偏好的不确定性完全改变了博弈的策略环境。在本章的多阶段动态博弈中，不确定性同样会导致更丰富的策略环境。在图 7.1 的革命博弈中，唯一的子博弈精炼均衡是(R，(G，T))：殖民地国家发动革命，获得独立。图 8.1 构造了另一种革命博弈，B 国现在不需耗费任何成本就能镇压 A 国革命。它唯一的子博弈精炼均衡是(C，(S，T))。本章探讨的问题是：在 A 国不知道自己所面对的是图 7.1 还是图 8.1 时，它应该怎么做？

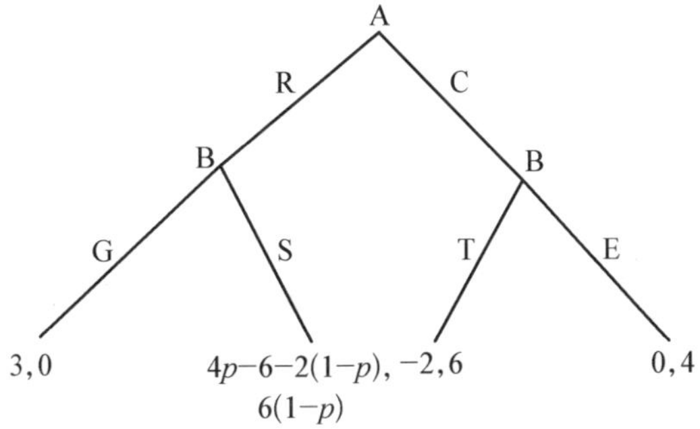

图 8.1　革命博弈

在本章讨论的动态博弈中，参与者不确定对手的偏好。这种博弈被称为**不完全信息动态博弈**。与第 6 章一样，我们用海萨尼方法处理这种不确定性：我们把对手收益函数上的不确定性，转化为参与者不确定自己位于博弈的哪个节点上。我们虚构一个参与者，称它为**自然**，它从某个概率分布中随机抽取各参与者的类型。各个参与者知道**自然**使用的概率分布，但是，只有部分参与者观察到**自然**抽取的结果。为描述参与者 i 不知道参与者 j 的偏好的事实，我们假定**自然**在参与者 i 采取行动之前就已选定参与者 j 的收益函数(类型)；参与者 i 所在的信息集包含多个节点，因为她观察不到**自然**抽取的结果。以这种方法，我们把不完全信息博弈即参与者不知道在进行哪个博弈的情况，转换为非完美信息博弈，即参与者知道所进行的博弈但不知道自己位于博弈的哪个节点上。[①]

为更翔实地讨论这些问题，我们分析两个国家之间的冲突。A 国首先行动，决定是否**挑起冲突**。如果它**不挑起冲突**，则博弈结束。如果它**挑起冲突**，则 B 国决定是否**抵抗**。表 8.1 和表 8.2 给出了两种收益函数。

表 8.1 博弈 Ⅰ

策略截面	收 益
A 不挑起冲突	(0, 0)
A 挑起冲突，B 不抵抗	(4, −4)
A 挑起冲突，B 抵抗	(−8, −8)

表 8.2 博弈 Ⅱ

策略截面	收 益
A 不挑起冲突。	(0, 0)
A 挑起冲突，B 不抵抗	(4, −4)
A 挑起冲突，B 抵抗	(−8, −3)

设双方以概率 p 进行博弈Ⅰ，以概率 $1-p$ 进行博弈Ⅱ。我们有几种不同的信息结构。

(1) 图 8.2：两个国家都观察不到**自然**抽取的结果。对这种情况，我们说，信息不完美但对称，因为两个国家处境相同。这个博弈容易求解。首先看 B 国。它从**抵抗**决策中获得的期望效用为 $-8p-3(1-p)=-3-5p$；从**不抵抗**决策中获得的期望效用为 $-4p-4(1-p)=-4$。只要 $-3-5p>-4$，即只要 $p<1/5$，B 国就选择**抵抗**；只要 $p\geqslant 1/5$，B 国就选择**不抵抗**。A 国推断出 B 国对这一概率分布的反应。只要观察到 $p<1/5$，A 国就知道 B 国选择**抵抗**。它计算出自己从**挑起冲突**决策中获得的收益为−4；自己从**不挑起冲突**决策中实现的收益为 0。A 国不会**挑起冲突**。只要观察到 $p\geqslant 1/5$ 时，A 国就知道 B 国选择**不抵抗**，它计算出自己从**挑起冲突**决策中获得的收益为 4；自己从**不挑起冲突**决策中实现的收益为 0。A 国**挑起冲突**。因此，在 $p<1/5$ 时，博弈结果为{**不挑起冲突，抵抗**}；在 $p\geqslant 1/5$ 时，博弈结果为{**挑起冲突，不抵抗**}。

---

① 不完全信息博弈使得均衡概念成为问题。Mertens 和 Zamir(1985)证明了在某些技术性条件下，不完全信息博弈都能转换为贝叶斯博弈。

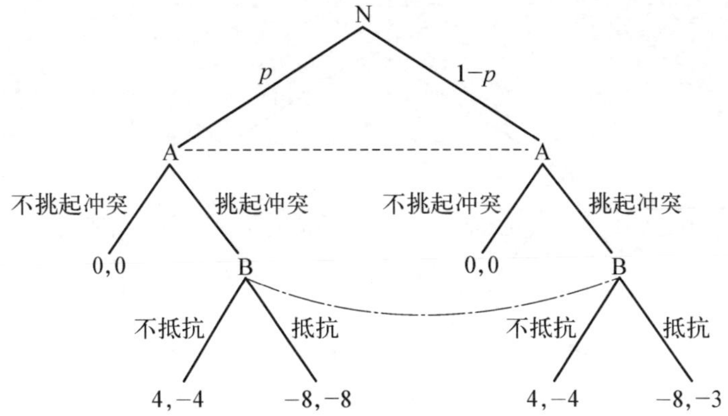

图 8.2　信息结构Ⅰ

(2) 图 8.3：只有 B 观察到**自然**抽取的结果。这一信息结构蕴含 A 不知道 B 的选择。在博弈Ⅰ中，B 选择**不抵抗**；在博弈Ⅱ中，B 选择**抵抗**。于是，A 从**挑起冲突**的决策中获得的期望效用为 $4p-8(1-p)=-8+12p$，从**不挑起冲突**的决策中获得的期望效用为 0。因此，在 $p>2/3$ 时，A **挑起冲突**；在 $p\leqslant 2/3$ 时，A **不挑起冲突**。

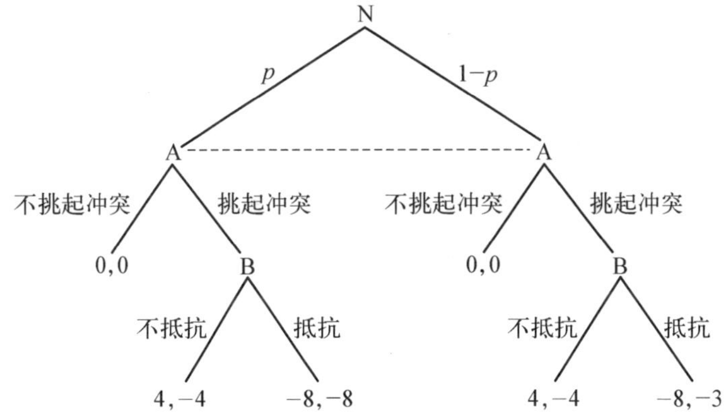

图 8.3　信息结构Ⅱ

(3) 图 8.4：只有 A 观察到**自然**抽取的结果。这一博弈有不对称的信息结构，它的策略环境与前两种情况差异很大。B 不知道**自然**抽取的结果，但它知道 A 知道自然抽取的结果。所以，A 必须考虑到自己的选择可能向 B 揭示**自然**抽取的结果。为说明这种信息结构如何影响行为，我们看一种情况：A 在博弈Ⅰ中**挑起冲突**，在博弈Ⅱ中**不挑起冲突**。看到 A 在**挑起冲突**，B 知

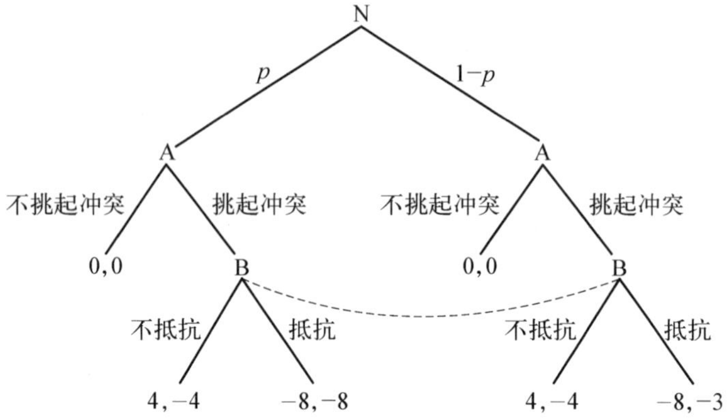

图 8.4　信息结构Ⅲ

道它们在进行博弈Ⅰ,于是采取**不抵抗**政策。但是,如果 B 选择**不抵抗**,A 就有动机欺骗它,在博弈Ⅱ中**挑起冲突**。

本章探讨在动态环境中如何策略性地使用信息。不完全信息博弈提出了一些重要问题。

- 策略性地使用信息:信息在参与者之间的分布,为哪个参与者提供了信息优势?在许多博弈中,拥有更多信息的参与者拥有优势。但是,在一些博弈中,拥有更少信息的参与者反而有优势——无知竟是件好事!
- 学习:拥有更少信息的参与者能通过观察拥有更多信息的对手的行动,获得更多信息吗?这种可能性如何影响拥有更多信息的参与者的策略选择?
- 信号揭示:拥有更多信息的参与者能可信地把关于博弈结构的信息揭示给拥有更少信息的对手吗?拥有更多信息的参与者能误导拥有更少信息的对手吗?

8.1　精炼贝叶斯均衡

子博弈精炼能剔除一些不合理的纳什均衡,但是,在行动无法被完美观察到的扩展式博弈中,我们需要更强的均衡概念。我们看图 8.5 中的扩展式博弈。它描述的是雷达出现之前两个国家间的岛屿争端。国家 1 决定是否派兵攻岛。它可以派遣一支小型舰队 (S),也可以派遣一支大型舰队 (B),也可以

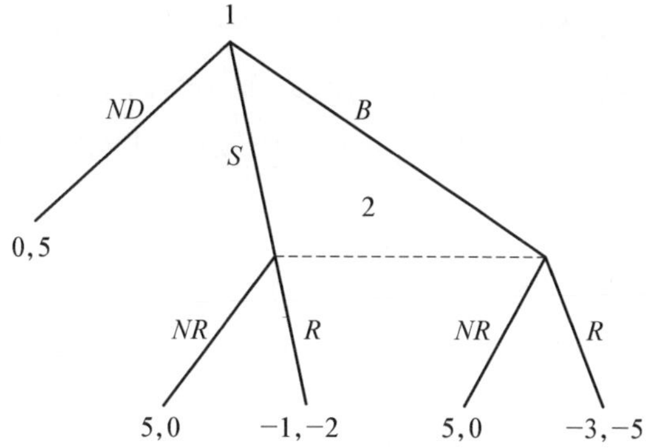

图 8.5　战争博弈

不出兵（*ND*）。国家 2 只能观察到对方是否在部署兵力，就是说，它能看到对方舰队驶近，但无法确定舰队规模。如果国家 1 没有派兵攻岛，国家 2 就占有这个岛，双方的收益为（0，5）；如果国家 1 派舰队出征，国家 2 就得决定是否迎战。如果它选择不迎战（*NR*），则国家 1 占领这个岛；如果国家 2 选择迎战（*R*），则它能战胜对手，仍控制此岛，只是在对方派来大型舰队而非小型舰队时，它将发生更大的伤亡损失。如果国家 1 派出大型舰队而非小型舰队，则国家 1 发生更大的伤亡损失。

这一博弈有三个纳什均衡。第一个是（*ND*，*R*）：国家 1 不出兵，但是，如果它出兵，则国家 2 迎战。第二个纳什均衡是（*B*，*NR*）：国家 1 派出大型舰队，国家 2 不迎战。第三个均衡是（*S*，*NR*）：国家 1 派出小型舰队，国家 2 不迎战。

第一个纳什均衡莫名其妙。不管国家 1 派出的是大型舰队还是小型舰队，只要国家 2 选择不抵抗，它就能实现更高收益。国家 1 应该意识这一点，派舰队攻岛！前一章用子博弈精炼概念剔除了这类问题。但是，在这里，子博弈精炼概念不起作用，因为这一博弈没有真子博弈。（*NS*，*R*）是这一博弈的子博弈精炼纳什均衡。

策略截面（*ND*，*R*）之所以不合理，是因为国家 1 应该预见到国家 2 在自己的信息集上的理性反应。我们要把这种**序贯理性**融入均衡概念中。序贯理性要求参与者推断每个历史被实现的概率，并根据这些推断做出最优反应。这种均衡概念被称为精炼贝叶斯均衡（简写为 PBE）。

在我们的例子中，看到敌方舰队逼近，不管国家 2 在自己的信息集上对所发生的历史形成什么推断，R 都不是最优反应。国家 2 知道对手或派出小型舰队或派出大型舰队，不管是哪种情况，选择 NR 都能让它实现更高收益。

再看图 8.6 中的博弈：国家 1 只在选择 B 时，才能够占领这个岛；只在国家 1 选择 S 时，国家 2 才选择迎战。

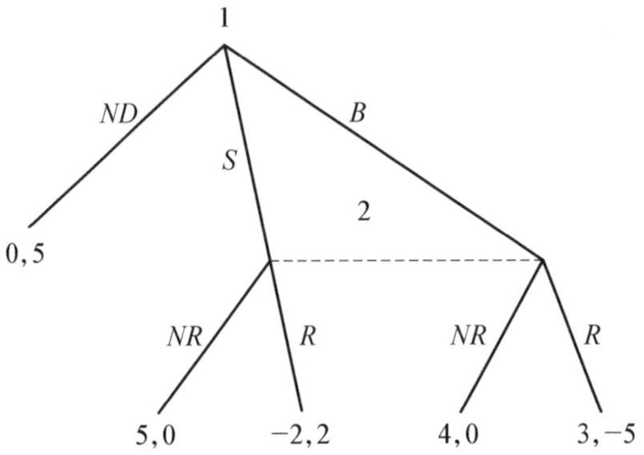

图 8.6　战争博弈

在这个博弈中，是 R 还是 NR 具有序贯理性，取决于国家 2 推断自己的信息集中哪个历史被实现。如果它推断对方使用策略 S，则 R 具有序贯理性；如果它推断对方使用策略 B，则 NR 具有序贯理性。它应该如何推断呢？它的推断显然取决于它对国家 1 的行动的预期。可国家 1 的选择取决于它对国家 2 的推断的预期。我们现在探讨这些问题。

定　义

我们说过，信息集可能是单元素集合，也可能包含多个历史。在扩展式博弈中，参与者 j 在属于自己的每个信息集 I_j 上采取行动。如果 h 和 h' 属于同一信息集，则 $p(h)=p(h')$。所以，如果 I_j 是个信息集，我们就用 $p(I_j)$ 表示在这一信息集上采取行动的参与者。我们定义**推断**。

定义 8.1　在行动无法被完美观察到的扩展式博弈中，信息集 I_j 上的一个推断是 I_j 上的一个概率分布，一个推断截面是从历史集 H 到区间 $[0, 1]$ 的一个映射 b: $H \to [0, 1]$ 使得对每个信息集 I_j，$b(\cdot)$ 生成 I_j 上的一个推断。如果 I_j 是个有限集，则 $\sum_{h\in I_j} b(h)=1$；如果 I_j 是个无限集，则 $\int_{h\in I_j} db(h)=1$。

在前面的例子中，国家 2 在自己的信息集上形成的一个推断是 $\{S, B\}$ 上的一个概率分布。一个**推断截面**完整描述了所有信息集上的推断。由于在每个信息集上只有一个人在行动(因为映射 $p(\cdot)$ 是个函数)，所以，在由谁做推断的问题上，没有任何含糊之处。当参与者 j 在信息集 I_j 上做选择时，信息集 I_j 上的推断就是参与者 j 在 I_j 上形成的推断。

我们定义**序贯理性**，它对策略施加限制。不严格地说，序贯理性要求在给定的推断截面上，各个参与者所使用的策略在每个信息集上最优。我们正式表述这一概念。我们用 $p(I_j)$ 表示参与者，用 $s(I_j)$ 表示策略截面 $s(\cdot)$ 规定的信息集 I_j 上的行动。在 $h \in I_j$ 时，这两个符号等价于 $p(h)$ 和 $s(h)$。给定策略截面 $s(\cdot)$，参与者 $p(I_j)$ 在历史 h 上选择 a 而实现的期望效用为 $Eu_{p(h)}(a, h, s(\cdot))$。它是期望效用，因为其他参与者可能使用混合策略。如果参与者 $p(I_j)$(当他位于信息集 I_j 上时)赋予历史 $h \in I_j$ 的概率为 $b(h)$，则在信息集 I_j 上采取行动 a 而实现的期望效用为①

$$Eu_{p(I_j)}(a, I_j, s(\cdot), b(\cdot)) = \sum_{h \in I_j} b(h)\, Eu_{p(h)}(a, h, s(\cdot))。$$

一个策略截面在给定的推断截面上具有序贯理性，如果它给出每个信息集上的最优行动。最优性要求参与者用 $Eu_{p(I_j)}(a, I_j, s(\cdot), b(\cdot))$ 计算行动 a 实现的收益。

定义 8.2 在行动无法被完美观察到的扩展式博弈中，给定每个信息集上的推断 $b(\cdot)$，策略截面 $s(\cdot)$ 在信息集 I_j 上具有序贯理性，如果对这一信息集上的所有可选的行动 s'，

$$Eu_{p(I_j)}(s(I_j), I_j, s(\cdot), b(\cdot)) \geqslant Eu_{p(I_j)}(s', I_j, s(\cdot), b(\cdot))。$$

如果策略截面 $s(\cdot)$ 在每个信息集上具有序贯理性，则它具有序贯理性。

再看图 8.6 中的博弈。如果国家 2 推断历史 S 极有可能发生，则 R 是它在这一信息集上的序贯理性反应。如果国家 2 推断历史 B 极有可能发生，则 NR 是它的序贯理性反应。

要定义精炼贝叶斯均衡，我们还需要对推断施加限制条件。推断必须满

① 如果历史集是个无限集，则求和运算得替换为积分运算。

足**弱一致性**，就是说，只要可能，参与者就使用贝叶斯法则形成每个信息集上的推断。[①] 要计算信息集 I_j 被到达时历史 h 发生的概率，需要知道信息集 I_j 被到达的概率。到达 I_j 的概率取决于所使用的策略截面。设 $\Pr(I_j \mid s(\cdot))$ 是使用策略截面 $s(\cdot)$ 时到达 I_j 的概率。如果 h 是 I_j 的元素，则在策略截面 $s(\cdot)$ 上同时到达 h 和 I_j 的概率就是到达 h 的概率。我们把到达 h 的概率写为 $\Pr(h \mid s(\cdot))$。$\Pr(I_j \& h \mid s(\cdot)) = \Pr(h \mid s(\cdot))$。给定策略截面 $s(\cdot)$，根据贝叶斯法则，在已到达信息集 I_j 的前提下到达历史 $h \in I_j$ 的概率为

$$\Pr(h \mid I_j,\ s(\cdot)) = \frac{\Pr(h \mid s(\cdot))}{\Pr(I_j \mid s(\cdot))}。$$

定义 8.3　在行动无法被完美观察到的扩展式博弈中，设 $s(\cdot)$ 是一个策略截面。推断 $b(\cdot)$ 在策略截面 $s(\cdot)$ 上是**弱一致的**，如果 $\Pr(I_j \mid s(\cdot)) > 0$ 蕴含 $b(h) = \Pr(h \mid I_j,\ s(\cdot))$。

弱一致的推断与序贯理性策略一起构成精炼贝叶斯均衡。

定义 8.4　在行动无法被完美观察到的扩展式博弈中，一个精炼贝叶斯均衡(PBE)是一对 $(s(\cdot),\ b(\cdot))$ 使得：(1) 给定推断 $b(\cdot)$，策略截面 $s(\cdot)$ 具有序贯理性；(2) 给定策略截面 $s(\cdot)$，$b(\cdot)$ 是弱一致的。

如果在 $s(\cdot)$ 下，I_j 没有被达到，则 $\Pr(I_j \mid s(\cdot)) = 0$。在这种情况中，贝叶斯法则没有定义。弱一致性条件对**不在均衡路径上**的信息集上形成的推断没有施加任何限制。这有时会有问题：可能存在许多精炼贝叶斯均衡，在未到达的信息集上，它们有不同的推断。[②]

我们求解图 8.5 中的博弈的精炼贝叶斯均衡。纳什均衡 $(ND,\ R)$ 不是

---

① 贝叶斯法则谈的是在事件 B 发生的前提下，事件 A 发生的概率：$\Pr(A \mid B) = \dfrac{\Pr(A \& B)}{\Pr(B)}$。

② 这里需要对术语做番说明。对我们定义的**弱一致性**，一些人称其为**一致性**。但是，又有人用一致性描述序贯均衡中的一个更强的概念。我们则用不同术语区别这两个概念。一些人在定义精炼贝叶斯均衡时，对“不在均衡路径上”的信息集施加限制条件，要求：(1) 参与者 i 的行动不会导致其他人更新自己对参与者 j 的类型的推断，如果 i 没有关于参与者 j 的类型的更多信息的话；(2) 各参与者形成的推断应与类型集上的联合分布一致。在两人博弈中，这些条件不重要；如果参与者多于两个，这些条件常常很重要。政治科学的应用研究极少用到这些条件。因为这个原因，也因为在我们的精炼贝叶斯均衡定义无能为力时我们使用序贯均衡概念，所以，这里不介绍精炼贝叶斯均衡的这种定义。Fudenberg 和 Tirole(1991)的第 8 章介绍了这个定义。

精炼贝叶斯均衡。如果国家2推断国家1选择 S 或 B，则 NR 是国家2的唯一的序贯理性反应。但在国家2选择 NR 时，国家1的最优选择是 S 或 B 而非 ND。如果国家1选择 B，则具有弱一致性的推断是国家2位于历史 B。给定这一推断，NR 是国家2的最优反应。因此，策略截面（B，NR）和推断 $\Pr(B \mid \sim ND)=1$ 是精炼贝叶斯均衡，$\Pr(B \mid \sim ND)$ 是在国家1没有选择 ND 时，国家2出现历史 B 的后验概率。请你证明策略截面（S，NR）和推断 $\Pr(B \mid \sim ND)=0$ 构成精炼贝叶斯均衡。

再看图8.6中的博弈。如果国家2认为 $\Pr(B \mid \sim ND)=1$，则 NR 是最优反应；如果国家2认为 $\Pr(B \mid \sim ND)=0$，则 R 是最优反应。我们分析策略截面（ND，R）和推断 $\Pr(B \mid \sim ND)=0$ 是否构成精炼贝叶斯均衡。在国家1选择 ND 时，弱一致性没有对国家2的推断施加任何限制，因此，$\Pr(B \mid \sim ND)=0$ 是弱一致的。但是，策略截面（ND，R）不具有序贯理性，因为国家1在对手使用策略 R 时，会选择 B 而非 ND。同理，ND 不是对 NR 的最优反应。所以，不存在国家1使用 ND 的纯策略精炼贝叶斯均衡。

我们分析是否存在国家1不使用 ND 的纯策略精炼贝叶斯均衡。如果国家1使用 B 且国家2的推断满足弱一致性，则国家2的唯一的序贯理性反应是 NR。但是，在国家2使用 NR 时，国家1就会使用 S。所以，不存在国家1使用 B 的精炼贝叶斯均衡。如果国家1选择 S，则弱一致的推断是国家2出现历史 S。国家2的唯一的序贯理性策略是 R。但是，在国家2使用 R 时，国家1的最优反应是使用策略 B。所以，不存在国家1使用 S 的精炼贝叶斯均衡。因此，不存在国家1不使用 ND 的纯策略精炼贝叶斯均衡。在这一博弈中，不存在纯策略精炼贝叶斯均衡。

这一博弈有混合策略精炼贝叶斯均衡。设国家1以概率 q 使用策略 B，以概率 $1-q$ 使用策略 S。国家2以概率 z 使用策略 R，以概率 $1-z$ 使用策略 NR。给定这一混合策略截面，具有弱一致性的推断是 $\Pr(B \mid \sim ND)=q$。国家2使用混合策略，这意味着在 $\sim ND$ 之后，国家2在 R 和 NR 之间无差异，即 $(-5)q+2(1-q)=0$，$q=2/7$。国家1使用混合策略，这意味着它在 B 与 S 之间无差异，即 $5(1-z)+(-2)z=4(1-z)+3z$，$z=1/6$。因此，给定推断 $\Pr(B \mid \sim ND)=2/7$，国家1以5/7的概率使用 S 和以2/7的概率使用 B，国家 2 以 1/6 的概率选择 R 和以 5/6 的概率选择 NR，构成精炼贝叶斯均衡。

8.2　信号博弈

信号博弈是一类重要的非完美信息博弈。设有两个参与者。一个参与者拥有较多信息，称为**信号发送方**；另一个参与者拥有较少信息，称为**信号接收方**。如果信号发送方首先行动，这一博弈就被称为**信号博弈**(signaling game)。信号发送方可通过发出的信号向信号接收方揭示自己的类型。这是信号博弈名称的由来。我们用最简单的信号博弈，分析博弈参与者面对的激励，探讨各种可能的均衡。

在这一博弈中，**自然**首先行动，随机抽取参与者 1 的类型 $\theta \in \{a, b\}$。参与者 1 观察到自己的类型，发出**信号** $m \in \{a, b\}$。参与者 2 接收到 1 发出的信号但观察不到 1 的类型。收到信号后，参与者 2 选择**政策** $p \in \{a, b\}$。参与者 $i=1, 2$ 从政策–类型截面 (p, θ) 中获得收益 $u_i(p, \theta)$。图 8.7 画出了这一博弈的扩展形式。

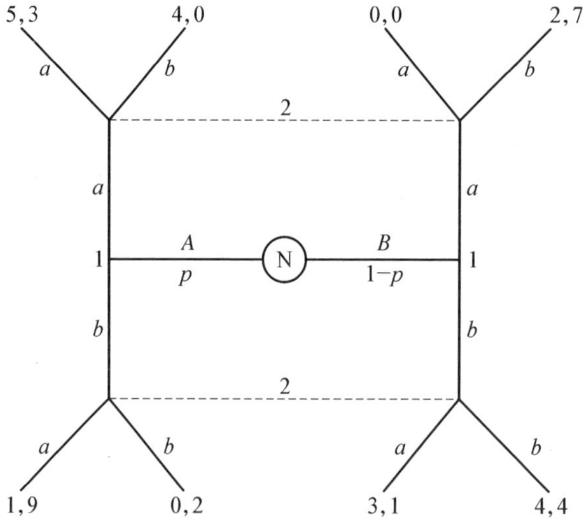

图 8.7　信号博弈

在这一博弈中，参与者 2 的每个信息集都包含多个历史。在图中，由一条虚线连接在一起的历史，构成一个信息集。参与者 2 在选择政策时，知道参与者1发出的信号,但不知道**自然**抽取到的状态(即参与者1的类型)。

在这一博弈中,参与者1发出信号,参与者2无法证实信号的准确性,并且,对参与者1谎报类型的行为,没有惩罚。设参与者1希望政策与自己的类型匹配,参与者2不希望政策与参与者1的类型匹配。就是说,

$$u_1(b, a) < u_1(a, a), \; u_1(a, b) < u_1(b, b);$$

$$u_2(b, a) > u_2(a, a), \; u_2(a, b) > u_2(b, b)。$$

为构造非完美信息博弈,我们需要预设状态 θ 上的先验推断:以 $\pi > 1/2$ 的概率,$\theta = a$。

我们的问题是是否存在精炼贝叶斯均衡,信号发送方(即参与者1)通过发出的信号,向信号接收方(即参与者2)揭示自己的私人信息。这一均衡要求参与者1使用策略①

$$m(a) = a, \; m(b) = b;$$

或者使用策略

$$m(a) = b, \; m(b) = a。$$

我们分析第一种信号策略。这种策略被称为**充分揭示策略**:如果信号接收方知道信号发送方使用这一策略,则在观察到发送方发出的信号时,她就能推断出发送方的私人信息。这种策略也被称为**说真话策略**。如果参与者1使用说真话策略,则推断的弱一致性要求

$$b(\theta = a \mid m = a) = \frac{1 \cdot \pi}{1 \cdot \pi + 0 \cdot (1 - \pi)} = 1,$$

$$b(\theta = a \mid m = b) = \frac{0 \cdot \pi}{0 \cdot \pi + 1 \cdot (1 - \pi)} = 0。$$

在这一推断下,序贯理性要求参与者2使用以下政策映射选择自己的政策

$$p(m) = \begin{cases} b, & \text{当 } m = a \text{ 时} \\ a, & \text{当 } m = b \text{ 时} \end{cases}$$

---

① 译者注:这两个策略的共同点是不同的类型发出不同的信号。

上述信号策略、政策策略和推断要构成精炼贝叶斯均衡，要求说真话策略具有序贯理性，就是说，它是对政策映射 $p(\cdot)$ 的最优反应。因为 $u_1(b, a) < u_1(a, a)$，$u_1(a, b) < u_1(b, b)$，所以，在参与者 1 观察到 $\theta = a$ 时，他会偏离说真话策略，转而选择 $m = b$，以求实现政策 a；在观察到 $\theta = b$ 时，他也会偏离这一策略，转而选择 $m = a$，以求实现政策 b。因此，说真话的信号策略 $m(\theta) = \theta$ 不是精炼贝叶斯均衡策略。

请你证明第二个充分揭示的信号策略也不是精炼贝叶斯均衡策略。

上述两种信号策略都被称为**分离策略**：在发送方使用这种策略的精炼贝叶斯均衡中，接收方能推断出 θ 的值。

这一博弈没有分离均衡，但可能有其他精炼贝叶斯均衡。设无论 θ 是什么，信号发送方都发送同一信号，例如 a。就是说，对所有的 θ，$m(\theta) = a$。在这一信号策略下，接收方收到信号 $m = a$，却得不到关于发送方类型的任何新信息。推断的弱一致性要求

$$b(\theta = a \mid m = a) = \frac{1 \cdot \pi}{1 \cdot \pi + 1 \cdot (1 - \pi)} = \pi。$$

那么，给定策略 $m(\theta) = a$，如果信号发送方发送的信号为 $m = b$，接收方的推断是什么？这个问题有些棘手，因为根据贝叶斯法则，我们得到

$$b(\theta = a \mid m = b) = \frac{0 \cdot \pi}{0 \cdot \pi + 0 \cdot (1 - \pi)} = \frac{0}{0}。$$

$\frac{0}{0}$ 不是个实数，贝叶斯法则在这种情况中没有定义。我们是在假定在给定的策略截面上只可能以零概率实现的历史现在被实现，我们以此为条件计算后验推断。弱一致性的定义只要求在分母大于零时，推断服从贝叶斯法则。对分母为零时如何形成推断的问题，弱一致性没有提供答案。我们可以以任意方式形成后验推断，只要它能帮助我们构造出均衡。设 $b(\theta = a \mid m = b) = \pi$。给定这一推断，要确定信号接收方的哪个策略具有序贯理性，我们只需比较接收方从各个政策中实现的期望效用。选择政策 a，她得到期望效用

$$\pi u_2(a, a) + (1 - \pi) u_2(a, b);$$

选择政策 b，她得到期望效用

$$\pi u_2(b, a)+(1-\pi)u_2(b, b)。$$

如果前者大于后者，即

$$\pi u_2(a, a)+(1-\pi)u_2(a, b)\geqslant \pi u_2(b, a)+(1-\pi)u_2(b, b),$$

则政策 a 对接收方更有利；否则，政策 b 更有利。就是说，如果

$$\pi \geqslant \frac{u_2(b, b)-u_2(a, b)}{u_2(a, a)-u_2(a, b)-u_2(b, a)+u_2(b, b)}, \tag{8.1}$$

则给定上述推断，$p(m)=b$ 具有序贯理性。如果不等式 8.1 中的不等号方向改变，则 $p(m)=a$ 具有序贯理性。我们还得验证对这一政策函数，发送方使用的信号策略具有序贯理性。这容易验证。由于政策函数在 m 上为常函数，任意信号函数都是最优反应。我们找到了这个信号博弈的一个均衡。这种均衡被称为**混同均衡**。

在上面的分析中，$b(\theta=a \mid m=b)=\pi$ 的假定相当重要。在 π 足够大时，信号接收方的最优反应才为 b。如果 $b(\theta=a \mid m=b)=0$，序贯理性就要求 $p(b)=a$。就是说，序贯理性要求当我们改变**不在均衡路径上**的推断时，**在均衡路径上**的政策要随之改变。

那么，我们能根据这些推断构造出使用混同信号函数 $m(\theta)=a$ 的均衡吗？假设发送方观察到 $\theta=a$。他发出信号 a。接收方从这一信号中了解不到任何新信息，她会选择 b，因为 $\theta=a$ 更可能发生（如果 π 很大的话）。但是，如果发送方偏离我们设想的策略，发送信号 b，则接收方的反应是选择政策 a。如果我们设想的策略—推断截面是精炼贝叶斯均衡，发送方就没有动机以这种方式偏离他的均衡策略。但是，在 $\theta=a$ 时，信号发送方会偏离我们设想的均衡策略，以求得到 $p=a$，而不会使用我们设想的均衡策略而得到 $p=b$。就是说，在某些弱一致的推断上，混同信号函数构成精炼贝叶斯均衡，但是，不是在所有的弱一致的推断上，它都构成精炼贝叶斯均衡。**不在均衡路径上的**推断重要；它们为**在均衡路径上**的行动提供激励。

在这一博弈中，构造混同均衡的另一种方法是发送方使用混合策略。假

设不管自己的类型是什么,发送方始终以概率$\sigma \in (0, 1)$发送信号a。根据贝叶斯法则,

$$b(\theta = a \mid m = a) = b(\theta = a \mid m = b) = \pi。$$

和前面一样,接收方的序贯理性策略决定于π。在这一混合信号混同均衡中,利用贝叶斯法则能计算出每个信息集上的推断,因为所有信息集都在均衡路径上。

在应用研究中,我们常常用到更大的类型空间、信号空间与政策空间。并且,在许多模型中,可能有多个信号发送方和信号接收方。这些扩展增加了模型的复杂性,但是,上述概念依然适用。均衡分析要求找出给定策略下的弱一致的推断,验证参与者没有动机偏离均衡策略。在更一般的模型中,除分离均衡和混同均衡外,还可能存在**部分分离均衡**或者说**部分混同均衡**。[1]

定义 8.5　在有多个信号发送者和一个信号接收者的信号博弈中,设每个发送者i有类型空间Θ_i和信号空间M_i,接收者有$\Theta = \times_i \Theta_i$上的先验推断$\pi(\cdot)$。则在分离均衡中,接收方的后验推断是在均衡路径上真实状态肯定发生;在混同均衡中,后验推断与均衡路径上的先验推断一致。在部分分离均衡中,这两个条件都不成立。

8.3　应用:竞选筹款行为的信号功能

关于竞选筹款,一个令人费解的问题是在位政治家为什么总是卖力筹措竞选资金,即使他已经筹措到足够的资金。标准解释是认为,筹款成功,公开地揭示出在位者的竞选实力。在位者以这种方式吓退潜在的竞选对手。爱普斯坦与泽姆斯基(Epstein and Zemsky,1995)用正式模型验证了这种解释。挑战者必须决定是否竞选在位政治家的职位。一般情况下,只有当在位者在政治上软弱无力时,挑战者才会参选。如果在位者实力强大,挑战者不会参选。根据标准解释,在位者通过筹措巨额竞选资金,向挑战者昭示自己的政治实

---

① 认为杯子半空的人,可能喜欢**部分混同**一词;认为杯子半满的人,可能喜欢**部分分离**一词。到底使用哪个术语,可能决定于自己的生活哲学。我们随机使用这两个术语。

力。如果所筹到的巨额竞选资金能让挑战者推断在位者实力强大，挑战者就会知难而退。

设 p 是挑战者（C）认为在位者（I）为实力强型（S）的先验概率；$1-p$ 是她认为在位者为实力弱型（W）的先验概率。为简化分析，设 C 和 I 都从胜选中获得 1 单位效用。设 C 战胜 W 的概率为 π_W，战胜 S 的概率为 π_S，$\pi_W > \pi_S$。设 k 是 C 的竞选成本。显然，如果 $k > \pi_W$，则 C 永不参选；如果 $k < \pi_S$，则 C 总是参选。[①] 为使模型有意义，设 $\pi_W > k > \pi_S$。

这一模型的关键假定是 S 和 W 有不同的筹款成本。实力强的在位者更容易筹到资金。为使分析简单，我们只探讨在位者是否筹措竞选资金而不考虑他筹到的资金量。[②] 就是说，在位者的策略集是 $S_I = \{WC, \sim WC\}$，WC 表示筹款，$\sim WC$ 表示不筹款。$s_I \in S_I$ 为 I 的一个策略。要筹到资金，W 和 S 分别发生成本 c_W 和 c_S，$c_S < c_W$。在位者的筹款成本是其唯一的竞选成本。在位者胜出的概率只决定于自己的类型。竞选资金对竞选没有直接影响，但是，我们将看到，它可能有间接影响。在观察到 I 是否筹款之后，C 决定参选（E）或不参选（$\sim E$）。图 8.8 中的博弈树描述了这一博弈。[③]

首先看第二阶段。序贯理性要求只当参选决策实现的期望效用大于或等于 k 时，C 才参选。就是说，参选的条件为 $\pi_S \Pr(S \mid s_I) + \pi_W \Pr(W \mid s_I) \geqslant k$。

再看第一阶段，W 和 S 决定是否筹款。这里有三种可能的均衡：

(1) 分离均衡：S 和 W 选择不同策略。

(2) 混同均衡：S 和 W 选择相同策略。

(3) 半混同策略：S 和 W 选择不同的混合策略。

---

① 译者注：设对手实力强型，即 S。如果挑战者决定参选，则有两种可能性：以 π_S 的概率胜出，获得净收益 $1-k$；以 $1-\pi_S$ 的概率胜出，获得净收益 $-k$。就是说，面对着 S，挑战者参选决策实现期望收益 $\pi_S(1-k)+(1-\pi_S)(-k)=\pi_S-k$。如果挑战者决定不参选，则他获得的收益为 0。显然，当 $\pi_S-k>0$ 时，即当 $k<\pi_S$ 时，他肯定参选；当 $k>\pi_S$ 时，他肯定不参选。设对手为实力弱型，即 W。则当 $k<\pi_W$ 时，挑战者肯定参选；当 $k>\pi_W$ 时，挑战者肯定不参选。综合这两种情况，不管对手是什么类型，只要 $k<\pi_S$ 时，挑战者肯定参选；只要 $k>\pi_W$ 时，挑战者肯定不参选。所以，如果挑战者参选，则 $\pi_W>k>\pi_S$。

② 爱普斯坦和泽姆斯基(1995)的原始模型放松了这一假定。

③ 我们还可以把图 8.8 中的博弈画为图 8.7 中的形式。我们同时使用这两种表示方式，是为让读者熟悉不同的图形表示方式。

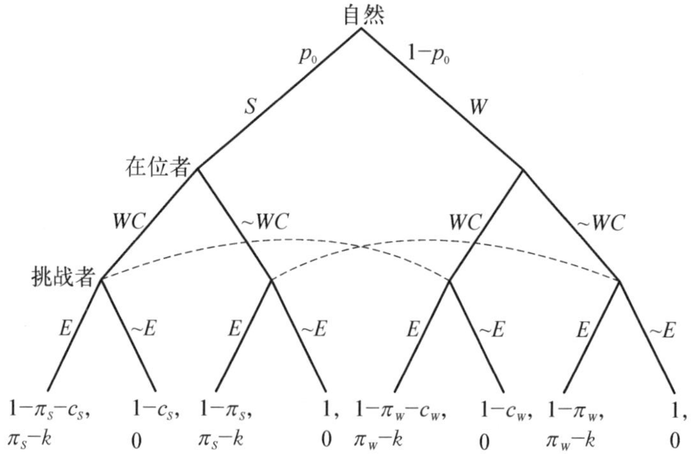

图 8.8 阻止参选博弈

8.3.1 分离均衡

在这一博弈中,存在分离均衡:实力强型在位者筹款,实力弱型在位者不筹款;给定这一策略,挑战者推断出在位者的类型;由于 $\pi_W > k > \pi_S$,当在位者不筹款时,挑战者参选,而当在位者筹款时,挑战者不参选。

命题 8.1 如果 $c_S \leqslant \pi_S$,$c_W \geqslant \pi_W$,则以下策略截面和推断构成精炼贝叶斯均衡:$s_I(S) = WC$,$s_I(W) = \sim WC$,$s_C(\sim WC) = E$,$s_C(WC) = \sim E$,$\Pr(S \mid WC) = 1$,$\Pr(S \mid \sim WC) = 0$。

我们证明这一命题。给定在位者的策略,根据贝叶斯法则,C 的推断是 $\Pr(S \mid WC) = 1$ 和 $\Pr(W \mid \sim WC) = 1$。由于 $\pi_W > k > \pi_S$,C 的最优反应是在对方不筹款时才参选,在对方筹款时不参选。现在验证在位者的策略是最优反应。类型 S 从筹款行为 (WC) 中得到效用 $1-c_S$;从不筹款决策 ($\sim WC$) 中得到效用 $1-\pi_S$。$c_S \leqslant \pi_S$ 蕴含 $1-c_S \geqslant 1-\pi_S$,因此,筹款是类型 S 的最优反应。类型 W 从筹款行为 (WC) 中得到效用 $1-c_W$,从不筹款决策 ($\sim WC$) 中得到效用 $1-\pi_W$。$c_W \geqslant \pi_W$ 蕴含 $1-c_W \leqslant 1-\pi_W$,因此,不筹款是类型 W 的最优反应。命题 8.1 得证。

为什么要求 $c_S \leqslant \pi_S$ 和 $c_W \geqslant \pi_W$ 呢?筹款行为要能可信地揭示在位者的实力,实力弱型在位者的筹款成本就必须很高。否则,实力弱型在位者也会去筹款，C 看到对方筹款就不参选的策略不再具有序贯理性。当然了，如果在位者的筹款行为无法阻止 C 参选，则两类在位者都不会去筹款，也就不存在分离均衡。

在这一博弈中，不存在发送相反信号的分离均衡，就是说，不存在实力弱型在筹款而实力强型不筹款的均衡。

命题 8.2　如果 $c_S \leqslant \pi_S$，$c_W \geqslant \pi_W$，则策略 $s_I(S) = \sim WC$ 和 $s_I(W) = WC$ 不构成精炼贝叶斯均衡。

我们证明这一命题。给定在位者的策略，挑战者能推断出在位者的类型，参选是挑战者的最优反应当且仅当对手选择筹款。类型 S 从不筹款的决策中得到一单位效用，从筹款决策中得到效用 $1-\pi_S-c_S$。不筹款是类型 S 的最优反应。类型 W 从筹款决策中得到效用 $1-\pi_W-c_W$，从不筹款决策中得到一单位效用。筹款不是类型 W 的最优反应。

我们用**激励一致性**概念解释为什么不存在这种分离均衡。类型 θ 发送信号 m 和类型 θ' 发送信号 m' 的信号映射，对类型 θ 和 θ'，具有**激励一致性**当且仅当 $EU(m \mid \theta) \geqslant EU(m' \mid \theta)$ 和 $EU(m' \mid \theta') \geqslant EU(m \mid \theta')$。换句话说，每种类型都弱偏好自己的信号。在分离均衡中，信号映射必须满足激励一致性。

在这里，发送相反信号的策略要成为均衡，根据激励一致性，要求

$$EU(\sim WC \mid S) \geqslant EU(WC \mid S),\ EU(WC \mid W) \geqslant EU(\sim WC \mid W)。$$

把这两个不等式相加，移项，得到

$$EU(\sim WC \mid S) - EU(\sim WC \mid W) \geqslant EU(WC \mid S) - EU(WC \mid W)。$$

具体到我们的模型，这个不等式为

$$\Pr(E \mid \sim WC)(\pi_W - \pi_S) \geqslant \Pr(E \mid WC)(\pi_W - \pi_S) + c_W - c_S。$$

由于 $c_W > c_S$ 和 $\pi_W > \pi_S$，上式蕴含 $\Pr(E \mid \sim WC) > \Pr(E \mid WC)$。但是，给定 C 的推断，挑战者的最优反应不具有这一特征。因此，不存在发送相反信号的精炼贝叶斯均衡。第 11 章的机制设计模型将继续讨论激励一致性概念。

8.3.2　混同均衡

现在探讨两类在位者使用同一策略的混同均衡。一般情况下，构造这种

均衡的最简单方法，是当不在均衡路径上的信号出现时，对发送方类型做出最不利的推断。在这里，要求挑战者在观察到不在均衡路径上的行动之后，推断在位者为实力弱型。如果这种**消极**推断支持我们所探讨的策略截面，则它们构成精炼贝叶斯均衡。很多不如此消极的推断也可能使我们所探讨的策略截面成为精炼贝叶斯均衡。

在第一个混同均衡中，两类在位者都不筹款，挑战者不参选。

命题 8.3 设 $p \geqslant \dfrac{k-\pi_W}{\pi_S-\pi_W}$。以下策略和推断构成精炼贝叶斯均衡：$s_I(W)=s_I(S)=\sim WC$，$s_C(WC)=E$，$s_C(\sim WC)=\sim E$，$\Pr(S \mid \sim WC)=p$，$\Pr(S \mid WC) \leqslant \dfrac{\pi_W-k}{\pi_W-\pi_S}$。

由于类型 W 和类型 S 使用同一策略，贝叶斯法则蕴含 $\Pr(S \mid \sim WC)=p$。当两类在位者都不筹款时，挑战者从参选决策中获得的效用为

$$\pi_S p+\pi_W(1-p)-k=\pi_W-(\pi_W-\pi_S)p-k;$$

从不参选中获得的效用为 0。于是，观察到 $\sim WC$，当 $p \leqslant \dfrac{k-\pi_W}{\pi_S-\pi_W}$ 时，C 参选。但是，命题中给出的前提是 $p \geqslant \dfrac{k-\pi_W}{\pi_S-\pi_W}$，因此，$s_C(\sim WC)=\sim E$ 具有序贯理性。如果挑战者观察到 WC，则她应形成什么样的推断和做出什么样的选择呢？对不在均衡路径上的历史，贝叶斯法则没有给出答案。为构造这一精炼贝叶斯均衡，我们可以形成任意推断，只要 $\Pr(S \mid WC) \leqslant \dfrac{\pi_W-k}{\pi_W-\pi_S}$。这种推断和序贯理性蕴含挑战者在观察到 WC 时选择参选。再看类型 S 和类型 W 的选择。如果他们都选择不筹款，则他们都得到 1 单位效用；如果他们都选择筹款，则他们的效用分别为 $1-\pi_S-c_S$ 和 $1-\pi_W-c_W$。不筹款是最优反应。

我们再看一个混同均衡，在均衡路径上它与前一均衡完全相同，但是它的不在均衡路径上的推断和策略与前一均衡不同。

命题 8.4 设 $p \geqslant \dfrac{k-\pi_W}{\pi_S-\pi_W}$。以下策略和推断是精炼贝叶斯均衡：

$s_I(W)=s_I(S)=\sim WC$，$s_C(WC)=s_C(\sim WC)=\sim E$，$\Pr(S\mid\sim WC)=p$，$\Pr(S\mid WC)\geqslant\dfrac{\pi_W-k}{\pi_W-\pi_S}$。

给定均衡路径上的推断，挑战者的最优反应是不参选。[①] 假设在位者偏离自己的均衡策略，选择筹款。在这一均衡中，在不在均衡路径上的信息集上，挑战者推断在位者更可能是实力强型。所以，挑战者依然选择 $\sim E$。挑战者在任何情况下都不参选，所以，不筹款是两类在位者的最优策略。

在这一博弈中，还存在一些混同均衡，实力弱型在位者通过筹款把自己伪装成实力强型，用筹款行为阻止挑战者参选。

命题 8.5　设 $p\geqslant\dfrac{k-\pi_W}{\pi_S-\pi_W}$，$c_S\leqslant\pi_S$，$c_W\leqslant\pi_W$。以下策略和推断是精炼贝叶斯均衡：$s_I(W)=s_I(S)=WC$，$s_C(\sim WC)=E$，$s_C(WC)=\sim E$，$\Pr(S\mid WC)=p$，$\Pr(S\mid\sim WC)\leqslant\dfrac{\pi_W-k}{\pi_W-\pi_S}$。

给定自己的推断，看到对手在筹款，挑战者的最优反应是不参选；观察到$\sim WC$，她认为在位者不大可能为类型 S，于是决定参选。再看类型 S 的行为。使用均衡策略，他得到 $1-c_S$；偏离均衡策略，他得到 $1-\pi_S$。因此，只要 $c_S\leqslant\pi_S$，类型 S 就选择 WC。再看类型 W 的行为。使用均衡策略，他得到 $1-c_W$；偏离均衡策略，他得到 $1-\pi_W$。在 $c_W\leqslant\pi_W$ 时，类型 W 的最优反应是 WC。

再看最后一类混同均衡，在位者不筹款，挑战者参选。

命题 8.6　设 $p\leqslant\dfrac{k-\pi_W}{\pi_S-\pi_W}$。以下策略和推断为精炼贝叶斯均衡：$s_I(W)=s_I(S)=\sim WC$，$s_C(WC)=s_C(\sim WC)=E$，$\Pr(S\mid\sim WC)=p$，$\Pr(S\mid WC)\leqslant\dfrac{\pi_W-k}{\pi_W-\pi_S}$。

给定在位者的策略，参选是挑战者的最优反应，因为不管在位者采取什么行动，挑战者都认为在位者不可能为 S。在均衡路径上，贝叶斯法则

---

① 译者注：这一结论的证明与前一段中 C 的最优反应是不参选的结论的证明完全相同。

蕴含 $\Pr(S \mid \sim WC) = p$。对不在均衡路径上的信息集，挑战者的推断为 $\Pr(S \mid WC) \leqslant \dfrac{\pi_W - k}{\pi_W - \pi_S}$。由于挑战者总是参选，所以，对两类在位者，筹款是浪费资源。两类在位者都没有动机筹款。

许多路径可被构造为混同均衡，但是，不是所有路径都能构造为混同均衡。

命题 8.7　不存在 $s_I(W) = s_I(S) = WC$ 和 $s_C(WC) = s_C(\sim WC) = E$ 的均衡。

在这一策略截面上，两类在位者都会偏离，选择 $\sim WC$；这种偏离，不改变 C 的行为，但避免了筹款成本。

简言之，这一博弈有两种混同均衡：两类在位者都筹款的均衡和两类在位者都不筹款的均衡。两种均衡向挑战者揭示相同的信息，那就是都没有揭示任何信息。但是，在这两种均衡中，两类在位者发生不同成本。在两类在位者都选择 $\sim WC$ 的均衡和两类在位者都选择 WC 的均衡之间，每种类型都偏好(至少弱偏好)前者。因此，前一种均衡是**有效率的**精炼贝叶斯均衡，后一种均衡是相对**无效率的**精炼贝叶斯均衡。精炼贝叶斯均衡概念没有告诉我们哪一种均衡更可能发生。我们将介绍对精炼贝叶斯均衡集的各种精炼。这些精炼常常能选择出有效率的精炼贝叶斯均衡。

8.3.3　部分混同均衡

最后一种情况是两类在位者选择不同的混合策略。我们需要探讨这种情况。首先，要找到全部精炼贝叶斯均衡，我们就需要分析部分混同均衡，如果存在这种均衡的话。其次，一些人总是希望得到信息揭示最充分(就是说，信号接收方的后验推断最接近类型集的真实分布)的均衡。在许多博弈中，在不存在分离均衡时，可能存在部分混同均衡。这时，部分混同均衡就是信息揭示最充分的均衡。

这里只探讨一个部分混同均衡(请你找出其他部分混同均衡)，类型 S 选择筹款，类型 W 以概率 q 选择筹款；观察到对手在筹款，挑战者以概率 r 参选。

命题 8.8　设 $\pi_W \geqslant c_W$，$p \geqslant \dfrac{k - \pi_W}{\pi_S - \pi_W}$。以下策略是精炼贝叶斯均衡：

$s_I(S)=WC$，$s_I(W)=$以概率q选择WC，$s_C(\sim WC)=E$，$s_C(WC)=$以概率r选择E。

给定类型S使用的策略，贝叶斯法则蕴含$\Pr(S\mid\sim WC)=0$。于是，观察到$\sim WC$，参选是C的最优反应。如果观察到WC，则根据贝叶斯法则，

$$\Pr(S\mid WC)=\frac{\Pr(WC\mid S)\Pr(S)}{\Pr(WC\mid S)\Pr(S)+\Pr(WC\mid W)\Pr(W)}=\frac{p}{p+q(1-p)}。$$

因为在观察到WC后，挑战者使用混合策略，所以，在参选与不参选之间，他无差异。就是说

$$\pi_S\Pr(S\mid WC)+\pi_W\Pr(W\mid WC)=k。$$

把条件概率$\Pr(S\mid WC)$和$\Pr(W\mid WC)$的表达式代入上式，得到

$$\frac{\pi_S p}{p+q(1-p)}+\frac{\pi_W q(1-p)}{p+q(1-p)}=k。$$

求解，得到

$$q^*=\frac{p(k-\pi_S)}{(1-p)(\pi_W-k)}。$$

在q^*上，无差异性条件得到满足。因为$q^*\leqslant 1$，$p\geqslant\dfrac{k-\pi_W}{\pi_S-\pi_W}$。这是存在这个部分混同均衡的必要条件。$r$也必须满足无差异性条件：在筹款和不筹款之间，类型$W$无差异。选择$\sim WC$，类型$W$得到$1-\pi_W$；选择$WC$，类型$W$得到$r(1-\pi_W)+(1-r)-c_W$。无差异性条件蕴含

$$r^*=\frac{\pi_W-c_W}{\pi_W}。$$

因为$r^*\geqslant 0$，所以，$\pi_W>c_W$。现在证明给定这些混合策略，类型S偏好WC。选择$\sim WC$，类型S得到期望效用$EU_S(\sim WC)=1-\pi_S$；选择WC，类型S得到期望效用$EU_S(WC)=r(1-\pi_S)+(1-r)-c_S$。它们的差为

$$EU_S(WC)-EU_S(\sim WC)=\pi_S(1-r)-c_S=\frac{\pi_S c_W}{\pi_W}-c_S。$$

因为 $\pi_S > \pi_W$，$c_W > c_S$，所以，$EU_S(WC) - EU_S(\sim WC) > 0$。就是说，类型 S 选择 WC。

当 $\frac{c_W}{\pi_W} < 1$ 且 $p \geqslant \frac{k - \pi_W}{\pi_S - \pi_W}$ 时，这个部分混同均衡存在。但是，前面的讨论指出，在 $\frac{c_W}{\pi_W} \geqslant 1$ 时，存在分离均衡。分离均衡和这个部分混同均衡不能并存。但是，只要 $p \geqslant \frac{k - \pi_W}{\pi_S - \pi_W}$，则在不存在分离均衡时，存在上述部分混同均衡。

8.4 应用：信息和立法制度

在美国的立法制度中，专职委员会的作用一直受重视。一些学者（Shepsle，1979）认为它们能稳定过半数通过的投票规则；一些学者（Shepsle and Weingast，1987；Weingast and Marshall，1988）认为它们是政党联盟，功能是利益分配；还有学者（Cox and McCubbins，1994）认为它们为多数党的利益服务。吉里根与克雷比尔（Gilligan and Krehbiel，1987）认为它们为立法活动提供专业支持。吉里根–克雷比尔的模型属于信号博弈。

在吉里根–克雷比尔模型中，国会不知道政策与结果之间的准确关系。例如，国会可能不知道某一农业政策如何影响农民收入，因为它不知道气候和国际竞争等因素如何影响农产品价格。国会想知道这种关系。它于是通过专职委员会这种制度安排，收集和传递信息。吉里根–克雷比尔认为拥有有限立法权的专职委员会制度能解决这类信息问题。

为说明政策与结果之间的关系，吉里根–克雷比尔假定结果 x 是政策 p 与随机变量 ω 的函数，函数形式为

$$x = p + \omega。$$

在他们的模型中，有两个参与者：国会 F 和专业委员会 C。委员会能观察到 ω，国会只知道 ω 的先验分布：

$$以概率\ 0.5，\omega = \theta；以概率\ 0.5，\omega = -\theta。$$

国会和委员会都有定义在单维度结果空间上的二次方偏好，国会的理想点为 $f=0$，委员会的理想点为 $c>0$。就是说，国会和委员会的收益函数分别为

$$u_F(x)=-x^2 \text{ 和 } u_C(x)=-(c-x)^2\text{。}$$

国会不知道 ω，它从政策 p 中获得的期望效用为

$$\begin{aligned}&0.5u_F(p+\theta)+0.5u_F(p-\theta)\\=&-0.5(p^2+2p\theta+\theta^2)-0.5(p^2-2p\theta+\theta^2)\\=&-p^2-\theta^2\text{。}\end{aligned}$$

就是说，国会有两个效用来源：$-p^2$，反映政策与其理想点之间的差距；$-\theta^2$，是政策冲击 ω 的方差。[①] 由于政策冲击的方差以成本形式进入国会的效用函数，所以，国会厌恶风险。[②] 它愿意"花钱"获取关于 ω 的信息。在本节中，我们探讨 F 是否会给委员会立法权，鼓励它专业化，即了解 ω 的值，然后向国会揭示它获得的信息。正式地说，国会设计立法程序或规则，授予委员会立法权。为简化分析，我们假定国会可在以下两个规则中做出选择：

(1) 开放规则：委员会提出议案，国会自由修改议案。

(2) 封闭规则：国会在委员会提交的议案与现行政策 $SQ=0$ 之间投票做出选择。

显然，在封闭规则下，委员会拥有更大立法权；它实际上向国会提出了"接受或拒绝"的政策建议。

要把专职委员会制度表述为不完全信息博弈，我们必须明确两类委员会(类型 $-\theta$ 与类型 θ) 的策略，以及国会在收到委员会的提案后形成的推断和在这些推断下做出的最优反应。和吉里根-克雷比尔一样，我们求解信息揭示最充分的均衡，即求解分离均衡。[③]

---

① 在二次方偏好下，期望效用可分解为两部分：从随机变量的期望值中实现的效用和从随机变量的方差中实现的效用。一些人称此为二次方偏好的均值—方差性质。

② 译者注：F 希望期望效用更高，因此，它希望 θ^2 更小。θ^2 是随机变量的方差，希望 θ^2 更小等同于希望方差更小，也就是风险更小。所以说，F 厌恶风险。

③ 你可能在说："哈！你们不是说在不存在分离均衡时，可能存在信息揭示最充分的半混同均衡吗？"你应仔细揣摩习题 8.7。它们是两种不同的情况。

8.4.1 开放规则

在开放规则下，委员会关心自己的提案在经国会修改后是否伤害到自己。假设委员会的策略是对每种可能的状态，提出最有利于自己的政策建议，就是说，它提出政策建议 p^c 使得 $x=c$，或者说它提出政策建议 $p^c=c-\omega$。由于委员会针对不同状态提出不同议案，所以，这种提案策略向国会充分揭示了所有信息。在开放规则下，国会修改提案使得 $x=0$ 或者说 $p^f=-\omega$。在这一策略截面上，国会和委员会实现的期望效用分别为 $u_F=0$ 和 $u_C=-c^2$。我们想知道是否存在分离均衡，为此，观察到委员会向国会提交了不在均衡路径上的提案，我们就做出对委员会不利的推断。我们假定国会把不在均衡路径上的提案都视为由“高类型”即 $\omega=\theta$ 的委员会提出。在委员会提交了不在均衡路径上的提案后，国会的序贯理性反应为 $p^f=-\theta$。给定国会的最优反应，我们能证明只有三种可能的结果：-2θ、0 和 2θ。结果 -2θ 是在 $\omega=-\theta$ 时不在均衡路径上的提案导致的结果。结果 0 是在 $\omega=\theta$ 时提案 $p^c=c-\theta$，或在 $\omega=-\theta$ 时提案 $p^c=c+\theta$，或在 $\omega=\theta$ 时不在均衡路径上的任何提案导致的结果。结果 2θ 是在 $\omega=\theta$ 时提案 $p^c=c+\theta$ 导致的结果。①

给定国会的反应，分离策略是委员会的最优反应吗？设在 $\omega=\theta$ 时，委员会选择偏离，提出政策建议 $p^c=c+\theta$。国会选择政策 $p^f=\theta$，得到结果 2θ。

---

① 译者注：这里设想的分离均衡为：$p^c(\omega=\theta)=c-\theta$，$p^c(\omega=-\theta)=c+\theta$，$p^f(c-\theta)=-\theta$，$p^f(c+\theta)=\theta$，$\Pr(\omega=\theta\mid c-\theta)=1$，$\Pr(\omega=-\theta\mid c+\theta)=1$。如果 $p^c\notin\{c+\theta,\ c-\theta\}$ 时，p^c 不在均衡路径上，国会的推断于是为 $\Pr(\omega=\theta\mid p^c)=1$。因此，

1. 当 $\omega=-\theta$ 提出不在均衡路径上的提案 $p^c\notin\{c+\theta,\ c-\theta\}$ 时，国会推断 $\omega=\theta$，选择政策 $p^f=-\theta$，实现结果 $x=p^f+\omega=-\theta+-\theta=-2\theta$；

2. 当 $\omega=\theta$ 提出均衡提案 $p^c=c-\theta$ 时，国会推断 $\omega=\theta$，选择政策 $p^f=-\theta$，实现结果 $x=p^f+\omega=-\theta+\theta=0$；

3. 当 $\omega=-\theta$ 提出均衡提案 $p^c=c+\theta$ 时，国会推断 $\omega=-\theta$，选择政策 $p^f=\theta$，实现结果 $x=p^f+\omega=\theta+-\theta=0$；

4. 当 $\omega=\theta$ 提出不在均衡路径上的提案 $p^c\notin\{c+\theta,\ c-\theta\}$ 时，国会推断 $\omega=\theta$，选择政策 $p^f=-\theta$，实现结果 $x=p^f+\omega=\theta+-\theta=0$；

5. 当 $\omega=\theta$ 提出提案 $p^c=c+\theta$ 时，国会推断 $\omega=-\theta$，选择政策 $p^f=\theta$，实现结果 $x=p^f+\omega=\theta+\theta=2\theta$；

6. 当 $\omega=-\theta$ 提出均衡提案 $p^c=c-\theta$ 时，国会推断 $\omega=\theta$，选择政策 $p^f=-\theta$，实现结果 $x=p^f+\omega=-\theta+-\theta=-2\theta$。

委员会的效用为$-(c-2\theta)^2$。设在$\omega=-\theta$时,委员会选择偏离,提出政策建议$p^c=c-\theta$。国会选择政策$p^f=-\theta$,得到政策结果-2θ。委员会的效用为$-(c+2\theta)^2$。设在$\omega=\theta$或$\omega=-\theta$时,委员会选择偏离,提出的政策建议为$p^c\notin\{c+\theta, c-\theta\}$。国会选择政策$p^f=-\theta$。两种类型的委员会的效用分别为:$u_C(\theta)=-c^2$,$u_C(-\theta)=-(c+2\theta)^2$。由于$c>0$且$\theta>0$,所以,最有可能的偏离是表8.3中列出的偏离。

表8.3 可能的偏离

偏　　离	条　　件	效　　用
$p^c=c+\theta$	$\omega=\theta$且$c>\theta$	$-(c-2\theta)^2$
$p^c\notin\{c+\theta, c-\theta\}$	$\omega=\theta$且$c>\theta$	$-c^2$
$p^c\neq c+\theta$	$\omega=-\theta$	$-(c+2\theta)^2$

"低"类型的委员会不会偏离,因为不偏离实现的效用$-c^2$高于偏离时实现的效用$-(c+2\theta)^2$,或者说,因为$-c^2>-(c+2\theta)^2$。

如果$c<\theta$,则"高"类型的委员会不会偏离,因为它的均衡效用和它在最有利的偏离中实现的效用相同。如果$c>\theta$,$-(c-2\theta)^2$高于均衡效用,"高"类型的委员会选择偏离。① 因此,在$c>\theta$时,不存在分离均衡。既然无分离均衡,则唯一可能的均衡就是不揭示任何信息的混同均衡:两类委员会使用相同的混合策略。就是说,在$c>\theta$时,委员会没有向国会揭示任何信息。

8.4.2 封闭规则

在开放规则下,如果$c>\theta$,委员会就不向国会揭示任何信息;否则,国会就会利用委员会提供的信息,牺牲委员会的利益,推动政策向国会的理想点靠拢。在封闭规则下,委员会不会如此被动,因为国会只能接受提案或者拒绝提案而继续推行现行政策。假设存在分离均衡,国会通过委员会的提案了解到

① 译者注:我们比较$\omega=\theta$时委员会从偏离即选择$p^c\neq c-\theta$的决策中得到的效用$-(c-2\theta)^2$和不偏离即选择$p^c=c-\theta$的决策中得到的效用$-c^2$。前者减后者,得到$[-(c-2\theta)^2]-[-c^2]=c^2-(c-2\theta)^2=(c+c-2\theta)(c-c+2\theta)=4\theta(c-\theta)$。当$c<\theta$时,这个差小于0,就是说,偏离导致效用下降。当$c>\theta$时,这个差大于0,就是说,偏离行为有利。

ω 的值。国会从现行政策中得到效用 $-\omega^2$，从委员会的政策建议 p 中得到效用 $-(p+\omega)^2$。这意味着国会接受 0 到 -2ω 区间中的任何提案。在 $\omega=\theta$ 时，可被 F 接受的最大政策为 0，结果为 θ。在 $\omega=-\theta$ 时，可被国会接受的最大政策为 2θ，结果为 θ。①

我们首先构造委员会的均衡策略，然后证明它确是均衡策略。如果 $c>\theta$，则委员会在 $\omega=\theta$ 时提出政策 $p^c=0$，在 $\omega=-\theta$ 时提出政策 $p^c=2\theta$，它能实现的最大结果为 θ。如果 $c<\theta$，则委员会在 $\omega=\theta$ 时提出政策 $p^c=c-\theta$，在 $\omega=-\theta$ 时提出政策 $p^c=c+\theta$，它能得到理想点 c。

表 8.4

	$c>\theta$		$c<\theta$	
状态 ω	$-\theta$	θ	$-\theta$	θ
均衡政策 p^c	2θ	0	$c+\theta$	$c-\theta$
结果 $x=p^c+\omega$	θ	θ	c	c
效用 $u_C(x)=-(x-c)^2$	$-(\theta-c)^2$	$-(\theta-c)^2$	$-(c-c)^2=0$	$-(c-c)^2=0$
效用 $u_F(x)=-(x-0)^2$	$-\theta^2$	$-\theta^2$	$-c^2$	$-c^2$
现行政策的结果	$-\theta$	θ	$-\theta$	θ
现行政策的效用	$-\theta^2$	$-\theta^2$	$-\theta^2$	$-\theta^2$

要完整构造这一精炼贝叶斯均衡，我们必须找出在委员会提出不在均衡路径上的提案后国会的推断与反应。要支持所有可能的分离均衡，充分条件是国会接受任何提案 $p^c\in[-2\theta, 2\theta]$；否决任何政策提案 $p^c\notin[-2\theta, 2\theta]$。观察到不在均衡路径上的提案，国会的推断为 $\Pr\{\omega=\theta \mid p^c\}=1$，否决提案是它的最优反应。

现在证明我们为委员会构造的均衡策略确实是均衡策略，就是说，它不会

① 译者注：国会从委员会的政策建议 p 中获得的效用为 $u_F(p)=-(p+\omega)^2$，从现行政策中获得的效用为 $u_F(SQ=0)=-(0+\omega)^2=-\omega^2$。因此，国会接受委员会的政策建议 p 当且仅当 $u_F(p)\geqslant u_F(SQ=0)$，即 $-(p+\omega)^2\geqslant-\omega^2$。当 $\omega=\theta>0$ 时，这个条件变为 $-\theta\leqslant p+\theta\leqslant\theta$，即 $p\in[-2\theta, 0]$。当 $\omega=-\theta<0$ 时，这个条件变为 $-\theta\leqslant p-\theta\leqslant\theta$，即 $p\in[0, 2\theta]$。就是说，当 $\omega=\theta$ 时，可被国会接受的最大政策为 0；当 $\omega=-\theta$ 时，可被国会接受的最大政策为 2θ。

偏离这一策略。设 $c<\theta$。在 $\omega=-\theta$ 时，委员会的均衡提案为 $p^c=c+\theta$，得到结果 c；在 $\omega=\theta$ 时，委员会的均衡提案为 $p^c=c-\theta$，得到结果 c。就是说，在 $c<\theta$ 时，我们为委员会设计的提案策略能实现委员会的理想点，它不会选择偏离。因此，在 $c<\theta$ 时，在封闭规则下，存在分离均衡。设 $c>\theta$。在 $\omega=-\theta$ 时，委员会的均衡提案为 $p^c=2\theta$，得到结果 θ，实现效用 $-(c-\theta)^2$；委员会从其他一切提案中实现效用 $-(c+\theta)^2$，它小于 $-(c-\theta)^2$。因此，委员会不会偏离均衡提案。在 $\omega=\theta$ 时，委员会的均衡提案为 $p^c=0$，得到结果 θ，实现效用 $-(c-\theta)^2$；如果委员会的提案为 $p^c=2\theta$，则得到结果 3θ，实现效用 $-(c-3\theta)^2$；国会将拒绝其他一切提案，继续推行现行政策，得到结果 θ，委员会实现效用 $-(c-\theta)^2$。因此，只要 $c<2\theta$，委员会就弱偏好均衡提案 $p^c=0$。如果 $c>2\theta$，委员会就会偏离至 $p^c=2\theta$。① 因此，在 $c>2\theta$ 时，两种类型的委员会都选择 $p^c=2\theta$，这个唯一的均衡不揭示任何信息；两类委员会使用同一混合策略随机选择提案，国会否决 $p^c=0$ 以外的所有提案。

在开放规则无法实现分离均衡时(即 $2\theta>c>\theta$ 时)，封闭规则能实现分离均衡。根据吉里根－克雷比尔模型，在封闭规则下，委员会传递更多信息给国会。

8.4.3　委员会专业化

在吉里根－克雷比尔模型中，与开放规则相比，在封闭规则下，委员会向国会传递更多信息。我们探讨在国会使用封闭规则时，委员会是否有动机专业化。博弈结构如下：

(1) 首先，国会在开放规则和封闭规则之间做出选择。

(2) 其次，委员会决定是否为了解 ω 而专业化，发生专业化成本 k。

(3) 然后，委员会提出政策 p^c。

(4) 最后，国会观察到委员会的专业化(或无专业化)决策和提案 p^c，做出

---

① 译者注：均衡提案 $p^c=0$ 带给委员会的效用为 $-(c-\theta)^2$；提案 $p^c=2\theta$ 带给委员会的效用为 $-(c-3\theta)^2$。前者减后者，得到 $(c-3\theta)^2-(c-\theta)^2=(c-3\theta+c-\theta)(c-3\theta-c+\theta)=-4\theta(2c-4\theta)$。当 $c>2\theta$ 时，$-4\theta(2c-4\theta)<0$，即均衡效用更低，委员会选择偏离；当 $c<2\theta$ 时，$-4\theta(2c-4\theta)>0$，即均衡效用更高，委员会不会偏离。

自己的政策选择：在封闭规则下，国会在政策 p^c 与现行政策 SQ 之间做出选择；在开放规则下，国会选择 p^f。

如果委员会没有专业化，国会就根据自己的先验推断做决策。在封闭规则下，它否决除 $p^c=0$ 以外的一切政策提案。在开放规则下，国会实行政策 $p^f=0$。就是说，在两种规则下，无专业化都导致政策 $p=0$。

首先看开放规则下委员会的专业化决策。设 $c\leqslant\theta$。如果委员会选择了专业化，C 和国会使用开放规则下的分离均衡策略，委员会获得的效用为 $-c^2-k$。如果委员会没有选择专业化，则它从政策 $p=0$ 中得到的期望效用为 $-c^2-\theta^2$。在 $k\leqslant\theta^2$ 时，委员会选择专业化。设 $c>\theta$。如果委员会选择了专业化，则委员会和国会使用混同均衡策略，得到政策 $p=0$，委员会实现的效用为 $-c^2-\theta^2-k$；它小于无专业化时的效用。因此，委员会不选择专业化。

再看封闭规则下委员会的专业化决策。在 $c\leqslant\theta$ 时，分离均衡产生结果 c，委员会从专业化决策中实现的全部收益为 $-k$；在 $c>\theta$ 时，委员会从专业化决策中实现的全部收益为 $-(c-\theta)^2-k$。在 $c\leqslant\theta$ 和 $c>\theta$ 时，非专业化实现的效用都为 $-c^2-\theta^2$。比较这些效用，我们看到，在 $k\leqslant 2\theta c$ 且 $c>\theta$ 时，或者在 $k<c^2+\theta^2$ 且 $c\leqslant\theta$ 时，委员会选择专业化。由于 k 在两种情况下的临界值都高于 θ^2，所以，在一些参数值下，委员会在开放规则下不选择专业化，但在封闭规则下委员选择专业化。

8.4.4 结论

通过计算不同规则下国会实现的效用，吉里根-克雷比尔得到了一些有关制度设计的结论。在开放规则下，国会的期望效用为

$$\begin{cases} E[u_F]=0, & \text{在 } c\leqslant\theta,\ k\leqslant\theta^2 \text{ 时} \\ E[u_F]=-\theta^2, & \text{在其他情况中} \end{cases}$$

在封闭规则下，国会的期望效用为

$$\begin{cases} E[u_F]=-c^2, & \text{在 } c\leqslant\theta \text{ 且 } k\leqslant c^2+\theta^2 \text{ 时} \\ E[u_F]=-\theta^2, & \text{在其他情况中} \end{cases}$$

首先，当委员会的理想点接近国会的理想点时，国会的效用上升。基于这一结论，克雷比尔(Krehbiel，1991)认为多数党控制的立法机构应该任命能反映国会偏好的委员会。克雷比尔把自己的观点与关于委员会机制的利益分配解释做了比较，后者认为委员会的组成人员应是对委员会辖权内的政策有高需求的人。

其次，吉里根-克雷比尔模型指出了在什么条件下国会偏好封闭规则。具体地说，当$c \leqslant \theta$且$\theta^2 \leqslant k \leqslant c^2+\theta^2$时，国会选择封闭规则。就是说，偏好与国会中间派接近的委员会和专业化成本不是很高的委员会，最可能得到封闭规则。

8.5　应用：以揭示信息为目的的游说活动

对利益集团的研究揭露出一个令人意外的现象：利益集团游说它们在立法机构的朋友。因为无论是否游说，它们的朋友一般都会投票支持它们，所以，这一现象常被解读为游说活动在政策制定过程中不重要。

但在奥斯顿-史密斯与赖特(Austen-Smith and Wright，1992，1994)的模型中，利益集团确实游说它们的朋友；而且在均衡中，这种游说活动重要。奥斯顿-史密斯与赖特认为利益集团拥有关于政策结果的私人信息；立法机构不拥有这方面的信息。在他们的模型中，游说活动表现为利益集团向立法机构提供信息。由于游说活动一般要发生成本，所以，利益集团的选项是游说和不游说。奥斯顿-史密斯与赖特认为，利益集团游说它们在立法机构中的朋友，是为消除对手的游说活动的影响。

我们先看一个简单模型，其中只有一个利益集团(G_A)和一个立法者(L)。立法者必须在政策A和B之间做选择。她的政策偏好取决于自然状态。设只存在两种自然状态，即状态$s \in \{A, B\}$。在状态A，立法者偏好政策A：$u_L(A)=1$，$u_L(B)=0$；在状态B，立法者偏好政策B：$u_L(A)=-1$，$u_L(B)=0$。$s=A$的先验概率为$p<1/2$。如果游说活动没能提供更多信息，立法者就选择B。

设在政策A和B之间，利益集团G_A偏好A：不管自然状态是什么，它从

政策 A 和政策 B 中获得的效用分别为 $u_{G_A}(A)=1$ 和 $u_{G_A}(B)=-1$。如果 G_A 决定游说，则它得发生成本 $c>0$ 才能了解到真实状态。它对自然状态的先验推断与立法者相同。在了解到真实状态后，利益集团发出信号 $m=A$ 或 $m=B$。在这里，要按字面意思解读信号。

观察到信号 m，立法者 L 可以审查信号，验证信息的真伪。但是，审查活动将使 L 发生成本 κ。如果立法者发现信号不正确（$m\neq s$），她就对利益集团处以罚款 δ 元。假定罚款没有被立法者获得。

现在分析利益集团 G_A 的策略。设无论状态 s 是什么，G_A 总是报告 A。这一信号策略没有提供任何信息。如果 L 不审查信号，L 就始终选择政策 B。如果 L 审查信号，则在审查之后，L 就根据所了解到的自然状态选择对自己最优的政策。L 从审查活动中获得期望效用 $p-\kappa$。L 对利益集团"总是报告 A"的策略的最优反应是审查信号当且仅当 $p>\kappa$。

由于利益集团 G_A 的"总是报告 A"的游说策略不影响结果，所以，G_A 选择不游说。因此，成功的游说活动是 G_A 至少有时报告真相。设 G_A 总是报告真实状态。L 始终对 G_A 言听计从，不审查信号。G_A 于是有动机在 $s=B$ 时报告状态为 A。由于 G_A 有动机偏离"总是报告真实状态"策略，所以，这一策略不是均衡策略。

因此，在这一博弈中，精炼贝叶斯均衡必然是部分混同均衡。设在均衡中，在 $s=A$ 时，G_A 报告状态为 A；在 $s=B$ 时，G_A 以 μ 的概率报告状态为 A，以 $1-\mu$ 的概率报告状态为 B。给定 G_A 的策略，L 在收到信号 A 后，利用贝叶斯法则更新自己对 $s=A$ 的概率推断。新的推断为[①]

$$\hat{p}=\frac{p}{p+\mu(1-p)}。$$

在这样的均衡中，L 在政策 A 与审查信号之间必然无差异。政策 A 带给 L 的期望效用为 $\hat{p}\times1+(1-\hat{p})\times(-1)=2\hat{p}-1$，审查信号带给 L 的期望效用为

---

① 译者注：$\hat{p}=\Pr(s=A\mid m=A)=\frac{\Pr(m=A\mid s=A)\Pr(s=A)}{\Pr(m=A\mid s=A)\Pr(s=A)+\Pr(m=A\mid s=B)\Pr(s=B)}=\frac{p}{p+\mu(1-p)}$。

$\hat{p}-\kappa$。[①] 因此，μ 必然满足

$$2\hat{p}-1=\hat{p}-\kappa,$$

或者说，

$$\frac{p}{p+\mu(1-p)}=1-\kappa。$$

解得

$$\mu=\frac{\kappa p}{(1-p)(1-\kappa)}。$$

设 L 以 α 的概率审查信号，以 $1-\alpha$ 的概率不审查信号。L 对 α 的选择必然使得在 $s=B$ 时，G_A 在说谎和说真话之间无差异。如果说真话，则 G_A 得到效用 -1；如果说谎，则 G_A 得到效用 $\alpha(-\delta-1)+(1-\alpha)$。$\alpha=2/(\delta+2)$ 使得这两个期望效用相等。

给定上述游说策略和信号审查策略，我们计算 G_A 的期望效用，确定它在什么条件下会去了解自然状态和游说。如果 G_A 选择不游说，则 L 总是选择 B，G_A 从不游说策略中获得效用 -1。如果 G_A 选择游说，则在 $s=A$ 时，它得到政策 A，获得效用 1；在 $s=B$ 时，它得到期望效用 -1。它从游说活动中得到的事前期望收益于是为 $p\times 1+(1-p)\times(-1)=2p-1-c$。$G_A$ 选择游说当且仅当 $p>c/2$。

我们必须保证 G_A 使用的混合策略 μ 确实是概率。$0<\mu<1$ 蕴含 $1-p>\kappa>0$。就是说，对立法者而言，信号审查成本不能太高。如果审查成本很高，立法者就不会进行审查，利益集团就总是说谎。如果利益集团总是说谎，游说活动就没有效果，利益集团就不会去了解真实状态。

现在看另一个模型，它有两个利益集团（G_A 与 G_B）和一个立法者（L）。利益集团 G_B 的偏好与利益集团 G_A 的偏好正好相反：$u_{G_B}(B)=1$，$u_{G_B}(A)=-1$。G_B 也得发生成本 c 才能了解到真实状态。在第一阶段，两个利益集团

---

① 译者注：如果信号审查发现 G_A 说真话，则立法者选择政策 A，得到效用 1；如果发现 G_A 说假话，则立法者选择政策 B，得到效用 0。因为 G_A 说真话的概率为 $\hat{p}$，说假话的概率为 $1-\hat{p}$，考虑到信号审查成本，信号审查给立法者实现的期望效用为 $\hat{p}\times(1-\kappa)+(1-\hat{p})\times(0-\kappa)=\hat{p}-\kappa$。

同时决定是否游说。如果一个集团决定游说，它就得发生成本 c 去了解真实状态。在第二阶段，此前选择游说的集团，现在了解到对手在第一阶段的选择，发出自己的信号。如果两个集团都选择游说，则它们同时发出信号 m_A 和 m_B。

在两个集团都不游说时立法者 L 选择政策 B，所以，不存在 G_B 游说而 G_A 不游说的均衡。如果只有 G_B 游说，它发生成本 c 但不改变立法者的政策选择。奥斯顿-史密斯和赖特认为，这说明利益集团只游说对它们"友好的"立法者，只为抵消对手的游说活动产生的影响。

前面探讨过只有 G_A 游说时的结果。现在探讨两个集团都游说时的情况。我们构造一个均衡。两个集团都说真话。当 $m_A=m_B=s$ 时，立法者推断真实状态是 s。当 $m_A\neq m_B$ 时，立法者就对信号进行审查，根据审查结果，选择对自己最优的政策。为使信号审查构成对偏离均衡的路径上的信号的最优反应，设 $\Pr(S=A \mid m_A\neq m_B)\geqslant\kappa$。

我们证明 G_A 不会偏离说真话均衡，就是说，它不会发送虚假信号。在 $s=A$ 时，它没有动机选择 $m_A=B$。现在看在 $s=B$ 时，它是否选择 $m_A=A$。如果 G_A 发送信号 $m_A=A$，立法者就会审查信号，不仅实现政策 B 而且 G_A 会被罚款 δ 元，就是说，说假话带给它的收益为 $-1-\delta$。由于说真话带给它的收益为 -1，所以，G_A 没有动机偏离说真话均衡。

再看 G_B 的决策。我们只需证明在 $s=A$ 时，它不选择 $m_B=B$。对 G_B 而言，在 $s=A$ 时发送信号 $m_B=B$ 将招致立法者审查信号和罚款。所以，它不会偏离说真话均衡。

现在探讨在什么条件下，两个利益集团都选择游说。两个集团都游说，将导致完全信息结果，G_A 和 G_B 的均衡效用分别为 $2p-1-c$ 和 $1-2p-c$。在只有 G_A 游说时，G_B 得到的效用为

$$-p+(1-p)[\mu(2\alpha-1)+(1-\mu)]=1-2p-\left[\frac{\kappa p}{1-\kappa}\,\frac{2\delta+2}{\delta+2}\right]。$$

如果

$$p>\frac{1-\kappa}{\kappa}\,\frac{\delta+2}{2\delta+2}c,$$

G_B 得到的效用就小于 $1-2p-c$，G_B 就选择游说。前面说过，如果只有 G_B 游说，则它的游说活动不提供任何信息，立法者依然选择政策 B，G_A 得到效用 -1。因此，只要 $2p-1-c \geqslant -1$，G_A 就游说。这一条件正是 $p \geqslant c/2$，和前面得到的条件相同。换句话说，G_A 的游说决策独立于 G_B 的选择。

我们概括两个利益集团的均衡游说决策：

- 如果 $p < 2c$，两个集团都不游说。
- 如果 $\frac{1-\kappa}{\kappa}\frac{\delta+2}{2\delta+2}c > p > \frac{c}{2}$，则只有 G_A 游说。
- 如果 $p > \frac{1-\kappa}{\kappa}\frac{\delta+2}{2\delta+2}c$，则两个集团都游说。

奥斯顿-史密斯和赖特对这个精炼贝叶斯均衡做出以下解释：

- 在其他条件相同时，如果只有一个利益集团在游说立法者，则这个利益集团必然反对立法者当前的政策立场。
- 不管对手是否游说，每个利益集团都会游说对自己“不友好的”立法者。
- 利益集团看到对手在游说对自己“友好的”立法者，它也会去游说此立法者，目的是抵消对手的影响。

8.6　对精炼贝叶斯均衡的精炼*

8.6.1　序贯均衡

在前面几个例子中，我们看到，弱一致性概念名实相符：对不在均衡路径上的推断，它没有施加足够强的限制。图 8.9 中的博弈甚至指出，精炼贝叶斯均衡未必是子博弈精炼均衡。

在这个扩展式博弈中，C 决定是否竞选公职。如果他决定**竞选**，则当地媒体要决定是否支持他。在媒体做决定的同时，在位者 I 要决定投入多少精力到竞选活动中。[1] 根据图中给出的收益函数，只在得到媒体**支持**且在位者**投入少**时，C 才参选；只在在位者**投入少**时，媒体才**支持** C；只在 C 没有得到

① 我们也可以认为媒体和在位者同时做出自己的决策。

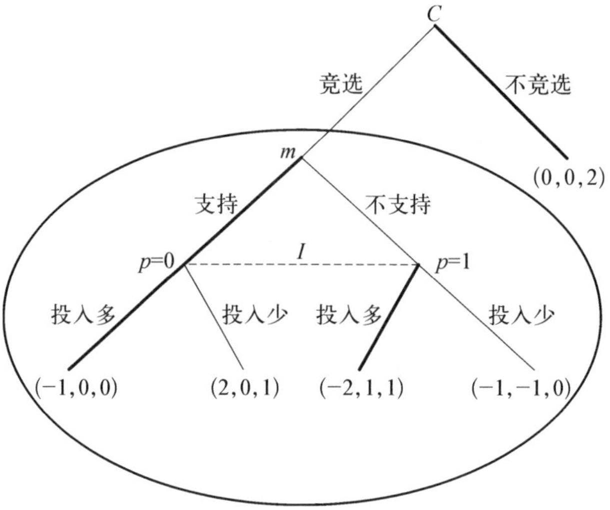

图 8.9 竞选博弈

媒体**支持**时，在位者才**投入很多精力**到竞选活动中。

图 8.9 中的粗线路径勾画了一个策略截面，$p=0$ 和 $p=1$ 为在这一截面上，在位者形成的推断。它们共同构成一个精炼贝叶斯均衡。在位者推断媒体**不支持** $C(p=1)$，最优选择**高投入**。知道在自己宣布**竞选**后，媒体选择**支持**和在位者选择**高投入**，C 的最优决策是**不参选**。在这一策略截面上，在位者的信息集达不到，弱一致性条件没有对推断施加任何限制。这是个精炼贝叶斯均衡，但是，其中的策略截面不是子博弈精炼。[①] 我们看圆框内自媒体 m 的决策节点开始的子博弈。在 m 选择**支持** C 时，在位者的**高投入**不是最优反应。在这一博弈中之所以出现这一问题，是因为一些策略截面在多节点信息集上多次偏离均衡路径。

在合乎理性的均衡上，(如果博弈到达 I 的信息集) I 对 m 的策略的推断应该与 m 使用的策略一致。我们可以猜测：如果 C **参选**，则(1) m **支持**他，I **投入的精力少**；或者(2) m **不支持**他，I **投入的精力多**；或者(3) m 和 I 随机做出选择。将序贯理性与更强的一致性概念结合，能防止出现这种问题。

本节以有限博弈为背景，介绍几个更强的均衡概念。所有这些概念都使

---

① 译者注：这一博弈有两个纯策略子博弈精炼均衡：(**竞选，支持，投入少**)和(**不竞选，不支持，投入多**)。

用定义 8.2 所定义的序贯理性；它们的差异体现在对推断施加的限制条件。

我们首先定义几个符号。给定有限扩展式博弈，混合策略截面 $\sigma(\cdot)$ 是个映射，对每个信息集上的行动集，它赋予一个概率分布。对有限博弈，这种策略截面可写为 $(\sigma(1, 1), \cdots, \sigma(a, I), \cdots)$，$\sigma(a, I)$ 是在信息集 I 上使用行动 a 的概率。一个策略截面是一个完全混合的策略截面，如果它在每个信息集上以正概率采取每个可能的行动。一个纯策略是只由 0 与 1 构成的一个向量。混合策略列 $\{\sigma(\cdot)^n\}_{n=1}^{\infty}$ 收敛于混合策略 $\sigma(\cdot)$，如果对每个 (a, I)，$\sigma(a, I)^n$ 收敛于 $\sigma(a, I)$。序贯均衡概念对推断施加更强限制条件，而不再使用弱一致性。

定义 8.6　在无法完美观察到行动的有限扩展式博弈中，序贯均衡(SE)是一对 $(\sigma(\cdot), b(\cdot))$ 使得：(1) 给定推断 $b(\cdot)$，策略截面 $\sigma(\cdot)$ 具有序贯理性，且(2) 存在完全混合策略截面列 $\{\sigma(\cdot)^n\}_{n=1}^{\infty}$ 和推断列 $\{b(\cdot)^n\}_{n=1}^{\infty}$ 分别收敛于 $\sigma(\cdot)$ 和 $b(\cdot)$，并且存在 n'，如果 $n>n'$，则在策略截面 $\sigma(\cdot)^n$ 上，$b(\cdot)^n$ 是弱一致的。

我们用图 8.9 中的博弈说明这一概念如何精炼"精炼贝叶斯均衡"。设 $\{\sigma(\cdot)^n\}_{n=1}^{\infty}$ 是个完全混合策略截面列，就是说，在每个 $\sigma(\cdot)^n$ 下，每个纯策略都以不小于 ε_n 的概率被使用。设 $n\to\infty$ 蕴含 $\varepsilon_n\to 0$。如果这一混合策略列收敛于图 8.9 标出的精炼贝叶斯均衡，则 σ^n(**支持，竞选**) 肯定是对 σ^n(**竞选**)$=\varepsilon_n$ 和 σ^n(**高投入，竞选**)$=1-\varepsilon_n$ 的混合最优反应。但是，媒体从**支持**策略中得到的期望效用为 0，从**不支持**策略中得到的期望效用为 $1-2\varepsilon_n$。因为 ε_n 收敛于 0，所以，肯定存在 n' 使得对所有的 $n>n'$，m 选择 σ^n(**支持，竞选**)$=\varepsilon_n\to 0$。图 8.9 中的精炼贝叶斯均衡不具有这一特征，所以，它不是完全混合均衡列的极限，不是序贯均衡。

序贯均衡还对推断施加了限制。弱一致性要求在位者对媒体的策略的推断与媒体的策略一致，即 b^n(**支持**)$=\sigma^n$(**支持，竞选**)。因此，对收敛于(**不竞选**，如果竞选就**支持**)的完全混合策略列，$b(\cdot)^n$ 必须收敛于媒体肯定**支持** C 的推断。在这一博弈中，没有完全混合的策略列和弱一致的推断列收敛于图 8.9 中标出的策略截面和推断。事实上，每个序贯均衡都是子博弈精炼。请你证明这一结论。

序贯均衡是对精炼贝叶斯均衡的精炼，但在许多博弈中，这两个概念会生成相同的均衡集。例如，在前面介绍的信号博弈中，这两个概念完全一致。弗登博格与梯若尔(Fudenberg and Tirole，1991)证明了这两个概念之间的等价性。

命题 8.9 (Fudenberg and Tirole，1991)

如果有限扩展式博弈只包含两个阶段或者每个参与者有至多两种类型，则精炼贝叶斯均衡集和序贯均衡集相同。

我们能证明在有限博弈中存在序贯均衡。序贯均衡存在性的证明还揭示了标准式博弈中的精炼均衡与扩展式博弈中的序贯均衡之间的关系。

我们说过，扩展式博弈总能表示为标准式博弈：各个参与者选择自己在每个信息集上的行动。第 7 章开头的例子演示了这种等价性。这里介绍对扩展式博弈的另一种标准式表述。

定义 8.7 *对任意的扩展式博弈，它的***代理人标准式博弈***，赋予在各个信息集上行动的参与者不同的身份。*

例如，图 7.2 的蜈蚣博弈的代理人博弈形式包含五个参与者。我们用代理人标准式博弈的策略截面 $\sigma(\cdot)$ 表示扩展式博弈中相应的策略截面。如果参与者 i 在扩展式博弈的多个信息集上行动，则她的策略由代理人标准式博弈中的多个参与者的策略构成。以这种方式把扩展式博弈转化为标准形式，我们就能比较均衡集。

命题 8.10 *在有限扩展式博弈中，如果 $\sigma_a(\cdot)$ 是它的代理人标准式博弈中的精炼均衡，则存在推断 $b(\cdot)$ 使得 $(\sigma(\cdot), b(\cdot))$ 是扩展式博弈的序贯均衡。*

这一命题说明了这两个概念之间的联系。因为泽尔滕(Selten，1965)证明了每个有限博弈都有精炼均衡，我们于是有下面的推论。

命题 8.11 (Selten)

每个有限扩展式博弈至少有一个序贯均衡。

8.6.2 直觉标准

序贯均衡概念有时能剔除一些不可靠的精炼贝叶斯均衡，但未必总能做到这一点。克雷普斯和赵因库(Kreps and Cho，1987)提出了**直觉标准**概念，进一步限制某些信号博弈的均衡集。克雷普斯和赵因库认为应该对最有动机偏离均衡的信号发送者赋予概率 1。他们用“硬汉与懦夫”(Beer & Quiche)博弈阐述这一概念。我们改写这个博弈，给它增加一些政治色彩。设想在美国进攻伊拉克前夕萨达姆·侯赛因和乔治·布什之间的博弈。这是个两人信号博弈。信号发送者萨达姆有两种类型：类型 $\theta=w$ 拥有大规模杀伤性武器；类型 $\theta=\sim w$ 不拥有大规模杀伤性武器。布什是信号接收者，他或者进攻，即 $s_b=a$；或者不进攻，即 $s_b=\sim a$。布什高度自信，知道一旦进攻自己必将大获全胜。但他需要为进攻找借口，借口就是萨达姆拥有大规模杀伤性武器。就是说，如果 $\theta=w$，则布什进攻；如果 $\theta=\sim w$，则他不进攻。在布什做决策之前，萨达姆要决定是接受联合国武器核查即 $s_h=y$，还是拒绝核查即 $s_h=\sim y$。武器核查结果在布什做决策前尚未出炉。我们假定无论布什的决策是什么，类型 w 都因为武器核查而发生 1 单位成本，因为武器核查将发现他违反联合国协议；类型 $\sim w$ 从武器核查中得到 1 单位收益，因为武器核查将证实他不拥有大规模杀伤性武器。两种类型的萨达姆都不愿意被美国进攻。事实上，战争成本之高使得两类萨达姆都愿意接受武器核查，如果这样做能阻止美国进攻的话。布什不关心武器核查；对他而言，只要 $\theta=w$ 的概率足够高(大于 1/2)，他就进攻。图 8.10 画出了这一博弈。

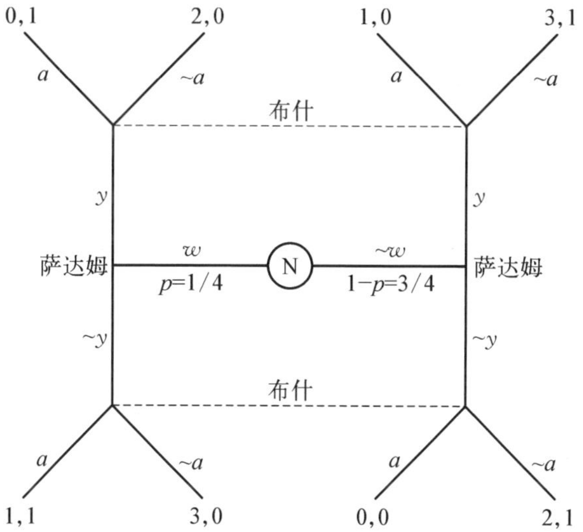

图 8.10　布什—萨达姆博弈

在这一博弈中，存在两种类型的萨达姆都允许武器核查（即 $s_h = y$）的混同均衡和两类萨达姆都拒绝武器核查（即 $s_h = \sim y$）的混同均衡。在这两个混同均衡中，布什的后验推断与先验推断相同。因此，如果 $\theta = w$ 的先验概率很低，则布什不进攻。$s_h = y$ 的混同均衡要求两类萨达姆都认为 y 优于 $\sim y$，就是说，他的激励一致性条件为

$$u_H(y, \sim w) = 3 \geqslant EU_H(\sim y, \sim w),$$

$$u_H(y, w) = 2 \geqslant EU_H(\sim y, w)。$$

我们用 $\Pr(a \mid \sim y)$ 表示布什在观察到 $\sim y$ 后发起进攻的概率。激励一致性条件于是可改写为：

$$3 \geqslant 0 \times \Pr(a \mid \sim y) + 2 \times (1 - \Pr(a \mid \sim y)),$$

$$2 \geqslant 1 \times \Pr(a \mid \sim y) + 3 \times (1 - \Pr(a \mid \sim y))。$$

只要 $\Pr(a \mid \sim y) \geqslant 1/2$，这两个激励一致性条件就成立。如果布什使用的策略蕴含 $\Pr(a \mid \sim y) \geqslant 1/2$，则他在观察到不在均衡路径上的行动 $\sim y$ 后，对萨达姆类型的后验推断必须满足 $\Pr(w \mid \sim y) \geqslant 1/2$。但是，我们无法用贝叶斯法则算出这一后验推断。由于在均衡路径上的推断 $\Pr(w \mid y) = 1/4$ 等于先验推断并与混同均衡策略一致，所以，我们证明了存在精炼贝叶斯均衡（并且，根据命题 8.9，它是序贯均衡），两类萨达姆都使用策略 y，布什不进攻。

而两类萨达姆都选择 $\sim y$ 且布什不进攻的策略截面要为混同均衡，要求不在均衡路径上的推断 $\Pr(w \mid y) \geqslant 1/2$。给定这一推断，布什以至少 1/2 的概率进攻，所以，两类萨达姆都会选择 $\sim y$，避免布什进攻。

这两个均衡都是精炼贝叶斯均衡，也都是序贯均衡，但是，根据克雷普斯和赵因库提出的标准，只有一类混同均衡合理。我们看两类萨达姆都选择 $\sim y$ 的均衡。这一均衡要求不在均衡路径上的推断满足 $\Pr(w \mid y) \geqslant 1/2$。萨达姆允许武器核查让布什觉得他更可能拥有大规模杀伤性武器？在这一均衡中，类型 w 得到最大收益。没有武器核查也没有美军进攻，类型 w 获得的收益为 3。如果他偏离到 y 且布什没有进攻，则类型 w 获得的收益为 2。在偏离行为不会招致布什进攻时，这种偏离对类型 w 没有好处。如果偏离到 y

的行为招致布什进攻，则这种偏离更不利。再看类型 $\sim w$ 的行为。在均衡中，他得到的收益为 2。如果他选择偏离而他的偏离行为没有招致布什进攻，则他得到的收益为 3(他的收益增加)。因此，凭**直觉**判断，如果观察到萨达姆偏离均衡策略，则这种偏离最有可能来自 $\sim w$。根据克雷普斯和赵因库的观点，布什不会愚蠢地把萨达姆选择 y 理解为他拥有杀伤性武器。他们认为对这种不在均衡路径上的选择，唯一合理的解释是类型为 $\sim w$ 的萨达姆可能基于以下理由而偏离到 y：

亲爱的 W：

首先就我与您父亲之间的摩擦表示歉意。至于你和我之间的分歧，我想做番解释：我知道你认为我会选择 $\sim y$。这种选择帮不了你什么，因为它是个混同均衡。但我不会选择 $\sim y$，因为我没有大规模杀伤性武器，我敢接受武器核查。武器核查对我只有利而无害。你应该知道我在说实话，因为如果我有大规模杀伤性武器，如果我认为在我禁止武器核查时你不会进攻的话(这正是我俩现在使用的均衡策略)，则允许武器核查只会伤害到我自己。如果我有大规模杀伤性武器，则武器核查对我没有任何好处。

真诚的萨达姆·侯赛因

当然了，在标准信号博弈中，不存在这种沟通。我们只想借此说明给定布什的策略，一类萨达姆能从偏离中受益，另一类萨达姆会发生损失。在这种情况中，不在均衡路径上的推断应赋予从中受益的类型概率 1。这里要看到，在 $s_h=y$ 的混同均衡中，不存在这一问题，因为只有类型 w 能从选择 $\sim y$ 中受益。所以，在观察到 $\sim y$ 后，布什有理由选择进攻。

现在介绍直觉标准概念。我们首先定义一些符号。设 Γ^S 是个两人两阶段信号博弈。参与者 s 是信号发送者，他有类型空间 Θ 和信号空间 M。参与者 r 是信号接收者，她观察到 s 发出的信号 m，从行动集 A 中选择行动。为简化分析，我们设这些集合都是有限集。对非有限集，我们只需调整定义中的有关条件，只是在这一过程中我们会遇到一些技术难题。参与者 s 知道自己的类型，参与者 r 只知道 s 的类型服从集合 Θ 上的概率函数 $f(\cdot)$。参与者 s 和 r 的效用函数分别为 $u_s(m, a, \theta)$ 和 $u_r(m, a, \theta)$。一个混合策略截面由一个信号函数σ_s和一个行动函数σ_r构成。信号函数σ_s为每个θ指定M上的一个概率分布$\sigma_s(\theta)$，行动函数σ_r对每个信号m指定行动集上的一个概率分布$\sigma_r(m)$。我们用$\sigma_s(m, \theta)$表示类型为θ的信号发送者选择信号m的概率；用$\sigma_r(a, m)$表示观察到m之后信号接收者r选择行动a的概率。序贯均衡要求形成推断$\mu(\theta \mid m)$。给定信号博弈和这个博弈的序贯均衡，我们用$U_s^*(\theta)$表示类型为θ的信号发送者从均衡策略截面中得到的期望效用。我们用Δ表示Θ上的概率分布集。定义$BR_r(m) = \bigcup_{p \in \Delta}\{\operatorname{argmax}_{a \in A}\sum_{\theta \in \Theta} u_r(m, a, \theta) p(\theta)\}$。$BR_r(m)$中的每个行动都对应着一个推断$p$，它在推断$p$下给信号接收者带来最大期望效用。我们说行动$a$是可理性化的，如果它是$BR_r(m)$的元素。

定义 8.8 直觉标准

序贯均衡$(\sigma_s(\cdot), \sigma_r(\cdot), \mu(\cdot|\cdot))$满足直觉标准当且仅当对任意信号$m$，如果$\sum_{\theta \in \Theta}\sigma_r(m, \theta) = 0$①，则后验推断$\mu(\theta \mid m) > 0$蕴含

$$U_s^*(\theta) < \max_{a \in BR_r(m)} u_s(m, a, \theta)。$$

换句话说，直觉均衡(准确地说，满足直觉标准的序贯均衡)要求不在均衡路径上的推断对从偏离行为中——当信号接收者使用其最优反应集中的策略对这种偏离行为做出反应时——得不到任何好处的类型，赋予零概率。

我们看竞选筹款博弈。在这里，我们不再限制信号空间为$\{WC, \sim WC\}$，而是允许在位者自由选择筹款规模$s_I \in \mathbb{R}_+$。设在位者的筹款成本为$c \times s_I$。根据在位者的类型，单位筹款成本c可为c_w或为c_s。设这一公职对在位者的价值为1。如果在均衡中她筹得的资金规模为s'且以π的概率胜出，则她的收益为$\pi - cs'$。这一博弈有多个混同均衡、部分混同均衡和分离均衡。但是，它只有一个直觉均衡，是个分离均衡。请你求解这一均衡。

---

① 译者注：$\sigma_r(m, \theta)$是类型θ的信号发送者选择发送信号m的概率，因此，$\sigma_r(m, \theta) \geq 0$。$\sum_{\theta \in \Theta}\sigma_r(m, \theta)$是所有类型的信号发送者选择发送信号$m$的概率之和。$\sum_{\theta \in \Theta}\sigma_r(m, \theta) = 0$蕴含对所有的类型，$\sigma_r(m, \theta) = 0$，就是说，在均衡策略$\sigma_r$下，所有类型的信号发送者都没有选择信号$m$，$m$因此不在均衡路径上。

关于精炼的研究很多。一些人甚至对直觉标准提出了各种精炼。一般情况下，在类型数超过两个时，就需要使用更强的精炼概念，因为给定信号接收方的最优反应，可能有多个类型的信号发送者能从偏离均衡的行为中获益。在这种情况中，更强的精炼概念——例如全域至圣均衡(Banks and Sobel，1987)——可进一步限制均衡集。[①] 很多政治学应用研究使用全域至圣均衡概念。

定义 8.9　全域至圣均衡(universal divinity)

序贯均衡或精炼贝叶斯均衡 $(\sigma_s(\cdot), \sigma_r(\cdot), \mu(\cdot|\cdot))$ 是全域至圣均衡当且仅当对任何信号 m，如果 $\sum \sigma_r(m, \theta) f(\theta)=0$，则后验推断 $\mu(\theta \mid m)>0$ 蕴含存在行动 $a \in BR_r(m)$，使得 $U_s^*(\theta)<u_s(m, a, \theta)$ 且对每个 $\theta' \neq \theta$，$U_s^*(\theta') \geq u_s(m, a, \theta')$。

全域至圣均衡比直觉标准更苛刻，它允许后验推断对类型空间的子集赋予正概率。在全域至圣均衡中，只当存在可理性化的行动，使得偏离均衡的行为对某一类型有利而对其他类型不利时，后验推断才对这一类型赋予正概率。不正式地说，全域至圣均衡要求不在均衡路径上的推断只对“最可能”偏离均衡的类型赋予正概率。

我们用迈克尔·斯宾塞(Michael Spence，1975)的信号模型研究政治改革与国际援助，比较直觉标准和全域至圣均衡两个概念。某发展中国家有三种可能的类型，即 $\theta \in \{1, 2, 3\}$。类型 θ 衡量这个国家的偿债能力(θ 的值越大，偿债能力越高)。π_1 和 π_2 分别是这个国家为类型 1 和类型 2 的概率($1-\pi_1-\pi_2$ 是它为类型 3 的概率)。这个国家必须选择可公开观察到的政治改革力度 $r \in \mathbb{R}_+$。改革成本决定于这个国家的类型。观察到 r，国际货币基金组织——在这里，它是信号接收者——决定给这个国家的援助额 $f \in \mathbb{R}_+$，它想把援助额 f 与 θr 挂钩，即 $f=\theta r$。设在类型为 θ、改革力度为 r 和援助额为 f 时，这个国家得到的效用为 $u_r(r, f, \theta) \equiv f-\frac{r^2}{\theta}$。

---

① 建议读者阅读 Cho 与 Kreps(1987)和 Banks 与 Sobel(1987)。Banks(1991)相当精彩地介绍了信号博弈和精炼概念在政治科学中的应用。

首先设 $\pi_1+\pi_2=1$(即只存在两种类型)。在这种情况中,这一博弈有混同均衡、部分混同均衡和分离均衡。但是,只有一个均衡满足直觉标准。我们证明这一结论。图 8.11 在信号-援助空间中画出了类型 1 和类型 2 的无差异曲线。所有信号发送者都想获得更多援助和进行更少改革,所以,越向左上方的无差异曲线越被偏好。

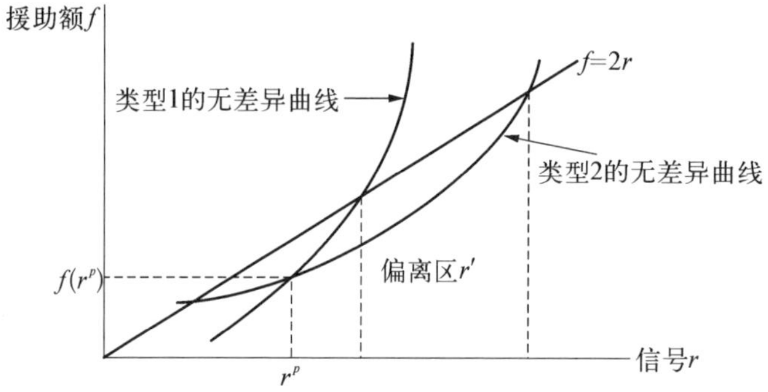

图 8.11　国际援助和改革博弈

我们看两种类型都以正概率选择 r^p 的混同均衡(或者说,部分混同均衡)。观察到 r^p,信号接收者赋予 $\theta<2$ 的后验概率大于 0。则在这种精炼贝叶斯均衡中,援助额 $f(r^p)$ 小于 $2r^p$。①假设存在信号 $r'>r^p$ 使得 $f(r')=2r'$,则类型 2 会偏离至 r',类型 1 依然选择 r^p。在这种情况中,直觉标准蕴含在观察到 r' 时,赋予 $\theta=2$ 的概率必须为 1。给定这些推断,在观察到 r' 后,对信号接收者而言,援助额为 $f(r')=2r'$ 是唯一的序贯理性决策。因为

$$u_r(r^p,\ f(r^p),\ \theta=2)=f(r^p)-\frac{(r^p)^2}{2},$$

$$u_r(r',\ 2r',\ \theta=2)=2r'-\frac{(r')^2}{2},$$

① 译者注:因为两种类型使用相同的策略,所以,信号接收者对各类型的后验推断等于两种类型上的先验概率分布:这个国家为类型 1 的概率是 π_1,为类型 2 的概率是 π_2。观察到 r^p,如果它确定地知道这个国家为类型 1,它提供的援助额为 $1\times r^p$;如果它确定地知道这个国家为类型 2,它提供的援助额就为 $2\times r^p$。现在,它观察到 r^p,但是不知道这个国家的具体类型,它只能根据这个国家的类型分布提供援助,援助额为

$$f(r^p)=\pi_1\times(1\times r^p)+\pi_2\times(2\times r^p)<2r^p。$$

$$u_r(r^p, f(r^p), \theta=1)=f(r^p)-\frac{(r^p)^2}{1},$$

$$u_r(r', 2r', \theta=1)=2r'-\frac{(r')^2}{1},$$

所以，$u_r(r^p, f(r^p), \theta=1)>u_r(r', 2r', \theta=1)$ 蕴含

$$f(r^p)>2r'-(r')^2+(r^p)^2;$$

$u_r(r^p, f(r^p), \theta=2)<u_r(r', 2r', \theta=2)$ 蕴含

$$f(r^p)<2r'-\frac{(r')^2-(r^p)^2}{2}。$$

存在 r' 使得这两个不等式同时得到满足，图 8.11 画出了同时满足这两个不等式的 r' 的取值范围。简言之，在两种类型都以正概率使用策略 r^p 的混同或部分混同均衡中，直觉标准要求在观察到(可能不在均衡路径上的)信号 r' 后，赋予 $\theta=2$ 的概率为 1。于是，观察到 r'，援助额就为 $2r'$。r' 的值应使类型 2 认为信号 r' 严格优于 r^p，类型 2 因此不会以正概率选择信号 r^p。这与两种类型都以正概率选择 r^p 的假定矛盾。

在剔除了几乎所有的分离均衡后，我们说，直觉标准确定了唯一的分离均衡。请你证明这一结论。

现在设 $\pi_1+\pi_2<1$，就是说，类型 3 的发生概率为 $1-\pi_1-\pi_2>0$。我们想知道直觉标准是否依然能剔除所有的混同或部分混同均衡。答案是否定的。设类型 1 和 2 都以正概率发出信号 r^p，类型 3 使用纯策略 $r'>r^p$。我们能证明在一些精炼贝叶斯均衡中确实存在这样的均衡策略。在前面的分析中，我们说过，直觉标准要求在观察到 $r'>r^p$ 后，后验推断必须赋予高类型概率 1。但是，在有三种类型时，情况不再如此。假设观察到 $r'>r^p$，信号接收者赋予类型 3 的概率为 1。这一后验推断满足直觉标准。给定这一推断，信号接受者对援助额 f 的序贯理性选择，可能导致类型 1 偏离均衡策略而选择 r'。具体地说，现在不再要求 $f(r')\leqslant 2r'$；现在要求 $f(r')\leqslant 3r'$。如果 $f(r')\geqslant 3r'$，类型 1 就可能偏离至 r'，以求获得 $f(r')$。如果类型 2 想证明自己不是类型 1，则它发出的信号必须不低于图 8.12 中的 $r^{\min}$。但是，对每个

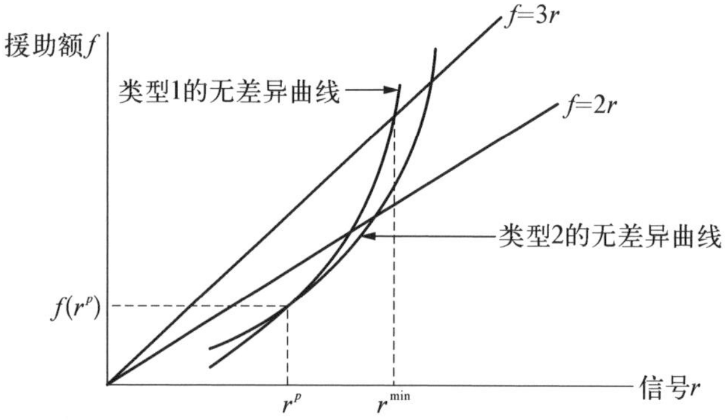

图 8.12　国际援助和改革博弈

$r > r^{min}$，可能存在信号接收者的最优反应 $f(r)$，使得类型 2 实现的收益低于均衡收益。① 从图上看，在类型 2 的无差异曲线与直线 $f = 2r$ 之间存在一块区域。由于直觉标准只要求在 r 大于 r^{min} 时，类型 2 得到援助 $f > 2r$，所以，这种偏离对参与者 2 未必有利。

但是，这个部分混同均衡不是全域至圣均衡。设类型 1 和 2 都以正概率发出信号 r^p，类型 3 使用纯策略 $r' > r^p$。在全域至圣均衡中，观察到略高于 r^p 的信号 r'，信号接收者的后验推断是赋予类型 2 概率 1；当 r 大于 r^p 时，类型 1 的无差异曲线位于类型 2 的无差异曲线上方。对位于这两条无差异曲线之间的 $(r', f(r'))$，$U_s^*(2) < u_s(r', f(r'), 2)$，$U_s^*(1) > u_s(r', f(r'), 1)$。而且，由于类型 3 得到援助 $f = 3r$，所以，它的均衡收益高于它偏离至 r' 时所实现的收益。就是说，全域至圣均衡要求在观察到信号 r' 后，信号接收者赋予类型 2 概率 1，序贯理性要求 $f(r') = 2r'$。偏离至 r'，让类型 2 得到好处。请你证明在这个三类型博弈中，只存在一个全域至圣均衡。

8.7　习　　题

习题 8.1　在图 8.6 的博弈中，设路径 (B, NR) 对应的收益是 $(5, 0)$ 而非 $(4, 0)$。求这一博弈所有的(混合策略和纯策略)精炼贝叶斯均衡。

① 译者注：如果 $(r, f(r))$ 落于这一区域，类型 2 的情况就变得更糟。

习题 8.2　在图 8.6 的博弈中，设路径 ND 对应的收益为 $(w, 5)$ 而非 $(0, 5)$。w 是个外生参数，参与者只知道它在 -2 到 5 之间取值。在 w 取什么值时，存在精炼贝叶斯均衡，ND 以正概率发生？

习题 8.3　在图 8.7 的博弈中，证明不存在精炼贝叶斯均衡使得

$$m(\theta)=\begin{cases} b, & \text{当 } \theta=a \text{ 时} \\ a, & \text{当 } \theta=b \text{ 时} \end{cases}$$

习题 8.4　求图 8.13 的博弈中的所有精炼贝叶斯均衡。

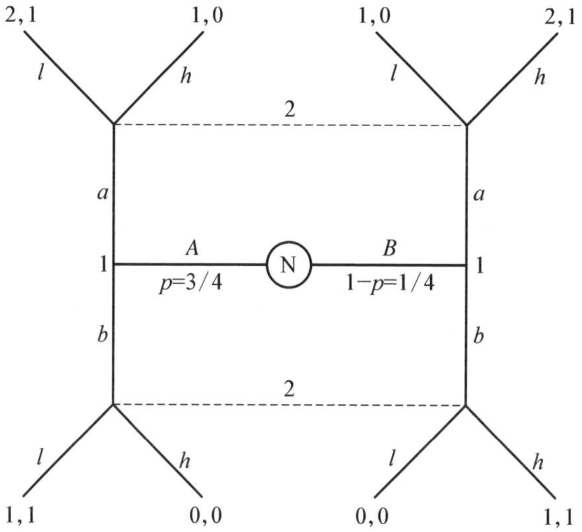

图 8.13　信号揭示博弈

习题 8.5　两阶段社会对抗模型：在每个阶段中，社会 (S) 要决定是否抗议政府政策。面对抗议，政府或选择顺从民意或选择压制民意。如果政府顺从民意，则社会得到收益 1；如果政府压制民意，则社会得到收益 -1；如果选择不抗议，则社会得到收益 0。 假设有两类政府：温和型 (M) 和强硬型 (H)。 如果社会没有抗议，则 M 得到收益 0；如果社会抗议，则在顺从民意时，M 得到收益 -2；在压制民意时，M 得到收益 -3。 如果社会没有抗议，则 H 得到收益 0；如果社会抗议，则在顺从民意时，H 得到收益 -2；在压制民意时，H 得到收益 -3。 设 p_0 是政府类型为 M 的先验概率。

(1) 在第二阶段里，设在 $p_1 \geq p^*$ 时 (p_1 是 S 对政府为类型 M 的后验推

断)，S 抗议政府政策。临界值 p^* 是多少？

(2) 是否存在使用以下策略的分离均衡？

M：{在第一阶段顺从民意；在第二阶段顺从民意}

H：{在第一阶段压制民意；在第二阶段压制民意}

S：{在第一阶段抗议政府政策；如果在第一个阶段被压制，则在第二阶段不再抗议政府政策}

如果存在这样的分离均衡，则 p_0 的值为多少？

(3) 是否存在使用以下策略的混同均衡？

M：{在第一阶段压制民意；在第二阶段顺从民意}

H：{在第一阶段压制民意；在第二阶段压制民意}

S：{在第一阶段抗议政府政策；如果在第一个阶段被压制，则在第二阶段不再抗议政府政策}

如果存在这样的混同均衡，则 p_0 的值必须为多少？它满足直觉标准吗？

(4) 是否存在使用以下策略的均衡？

M：{在第一阶段压制民意；在第二阶段顺从民意}

H：{在第一阶段压制民意；在第二阶段压制民意}

S：{在第一阶段不抗议政府政策；如果在第一个阶段被压制，则在第二阶段不抗议政府政策}

如果存在这样的均衡，则 p_0 的值必须为多少？它满足直觉标准吗？

(5) 计算 M 在第一阶段以概率 q 压制民意的半混同均衡。在 p_0 为多少时，S 抗议政府政策呢？

[译者：作者在勘误表中提示，正文中定义的直觉标准适用于简单的信号博弈。要把直觉标准概念应用于这一博弈，你需要把定义 8.8 推广至更一般的博弈。]

习题 8.6 求解竞选筹款博弈中其他的部分混同均衡。

习题 8.7 在吉里根–克雷比尔模型中，证明在开放规则下不存在部分混同均衡。

习题 8.8 我们看开放规则下的吉里根–克雷比尔模型。假设委员会中只有两个成员，他们的理想点都为 $c>\theta$。他们观察到真实状态，同时向国会发出信号。在这一博弈中,存在分离均衡吗? 如果委员会中有三个成员,存在分离均衡吗?

习题 8.9　对任意的有限扩展式博弈,设 $(\sigma(\cdot), b(\cdot))$ 是个序贯均衡。证明 $\sigma(\cdot)$ 是子博弈精炼。

习题 8.10　在只有一个信号发送者和一个信号接收者的信号博弈中,证明如果发送者的类型空间中只有两个元素,则精炼贝叶斯均衡集和序贯均衡集相同。

习题 8.11　证明命题 8.9。

习题 8.12　证明命题 8.10。

习题 8.13　在萨达姆–布什博弈中,证明 y 上的混同均衡没有违背直觉标准。

习题 8.14　我们能通过修改图 8.10 中类型 w 发生的概率,使行动路径 $(\sim y, a)$ 成为精炼贝叶斯均衡吗?

习题 8.15　在竞选筹款博弈中,设信号空间为正实数集。计算精炼贝叶斯均衡中 s_I 的值和挑战者的参选概率。

习题 8.16　在竞选筹款博弈中,设信号空间为正实数集。求解这一博弈的唯一的直觉均衡。

习题 8.17　在国际援助和改革博弈中,设只有两类国家。证明在唯一的直觉均衡中,$r(1)=\text{argmax}\{r-r^2\}=1/2$, $r(2)=\text{argmax}\left\{r-\frac{r^2}{2}\right\}=1$。

习题 8.18　在国际援助和改革博弈中,设有三类国家。证明在唯一的全域至圣均衡中,$r(1)=\text{argmax}\{r-r^2\}=1/2$, $r(2)=\text{argmax}\left\{r-\frac{r^2}{2}\right\}=1$, $r(3)=\text{argmax}\left\{r-\frac{r^2}{3}\right\}=3/2$。

第9章　重复博弈

在许多政治博弈模型中，参与者重复进行同一博弈。其中一些模型研究习惯、规范、合作和信任等社会行为，在人们有短期利益动机偏离这些行为时，如何得以延续。还有一些模型用重复博弈研究在不求助中央权力时如何解决囚徒困境等社会两难问题(Taylor，1976)。

在这种博弈中，最有意义的概念问题是相对于一次性博弈，这种重复性在多大程度上使更多的行为成为纳什均衡。一般情况下，重复博弈中的纳什均衡集，比构成它的静态博弈的纳什均衡集大很多；人们知道未来行为决定于当前行为，这种预期能激励人们采取一些行为，它们可能不是一次性博弈中的最优行为。但是，这一点正是重复博弈的缺陷；它的均衡如此数量之多，以至于它很难产生精确的预测。

我们用表 9.1 中的标准式博弈，说明对未来的预期如何影响人们现在的行为。[①] 如果只进行一次，这个博弈就有两个纳什均衡：(M，M) 和 (B，R)(表中加星号的单元格)。策略截面(T，L)实现最高总收益，但它不是纳什均衡：参与者 1 有动机单方面偏离至 B，参与者 2 有动机单方面偏离至 R。如果这一博弈进行两次，并且两个参与者都关心自己在两个时期的合并收益，情况又如何呢？设参与者 1 的策略是"在时期 1 使用 T；如果参与者 2 在时期 1 使用 L，则在时期 2 使用 M；如果参与者 2 在时期 1 没有使用 L，则在时期 2 使用 B"。参与者 2 的策略是"在时期 1 使用 L；如果参与者 1 在时期 1 使用 T，则在时期 2 使用 M；如果参与者 1 在时期 1 没有使用 T，则在时期 2 使用 R"。如果表 9.1 中的阶段博弈只进行两次，这对策略就是纳什均衡。两个参与者在

---

① 到这里，我们应该不需要再借讲故事的方式阐述博弈理论了。

时期1实现“好”结果 (T, L)，在时期2实现结果 (M, M)，实现均衡合并收益 $8+5=13$。如果一方在时期1单方面偏离这一策略，则他的合并收益为 $9+3=12$，小于均衡收益13。事实上，这个策略截面不仅是纳什均衡，而且是子博弈精炼均衡。(M, M) 和 (B, R) 都是一次性博弈的纳什均衡，所以，在真子博弈中使用这两个策略截面满足子博弈精炼条件。但是，在时期2的博弈中，策略截面 (T, L) 不是纳什均衡。

表 9.1

		参与者2		
		L	M	R
参与者1	T	8，8	0，0	1，9
	M	0，0	5^*，5^*	0，0
	B	9，1	0，0	3^*，3^*

9.1 囚徒困境

博弈论研究得最多的博弈恐怕是囚徒困境。我们看它在国际贸易政策中的应用。在所有国家都实行自由贸易时，世界经济会运转得更好；但是，每个国家都想保护本国经济。给定这一矛盾，自由贸易如何实现和维持呢？答案是：自由贸易可能是重复博弈的均衡结果，当有国家偏离自由贸易协定时，就会爆发贸易战。我们看表9.2中的博弈。它描述了美国和欧盟的贸易政策博弈。

表 9.2 贸易政策博弈

		欧 盟	
		自由贸易 FT	贸易保护 P
美 国	自由贸易 FT	10，10	1，12
	贸易保护 P	12，1	4，4

如果这一博弈只进行一次，则唯一的纳什均衡是策略截面 (P, P)。如果它进行两次，则每个参与者的策略集为 $\{FT_1FT_2\,FT_2,\ FT_1FT_2P_2,$

$FT_1P_2FT_2$，$FT_1P_2P_2$，$P_1FT_2FT_2$，$P_1FT_2P_2$，$P_1P_2FT_2$，$P_1P_2P_2\}$。其中，$FT_1FT_2P_2$ 说的是“在时期 1 使用 FT，如果对方在时期 1 使用 FT，则在时期 2 使用 FT；如果对方在时期 1 没有使用 FT，就使用 P”。表 9.3 是这个两时期博弈的标准表示形式(不考虑贴现)。

表 9.3　两阶段自由贸易博弈

	欧盟							
美国	$FT_1FT_2FT_2$	$FT_1FT_2P_2$	$FT_1P_2FT_2$	$FT_1P_2P_2$	$P_1FT_2FT_2$	$P_1FT_2P_2$	$P_1P_2FT_2$	$P_1P_2P_2$
$FT_1FT_2FT_2$	20，20	20，20	11，22	11，22	11，22	11，22	2，24	2，24
$FT_1FT_2P_2$	20，20	20，20	11，22	11，22	13，13	13，13	5，16	5，16
$FT_1P_2FT_2$	22，11	22，11	14，14	14，14	11，22	11，22	2，24	2，24
$FT_1P_2P_2$	22，11	22，11	14，14	14，14	13，13	13，13	5，16	5，16
$P_1FT_2FT_2$	22，11	13，13	22，11	13，13	14，14	5，16	14，14	5，16
$P_1FT_2P_2$	22，11	13，13	22，11	13，13	16，5	8，8	16，5	8，8
$P_1P_2FT_2$	24，2	16，5	24，2	16，5	14，14	5，16	14，14	5，16
$P_1P_2P_2$	24，2	16，5	24，2	16，5	16，5	8，8	16，5	8，8

与表 9.1 中的博弈不同，把贸易政策博弈进行两次，不影响参与者的行为，因为($P_1P_2P_2$，$P_1P_2P_2$)是唯一的纳什均衡。这一结论可推广至有限多个时期。在最后时期，每个国家都实行贸易保护。这一结果，在倒数第二个时期，被每个人认识到。倒数第二个时期中的行为因此不影响最后一个时期的行为。于是，在倒数第二个时期，每个国家都有动机实行贸易保护。这一过程一直持续，直至每个国家在每个时期都实行贸易保护。

在表 9.1 的博弈中，之所以能诱生出时期 1 中的合作行为，是因为时期 1 中的行为能协调双方到达时期 2 的多个均衡中的某一个上。好的均衡被用作奖励，差的均衡被用作惩罚。但是，在囚徒困境博弈中，只有一个纳什均衡，博弈双方无法通过承诺协调到好的均衡或威胁协调到差的均衡而实现合作。

但是，如果囚徒困境博弈重复进行无限多个时期，这一问题就不再成为问题。假设“好的均衡”是每个时期都实现自由贸易，“差的均衡”是每个时期都实行贸易保护。我们将看到，如果不存在最后时期，则好的均衡未必像有限多个时期博弈中那样不存在。就是说,在每个时期,通过把实现好的均衡作为奖励和把实现差的均衡作为惩罚,能实现合作。

9.2　触发均衡

我们分析无限次重复博弈如何消除"最后时期"的问题。设策略为:"在每个时期实行自由贸易直至对方实行贸易保护;如果对方实行贸易保护,则此后每个时期实行贸易保护"。这一策略被称为触发策略:只要在一个时期不合作,就会导致未来所有时期的非合作均衡。如果每个国家都使用这一策略,则双方在每个时期都得到10单位效用。如果两个国家都以因子δ贴现未来,则这一策略实现贴现收益$\frac{10}{1-\delta}$。[①] 要证明这一策略构成纳什均衡,我们必须证明任何一方都没有动机单方面偏离这一策略。由于阶段博弈完全相同,所以,参与者或者在每个时期中都背叛这一策略或者永远都不背叛这一策略。在发生背叛的时期里,背叛者得到12单位效用。由于在背叛之后,对方永远实行贸易保护,所以,背叛者的最优反应是在未来所有时期实行贸易保护。于是,背叛者在背叛之后的每个时期中得到4单位效用。他从背叛行为中得到的贴现收益于是为$12+\frac{4\delta}{1-\delta}$。因此,在这个重复囚徒困境博弈中,触发策略是纳什均衡当且仅当$\frac{10}{1-\delta}\geqslant 12+\frac{4\delta}{1-\delta}$,或者说,触发策略是纳什均衡当且仅当合作收益不低于背叛收益。$\frac{10}{1-\delta}\geqslant 12+\frac{4\delta}{1-\delta}$当且仅当$\delta\geqslant 1/4$。就是说,只要参与者足够有耐心($\delta$很大),这一触发策略构成纳什均衡。这一触发策略还构成子博弈精炼均衡。这一博弈的每个真子博弈都是个无限次重复的囚徒困境博弈。它有两种真子博弈。一种真子博弈自一方实行贸易保护开始,永久贸易保护是它的纳什均衡。另一种子博弈自双方皆实行自由贸易开始,它和原始博弈完全相同。由于触发策略是原始博弈的纳什均衡,所以,触发策略是这类子博弈的纳什均衡。

---

① 第3章讨论过贴现和计算贴现效用的无限和等概念。

在表 9.4 的博弈中，设 $c > a > b > d$。它是囚徒困境博弈。根据上面的分析思路，在由它构成的无限次重复博弈中，触发策略是子博弈精炼纳什均衡当且仅当 $\frac{a}{1-\delta} \geqslant c + \frac{b\delta}{1-\delta}$，即当且仅当 $\delta \geqslant \frac{c-a}{c-b}$。就是说，当 c 相对于 a 和 b 很大时，或者当 a 和 b 大致相等时，合作更难实现(换句话说，贴现因子必须很大才能实现合作)。

表 9.4　囚 徒 困 境

		参与者 2：合　作	参与者 2：不合作
参与者 1	合　作	a, a	d, c
参与者 1	不合作	c, d	b, b

9.3　以牙还牙策略

在无限次重复囚徒困境博弈中，触发策略不是实现合作结果的唯一均衡策略。许多人认为触发均衡既不现实也不合理，原因包括只要发生一次背叛，合作关系就永久破裂；它不允许参与者犯错；在合作破裂后，双方无法通过谈判回到合作阶段，而双方有动机再次合作！但是，如果双方能进行这种谈判，则合作动机就不复存在；非合作路径不再是可信的威慑。

以牙还牙策略是另一个能实现合作结果的纳什均衡策略。以牙还牙策略是："在第一时期合作，在此后每个时期采取对方在前一时期采取的行动"。我们验证以牙还牙策略构成纳什均衡。我们看参与者 i 的单方面背叛行为：在时期 t，他选择不合作，实现收益 c；在时期 $t+1$，如果他依然选择不合作，则得到收益 b，如果他选择合作，则得到收益 d。

如果参与者 i 在时期 $t+1$ 回到以牙还牙策略上，则他自 $t+1$ 时期开始实现的收益流为 d，c，d，c，d，c…… 就是说，在某个时期背叛，然后马上回到以牙还牙策略，带给他的贴现收益为

$$c + \delta d + \delta^2 c + \delta^3 d + \delta^4 c + \cdots = \frac{c + \delta d}{1-\delta^2}。$$

如果自时期 t 开始，参与者 i 始终选择不合作，则他的贴现收益为 $c+\frac{\delta b}{1-\delta}$。请你证明对以牙还牙策略的偏离，所能实现的收益至多为 $\frac{c+\delta d}{1-\delta^2}$ 或 $c+\frac{\delta b}{1-\delta}$。因为实现合作结果的均衡收益为 $\frac{a}{1-\delta}$，所以，

$$\text{以牙还牙策略是纳什均衡当且仅当}\frac{a}{1-\delta} \geqslant \max\left\{\frac{c+\delta d}{1-\delta^2},\ c+\frac{\delta b}{1-\delta}\right\}。$$

我们把这个不等式整理为关于贴现因子的条件：因为

$$\frac{a}{1-\delta} \geqslant \frac{c+\delta d}{1-\delta^2}\ \text{蕴含}\ \delta \geqslant \frac{c-a}{a-d},$$

$$\frac{a}{1-\delta} \geqslant c+\frac{\delta b}{1-\delta}\ \text{蕴含}\ \delta \geqslant \frac{c-a}{c-b},$$

因此，

$$\text{以牙还牙策略是纳什均衡当且仅当}\ \delta \geqslant \max\left\{\frac{c-a}{a-d},\ \frac{c-a}{c-b}\right\}。$$

那么，以牙还牙策略是子博弈精炼吗？我们需要分析两类子博弈：

(1) 在一类子博弈中，双方因为在前一时期相互合作，所以双方在每个时期相互合作。这是合作子博弈。

(2) 在另一类子博弈中，因为在前一个时期，一方选择合作而另一方选择背叛，所以，在以后时期中，背叛者选择合作但对方为惩罚背叛者而选择不合作。这是惩罚子博弈。

事实上还存在一类子博弈，那就是双方都选择背叛。但是，在双方使用以牙还牙策略时，这类子博弈无法通过对均衡路径的单方面偏离而生成。

我们首先用单偏离原则分析合作子博弈中的偏离动机。在介绍子博弈精炼概念时，我们证明了对有限博弈，单偏离原则成立。对无限重复博弈，在贴现因子 $\delta<1$ 时，单偏离原则也成立。请你证明这一结论。[①] 对以牙还牙策略

---

① 在把单偏离原则推广至无限时域博弈中时，可能出现的一个问题是非子博弈精炼策略可能只劣于持续无限多个时期的偏离行为。但是，只要贴现因子小于 1，足够遥远的偏离行为不会对收益产生很大影响。因此，如果一个策略不是子博弈精炼，则肯定存在比它更好的策略，后者只包含有限多个时期的偏离。从这一角度，我们就能理解在有限次博弈中的得到直观结论确实适用于无限次重复博弈。

的单方面单偏离，产生收益 $c+\delta d+\delta^2 c+\delta^3 d+\delta^4 c+\cdots$。根据前面的分析，如果 $\delta \geqslant \frac{c-a}{a-d}$，则这种偏离不合算。

再看惩罚子博弈。设参与者 i 本应选择不合作，参与者 j 选择合作。参与者 i 在时期 t 的单方面单偏离，导致双方在时期 t 之后的所有时期里都选择合作。参与者 i 从单次偏离行为中得到的收益为 $a+\delta a+\delta^2 a+\cdots=\frac{a}{1-\delta}$。在惩罚子博弈中使用均衡策略所实现的收益为 $c+\delta d+\delta^2 c+\delta^3 d+\cdots=\frac{c+\delta d}{1-\delta^2}$。因此，只要 $\frac{c+\delta d}{1-\delta^2} \geqslant \frac{a}{1-\delta}$，参与者 i 就在惩罚子博弈中使用以牙还牙策略。这个不等式与以牙还牙策略为均衡策略的条件正好相反。参与者 i 宁愿受罚，意味着他认为在 c 和 d 之间来回振荡的收益流优于持久收益流 c；参与者 i 认为以牙还牙策略优于单次偏离，他就必须认为持久收益流 a 优于振荡收益流。所以，只在 $\delta=\frac{c-a}{a-d}$ 时，以牙还牙策略才是子博弈精炼纳什均衡；$\delta=\frac{c-a}{a-d}$ 是个折点条件。

米尔格罗姆等(Milgrom，North and Weingast，1990)设计了另一种以牙还牙策略，能避免惩罚子博弈中的收益振荡问题："在开始时选择合作。除非你在时期 $t-2$ 选择了不合作，否则，在时期 t 选择合作，如果对手在时期 $t-1$ 选择合作的话。如果你在时期 $t-1$ 选择了不合作，则在时期 t 和时期 $t+1$ 都选择合作。"这一策略看上去复杂，但含义直观。它要求在发生偏离行为之后的时期中，偏离者选择合作而对手选择背叛。这一策略截面用低收益 d 惩罚偏离者。在持续一个时期的惩罚之后，双方回到合作状态。只要 δ 足够大，这种以牙还牙策略构成子博弈精炼。请你证明这一结论。

9.4　折 中 策 略

触发策略和以牙还牙策略只是实现合作结果的两种可能的策略。我们能以它们为基础，构造出新策略，使得惩罚阶段所包含的时期数介于触发策略和以牙还牙策略之间。我们看下面两个策略：

(1) 合作直至对手背叛。如果对手背叛，则在接下来的 k 个时期中选择不合作；在 k 个时期过后，选择合作。如果你选择背叛，则在接下来的 k 个时期里选择不合作；在 k 个时期过后，选择合作。一旦选择了合作，就始终合作直至发生背叛。在发生背叛之后，重复上述过程。

(2) 合作直至对手背叛。如果对手背叛，则在接下来的 k 个时期中选择不合作。如果对手在这 k 个时期中始终选择合作，就结束惩罚阶段。如果对手在惩罚阶段中的任何一个时期里没有选择合作，就从头开始惩罚阶段，即在接下来的 k 个时期中，选择不合作。如果因为你没有合作而启动惩罚阶段，则在惩罚阶段中始终选择合作。

策略(1)类似触发策略，因为惩罚手段是回到策略截面（不合作，不合作）；只是在策略(1)中，惩罚阶段只包含有限多个时期。策略(2)类似以牙还牙策略，因为惩罚背叛者的目的是为实现合作。

我们看策略(1)。在惩罚阶段，双方都没有动机单方面偏离这一策略：就当期收益而言，不合作是对对手的不合作行为的最优反应。我们看对合作状态的偏离。合作阶段中的单次背叛所实现的收益流包括：从背叛行为中获得的单时期收益 c、在接下来的 k 个时期中每个时期得到收益 b 和自第 $k+1$ 个时期开始每个时期实现收益 a。根据子博弈精炼的单偏离原则，我们只需考虑单次偏离。利用无穷和的计算法则，背叛行为实现的收益为

$$c+\frac{\delta-\delta^{k+1}}{1-\delta}b+\frac{\delta^{k+1}}{1-\delta}a。$$

因为持续合作所实现的收益为 $\dfrac{1}{1-\delta}a$，所以，要实现持续合作，要求

$$\frac{1}{1-\delta}a\geqslant c+\frac{\delta-\delta^{k+1}}{1-\delta}b+\frac{\delta^{k+1}}{1-\delta}a。$$

我们无法从这个不等式中得到关于 δ 的临界值的闭式解。但是，我们可以把这个不等式写为

$$\delta>\frac{c-a}{c-b}+\delta^{k+1}\ \frac{a-b}{c-b}。$$

不等号右边第一项是触发策略的临界值；对任意的有限数 k，第二项为正。因此，相对于触发策略，在惩罚只持续有限多个时期时，双方更难实现合作。但是，从允许参与者犯错的角度看，这一均衡优于触发策略。[①]

我们看策略(2)。设在合作阶段发生背叛行为。背叛行为实现的收益流包括：单时期收益 c、在接下来的 k 个时期中每个时期实现惩罚收益 d 和在惩罚阶段结束后恢复合作而每个时期实现收益 a。把这些收益的现值相加，得到

$$c+\frac{(\delta-\delta^{k+1})d}{1-\delta}+\frac{\delta^{k+1}}{1-\delta}a=c+\frac{\delta d}{1-\delta}+\frac{\delta^{k+1}}{1-\delta}(a-d)。$$

由于 $a>d$，这一收益在 k 上递减。就是说，增加惩罚阶段的长度，能削弱在合作阶段发生背叛的动机。

但是，增加 k 未必能使这种均衡更易实现，因为它同时削弱了在惩罚阶段使用策略(2)的动机。在惩罚阶段中偏离这一策略而实现的收益包括：单时期收益 b，连续 k 个时期获得收益 d，然后每个时期实现收益 a。贴现收益于是为

$$c+\frac{(\delta-\delta^{k+1})d}{1-\delta}+\frac{\delta^{k+1}}{1-\delta}a。$$

在惩罚阶段坚守策略(2)所实现的收益，取决于双方在惩罚阶段中所处的具体时期。要确保背叛者在每个时期都坚守策略(2)，我们需要验证在坚守策略(2)所实现的收益最低的时期里，背叛者有动机坚守策略(2)。这个时期便是惩罚阶段中的第一时期。在这个时期，坚守策略(2)而实现的贴现收益为

$$\frac{(1-\delta^{k})d}{1-\delta}+\frac{\delta^{k}}{1-\delta}a。$$

因此，在惩罚阶段坚守策略(2)，要求

$$\frac{(1-\delta^{k})d}{1-\delta}+\frac{\delta^{k}}{1-\delta}a>c+\frac{(\delta-\delta^{k+1})d}{1-\delta}+\frac{\delta^{k+1}}{1-\delta}a。$$

---

① 与触发策略构成的子博弈精炼纳什均衡一样，这种策略无法阻止双方重新谈判。一旦进入惩罚阶段，双方都有动机通过谈判达成妥协，在不到 k 个时期之后就恢复合作。

整理得到

$$\delta > \left(\frac{b-d}{a-d}\right)^{1/k}。$$

δ 的临界值 $\left(\frac{b-d}{a-d}\right)^{1/k}$ 在 k 上递减。

9.5　无名氏定理

在这些例子中，我们看到，只要参与者足够有耐心，则静态博弈中的非纳什均衡结果，可能成为无限次重复博弈的纳什均衡或子博弈精炼均衡。事实上，在无限次重复博弈中，只要参与者足够有耐心，满足个人理性的任意收益向量都能在子博弈精炼纳什均衡中实现。这一结论很早就被博弈学家们知晓，因此得到无名氏定理(folk theorem)称号。本节证明这一定理。

重复博弈由标准式阶段博弈 $\Gamma=\langle N, S, u\rangle$ 和贴现因子向量 $\boldsymbol{\delta}=(\delta_1, \cdots, \delta_n)$ 构成。在每个时期 $t\in\{1, 2, 3, \cdots\}$，参与者进行阶段博弈 Γ。参与者 i 在 t 时期选择策略 $s_i^t\in S_i$ 之前，观察到 $t-1$ 时期中使用的策略截面 s^{t-1}。我们假定完美记忆(perfect recall)。s^t 于是能决定于历史 $h^{t-1}=(s^1, \cdots, s^{t-1})\in S^{t-1}\in\prod_{j=1}^{t-1}S$。设空历史为 $h^0=\varnothing$。参与者 i 的一个纯策略是一个映射列 $\{s_i^t: S^{t-1}\to S_i\}_{t=1}^{\infty}$；参与者 i 的一个混合策略是一个映射列 $\{\sigma_i^t: S^{t-1}\to\Delta(S_i)\}_{t=1}^{\infty}$。给定阶段博弈上的混合策略截面 σ^t，$t=1, 2, \cdots$，参与者 i 的期望效用为

$$EU_i(\{\sigma^t\}_{t=1}^{\infty})=(1-\delta_i)\sum_{t=1}^{\infty}\delta_i^{t-1}\,\mathbb{E}_{\sigma^t}u_i(s^t)。$$

其中，$\mathbb{E}_{\sigma^t}u_i(s^t)$ 是给定 σ^t，参与者 i 对 $u_i(s^t)$ 的数学期望。如果 σ^t 在各时期中相同，则 $EU_i(\{\sigma_t\}_{t=1}^{\infty})=\mathbb{E}\,u_i(\sigma^t)$。这就是乘数 $1-\delta_i$ 在这里起到的作用。我们用 $\Gamma^{\infty}=\langle N, S, u, \delta\rangle$ 表示阶段博弈 Γ 诱生的重复博弈。因为重复博弈是扩展式博弈，因此，纳什均衡和子博弈精炼纳什均衡等概念在重复博弈中均有定义。

我们探讨由有限标准式阶段博弈生成的重复博弈。根据纳什定理，每个阶段博弈有至少一个混合策略纳什均衡。重复博弈因此有混合策略子博弈精

炼纳什均衡：不管历史是什么，每个时期都使用阶段博弈的均衡策略，构成 Γ^{∞} 的子博弈精炼纳什均衡。

定理 9.1 如果 σ^* 是阶段博弈的子博弈精炼纳什均衡，则对每个 i，对每个 t 和每个 h^{t-1}，策略 $\sigma_i^t(h^{t-1})=\sigma_i^*$ 是重复博弈的子博弈精炼纳什均衡。

在重复博弈中，子博弈精炼纳什均衡集通常很大。无名氏定理确定了可在子博弈精炼纳什均衡中实现的收益向量具有的特征。我们证明无名氏定理。首先定义几个概念。

定义 9.1 收益向量 $v=(v_1, \cdots, v_i, \cdots, v_n) \in \mathbb{R}^n$ 满足个人理性，如果对每个 $i \in N$，

$$v_i \geqslant \min_{s_{-i} \in S_{-i}} \left\{ \max_{s_i \in S_i} u_i(s_i, s_{-i}) \right\}。$$

其中，$\min_{s_{-i} \in S_{-i}} \left\{ \max_{s_i \in S_i} u_i(s_i, s_{-i}) \right\}$ 是参与者 i 在使用自己对 s_{-i} 的最优反应时所能实现的最小阶段博弈收益。参与者 $-i$ 通过选择 s_{-i}，最小化参与者 i 通过使用对 s_{-i} 的最优反应而获得的效用，就得到这个值。

定义 9.2 收益向量 $v \in \mathbb{R}^n$ 是可行的，如果存在纯策略截面 s 使得对每个 $i \in N$，$\dfrac{u_i(s)}{1-\delta_i}=v_i$。

定理 9.2 对每个可行的且满足个人理性的收益向量 $v \in \mathbb{R}^n$，存在 n 维贴现因子向量 $\boldsymbol{\delta}'$ 使得当 $\boldsymbol{\delta}$ 的每个分量都大于或等于 $\boldsymbol{\delta}'$ 中的相应分量时，收益向量 v 就能在重复博弈的纳什均衡中实现。

证明： 设 $v \in \mathbb{R}^n$ 可行且满足个人理性。设 s^{vt} 是个策略截面，只要此前没有任何人偏离过这一策略截面，则 s^{vt} 实现收益向量 v；如果只有参与者 i 偏离过这一策略，则在此后所有时期使用惩罚策略

$$s_i^{pt}=\underset{s_{-i} \in S_{-i}}{\operatorname{argmin}} \left\{ \max_{s_i \in S_i} u_i(s_i, s_{-i}) \right\}。$$

在任一时期 t，使用 s^{vt}，参与者 i 得到收益 v_i；偏离这一策略，参与者 i 得到的收益最低为

$$(1-\delta_i^t)v_i+\delta_i^t(1-\delta_i^t)\max_{s \in S} u_i(s)+\delta_i^{t+1} \min_{s_{-i} \in S_{-i}} \left\{ \max_{s_i \in S_i} u_i(s_i, s_{-i}) \right\}。$$

如果

$$\delta_i \geqslant \frac{\max\limits_{s\in S} u_i(s) - v_i}{\max\limits_{s\in S} u_i(s) - \min\limits_{s_{-i}\in S_{-i}}\left\{\max\limits_{s_i\in S_i} u_i(s_i,\ s_{-i})\right\}},$$

偏离收益就小于 v_i。由于 $\max_{s\in S} u_i(s) \geqslant v_i \geqslant \min_{s_{-i}\in S_{-i}}\{\max_{s_i\in S_i} u_i(s_i, s_{-i})\}$，所以，上式右边的项严格小于 1。只要这一条件对每个 $i \in N$ 都成立，策略截面 $\{s^{vt}\}$ 就是重复博弈的纳什均衡。 □

这一证明过程中用到的均衡策略未必是子博弈精炼纳什均衡策略，因为惩罚成本可能很高而无法实施。我们可以用阶段博弈的纳什均衡策略作为惩罚策略，以这种方式，我们就能找到可由子博弈精炼纳什均衡支持的收益向量。

定理 9.3　如果 $v \in \mathbb{R}^n$ 是个可行的收益向量并且对每个 $i \in N$，存在阶段博弈混合策略纳什均衡，它产生期望收益向量 v' 使得 $v'_i < v_i$，则存在 n 维贴现因子向量 $\boldsymbol{\delta}'$ 使得存在重复博弈的子博弈精炼纳什均衡，产生收益向量 v，如果 $\boldsymbol{\delta}$ 的每个分量都大于或等于 $\boldsymbol{\delta}'$ 的相应分量。

请你证明这个结论。无名氏定理在政治科学中的大部分应用都没有超越这两个命题。但是，在博弈论中，无名氏定理沿多个方向在向前发展。见阿布鲁(Abreu，1988)和弗登伯格与马斯金(Fudenberg and Maskin，1986)。

9.6　应用：团队间合作

费尔森与莱丁(Fearson and Laitin，1996)利用无限次重复博弈分析团队之间如何实现合作。团队 A 和团队 B 各有 n 个成员，n 为偶数。在每个时期，这些人随机配对，进行表 9.5 中的囚徒困境博弈。在表中，$\alpha > 1$，$\beta > 0$，$(\alpha - \beta)/2 < 1$。所有人有相同的贴现因子 $\delta \in (0, 1)$。在每个时期，每个团队中 m 个成员与另一团队中 m 个成员随机配对，其余 $n - m$ 个成员在团队内部随机配对。这种随机配对过程蕴含每个参与者以概率 $p = m/n$ 与团队外成员配对。

为反映团队间博弈和团队内博弈的动态特征，费尔森和莱丁假定每个团队的所有成员都能观察到团队内博弈的结果，但观察不到对方团队内部博弈的历史。在这种设计下，团队之间的合作关系很难形成，因为在团队间博弈中选择背

表 9.5　团队之间的合作博弈

		参与者 2	
		合作 C	背叛 D
参与者 1	合作 C	1, 1	$-\beta$, α
	背叛 D	α, $-\beta$	0, 0

叛的人，无法被对方团队成员惩罚。但是，在费尔森和莱丁的模型中，即使没有直接惩罚，团队之间依然能实现合作。他们探讨了两种合作均衡。第一种均衡是**螺旋均衡**：各团队对自己团队内部博弈中的背叛者施以 k^{in} 个时期的惩罚，实现团队内合作；在团队之间，通过实施 k^{out} 个时期的以团队为对象的惩罚——就是说，如果有人在团队间博弈中选择背叛，则在惩罚阶段，其所在团队所有人都被对方惩罚——而实现团队间合作。第二种均衡是团队内约束均衡：没有团队之间的惩罚，但是每个团队都对自己成员背叛对方的行为实施惩罚。这里只介绍团队内约束均衡；关于螺旋均衡，见费尔森和莱丁的论文。

我们分析团队 A 的行为，相关结论适用于团队 B。设 $s_t=(k_1, \cdots, k_n)$ 为系统状态，k_i 是在时期 t 开始时参与者 i 面对的剩余惩罚期数。$k_i=0$ 蕴含参与者 i 是合作者；$k_i>0$ 蕴含参与者 i 是背叛者。在团队内约束均衡中，均衡策略为合作（即没有人主动背叛）。在非均衡路径上，背叛者由自己的团队惩罚数个时期；在惩罚期中，背叛者选择合作，惩罚者背叛背叛者。所有成员在与外团队成员的博弈中选择合作。费尔森和莱丁把这一策略描述为：

> 在团队之间的配对博弈中选择 C。在团队内博弈中，面对不在惩罚期中的成员，始终选择 C；面对处于惩罚期中的成员，始终选择 D。如果有人背叛外团队或本团队内的合作者，则他进入或重新开始持续 k^{gp} 个时期的惩罚阶段。

给定状态 s_t 和任意整数 $l>0$，设 n_{t+l} 是团队 A 在时期 $t+l$ 中的合作者数量，他们从时期 t 到时期 $t+l$ 都使用均衡策略。每个成员在团队内配对博弈中遇到合作者的概率于是为 $q_{t+l}=\dfrac{n_{t+l}}{n-1}$。

要证明这一策略是子博弈精炼纳什均衡，我们需要验证几种情况：

(1) 合作者 i 没有动机

(a) 在与团队外成员博弈时选择背叛；

(b) 在与团队内合作者博弈时选择背叛；

(c) 在与团队内的背叛者博弈时选择合作。

(2) 背叛者 i 没有动机

(a) 在与团队外成员博弈时选择背叛；

(b) 在与团队内的合作者博弈时选择背叛；

(c) 在与团队内的背叛者博弈时选择合作。

条件1(c)和2(c)显然得到满足：因为"在与团队外成员博弈时选择背叛"会降低 i 在当前时期获得的效用，同时不影响其他人的选择，就是说，不会招致惩罚。1(a)和1(b)中的"在与团队内合作者博弈时选择背叛"导致相同后果：在当前时期实现收益 α，随即进入持续 k^{gp} 个时期的惩罚阶段。所以，我们只需证明在1(a)、2(a)和2(b)中，没有人有动机偏离。

与团队内合作者或外团队成员合作，实现效用[①]

$$1+\sum_{l=1}^{\infty}\delta^{l}(p\times 1+(1-p)\times(q_{t+l}\times 1+(1-q_{t+l})\times\alpha));$$

---

① 译者注：我们看一位参与者"与团队内合作者或团队外成员合作"所实现的收益包括两部分：在当前时期(时期 t)，他实现效用1，因为博弈双方都选择合作。我们再看在未来时期 $t+l$，这位参与者的收益。他以概率 p 与团队外成员博弈，双方都选择合作，因此实现收益1。他以概率 $1-p$ 与本团队成员博弈，这里又有两种可能性：以概率 q_{t+l} 与合作者博弈，实现收益1；以概率 $1-q_{t+l}$ 与背叛者博弈，对方处在惩罚期，选择合作，而我们的参与者在面对背叛者时，必须选择背叛，因此，实现效用 α。他在时期 $t+l$ 与本团队成员博弈而实现的期望收益为 $q_{t+l}\times 1+(1-q_{t+l})\alpha$。他在时期 $t+l$ 实现的期望收益为 $\{p\times 1+(1-p)[q_{t+l}\times 1+(1-q_{t+l})\alpha]\}$。他在未来所有时期实现的期望收益的现值为 $\sum_{l=1}^{\infty}\delta^{l}(p\times 1+(1-p)(q_{t+l}\times 1+(1-q_{t+l})\alpha))$。

概率分布	p	$1-p$	
	与团队外成员博弈	与本团队成员博弈	
		q_{t+l}	$1-q_{t+l}$
		与合作者博弈	与背叛者博弈
		1	α
	1	$q_{t+l}\times 1+(1-q_{t+l})\alpha$	
期望收益	$p\times 1+(1-p)(q_{t+l}\times 1+(1-q_{t+l})\alpha)$		

1(a)中的行为“在与团队外成员博弈时选择背叛”和 1(b)中的行为“在与团队内合作者博弈时选择背叛”实现效用为[①]

$$\alpha+\sum_{l=1}^{k^{gp}}\delta^l\{p\times 1+(1-p)\times[q_{t+l}\times(-\beta)+(1-q_{t+l})\times 0]\}$$
$$+\sum_{l=k^{gp}+1}^{\infty}\delta^l\{p\times 1+(1-p)\times[q_{t+l}\times 1+(1-q_{t+l})\times\alpha]\}。\tag{9.1}$$

因此,选择合作而实现的净效用为

$$1-\alpha+\sum_{l=1}^{k^{gp}}\delta^l(1-p)\times[q_{t+l}\times(1+\beta)+(1-q_{t+l})\times\alpha]$$
$$=1-\alpha+\sum_{l=1}^{k^{gp}}\delta^l(1-p)\times[q_{t+l}\times(1+\beta-\alpha)+\alpha]。\tag{9.2}$$

1(a)中的行为“在与团队外成员博弈时选择背叛”和 1(b)中的行为“在与团队内合作者博弈时选择背叛”要无利可图,要求对所有状态和所有的 q_{t+l},净效用为正。设 $\alpha>1+\beta$。对 $l=1,\cdots,k^{gp}$,在 $q_{t+l}=1$ 时,净效用取得最小值。这是始自状态 $s_t=(0,0,\cdots,0)$ 的路径。净效用为正当且仅当

$$\delta^{k^{gp}}\leqslant 1-\frac{(1-\delta)(\alpha-1)}{\delta(1-p)(1+\beta)}\tag{9.3}$$

---

① 译者注:“选择背叛”实现的收益包括三部分。第一部分是当前时期的收益。在当前时期(时期 t)实现的收益为 α,因为对方选择合作。第二部分是惩罚阶段实现的收益。在惩罚期 $t+l$,我们的参与者以概率 p 与团队外成员博弈,双方都选择合作,实现收益 1;以 $1-p$ 的概率与团队内成员博弈,这里又有两种情况:以概率 q_{t+l},对方是合作者,选择背叛,我们的参与者选择合作,实现收益 $-\beta$;以概率 $1-q_{t+l}$,对方是背叛者,选择背叛,我们的参与者选择背叛,实现收益 0。时期 $t+l$ 的期望收益为 $\{p\times 1+(1-p)\times[q_{t+l}\times(-\beta)+(1-q_{t+l})\times 0]\}$;持续 k^{gp} 个时期的惩罚阶段实现的收益为 $\sum_{l=1}^{k^{gp}}\delta^l\{p\times 1+(1-p)\times[q_{t+l}\times(-\beta)+(1-q_{t+l})\times 0]\}$。第三部分是惩罚阶段结束之后实现的收益。在惩罚阶段结束之后的某个时期 $t+l$ 中,我们的参与者以概率 p 与团队外成员博弈,双方都选择合作,实现收益 1。以 $1-p$ 的概率与团队内成员博弈,这里又有两种情况:以概率 q_{t+l},对方是合作者,选择合作,我们的参与者选择合作,实现收益 1;以概率 $1-q_{t+l}$,对方是背叛者,选择合作,我们的参与者选择背叛,实现收益 α。时期 $t+l$ 的期望收益为 $\{p\times 1+(1-p)\times[q_{t+l}\times 1+(1-q_{t+l})\times\alpha]\}$。惩罚阶段结束之后实现的收益为 $\sum_{l=k^{gp}+1}^{\infty}\delta^l\{p\times 1+(1-p)\times[q_{t+l}\times 1+(1-q_{t+l})\times\alpha]\}$。三部分收益相加,得到式(9.1)中的结果。

设$1+\beta>\alpha$。对所有的$l=1, \cdots, k^{gp}$，在$q_{t+l}=0$时，净效用取得最小值。但是，根据我们对q_{t+l}的定义，这个前提（对所有的$l=1, \cdots, k^{gp}$，$q_{t+l}=0$）不可行，因为它意味着所有参与者都在自己的惩罚阶段选择合作，在k^{gp}个时期后所有人的惩罚阶段结束。① 所有参与者在时期$t-1$选择背叛，在时期$t-1+k^{gp}$恢复合作——就是说，在$l=1, 2, \cdots, k^{gp}-1$时，$q_{t+l}=0$，$q_{t+k^{gp}}=1$——最小化净收益。通过代数运算，我们能发现，净效用为正当且仅当

$$\frac{\delta-\delta^{k^{gp}}}{1-\delta}\frac{\alpha}{1+\beta}+\delta^{k^{gp}}\geqslant\frac{\alpha-1}{(1-p)(1+\beta)} \tag{9.4}$$

现在分析背叛者在时期t是否会进行2(a)中的行为"在与外部团队成员博弈时选择背叛"。设剩余惩罚期数为k_i的背叛者与外部团队成员配对博弈。选择合作，带给他的效用为②

$$1+\sum_{l=1}^{k_i-1}\delta^l\{p\times1+(1-p)\times[q_{t+l}\times(-\beta)+(1-q_{t+l})\times0]\}$$

$$+\sum_{l=k_i}^{\infty}\delta^l\{p\times1+(1-p)\times[q_{t+l}\times1+(1-q_{t+l})\times\alpha]\}$$

---

① 译者注：$q_{t+l}=0$意味着在时期$t+l$，参与者i与合作者配对博弈的概率为零，在这一时期，参与者i以外的所有人都是背叛者。对所有的$l=1, \cdots, k^{gp}$，$q_{t+l}=0$意味着在时期t之后的k^{gp}个时期中，参与者i以外的所有人都处于惩罚阶段并且所有人的惩罚阶段都在第k^{gp}个时期之后结束。换句话说，参与者i以外的所有人都在时期$t-1$为合作者，在时期t选择背叛，然后进入惩罚阶段。但是，这里只探讨参与者i在时期t的单方面选择，其他所有人都保持费尔森和莱丁所描述的策略不变：具体地说，在$t-1$时期都为合作者，则在时期t依然选择合作。在这一意义上，"对所有的$l=1, \cdots, k^{gp}$，$q_{t+l}=0$"不可行。

② 译者注：参与者i的收益分为三部分：第一部分是在时期t选择合作实现的收益。因为对手来自外部团队，合作，所以，参与者i的收益为1。第二部分是在剩余惩罚期中选择合作实现的收益。在剩余惩罚期中的时期$t+l$里，以概率p，他遭遇外部团队成员，双方都选择合作，他得到收益1。以$1-p$的概率，他遭遇的对手来自本团队，于是有两种可能性：以概率q_{t+l}，对手是合作者，选择背叛，而参与者i本人选择合作，实现收益$-\beta$；以概率q_{t+l}，对手也是背叛者，双方都选择背叛以惩罚对方，参与者i实现收益0。因此，在剩余惩罚期中的时期$t+l$里，参与者i实现的期望收益为$p\times1+(1-p)\times[q_{t+l}\times(-\beta)+(1-q_{t+l})\times0]$。在整个剩余惩罚期中，他实现的期望收益为$\sum_{l=1}^{k_i-1}\delta^l\{p\times1+(1-p)\times[q_{t+l}\times(-\beta)+(1-q_{t+l})\times0]\}$。第三部分收益是在惩罚阶段结束后，他所实现的期望收益$\sum_{l=k_i}^{\infty}\delta^l\{p\times1+(1-p)\times[q_{t+l}\times1+(1-q_{t+l})\times\alpha]\}$。

选择背叛，他的效用为式(9.1)中的效用。[①] 选择合作所实现的效用与选择背叛所实现的效用之差为

$$1-\alpha+\sum_{l=k_i}^{k^{gp}}\delta^l\{(1-p)\times[q_{t+l}\times(1+\beta)+(1-q_{t+l})\times\alpha]\}$$

$$=1-\alpha+\sum_{l=k_i}^{k^{gp}}\delta^l\times(1-p)\times[\alpha+q_{t+l}\times(1+\beta-\alpha)]$$

只要

$$\sum_{l=k_i}^{k^{gp}}\delta^l(1-p)\times[q_{t+l}\times(1+\beta)+(1-q_{t+l})\times\alpha]\geqslant\alpha-1$$

背叛者就会与团队外成员合作。在 $k_i=k^{gp}$ 时，上式左边部分取得最小值。我们因此要求

$$\delta^{k^{gp}}\times(1-p)\times[q_{t+k^{gp}}\times(1+\beta)+(1-q_{t+k^{gp}})\times\alpha]\geqslant\alpha-1。$$

由于所有参与者都使用均衡策略，所以对所有的 s_t，$q_{t+k^{gp}}=1$。因此，除非

$$\delta^{k^{gp}}\geqslant\frac{\alpha-1}{(1-p)(1+\beta)}\tag{9.5}$$

否则，背叛者在时期 t 背叛团队外成员，有利可图。

我们还需要排除 2(b)中的行为“在与团队内的合作者博弈时选择背叛”。设剩余惩罚期数为 k_i 的背叛者与团队内的合作者配对博弈。如果他选择合作，则他得到的效用为[②]

---

① 译者注：背叛者只在时期 t 选择背叛；在 t 以后的时期里，依然使用费尔森和莱丁所描述的策略。这位背叛者实现的收益包括三部分：第一部分是在时期 t 实现的收益，为 α，因为他选择了背叛，而外部团队成员选择合作。第二部分是惩罚阶段中实现的收益，因为他在时期 t 选择了背叛，所以，他重新进入持续 k^{gp} 个时期的惩罚阶段。他实现的收益为 $\sum_{l=1}^{k^{gp}}\delta^l\{p\times1+(1-p)\times[q_{t+l}\times(-\beta)+(1-q_{t+l})\times0]\}$。第三部分是结束惩罚阶段后实现的收益，为 $\sum_{l=k^{gp}+1}^{\infty}\delta^l\{p\times1+(1-p)\times[q_{t+l}\times1+(1-q_{t+l})\times\alpha]\}$。

② 译者注：$-\beta$ 是他在时期 t 得到的收益：他选择合作，对手选择背叛来惩罚他此前的背叛行为，这一策略截面带给他的收益为 $-\beta$。$\sum_{l=1}^{k_i-1}\delta^l\{p\times1+(1-p)\times[q_{t+l}\times(-\beta)+(1-q_{t+l})\times0]\}$ 是他在剩余惩罚期中获得的期望收益的现值。$\sum_{l=k_i}^{\infty}\delta^i\{p\times1+(1-p)\times[q_{t+l}\times1+(1-q_{t+l})\times\alpha]\}$ 是惩罚阶段结束之后他获得的期望收益的现值。

$$-\beta+\sum_{l=1}^{k_i-1}\delta^l\{p\times 1+(1-p)\times[q_{t+l}\times(-\beta)+(1-q_{t+l})\times 0]\}$$

$$+\sum_{l=k_i}^{\infty}\delta^i\{p\times 1+(1-p)\times[q_{t+l}\times 1+(1-q_{t+l})\times\alpha]\}$$

他选择背叛，则实现的效用为①

$$0+\sum_{l=1}^{k^{gp}}\delta^l\{p\times 1+(1-p)\times[q_{t+l}(-\beta)+(1-q_{t+l})\times 0]\}$$

$$+\sum_{l=k^{gp}+1}^{\infty}\delta^i\{p\times 1+(1-p)\times[q_{t+l}\times 1+(1-q_{t+l})\times\alpha]\}$$

两者的差为

$$\sum_{l=k_i}^{k^{gp}}\delta^i\{(1-p)[q_{t+l}(1+\beta)+(1-q_{t+l})\alpha]\}-\beta$$

利用分析情况 2(a)时的思路，子博弈精炼均衡要求

$$\delta^{k^{gp}}\geqslant\frac{\beta}{(1-p)(1+\beta)}\tag{9.6}$$

现在，我们得到了全部的均衡条件：

• 在 $\alpha>1+\beta$ 时，子博弈精炼均衡要求(9.3)、(9.5)和(9.6)成立。(9.5)蕴含(9.6)，所以，我们可以只用式(9.5)而舍弃式(9.6)。而且，我们能证明(9.5)蕴含(9.3)。改写(9.3)为

$$\delta\left(\delta^{k^{gp}}-\frac{\alpha-1}{(1-p)(1+\beta)}\right)\leqslant\delta-\frac{\alpha-1}{(1-p)(1+\beta)}\tag{9.7}$$

---

① 译者注：在时期 t，他选择背叛，而对手也选择背叛来惩罚他此前的背叛行为，这一策略截面带给他的收益为 0。因为他再次选择了背叛，所以，在时期 t 之后，他重新开始惩罚阶段，实现的期望收益的现值为 $\sum_{l=1}^{k^{gp}}\delta^l\{p\times 1+(1-p)\times[q_{t+l}(-\beta)+(1-q_{t+l})\times 0]\}$。在持续 k^{gp} 个时期的惩罚阶段结束之后，他获得的期望收益的现值为 $\sum_{l=k^{gp}+1}^{\infty}\delta^i\{p\times 1+(1-p)\times[q_{t+l}\times 1+(1-q_{t+l})\times\alpha]\}$。

(9.5)蕴含(9.7)中不等号两边的项都为正;因为 $1>\delta>\delta^{k^{gp}}$,所以,右边的项更大。因此,在 $\alpha>1+\beta$ 时,式(9.5)是团队内约束策略构成子博弈精炼纳什均衡的充分必要条件。

- 在 $\alpha<1+\beta$ 时,子博弈精炼均衡要求(9.4)、(9.5)和(9.6)成立。(9.6)蕴含(9.5)。并且,如果(9.6)成立,就有下面的不等式:

$$
\begin{aligned}
\delta^{k^{gp}} &\geqslant \frac{\beta}{(1-p)(1+\beta)} > \frac{\alpha-1}{(1-p)(1+\beta)} \\
&> \frac{\alpha-1}{(1-p)(1+\beta)} - \frac{\delta-\delta^{k^{gp}}}{1-\delta}\ \frac{\alpha}{1+\beta}
\end{aligned}
$$

就是说,(9.6)蕴含(9.4)。所以,(9.6)是团队内惩罚构成子博弈精炼均衡的充分必要条件。

我们因此证明了命题 9.1:

命题 9.1 惩罚阶段持续 k^{gp} 个时期的团队内惩罚策略是子博弈精炼纳什均衡当且仅当

$$
\delta^{k^{gp}} \geqslant \min\left\{\frac{\alpha-1}{(1-p)(1+\beta)},\ \frac{\beta}{(1-p)(1+\beta)}\right\}
$$

现在看子博弈精炼均衡具有的特征。首先,如果在 $k^{gp}>1$ 时,

$$
\delta^{k^{gp}} \geqslant \min\left\{\frac{\alpha-1}{(1-p)(1+\beta)},\ \frac{\beta}{(1-p)(1+\beta)}\right\}
$$

则在 $k^{gp}=1$ 时,上式肯定成立。就是说,要实现这一均衡,惩罚阶段只需持续一个时期。事实上,更长的惩罚期会适得其反,降低背叛者为结束惩罚阶段而选择合作的动力。

其次,只当与团队外成员之间进行博弈的概率 p 足够小时,这一均衡才能实现。子博弈精炼均衡要求

$$
\min\left\{\frac{\alpha-1}{(1-p)(1+\beta)},\ \frac{\beta}{(1-p)(1+\beta)}\right\} \leqslant 1,
$$

所以①，

$$p > \min\left\{\frac{1}{1+\beta},\ 1-\frac{\alpha-1}{1+\beta}\right\}。$$

蕴含均衡不存在。当与团队外成员之间进行博弈的概率很大时，对偏离行为实施惩罚的概率就很小，因为惩罚只由团队内成员做出。这一效应产生与直觉相悖的结论：太多的团队间博弈反倒阻碍了团队间合作。费尔森和莱丁认为，这一结论为种族保持自己的边界的愿望提供了内生依据。

9.7　应用：贸易战②

我们看表 9.6 中的贸易政策博弈。θ_i 是在对方国家实行自由贸易政策时国家 i 获得的收益，ρ 是国家 i 在自己实行贸易保护政策时获得的收益。自由贸易能在触发策略中实现当且仅当对国家 $i=1, 2$ ③

---

① 译者注：

$$\min\left\{\frac{\alpha-1}{(1-p)(1+\beta)},\ \frac{\beta}{(1-p)(1+\beta)}\right\} \leqslant 1$$

$$\Rightarrow \frac{1}{1-p}\min\left\{\frac{\alpha-1}{1+\beta},\ \frac{\beta}{1+\beta}\right\} \leqslant 1$$

$$\Rightarrow \min\left\{\frac{\alpha-1}{1+\beta},\ \frac{\beta}{1+\beta}\right\} \leqslant 1-p$$

$$\Rightarrow p \leqslant 1-\min\left\{\frac{\alpha-1}{1+\beta},\ \frac{\beta}{1+\beta}\right\}$$

$$\Rightarrow p \leqslant \min\left\{1-\frac{\alpha-1}{1+\beta},\ \frac{1}{1+\beta}\right\}。$$

利用逆否命题证明方法，

$$p > \min\left\{1-\frac{\alpha-1}{1+\beta},\ \frac{1}{1+\beta}\right\} \Rightarrow \text{子博弈精炼均衡不存在。}$$

② 这个模型改写自 Green 与 Porter(1984)关于经济卡特尔的不完全串谋和价格战模型。

③ 译者注：触发策略为"实行自由贸易政策直至对方实行贸易保护；如果对方实行贸易保护，则实行贸易保护直至最后"。给定对手使用触发策略，国家 i 实行自由贸易，获得的收益的现值为 $\frac{\theta_i}{1-\delta}$。如果国家 i 在当前时期选择贸易保护，因为对手实行自由贸易政策，所以，国家 i 的当前时期收益为 $\theta_i+\rho$；自下一个时期起，对手实行贸易保护政策，对国家 i 而言，最优反应是实行贸易保护政策，在每个时期中得到收益 ρ，这一收益流的现值为 $\frac{\delta\rho}{1-\delta}$。就是说，如果国家 i 在当前时期选择贸易保护，则得到现值收益 $\theta_i+\rho+\frac{\delta\rho}{1-\delta}$。两个国家选择自由贸易当且仅当 $\frac{\theta_i}{1-\delta} \geqslant \theta_i+\rho+\frac{\delta\rho}{1-\delta}$。

$$\frac{\theta_i}{1-\delta} \geqslant \theta_i + \rho + \frac{\delta\rho}{1-\delta},$$

或者说，当且仅当

$$\delta \geqslant \frac{\rho}{\theta_i}。$$

但是，要在触发策略上实现自由贸易均衡，要求两个国家都能完美观察到对方的政策。这不可能做到，因为各个国家都能设置看不见的贸易壁垒。并且，国家之间的贸易流量还决定于贸易政策以外的各种市场因素，所以，国家之间的贸易流量下降，未必是对方在做手脚。

表 9.6 贸易政策博弈

		参与者 2：自由贸易	参与者 2：贸易保护
参与者 1	自由贸易	θ_1, θ_2	0, $\theta_2+\rho$
	贸易保护	$\theta_1+\rho$, 0	ρ, ρ

为分析这些问题，我们设各个国家无法直接观察到对方的政策，都只能观察到自己实现的贸易收益 θ_i。设 θ_i 是个随机变量。为简化分析，设在国家 j 实行自由贸易政策时，以概率 π，$\theta_i=\theta>0$；以概率 $1-\pi$，$\theta_i=0$。设在国家 j 实行贸易保护政策时，以概率 1，$\theta_i=0$。就是说，观察到 $\theta_i=\theta$，国家 i 能推断国家 j 在实行自由贸易政策；但是，观察到 $\theta_i=0$，国家 i 不确定国家 j 所实行的政策。设 $\pi\theta>\rho$，就是说，在期望意义上，每个国家都偏好自由贸易，反对双边保护。①

在这一博弈中，存在一些子博弈精炼均衡，每个国家在每个时期都实行贸易保护政策。我们想知道是否存在一些均衡，实现某种程度的自由贸易。这种均衡显然要求在观察到 $\theta_i=0$ 时，对对手实施惩罚。

---

① 译者注：设两个国家都选择自由贸易。国家 i 以概率 π 得到收益 θ，以概率 $1-\pi$ 得到收益 0。国家 i 得到期望收益因此为 $\pi\times\theta+(1-\pi)\times 0=\pi\theta$。设两个国家都选择贸易保护。则国家 i 得到收益 ρ。$\pi\theta>\rho$ 蕴含每个国家都从自由贸易中得到更大好处。

首先看触发策略：国家 i 一旦观察到 $\theta_i=0$，就永久实行贸易保护政策。在时期 1，双方都实行自由贸易政策，各实现期望收益 $\pi\times\theta+(1-\pi)\times 0=\pi\theta$。① 设只要 $\theta_1=\theta_2=\theta$，双方就在下一时期继续实行自由贸易。$\theta_1=\theta_2=\theta$ 发生的概率为 π^2。国家 i 在时期 2 实现的期望收益于是为

$$\pi^2\times(\pi\times\theta+(1-\pi)\times 0)+(1-\pi^2)\times\rho=\pi^3\theta+(1-\pi^2)\rho。$$

把这一逻辑应用于时期 3，得到

$$\pi^5\theta+(1-\pi^4)\rho。$$

再将这一逻辑应用于以后各个时期中。

两个国家都推行自由贸易政策而各自实现的收益的现值于是为

$$\begin{aligned}V^{FT}&=\pi\theta+\delta(\pi^3\theta+(1-\pi^2)\rho)+\delta^2(\pi^5\theta+(1-\pi^4)\rho)+\cdots\\&=\pi\theta(1+\delta\pi^2+\delta^2\pi^4+\cdots)+\delta(1-\pi^2)\rho+\delta^2(1-\pi^4)\rho+\cdots\end{aligned}$$

等号右边的第一个级数等于

$$\frac{\pi\theta}{1-\delta\pi^2};$$

第二个级数等于

$$\frac{\delta\rho}{1-\delta}-\frac{\delta\pi^2\rho}{1-\delta\pi^2};$$

因此，

$$V^{FT}=\frac{\pi\theta-\delta\pi^2\rho}{1-\delta\pi^2}+\frac{\delta\rho}{1-\delta}。$$

再看单方面单次偏离自由贸易政策即实行贸易保护政策所实现的收益：当前时期实现的收益为 $\pi\theta+\rho$，未来收益的现值为 $\frac{\delta\rho}{1-\delta}$，所以，

① 译者注：当对手选择自由贸易时，国家 i 以概率 π 实现收益 θ，以概率 $1-\pi$ 实现收益 0。就是说，在两个国家都实行自由贸易政策时，每个国家实现的期望收益为 $\pi\times\theta+(1-\pi)\times 0$。

$$V^P = \pi\theta + \frac{\rho}{1-\delta}。$$

因此,国家 i 选择自由贸易当且仅当

$$V^{FT} \geqslant V^P$$

或者说,当且仅当

$$\delta > \frac{\rho}{\pi^3\theta}。$$

仅为比较,我们设双方能观察到彼此的贸易政策。则只要 $\delta > \frac{\rho}{\pi\theta}$,就存在由触发策略支持的子博弈精炼纳什均衡。而在双方无法观察到对方的贸易政策时,触发策略均衡更难实现。事实上,如果 $\rho > \pi^3\theta$,就不存在任何贴现因子能使触发策略构成子博弈精炼均衡。并且,触发策略的代价很高,由偶然因素导致 θ_i 下降,也会引发惩罚持续无限多个时期。虽然没有观察到 $\theta_i = 0$,就不会有人偏离自由贸易政策,但是,这一均衡极难实现的事实,蕴含自由贸易几乎肯定崩溃。

我们用格林与波特(Green and Porter,1984)的模型分析惩罚仅持续有限多个时期的触发策略。如果有国家 i 观察到 $\theta_i = 0$,则贸易战爆发,两个国家在随后的 $k \geqslant 1$ 个时期里,都实行贸易保护政策。我们分析在什么条件下,在贸易战仅持续有限多个时期时,自由贸易政策是最优政策。① 设 V_i^k 是国家 i 从持续 k 个时期的贸易战中得到的收益现值②:

$$V_i^k = \frac{(1-\delta^k)\rho}{1-\delta}。$$

设 V^{FT} 是自两个国家处于自由贸易状态时开始直至未来所实现的无限收益流

① 由于两个国家都推行贸易保护也构成纳什均衡,所以我们不需要分析在贸易战中保护政策的最优性。

② 译者注:设惩罚自当前时期开始,共持续 k 个时期。在惩罚期中,每个国家的收益流为 $\underbrace{\rho,\rho\cdots,\rho}_{k个}$,收益流的现值为 $\underbrace{\rho+\delta\rho+\cdots+\delta^{k-1}\rho}_{共k项} = \frac{(1-\delta^k)\rho}{1-\delta}$。

的期望值。就是说①，

$$V^{FT}=\pi\times(\theta+\pi\delta V^{FT})+(1-\pi^2)\times\delta(V_i^k+\delta^k V^{FT})$$

整理得到

$$V^{FT}=\frac{\pi\theta+(1-\pi^2)\delta V_i^k}{1-\pi^2\delta-(1-\pi^2)\delta^{k+1}}。$$

利用单偏离原则，我们能算出对自由贸易政策的单次偏离所实现的收益现值 V^P②：

$$V^P=\pi\times\theta+\rho+\delta\times(V_i^k+\delta^k V^{FT})$$

在均衡中，

$$V^{FT}\geqslant V^P。$$

整理得到，

$$\frac{\delta-\delta^{k+1}}{1-\delta^{k+1}}>\frac{\rho}{\pi^3\theta}。\tag{9.8}$$

这一不等式左边的项在 k 上递增。设 $k^{\min}(\delta)$ 是对给定的 δ，使(9.8)成立的最小整数 k。我们证明了命题 9.2。

命题 9.2 如果 $\delta>\dfrac{\rho}{\pi^3\theta}$ 且 $k\geqslant k^{\min}(\delta)$，则如下策略构成子博弈精炼均衡：

---

① 译者注：在当前时期，给定对方实行自由贸易政策，如果国家 i 实行自由贸易政策，则有两种可能的结果。第一，以概率 π 国家 i 得到当期收益 θ；且以概率 π^2 在下个时期中进入始自自由贸易状态的子博弈，实现的自由贸易收益为 V^{FT}（下一个时期的价值）。第二，以概率 $1-\pi$ 国家 i 得到当期收益 0；且以概率 $1-\pi^2$ 在下个时期中进入始自贸易战，实现的收益包括持续 k 个时期的贸易战收益 V_i^k（下一个时期的价值）和贸易战结束后的自由贸易收益 V^{FT}（第 $k+1$ 个时期的价值）。因此，国家 i 实现的收益为

$$\begin{aligned}&\pi\theta+\pi^2\delta V^{FT}+(1-\pi)\times 0+(1-\pi^2)\delta(V_i^k+\delta^k V^{FT})\\&=\pi(\theta+\pi\delta V^{FT})+(1-\pi^2)\delta(V_i^k+\delta^k V^{FT})。\end{aligned}$$

② 译者注：在当前时期，给定对方实行自由贸易政策，如果国家 i 实行贸易保护政策，则它能得到的收益包括：在当前时期，以概率 π 得到收益 $\theta+\rho$ 和以概率 $1-\pi$ 得到收益 ρ；因为它在当前时期实行贸易保护，所以，自下一个时期开始，双方肯定进入贸易战阶段，得到收益 V_i^k（下一时期的价值）；在贸易战结束之后，双方恢复自由贸易政策，得到自由贸易收益 V^{FT}（第 $k+1$ 个时期的价值）。国家 i 的期望收益于是为

$$[\pi\times(\theta+\rho)+(1-\pi)\times\rho]+\delta\times(V_i^k+\delta^k V^{FT})=\pi\theta+\rho+\delta(V_i^k+\delta^k V^{FT})$$

(1) 在博弈开始时，实行自由贸易政策；

(2) 始终实行自由贸易政策直至其中一个国家 i 观察到 $\theta_i=0$；

(3) 在 $\theta_i=0$ 的时期之后，连续 k 个时期实行贸易保护政策；

(4) 在 k 个时期之后，实行自由贸易政策。

这里要注意，持续时间超过 $k^{\min}(\delta)$ 的贸易战，都能实现子博弈精炼均衡。但是，如果两个国家能协调至最优的贸易战时长上，这一模型就能确定贸易战的最优时长。直观地说，由于贸易战代价高，所以，两个国家应协调至能促成合作的最短贸易战上，即协调至 $k^{\min}(\delta)$ 上。$k^{\min}(\delta)$ 是贸易战的最优时长，因为只要 $\pi\theta>\rho$，V^{FT} 就在 k 上严格递减。所以，(9.8)提供了有实用价值的结论。前面说过，(9.8)左边项在 k 上递增；这意味着 $k^{\min}(\delta)$ 在保护政策的收益 V^P 上递增，在自由贸易政策的收益 V^{FT} 上递减。这一结论合乎逻辑；在激励问题严重时，贸易战应持续更长时间。贸易战的时长在 π 上递减。我们可以把 $1-\pi$ 理解为贸易流量的波动性（在自由贸易体制下，贸易流量下降的概率）。贸易战的时长在 π 上递减的事实，意味着贸易波动性会增加贸易战的持续时间。要阻止各个国家建立贸易壁垒和把贸易量下降诿过于自然波动性，就必须这样做。在均衡中，两个国家只在贸易战中实行保护政策，所以，他们知道 $\theta_i=0$ 并非由贸易保护导致。但是，在均衡中，即使国家 j 从不背叛，国家 i 依然必须发动高成本的和会持续相当一段时期的贸易战，对 $\theta_i=0$ 做出反应；这能确保各个国家不设置贸易壁垒。

9.8 习　　题

习题 9.1 设无限次重复博弈由如下阶段博弈构成：

		参与者 2		
		l	m	r
参与者 1	u	1, 1	8, 3	1, 2
	c	1, 6	5, 5	1, 4
	d	1, 2	4, 1	2, 2

两个参与者有相同的贴现因子 $\delta(0<\delta<1)$。

(1) 在这一重复博弈中存在纳什均衡使得在每个时期中,双方都使用 (u, m) 吗? 答案取决于贴现因子 δ 的值吗?

(2) 找出使以下策略构成重复博弈的纳什均衡的最小 δ 值:在第一时期使用策略截面 (c, m);在任何时期,只要此前所有时期都使用 (c, m),则使用 (c, m);如果在某个时期没有使用 (c, m),则在这一时期之后使用 (d, r) 并永久使用 (d, r)。

(3) 找出使得"每个时期都使用 (u, m)"成为纳什均衡策略的最小的 δ。

习题 9.2　证明在以表 9.4 的囚徒困境为阶段博弈的重复博弈中,对以牙还牙策略的最优偏离实现收益 $c+\delta d+\dfrac{c+\delta d}{1-\delta^2}$ 或 $c+\dfrac{\delta b}{1-\delta}$。

习题 9.3(*)　设参与者的贴现因子小于 1。求证单偏离原则适用于无限次重复博弈的子博弈精炼均衡。

习题 9.4　设表 9.4 中的囚徒困境博弈被重复进行无限多次。以牙还牙策略要成为子博弈精炼均衡,贴现因子的取值范围是什么?

习题 9.5　证明命题 9.1。

习题 9.6　证明命题 9.2。

习题 9.7　在费尔森和莱丁模型中,找出螺旋子博弈精炼均衡的存在条件。这一均衡建立在如下策略基础上:

> 在团队内配对博弈中,不管自己是合作者还是背叛者,面对合作者,总是使用 C;面对背叛者,总是使用 D。如果背叛合作者,就进入或重新开始持续 k^{in} 个时期的团队内惩罚阶段。在与外团队成员配对博弈中,如果两个团队都不在对方施加的惩罚阶段中,就使用 C;否则,就使用 D。在两个团队都不在对方施加的惩罚阶段中时,如果其中一个团队的成员在团队之间的配对博弈中发生背叛,则这一团队进入由对方团队施加的持续 k^{out} 个时期的惩罚阶段。

习题 9.8　在贸易战模型中,构造如下"混合触发策略子博弈精炼均衡":观察到 $\theta_i=0$,国家 i 使用混合策略,以 μ 的概率永久实行贸易保护政策。

第 10 章　讨价还价理论

如果说政治科学研究“谁在何时以何种方式得到什么”的问题，讨价还价理论就是它的理论基础。[①] 立法机构和政府就法案讨价还价；各个国家就国际协议讨价还价，就危机解决方案讨价还价；政党为联合执政讨价还价；等等。

鉴于讨价还价的重要性，用讨价还价博弈模型研究政治过程就成了十分活跃的研究领域。这类模型探讨两类问题。第一类是分配问题:“谁赢”和“谁输”的问题。总统得到自己想要的法案了吗？哪个国家控制着冲突地区？哪些政党在瓜分政府职位？第二类问题探讨讨价还价的效率特征。讨价还价过程消耗资源吗？讨价还价过程提高每个人的福利了吗？虽然存在着各方都偏好的妥协方案，但立法谈判依然走入死胡同或者方案被否决？国际冲突会演变为军事冲突和战争吗？组建联合政府为什么如此费时费力？

本章介绍一些最重要的讨价还价模型和它们在政治科学中的应用。

10.1　纳什讨价还价解

约翰·纳什第一个系统研究讨价还价问题。他采用公理化研究方法，首先描述讨价还价结果应具有的特征。我们首先介绍讨价还价问题的纳什解，然后介绍这些公理。这里借鉴了穆苏的著作(Muthoo，1999)。

A 和 B 就如何在两人之间分配 X 数量的资源讨价还价。X 可被无限细分。设 x_A 是 A 得到的量，x_B 是 B 得到的量。可行配置可为任意的 (x_A, x_B)，只要 $x_A+x_B\leqslant X$。A 和 B 从配置 (x_A, x_B) 中分别获得效用 $u_A(x_A)$

---

① 见 Lasswell(1936)。

和 $u_B(x_B)$。设 $i \in \{A, B\}$ 的效用函数 u_i 严格递增且严格凹。如果双方没能就资源分配方案达成一致,则两人得到缺省效用即各自的分歧值或外部机会 $\underline{u}_i > u_i(0)$。为使这一讨价还价问题有意义,我们要求存在至少一种分配方案 (x_A, x_B) 使得对每个 i, $u_i(x_i) > \underline{u}_i$ 且 $x_A + x_B \leqslant X$。就是说,相对于各自的分歧值,存在至少一种可行分配方案使得每个人都认为它优于分歧点 $(\underline{u}_A, \underline{u}_B)$。

为得到这一问题的纳什解,我们将它转换为效用配置 (u_A, u_B) 而非对 X 的分配。可行的效用配置集为

$$\Omega = \{(u_A, u_B): 存在(x_A, x_B) 使得 u_A(x_A) = u_A,\\ u_B(x_B) = u_B, x_A + x_B \leqslant X\}。$$

给定关于效用函数的上述假定,可行集 Ω 的边界为图 10.1 中的粗实线,它是函数 $g(u_A) \equiv u_B(X - u_A^{-1}(u_A))$ 的图。穆苏(Muthoo, 1999)证明了 g 是 u_A 上的递减凹函数。[①] 设 g 二阶可导。

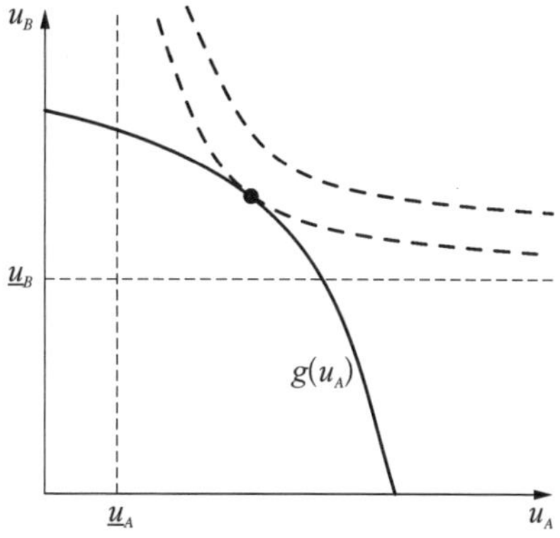

图 10.1　纳什解

现在求这一讨价还价问题的纳什解。它是以下问题的解:

$$\max_{(u_A, u_B) \in \Omega} (u_A - \underline{u}_A)(u_B - \underline{u}_B) \quad s.t. \quad \begin{matrix} u_A \geqslant \underline{u}_A \\ u_B \geqslant \underline{u}_B \end{matrix}$$

---

① 译者注:把 g 对 u_A 求一阶导数,得到

$$g'(u_A) = u'_B(X - u_A^{-1}(u_A))\left[-\frac{du_A^{-1}(u_A)}{du_A}\right]$$

因为函数 $u_A(\cdot)$ 和 $u_B(\cdot)$ 都是严格增函数,所以, $g'(u_A) < 0$。

把 g 对 u_A 求二阶导数,得到

$$g''(u_A) = u''_B(X - u_A^{-1}(u_A))\left[-\frac{1}{u'_A(u_A^{-1}(u_A))}\right]^2 \\ + u'_B(X - u_A^{-1}(u_A))\left\{\frac{1}{[u'_A(u_A^{-1}(u_A))]^2} u''_A(u_A^{-1}(u_A))\left[\frac{1}{u'_A(u_A^{-1}(u_A))}\right]\right\} < 0$$

因此, g 是严格递减的凹函数。

图 10.1 中的虚直线 $\underline{u}_A$ 右边的点满足 $u_A \geqslant \underline{u}_A$；虚直线 $\underline{u}_B$ 上方的点满足 $u_B \geqslant \underline{u}_B$。约束集为函数 g 的图位于区间 $[\underline{u}_A, g^{-1}(\underline{u}_B)]$ 上。g 是递减凹函数，约束集因此是凸集。我们能证明纳什积 $(u_A - \underline{u}_A)(u_B - \underline{u}_B)$ 是 u_A 和 u_B 上的拟凹函数。在纳什积取正值的区域中，它的等值曲线为粗虚线。

唯一的纳什解 (u_A, u_B) 是函数 g 的图与等值曲线的切点，它满足两个条件：

$$g'(u_A) = -\frac{u_B - \underline{u}_B}{u_A - \underline{u}_A}, \tag{10.1}$$

$$u_B = g(u_A)。 \tag{10.2}$$

我们先看个例子。设 $X = 1$，$u_i(x_i) = x_i$。纳什解 (u_A, u_B) 为

$$u_A = x_A = \frac{1 + \underline{u}_A - \underline{u}_B}{2} = \underline{u}_A + \frac{1 - \underline{u}_A - \underline{u}_B}{2},$$

$$u_B = x_B = \frac{1 - \underline{u}_A + \underline{u}_B}{2} = \underline{u}_B + \frac{1 - \underline{u}_A - \underline{u}_B}{2}。$$

它有两个重要特征。首先，每个人在分歧值越大时，从纳什解中得到的效用就越大；在对方的外部机会值越大时，从纳什解中得到的效用就越小。其次，如果双方的外部机会值相等，两人就平分资源；如果双方的外部机会值不等，双方就以获得自己的分歧值为底线，平分剩余部分 $1 - \underline{u}_A - \underline{u}_B$，各实现效用 $\underline{u}_i + \dfrac{1 - \underline{u}_A - \underline{u}_B}{2}$。

我们再探讨一般情况中纳什解(用份额表示)具有的特征。

定理 10.1 纳什解是方程 $\dfrac{u_A(x_A) - \underline{u}_A}{u'_A(x_A)} = \dfrac{u_B(X - x_A) - \underline{u}_B}{u'_B(X - x_A)}$ 的解。

证明： 把函数 g 对 u_A 求导，得到

$$g'(u_A) = -u'_B(X - u_A^{-1}(u_A)) \frac{du_A^{-1}(u_A)}{du_A} = -\frac{u'_B(X - u_A^{-1}(u_A))}{u'_A(u_A^{-1}(u_A))}。$$

根据定义，$u_A^{-1}(u_A) = x_A$。代入上式，得到

$$g'(u_A)=-\frac{u'_B(X-x_A)}{u'_A(x_A)}。$$

把这个结果代入(10.1)中，得到

$$-\frac{u'_B(X-x_A)}{u'_A(x_A)}=-\frac{u_B-\underline{u}_B}{u_A-\underline{u}_A}。$$

整理得到

$$\frac{u_A(x_A)-\underline{u}_A}{u'_A(x_A)}=\frac{u_B(X-x_A)-\underline{u}_B}{u'_B(X-x_A)}。$$

□

根据定理 10.1，如果两人有相同的分歧值和效用函数，纳什解就为 $x_A=x_B=\frac{1}{2}X$。

给定函数 g 的特征，下面的定理指出，每个人在纳什解中实现的效用在自己的分歧值上递增，在对方的分歧值上递减。

定理 10.2　设 g 二阶可导。则 $\frac{\partial u_i}{\partial \underline{u}_i}>0$；如果 $i\neq j$，则 $\frac{\partial u_j}{\partial \underline{u}_i}<0$。

证明： 由于 g 二阶可导，我们可应用隐函数定理于一阶条件(10.1)，即于

$$\frac{g(u_A)-\underline{u}_B}{u_A-\underline{u}_A}+g'(u_A)=0。$$

由于纳什解满足二阶条件，即

$$\frac{g'(u_A)(u_A-\underline{u}_A)-(g(u_A)-\underline{u}_B)}{(u_A-\underline{u}_A)^2}+g''(u_A)<0,$$

我们得到

$$-\frac{1}{u_A-\underline{u}_A}<0,$$

$$\frac{g(u_A)-\underline{u}_B}{(u_A-\underline{u}_A)^2}>0,$$

$$g'(u_A)<0。$$

利用这些结果，我们就能证明这一定理。　□

10.1.1 应用：厌恶风险与纳什解

风险偏好态度自然影响讨价还价解。讨价还价过程可能无法达成分配协议而只能让双方得到外部机会。如果一方在谈判中咄咄逼人，谈判破裂的概率就会上升。所以，更愿意冒险的人更可能在谈判中为自己争取到更好的结果，因为他们要价更高，让步更少。虽然纳什的讨价还价模型不涉及讨价还价过程，但是，纳什解与这些直观认识一致。

设 $i \in \{A, B\}$ 的效用函数为 $u_i(x_i) = x_i^{\alpha_i}$，$0 < \alpha_i < 1$；$i$ 的分歧值为 $\underline{u}_i = 0$；设 $X = 1$。α_A 的值可能异于 α_B 的值，反映 A 和 B 风险厌恶程度可能不同；α_i 越小，风险厌恶程度就越大。[①] 用定理 10.1 中的公式，我们能求出纳什解：

$$x_A = \frac{\alpha_A}{\alpha_A + \alpha_B},\ x_B = \frac{\alpha_B}{\alpha_A + \alpha_B}。$$

我们看到，每个人得到的份额在自己的风险厌恶系数上递减，在对手的风险厌恶系数上递增。这一结论与我们的直观感受一致：敢冒险的人，采取强硬立场（增加了谈判破裂的可能性），得到更大份额。

10.1.2 纳什公理

现在介绍纳什解所依托的公理，它们反映以下原则：

(1) 每个人都最大化自己的期望效用。

(2) 讨价还价过程具有效率。所有可供分配的资源都得到分配，并且，没有人的所得低于其分歧值。

(3) 分配方案只决定于参与者的偏好和分歧值。

(4) 不用考虑纳什解以外的分配方案，在事前剔除这种方案不影响讨价还价问题的解。

---

① 译者注：α_i 不是风险厌恶系数！

原书注：标准风险厌恶系数为 $-u''/u'$。对这一效用函数，$-\frac{u''}{u'} = -\frac{\alpha(\alpha-1)x^{\alpha-2}}{\alpha x^{\alpha-1}} = \frac{1-\alpha}{x}$。

我们说过，集合 Ω 中的每个效用配置 (u_A, u_B) 都是可行配置，能通过对 X 的某种分配方式实现。帕累托最优配置集为 $\Omega^e=\{(u_A, u_B)\in\Omega: u_A\geqslant \underline{u}_A, g(u_A)\geqslant \underline{u}_B\}$。我们定义讨价还价问题为 $(\Omega, \underline{u})$，$\underline{u}$ 是分歧值向量。我们用集合 Σ 表示所有的讨价还价博弈。一个讨价还价解是一个向量值函数 $F: \Sigma\rightarrow\mathbb{R}^2$；$F$ 的分量 F_i 是 i 得到的效用。

纳什解以以下公理为基础。

公理 10.1　效用函数具有仿射转换不变性特征。

定义 $u_i'=\alpha_i u_i+\beta_i$，$\underline{u}_i'=\alpha_i \underline{u}_i+\beta_i$，$\alpha_i>0$；据此定义 Ω'。则对 $i=A, B$，$F_i(\Omega', \underline{u}')=\alpha_i F_i(\Omega, \underline{u})+\beta_i$。

公理 10.1 说的是效用函数和分歧值的同一仿射变换不改变讨价还价结果。由于以同一方式转换效用配置与效用函数，所以，在两个讨价还价解中，资源配置相同。从数学上说，$u_i^{-1}(F_i(\Omega, \underline{u}))=u_i'^{-1}F_i(\Omega', \underline{u}')$。根据第 3 章中的有关讨论，这一公理蕴含人们最大化期望效用。

公理 10.2　**帕累托效率**：如果 $F(\Sigma)=(u_A, u_B)$，则不存在其他配置 $(u_A', u_B')\in\Omega$ 使得对某个 i，$u_i'>u_i$，且对 $j\neq i$，$u_j'\geqslant u_j$。

帕累托公理说的是不存在其他分配方案，能在不降低某个人效用的同时，提高另一个人的效用。

公理 10.3　**对称性**：设 $\underline{u}_A=\underline{u}_B$ 且 $(u_1, u_2)\in\Omega$ 当且仅当 $(u_2, u_1)\in\Omega$。则 $F_A(\Omega, \underline{u})=F_B(\Omega, \underline{u})$。

对称性公理说的是如果每个人的分歧值都不高于对手的分歧值，则他们得到相同的效用配置。

公理 10.4　**无关选项的独立性(IIA)**：对任意两个讨价还价博弈 $(\Omega, \underline{u})$ 和 $(\Omega', \underline{u})$，设 $\Omega'\subset\Omega$，$F(\Omega, \underline{u})\subset\Omega'$。则 $F(\Omega, \underline{u})\subset F(\Omega', \underline{u})$。

独立性公理说的是保持分歧点不变，更小的可行配置集只在使初始配置变得不可行时，才改变讨价还价解。

从前一节对纳什解的分析看，纳什解显然满足上述所有公理。下面的定理指出，纳什解是唯一同时满足所有四个公理的解。

定理 10.3　讨价还价解 $F: \Sigma\rightarrow\mathbb{R}^2$ 满足公理 10.1～10.4 当且仅当它是纳什解。

穆苏(1999)给出了这一定理的一个直接证明。本章习题介绍了这一定理的证明思路。

10.2　非合作讨价还价

纳什解概念就讨价还价提出了一些命题,但是,它只是就讨价还价的结果应具有的特征提出了一些规范命题,不是关于实际讨价还价过程的实证理论。本节用非合作博弈模型探讨人们在各种扩展式讨价还价博弈中的行为。

鲁宾斯坦(Rubinstein,1982)第一个用非合作博弈理论分析讨价还价问题。参与者 1 和 2 要决定如何瓜分 1 元。他们轮流提出分配方案:参与者 1 在时期 0, 2, 4, …中提出方案,参与者 2 在时期 1, 3, 5, …中提出方案。这一博弈持续进行(可能无限多个时期)直至有分配方案被接受。

参与者 1,在轮到自己提出方案时,提出方案 (x_1, x_2), x_1 和 x_2 分别是参与者 1 和 2 得到的份额, $x_1+x_2\leqslant 1$。 如果参与者 2 接受这一方案,则双方按方案分配这 1 元,博弈结束;如果参与者 2 拒绝这一方案,则由参与者 2 提出新方案即新的 (x_1, x_2)。 如果参与者 1 接受参与者 2 提出的方案,则双方按方案分配这 1 元,博弈结束;如果参与者 1 拒绝这一方案,则双方重复这一过程,继续博弈。为简化分析,设两人都有线性效用函数: $u_1(x_1, x_2)=x_1$, $u_2(x_1, x_2)=x_2$。 参与者 $i=1, 2$ 有贴现因子 δ_i; 给定未来第 t 时期的分配方案 (x_1, x_2), 两个参与者得到的效用现值分别为 $\delta_1^t x_1$ 和 $\delta_2^t x_2$。

这一博弈与第 7 章中的讨价还价博弈一样,有大量纳什均衡。策略截面"参与者 1 始终要求 $x_1=1$ 并拒绝其他任何分配方案;参与者 2 始终提出 $x_1=1$ 并接受其他任何分配方案"就是个纳什均衡。但它不是子博弈精炼均衡。如果参与者 2 拒绝参与者 1 在时期 0 提出的方案 $x_1=1$, 而在时期 1 提出自己的分配方案 $x_1>\delta_1$, 则参与者 1 接受这一方案;因为参与者 1 从拒绝参与者 2 的方案中能得到的最好结果不过是时期 2 中的全部 1 元,这 1 元在时期 1 的价值为 δ_1。 因为一些纳什均衡不是子博弈精炼均衡,所以,我们只探讨子博弈精炼纳什均衡。

10.2.1　子博弈精炼均衡

鲁宾斯坦指出，在这一博弈中，存在唯一的子博弈精炼均衡，双方分别使用如下策略(译者：这里称其为鲁宾斯坦策略)：

参与者 1 提出方案 $\left(\frac{1-\delta_2}{1-\delta_1\delta_2}, \frac{\delta_2(1-\delta_1)}{1-\delta_1\delta_2}\right)$ 并接受参与者 2 提出的任何方案当且仅当在参与者 2 的方案中，$x_1 \geqslant \frac{\delta_1(1-\delta_2)}{1-\delta_1\delta_2}$；参与者 2 提出方案 $\left(\frac{\delta_1(1-\delta_2)}{1-\delta_1\delta_2}, \frac{1-\delta_1}{1-\delta_1\delta_2}\right)$ 并接受参与者 1 提出的任何方案当且仅当在参与者 1 的方案中，$x_2 \geqslant \frac{\delta_2(1-\delta_1)}{1-\delta_1\delta_2}$。

我们证明鲁宾斯坦策略截面是子博弈精炼均衡。首先验证参与者 1 没有动机在任一子博弈中偏离鲁宾斯坦策略。我们看两个子博弈。在第一个子博弈中，参与者 1 首先提出方案(就是说，这个子博弈开始自偶数时期)。在均衡中，参与者 1 提出的分配方案为 $\left(\frac{1-\delta_2}{1-\delta_1\delta_2}, \frac{\delta_2(1-\delta_1)}{1-\delta_1\delta_2}\right)$。参与者 2 接受这一方案。降低 x_1 显然不会给参与者 1 带来任何好处，因为参与者 2 接受降低 x_1 的新方案但参与者 1 的所得低于她的均衡所得。提高 x_1 意味着参与者 1 得降低 x_2 才能使方案可行。但是，只要 $x_2 < \frac{\delta_2(1-\delta_1)}{1-\delta_1\delta_2}$，参与者 2 就会拒绝方案。参与者 2 在拒绝之后提出方案 $x_1 = \frac{\delta_1(1-\delta_2)}{1-\delta_1\delta_2}$；参与者 1 接受这一方案。注意，这里使用了单偏离原则：方案提出方即参与者 1 偏离了鲁宾斯坦策略，但方案接受方即参与者 2 的行为没有改变。参与者 1 以这种方式偏离自己的鲁宾斯坦策略，得到效用 $\frac{\delta_1^2(1-\delta_2)}{1-\delta_1\delta_2}$，它小于均衡效用 $\frac{1-\delta_2}{1-\delta_1\delta_2}$，因为 $\delta_1 < 1$。

在第二个子博弈中，参与者 2 首先提出方案(就是说，这个子博弈开始于奇数时期)。我们验证参与者 1 没有动机偏离自己的鲁宾斯坦策略。参与者 2 提出分配方案

$$\left(\frac{\delta_1(1-\delta_2)}{1-\delta_1\delta_2}, \frac{1-\delta_1}{1-\delta_1\delta_2}\right)。$$

接受这一方案和拒绝这一方案带给参与者 1 相同效用；因为对参与者 1 而言，拒绝这一方案而能实现的最好结果是下一时期中由她自己提出的方案 $x_1 = \frac{1-\delta_2}{1-\delta_1\delta_2}$ 被对方接受。

同理，参与者 2 不会单方面偏离鲁宾斯坦策略。

10.2.2 求解均衡

前一节直接给出了均衡策略，但是没有告诉我们它的来龙去脉。设 v_1 和 v_2 分别是参与者 1 和 2 从始自自己提出分配方案的子博弈中获得的均衡效用；就是说，如果参与者 1 提出的方案 x_1 被对方接受，则 $v_1=x_1$。如果参与者 1 的方案被拒绝，则由参与者 2 提出方案。参与者 1 可以接受参与者 2 的方案，得到参与者 2 给她的份额；她也可以拒绝参与者 2 的方案而在下一时期中提出自己的方案，确定给自己的份额：在这两个份额中，更大的份额的现值为 v_1。由于每个时期中双方使用相同的策略，所以，这些值与时期 t 无关。值 v_1 和 v_2 被称为**持续值**(continuation value)，因为它们是拒绝对手的方案而使博弈进入下一个时期所实现的效用。我们看始自参与者 1 提出分配方案的子博弈。她给参与者 2 的效用至少得为 $\delta_2 v_2$，即 $x_1 = 1-\delta_2 v_2$。参与者 2 接受这一方案，所以，$v_1 = x_1 = 1-\delta_2 v_2$。再看始自参与者 2 提出方案的子博弈。他给参与者 1 的效用至少得为 $\delta_1 v_1$，即 $v_2 = 1-\delta_1 v_1$，他的方案才会被参与者 1 接受。

求解这两个方程，得到

$$v_1 = \frac{1-\delta_2}{1-\delta_1\delta_2}, \ v_2 = \frac{1-\delta_1}{1-\delta_1\delta_2}。$$

我们看到，这两个持续值正是前一节中定义的均衡策略中出现的分配份额。不仅如此，前一节中提出的策略是实现这些持续值的唯一可行的方式。

10.2.3 唯一性

我们证明了鲁宾斯坦均衡是子博弈精炼纳什均衡。但是，我们没有谈到是否存在其他的子博弈精炼纳什均衡。现在证明上一节中求得的 v_1 和 v_2 是唯一与子博弈精炼均衡一致的持续值,就是说,鲁宾斯坦均衡是唯一的子博弈精炼均衡。设有多个子博弈精炼均衡。设 $\bar{v}_i$ 和 $\underline{v}_i$ 是在始自参与者 i 提出方案的子博弈中,参与者 i 实现的最高的和最低的子博弈精炼均衡持续值。设 $\bar{w}_i$ 和 $\underline{w}_i$ 是参与者 i 在始自对手提出方案的子博弈中,所实现的最高的和最低的子博弈精炼均衡持续值。

在参与者 1 提方案时,她给对手的效用不会高于 $\delta\bar{v}_2$,因为参与者 2 拒绝参与者 1 的方案而得到的效用不可能高于 $\bar{v}_2$。就是说,参与者 1 的最低持续值满足 $\underline{v}_1 \geqslant 1-\delta_2\bar{v}_2$。同理,$\underline{v}_2 \geqslant 1-\delta_1\bar{v}_1$。由于对手提供给参与者 i 的效用永远不会高于 $\delta_i\bar{v}_i$,所以,$\bar{w}_i \leqslant \delta_i\bar{v}_i$。

现在看参与者 1 的策略。在由参与者 1 提出方案时,她能得到的最好结果是给对方 $\delta_2\underline{v}_2$ 或者诱使对方拒绝她的方案而在对方提方案时获得 $\delta_1\bar{w}_1$。就是说,参与者 1 的持续值满足

$$\bar{v}_1 \leqslant \max\{1-\delta_2\underline{v}_2,\ \delta_1\bar{w}_1\} \leqslant \max\{1-\delta_2\underline{v}_2,\ \delta_1^2\bar{v}_1\} = 1-\delta_2\underline{v}_2。$$

同理,

$$\bar{v}_2 \leqslant 1-\delta_1\underline{v}_1。$$

因此,以下四个不等式必须得到满足:

$$\underline{v}_1 \geqslant 1-\delta_2\bar{v}_2,$$

$$\underline{v}_2 \geqslant 1-\delta_1\bar{v}_1,$$

$$\bar{v}_2 \leqslant 1-\delta_1\underline{v}_1,$$

$$\bar{v}_1 \leqslant 1-\delta_2\underline{v}_2。$$

合并第一个和第三个不等式,得到

$$\underline{v}_1 \geqslant 1-\delta_2(1-\delta_1\underline{v}_1),$$

就是说,

$$\underline{v}_1 \geqslant \frac{1-\delta_2}{1-\delta_1\delta_2}。$$

合并第二个和第四个不等式，得到

$$\bar{v}_1 \leqslant 1-\delta_2(1-\delta_1\,\bar{v}_1),$$

就是说，

$$\bar{v}_1 \leqslant \frac{1-\delta_2}{1-\delta_1\delta_2}。$$

这两个结论蕴含

$$\bar{v}_1 = \underline{v}_1 = \frac{1-\delta_2}{1-\delta_1\delta_2}。$$

同理，能证明

$$\bar{v}_2 = \underline{v}_2 = \frac{1-\delta_1}{1-\delta_1\delta_2}。$$

就是说，每个参与者有唯一的持续值，鲁宾斯坦均衡是唯一的子博弈精炼均衡。

10.2.4　结论

鲁宾斯坦的讨价还价模型提出了一个十分简单的博弈路径：在时期 0，参与者 1 提出分配方案 $\left(\frac{1-\delta_2}{1-\delta_1\delta_2}, \frac{\delta_2(1-\delta_1)}{1-\delta_1\delta_2}\right)$，参与者 2 接受这一方案，博弈结束。双方瓜分了这 1 元，并且，整个过程不耗时，就是说，这个子博弈精炼纳什均衡具有效率。它还有以下特征：

(1) 如果两个参与者有相同的贴现因子，则存在先发优势，因为首先提出方案的参与者 1 得到的收益为 $\frac{1-\delta}{1-\delta^2}$，它大于后提出方案的参与者 2 得到的收益 $\frac{\delta(1-\delta)}{1-\delta^2}$。直观地说，由于参与者 2 对未来的收益打折扣，所以，参与者 1 给参与者 2 的份额可小于参与者 2 在下一个时期留给自己的份额。由于两个参与者完全相同，所以，参与者 2 得到的数额少于参与者 1 的所得。

(2) 两个参与者的所得都在自己的贴现因子上递增，在对手的贴现因子上递减：耐心越大，得到越多。如果参与者 2 的贴现因子很大，则在参与者 1 提出方案时，她必须给参与者 2 更大份额才能让他接受方案。如果参与者 1

的贴现因子很大，则在参与者 2 提出方案时，他必须给参与者 1 更大份额才能让她接受方案。就是说，拒绝参与者 1 的方案，只会导致参与者 2 的效用下降，让参与者 1 得到更大份额。

(3) 如果 $\delta_1=\delta_2=\delta$，则随着 δ 趋向 1，两个参与者的所得均收敛于 1/2。随着两个参与者的耐心越来越大，他们都不愿意接受对手的方案，如果从对手的方案中得到的份额小于自己从下一个时期由自己提出方案时所得到的份额的话。在 δ 趋向 1 时，他们要求得到自己预期能从下一个时期中得到的份额。对贴现因子收敛于 1 的情况，我们可以这样想象：参与者 i 提出方案和对手拒绝方案并提出自己的方案的过程进行得很快，拒绝方案的行为导致的时间损耗为无穷小。在这种情况中，均衡蕴含平均分配，实现纳什讨价还价解。

10.2.5　分歧值不对称时的讨价还价

在标准鲁宾斯坦博弈中，在任何时期，如果双方没有就分配方案达成一致，则他们得到零效用。我们从两个角度发展这一模型。首先，在前一节中，我们假定双方的所得“立刻被消费掉”。现在，我们假定在参与者 1 和参与者 2 就分配方案达成一致之前，他们在每个时期分别得到效用 d_1 和 d_2，$d_1+d_2<1$。在参与者 1 和参与者 2 达成分配协议 (x_1^*, x_2^*) 之后，他们在未来每个时期分别得到 x_1^* 和 x_2^*。[①] 其次，设 $\delta_1=\delta_2=\delta$。于是，如果双方在时期 t 达成分配协议 (x_1^*, x_2^*)，则双方实现的效用现值分别为[②]

$$\frac{(1-\delta^{t-1})d_1+\delta^t x_1^*}{1-\delta} \text{和} \frac{(1-\delta^{t-1})d_2+\delta^t x_2^*}{1-\delta}。$$

设 v_i 是在始自参与者 i 提出方案的子博弈中参与者 i 实现的持续值。如果双方在参与者 i 提出方案的时期中达成协议 (x_1^*, x_2^*)，则 $v_i=x_i^*/(1-\delta)$。设参与者 1 提出方案，给参与者 2 的份额为 x_2。参与者 2 决定接受或拒

① 这里不再假定双方仅进行一次分配。做这一假定的目的是避免双方为求收益流 d_i 的现值之和超过一次性分配协议下实现的一次性收益而无限期地谈判下去。现在双方在瓜分效用流而非一次性消费，类似在原始模型框架下，双方在每个时期里瓜分 $1/(1-\delta)$。

② 这里假定双方达成的分配方案使得各时期的分配结构相同。但是，由于参与者风险中性，双方可能达成有相同期望收益的随机分配方案。

绝这一方案。如果他接受这一方案，则得到效用 $x_2/(1-\delta)$；如果他拒绝这一方案，则他在当前时期得到 d_2，在下一个时期得到持续值 v_2。所以，只要 $x_2>(1-\delta)(d_2+\delta v_2)$，参与者 2 就接受参与者 1 提出的方案。再看参与者 1 的选择。如果她给参与者 2 的份额是能被参与者 2 接受的最小份额 $(1-\delta)(d_2+\delta v_2)$，则她自己的持续值为

$$v_1=\frac{1-(1-\delta)(d_2+\delta v_2)}{1-\delta}=\frac{1}{1-\delta}-d_2-\delta v_2。$$

同理，如果参与者 2 想确保参与者 1 接受自己的方案，就需要

$$v_2=\frac{1}{1-\delta}-d_1-\delta v_1。$$

求解这两个方程，得到

$$v_1=\frac{1-d_2+\delta d_1}{1-\delta^2}=\frac{d_1}{1-\delta}+\frac{1-d_1-d_2}{1-\delta^2},$$

$$v_2=\frac{1-d_1+\delta d_2}{1-\delta^2}=\frac{d_2}{1-\delta}+\frac{1-d_1-d_2}{1-\delta^2}。$$

要证明这两个值确是均衡持续值，我们必须证明每个参与者都偏好均衡分配方案而不会偏离均衡方案和多得到一个时期的分歧值。就是说，我们需要证明 $v_1>d_1(1-\delta)+\delta^2 v_1$，或者说，需要证明 $v_1>d_1/(1-\delta)$。我们还需要证明 $v_2>d_2/(1-\delta)$。这些事实很容易验证。我们可以用 2.3 节中的分析技术证明均衡分配方案 (v_1, v_2) 是唯一的子博弈精炼均衡。

这一均衡解在许多方面类似纳什解。每个参与者的持续值在自己的分歧值上递增，在对手的分歧值上递减。我们还可以从分配盈余角度理解这一均衡。每个参与者的持续值包含两项。第一项是 $d_i/(1-\delta)$，它是在双方没有就分配方案达成一致时，每个人得到的效用。第二项是 $(1-d_1-d_2)/(1-\delta^2)$，它是在参与者的外部机会值为 0 时，双方瓜分 $1-d_1-d_2$ 的谈判博弈的均衡持续值。就是说，我们可以把均衡理解为两个参与者先拿走自己应得的部分，再就剩余部分讨价还价。

10.3　封闭规则下的巴伦–费内中模型

在鲁宾斯坦模型中,分配方案的达成,需要所有参与者一致接受。但是,在许多政治谈判中,只需要简单多数或超多数投票通过,协议就能达成。巴伦与费内中(Baron and Ferejohn,1989)利用鲁宾斯坦模型分析简单多数投票通过规则下的多人讨价还价博弈。

设 N 个人(N 为奇数)在谈判瓜分 1 元,任何方案都必须获得至少 $n \equiv \frac{N+1}{2}$ 个人投票支持才能通过。巴伦和费内中没有采用鲁宾斯坦的轮流提案方式,而是采用随机指定原则。在这一原则下,在每个时期,每位参与者都有机会以概率 $\frac{1}{N}$ 被选中,成为这一时期里的提案人。本节探讨封闭规则下的讨价还价,就是说,提案人在当前时期中提出一份"接受或者不接受"的提案。每个时期的提案都为 $(x_1, \cdots, x_N)$ 形式,x_i 是参与者 i 得到的份额,$\sum x_i \leqslant 1$。如果这一方案被拒绝,则当前时期结束;在下一时期开始时随机选出新的提案人,提出新的提案。下一节将探讨开放规则下的讨价还价,在那时,我们允许当前时期的提案在当前时期被修改。为简化分析,设各个参与者的贴现因子都为 δ。

这一博弈有许多子博弈精炼均衡。事实上,在 N 和 δ 很大时,对 1 元的任意一种分配方式都能构造成子博弈精炼均衡。如果参与者足够有耐心,他们就能设计出惩罚策略,确保背叛者的所得为 0。但是,这种策略要求每个参与者都知道博弈的完整历史,知道哪些行动与所设计的惩罚策略一致。这里使用巴伦–费内中的分析方法,只探讨稳态均衡。在稳态均衡中:

(1) 不管博弈历史是什么,每个提案人在轮到自己提案时总是提出相同的分配方案。

(2) 投票者只根据当前提案和对未来提案的预期进行投票。根据前一假定,未来的提案在每个时期有相同的结果分布。

这两个假定意味着这个博弈实际上在每个时期都从头开始。每个参与者的持续值因此等于这个博弈的期望效用。设 v_i 是参与者 i 的持续值。我们只探讨对称均衡，就是说，对所有的 i，$v_i=v$。并且，我们只探讨投票者在投票阶段不使用弱劣策略的均衡，就是说，投票者从他能接受的提案中得到的效用不小于持续值的现值。换句话说，任何投票人，只要他从当前方案中的所得不小于 δv，就投票支持这一方案；只要他的所得小于 δv，就投票反对这一提案。

给定上述投票策略，最优方案给提案人的份额为 $z=1-(n-1)\delta v$，给投支持票的其他 $n-1$ 个人的份额为每人 δv，给剩下的人的份额为 0。设提案人随机选择盟友。我们计算 v。由于持续值等于开始于下一时期的博弈的期望值，所以，它由三部分收益构成：z 乘以成为提案人的概率 $\frac{1}{N}$，δv 乘以成为胜出联盟成员的概率 $\frac{n-1}{N}$，0 乘以剩余概率。就是说，

$$v=\frac{1}{N}\times z+\frac{n-1}{N}\times\delta v+\left(1-\frac{1}{N}-\frac{n-1}{N}\right)\times 0。$$

把 $z=1-(n-1)\delta v$ 代入上式，得到

$$v=\frac{1}{N}。$$

就是说，持续值等于平分这 1 元。由于 v 也是这一博弈的期望效用，所以，这一分配方式蕴含讨价还价有效率，因为它能最大化所有人的效用之和。但是，如果投票者厌恶风险，这一分配方式就未必有效率。本章末的习题要求你证明这一结论。

把 $v=\frac{1}{N}$ 代入 $z=1-(n-1)\delta v$ 中，我们得到提案人的所得：

$$z=1-\delta\frac{n-1}{N}=1-\delta\frac{N-1}{2N}。$$

要确保提案人提出可获通过的方案，就必须确保 $z>\delta v$；否则，提案人会把球踢到下一个时期。

这个模型得到了关于提案权的一些结论。我们把提案权定义为 z 与 δv 的差，即 $1-\delta\frac{N+1}{2N}$。首先，提案权在 N 上递增。随着 N 上升，提案人有更

多的潜在盟友可供他选择,提高了加入胜出联盟的难度,降低了提案人必须出让给盟友的份额。其次,提案权在 δ 上递减。随着 δ 上升,投票者更愿意否决提案,等待自己提案;就是说,随着 δ 上升,提案人必须更慷慨才能使自己的方案通过。

10.3.1　超多数通过规则

我们发展这一模型,设提案要获得通过,支持票数 k 必须过半数,即 $k > n$。提案人现在的所得为

$$z = 1 - (k-1)\delta v,$$

持续值为

$$v = \frac{z}{N} + \frac{k-1}{N}\delta v。$$

我们得到

$$v = 1/N。$$

这个结果不意外,因为超多数通过的投票规则依然具有多数通过投票规则所具有的对称性。提案人的均衡所得下降为 $z = 1 - \frac{\delta(k-1)}{N}$。就是说,超多数投票规则的主要后果是削弱了提案人的优势。

10.3.2　不对称的提案权

上面几个模型都假定所有立法者以相同的概率成为提案人。但在现实世界的立法机构中,某些委员会或党派的成员资格可能影响各个立法者的提案机会。

我们把所有参与者分为 A 和 B 两个党派。党派 A 是多数党,成员数为 $N - m \geqslant (n+1)/2$,每个成员拥有的提案权为 $p > 1/N$。党派 B 有 m 个成员,每个成员拥有的提案权为 $q < 1/N$。为保持一致性,设 $(N-m)p + mq = 1$。

我们依然假定对称性,就是说以相同概率获得提案机会的立法者都使用

相同的策略，有相同的持续值。设两个党派的成员的持续值分别为 v_A 和 v_B。我们暂时假定 $v_A > v_B$（稍后将证明 $v_A > v_B$）。给定 v_A 和 v_B，党派 A 的成员投票支持带给他的效用至少为 δv_A 的方案；党派 B 的成员投票支持带给她的效用至少为 δv_B 的方案。给定这一投票策略和 $v_A > v_B$ 的假定，来自党派 A 的提案人给党派 B 的 m 个成员每人 δv_B，给党派 A 中 $n-m-1$ 个成员每人 δv_A。因为 $n=\dfrac{N-1}{2}$，所以，提案人得到

$$z_A = 1-(n-m-1)\delta v_A - m\delta v_B。$$

来自党派 B 的提案人给党派 B 的 $m-1$ 个成员每人 δv_B，给党派 A 的 $n-m$ 个成员每人 δv_A。提案人自己得到

$$z_B = 1-(n-m)\delta v_A-(m-1)\delta v_B。$$

显然，

$$z_A > z_B。$$

求解 v_A 和 v_B，得到

$$v_A = pz_A + p(n-m-1)\delta v_A + \frac{qm(n-m)\delta v_A}{N-m},$$

$$v_B = qz_B + (1-q)\delta v_B。$$

我们于是有由四个方程和四个未知数构成的方程组。我们能够求解这个方程组，但解的形式相当烦琐。所以，我们只看一个简单的例子。设 $N=3$，$m=1$。于是，

$$q = 1-2p < 1/3。$$

均衡条件为：

$$z_A = 1-\delta v_B,$$

$$z_B = 1-\delta v_A,$$

$$v_A = pz_A + \frac{q\delta v_A}{2},$$

$$v_B = qz_B + (1-q)\delta v_B。$$

整理得到

$$v_A = \frac{(1-q)(1-\delta)}{2+q\delta-2\delta},$$

$$v_B = \frac{q(2-\delta)}{2+q\delta-2\delta}。$$

现在验证 $v_A \geqslant v_B$。这个不等式要成立，要求

$$q < \frac{1-\delta}{3-2\delta}。$$

只要 $\delta > 0$，$\frac{1-\delta}{3-2\delta}$ 就始终小于 1/3。所以，提案权上的不对称性必须很大，才能使党派 A 占优势，因为党派 A 的成员的更大提案权使得他们成为相对不受欢迎的盟友。因此，成为提案人的概率必须足够大，以抵消这一效应。但是，我们能证明 v_A 在 q 上递减，v_B 在 q 上递增。

设 $\frac{1-\delta}{3-2\delta} < q \leqslant \frac{1}{3}$。我们能排除 $v_B > v_A$ 的可能性，因为 $v_B > v_A$ 意味着党派 B 的成员永远不与提案人结盟。于是，

$$v_B = qz_B = q(1-\delta v_A),$$

$$v_A = pz_A + (1-p)\delta v_A = p(1-\delta v_A) + (1-p)\delta v_A。$$

整理得到

$$v_A = \frac{1-q}{2(1-\delta q)},\ v_B = \frac{q(2-\delta-\delta q)}{2(1-\delta q)}。$$

$v_B > v_A$ 蕴含 $q \geqslant \frac{1+2\delta}{3-2\delta} \geqslant \frac{1}{3}$，与 $\frac{1-\delta}{3-2\delta} < q \leqslant \frac{1}{3}$ 的假定矛盾。因此，在 $\frac{1-\delta}{3-2\delta} < q \leqslant \frac{1}{3}$ 时，唯一可能的结果是 $v_A = v_B$。要支持这一均衡，党派 A 的提案人必须使用混合策略，即在与党派 A 中的成员结盟和与党派 B 中的成员结盟之间随机做出选择。请你计算均衡混合策略。

10.3.3 不对称否决权

在一些国家的立法制度中，某些人或机构例如总统、上议院或法庭等，有权否决法案。本节用例子说明如何把否决权引入巴伦—费内中模型中。[①] 设在前述三人立法机构中，一人拥有绝对否决权，就是说，提案要获得通过，就得她同意。设此人隶属党派 B。为简化分析，设三人有平等的提案权。

党派 B 现在拥有绝对否决权，所以，任何提案人都得与 B 和来自政党 A 的至少一位成员结盟。因此，

$$z_A = 1 - \delta v_B,$$

$$z_B = 1 - \delta v_A。$$

我们计算持续值。因为

$$v_A = \frac{1}{3} z_A + \delta \frac{1}{3} v_A,$$

$$v_B = \frac{1}{3} z_B + \delta \frac{2}{3} v_B。$$

把 z_A 与 z_B 的表达式代入 v_A 与 v_B 的表达式中，得到

$$v_A = \frac{3(1-\delta)}{\delta^2 - 9\delta + 9},\ v_B = \frac{3-2\delta}{\delta^2 - 9\delta + 9}。$$

我们看到，只要 $\delta > 0$，$v_A < v_B$。

10.4 开放规则下的巴伦—费内中模型

10.3 节中的巴伦—费内中模型不允许在当前时期就当前时期的提案进行修正。在这里，我们允许在投票之前修正提案。设在提案提出之后，随机从其他 $N-1$ 个立法者中随机选出一人，让她在两个选项之间做出选择。她可以建议就提案直接投票表决；也可以提出新的提案或修正案。修正案与原提案

---

① 麦卡蒂(2000a，2000b)沿这个方向发展了巴伦—费内中模型。

一起交付表决。两者中胜出的提案滚动至下一时期。在下一时期，依然随机选出一人，由他提出修正案或建议直接投票。

现在，提案者必须估计两个因素。首先，要在投票中获得通过，过半数的立法者必须能从提案中得到其贴现持续值，只有这样，他们才会投票支持提案。其次，提案者必须通过对提案的设计，阻止其他人提出修正案。他必须在提案中给下一个提案人足够多的份额，以使她愿意直接把原始提案提交表决而不提出自己的修正案。

为简化分析，设 $N=3$。我们首先设想这样一种方案：提案人得到 z，另两位立法者各得到 $\frac{1-z}{2}$，他们每个人都支持这一提案。我们求最优的 z。设 $v_i^2(z)$ 是开始于这样一个提案的子博弈对提案人 i 具有的持续值。我们只探讨对称均衡，所以，我们可以省略下标 i。$v^2(z)$ 是这一策略带给第一个提案者的期望效用，也是带给成功修正这一提案的人的期望效用。

根据这一定义，提案人给另外两个立法者的效用必须不低于 $\delta v^2(z)$，才能获得她们支持；否则，修正阶段中随机挑选出的立法者会否决这一提案，提出自己的提案，给自己份额 z。因此，在均衡中，$\frac{1-z}{2}\geqslant\delta v^2(z)$。只要这一条件得到满足，提案人就能以 1 的概率得到 z，使得 $v^2(z)=z$。就是说，提案人面对的问题是

$$\max_z v^2(z)=z \quad s.t. \quad \frac{1-z}{2}\geqslant\delta v^2(z)$$

这一问题的解为

$$v^2(z)=z=\frac{1}{1+2\delta}。$$

以这一提案，提案者能确保自己得到 $z=1/(1+2\delta)$。

但是，提案者也可能只想取得一位立法者的支持。这样做有风险，因为被他排除在外的立法者可能被随机选中，提出自己的修正案，导致初始提案被否决。假设初始提案者在提案中给自己 z，给另一位立法者 $1-z$，给第三位立法者 0。如果得到 $1-z$ 的立法者被选中，她会推动提案通过。

如果得到 0 的立法者被选中，他会提出修正案，留给自己 z，给初始提案者 0，给另一位立法者 $1-z$。从修正案中得到的份额为正的立法者，支持修正案。

我们求解最优的 z。我们看两个子博弈和两个持续值。一个子博弈开始于如下提案：立法者 i 得到 z，另两位立法者分别得到 $1-z$ 和 0。这个子博弈对立法者 i 的价值为 $v_i^1(z)$。另一个子博弈开始于如下提案：立法者 i 得到 0，另两位立法者分别得到 z 和 $1-z$。这个子博弈对立法者 i 的价值为设 $v_i^1(0)$。考虑到对称性，我们省略下标。

首先计算 $v^1(z)$。在第一个子博弈的开始时期，提案以 1/2 的概率获得通过，提案者得到 z；以 1/2 的概率，提案被修正，在进入下一时期的修正案中，初始提案者得到 0。因此，

$$v^1(z)=\frac{z}{2}+\frac{\delta v^1(0)}{2}。$$

我们计算 $v^1(0)$。在第二个子博弈的开始时期中，以 1/2 的概率提案获得通过，立法者 i 得到 0；以 1/2 的概率，立法者 i 被选中，由他决定是否修正原议案。他将修正提案。他从进入下一时期的修正案中得到 z。因此，

$$v^1(0)=\frac{\delta v^1(z)}{2}。$$

将这个结果代入前一个式子，得到

$$v^1(z)=\frac{z}{2}+\frac{\delta^2 v^1(z)}{4},$$

整理得到

$$v^1(z)=\frac{2z}{4-\delta^2}。$$

我们还得保证得到 $1-z$ 的立法者愿意推动初始提案通过而不对其修正。这要求 $1-z\geqslant\delta v^1(z)$ 或者说 $z\leqslant 1-\delta v^1(z)$。提案者面对的问题为

$$\max_z v^1(z)=\frac{2z}{4-\delta^2}\quad s.t.\quad z\leqslant 1-\delta v^1(z)。$$

这个最大化问题的解为

$$z=\frac{4-\delta^2}{4+2\delta-\delta^2}。$$

持续值为

$$v^1(z)=\frac{2}{4+2\delta-\delta^2}。$$

要确定提案者选择哪种提案策略，我们只需比较 $v^1(z)$ 和 $v^2(z)$。当 $\delta>\delta^*\equiv\sqrt{3}-1$ 时，$v^1(z)>v^2(z)$。就是说，当各参与者有耐心，看重未来收益时，提案者很难阻止另两位立法者修正提案。提案人于是只收买其中一人，即使另一人有机会修正初始提案。

这个开放规则模型有两个结论。首先，联盟的规模可能超过提案通过所需的最小规模。在 $\delta<\delta^*$ 时，就会出现这种情况：提案者花费足够的资源收买足够多的立法者，避免有人修正其提案。其次，在均衡中，可能需要两个时期才能产生投票通过的提案。在 $\delta>\delta^*$ 且提案者给一位立法者的份额为 0 时，就可能发生这种情况。这位立法者可能被随机选中，由她决定是否提出修正案。她将提出修正案，并且她的修正案将在下一个时期获得通过。

我们比较开放规则与封闭规则下的均衡配置。我们看两种规则下提案者的所得。① 在封闭规则下，当 $N=3$ 时，提案者得到 $\frac{3-\delta}{3}$。这一份额始终大于 $v^2(z)$；并且在 $\delta>\delta^*$ 时，大于 $v^1(z)$。就是说，开放规则削弱了提案者的优势。超多数通过的投票规则，也会削弱提案权。设 $k=N=3$。提案者的所得为 $\frac{3-2\delta}{3}$，始终低于 $v^1(z)$。就是说，在 $\delta>\delta^*$ 时，一致通过的投票规则下的提案权，小于开放规则下多数通过的投票博弈中的提案权，并且在前一规则下，均衡提案在提出之后就被接受。

---

① 这一问题不仅仅牵涉到公平。研究政治分肥项目的模型发现，限制提案者所得的制度，能削弱无效率项目的立项动力(Baron，1991；McCarty，2000b；Primo，2004)。

10.5 不完全信息下的讨价还价

在此前介绍的讨价还价模型中，每个参与者都知道对手的分歧值或持续值，因此知道哪些方案被接受和哪些方案被拒绝。[①] 在许多政治问题中，这种假定显然不现实。立法机构不知道行政机构是否签署法案；各个国家不知道对手是接受和平条款还是继续战争。本节介绍不完全信息条件下的基本讨价还价模型。10.6 和 10.7 节分别应用这一模型分析行政机构与立法机构之间的讨价还价和国际关系中的危机谈判。

基本模型

在纳什谈判模型中，两个参与者就瓜分 X 讨价还价。我们现在假定在参与者 A 的分歧值 $\underline{u}_A$ 上存在不确定性：以概率 π，$\underline{u}_A=0$；以概率 $1-\pi$，$\underline{u}_A=d>0$。我们称 $\underline{u}_A=0$ 为"弱"型，称 $\underline{u}_A=d$ 为"强"型。为简化分析，设参与者 B 向参与者 A 提出一份"接受或拒绝"的分配方案 $(u_A, u_B)\in\Omega$。如果 A 接受，双方就执行方案；如果 A 拒绝，双方各实现收益 $\underline{u}_A$ 和 $\underline{u}_B$。

显然，只在 $u_A\geqslant\underline{u}_A$ 时，A 才接受方案。B 不知道 $\underline{u}_A$ 的值，所以，她不知道需要给 A 多少效用才能使 A 接受方案。如果她给 A 的效用低于 A 的分歧值，A 拒绝方案，双方分别实现收益 $\underline{u}_A$ 和 $\underline{u}_B$。设 $P(u_A \mid \underline{u}_A)$ 是 A 在自己的分歧值为 $\underline{u}_A$ 时接受方案 u_A 的概率。B 的期望效用是方案 u_A 的函数：

$$
\begin{aligned}
EU_B(u_A)=&[\pi P(u_A \mid 0)+(1-\pi)P(u_A \mid d)]g(u_A)\\
&+[1-\pi P(u_A \mid 0)-(1-\pi)P(u_A \mid d)]\underline{u}_B,
\end{aligned}
$$

在这里，$g(u_A)=u_B(X-u_A^{-1}(u_A))$。A 的行为要具有序贯理性，要求在 $u_A\geqslant\underline{u}_A$ 时，$P(u_A \mid \underline{u}_A)=1$；在 $u_A<\underline{u}_A$ 时，$P(u_A \mid \underline{u}_A)=0$。我们于是可以把 B 的期望效用写为

---

① 在开放规则下的巴伦和费内中博弈中，不确定性为不知道由哪个参与者提出修正案；而在某个参与者是否偏好修正案的问题上，不存在不确定性。

$$EU_B(u_A)=\begin{cases}\pi g(u_A)+(1-\pi)\underline{u}_B, & \text{当 } d>u_A\geqslant 0 \text{ 时}\\ g(u_A), & \text{当 } u_A\geqslant d \text{ 时}\end{cases}$$

$g(u_A)$ 在 u_A 上递减，所以，$u_A=d$ 或 $u_A=0$。我们称 $u_A=0$ 为**进攻性**分配方案，称 $u_A=d$ 为**适应性**分配方案。B 选择进攻性分配方案当且仅当 $\pi g(0)+(1-\pi)\underline{u}_B>g(d)$，或者说，当且仅当

$$\pi>\frac{g(d)-\underline{u}_B}{g(0)-\underline{u}_B}。$$

这一模型简单，但依然能产生一些有意义的结论：

- 当 A 为“弱型”的概率很高，
- 或当 B 的分歧值 $\underline{u}_B$ 很高，
- 或当进攻性方案与适应性方案之间的效用差 $g(0)-g(d)$ 很大时，B 更有可能提出进攻性方案 $u_A=0$。

由于假定了单边不完全信息和“接受或拒绝”的谈判方式，这一模型用处不大。我们不去发展这一抽象模型，而是在用它分析政治科学中的一些问题时，放松这些假定。

10.6　应用：行使否决权

第 7 章用罗默–罗森泰尔议程控制模型研究了总统否决权制度。它是个不完全信息模型，能分析否决权制度，但不能解释否决行为，因为在这个模型中，否决权不会被行使。本节构造一个模型，研究否决行为而非否决权本身。在这个模型中，我们能观察到总统行使否决权。利用这个模型，我们能建立包含信誉、学习和动态性的否决权行使模型。①

为解释总统行使否决权，我们需要放松罗默–罗森泰尔模型的一些假定。罗默–罗森泰尔模型做出了一些限制性假定，其中的大部分假定对不行使否决权的结论无足轻重。真正重要的假定是立法机构 C 知道总统 P 与 O 的偏好。

① 本节以 Cameron 和 McCarty(2004)为基础。

当立法机构不知道总统的偏好时，总统就可能否决立法机构提出的法案，因为立法机构可能高估自己迫使总统或关键投票人让步的能力。

放弃完全信息假定是很多否决行为模型的起点（Matthews，1989；McCarty，1997；Cameron，1999）。为展示这些模型的基本结构，我们设否决令不能被推翻。就是说，一旦总统行使否决权，现行政策 q 将是未来的政策。我们假定提案人 C 不了解 P 的偏好，但他知道 P 有两种可能的偏好类型：理想点为 m 的温和型和理想点为 e 的极端型。我们假定所有参与者都有线性偏好：在理想点为 $i \in \{c, e, m\}$ 时，政策 $x \in \mathbb{R}$ 所实现的效用为 $-|x-i|$。设 $e<m<c$。设 π 是 P 为极端型的概率。

这一假定意味着 C 不再确切知道总统接受哪些议案和否决哪些议案。我们看图 10.2，其中，$q<e$。相对于现行政策 q，极端型总统愿意接受的法案也被温和型总统接受。C 偏好的法案可能能被温和型总统接受但未必被极端型总统接受。C 或者提出自己相对不偏好但能被两类总统都接受的法案，例如法案 b_e，或者提出她自己相对偏好但只被温和型总统接受的法案，例如法案 b_m。C 的选择取决于她对 P 的类型的推断。如果 π 很高（就是说，C 认为 P 很

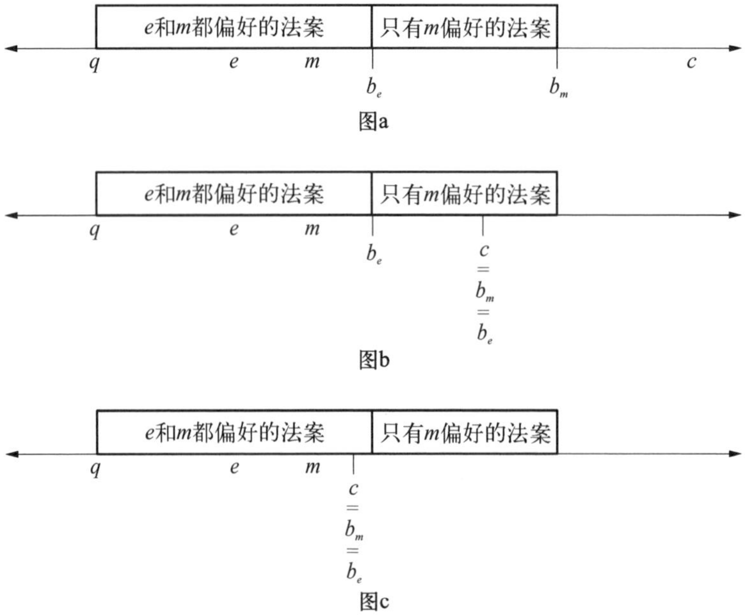

图 10.2　不完全信息下的否决谈判

可能为极端型)，C 可能不会提出激进型法案。如果 π 很低(就是说，C 认为 P 很可能是温和型)，C 更可能愿意赌上一把。但是，这样做的后果可能很糟：P 为极端型，否决了这个法案。

我们求解均衡否决行为的必要条件。设偏好结构如图 10.2 所示，即 $q < e < m < c$。设 $t = e$，m 认为集合 $B_t(q)$ 中的法案优于现行政策。和完全信息模型中的情况一样，在 $t \geqslant q$ 时，$B_t(q) = [q, 2t - q]$；在 $t < q$ 时，$B_t(q) = [2t - q, q]$。给定现行政策 q，可被总统 e 接受的法案集高于可被总统 m 接受的法案集。由于 $e > q$，$B_e(q) = [q, 2e - q] \subset B_m(q) = [q, 2m - q]$。就是说，可被 e 接受的法案都被 m 接受；但是，可被 m 接受的法案未必被 e 接受。所以，C 面临取舍。她可以提出 $2e - q$，两类总统都会接受这一法案；她也可以提出 $2m - q$，总统 m 接受这一法案，但总统 e 否决这一法案。给定 C 的推断，这一法案以 π 的概率被否决。

第一种情况：$c > 2m - q$。因为 C 有线性偏好，她从法案 $2e - q$ 中得到的效用为 $2e - q - c$；从法案 $2m - q$ 中得到的效用为 $\pi q + (1 - \pi)(2m - q) - c$。如果 $\pi \leqslant (m - e)/(m - q)$，则她偏好法案 $2m - q$。但是，这一法案将以概率 π 被否决。

第二种情况：$2e - q < c < 2m - q$。C 从法案 $2e - q$ 中得到的效用依然为 $2e - q - c$。但是，m 接受法案 c。就是说，C 提出的法案为自己的理想点，实现期望效用 $\pi(q - c)$。所以，在 $\pi \leqslant (c + q - 2e)/(c - q)$ 时，C 将提出法案 c。因为在这种情况中，π 的临界值小于它在第一种情况中的临界值，使得在这一偏好结构下，法案被否决的概率小于第一种情况中的概率。

第三种情况：$c < 2e - q$。两类总统都接受法案 c，所以，不管 π 为多大，C 提出的法案都为自己的理想点，不会被否决。

根据这一模型，当 C 的偏好接近 m 和 e 时，法案不大可能被否决。卡梅隆(Cameron，1999)发现，当美国国会和美国总统皆由一党控制时，法案不大可能被否决。他认为这一事实证实了模型的结论。

10.6.1　名声、学习和动态性

在这个模型中，如果 P 为温和型，但提案者 C 认为 P 是极端型，则 P 得到

更好结果。P 因此可能影响 C 对其类型(即信誉)的推断。本节介绍三个模型。在这三个模型中,都存在这种操纵行为。三个模型都属信号模型:拥有更多信息的一方,通过对行动的选择,传递关于 P 的类型的信息。在第一个和第二个模型,即威胁行使否决权模型和序贯否决模型中,P 拥有更多信息。在第三个模型即“谴责博弈”模型中,C 和 P 都通过对行动的选择,向缺乏信息的选民传递信息。

10.6.1.1　威胁行使否决权

总统威胁行使总统否决权,是美国立法政治的重要特征。威胁方式多种多样,既有各种口头威胁。也包括美国白宫管理与预算办公室经常发布的“政府政策说明”等。此前介绍的模型都没有谈及这一现象。这里介绍马修斯(Matthews,1989)提出的威胁行使否决权模型,总统通过信息沟通揭示自己的偏好和行使否决权的意图。

设总统的类型不再是两种,而是四种:除 m 和 e 外,还有顽固型 r 和适应型 a。设每种类型的总统和 C 都有线性偏好,设 $r<q<e<m<c<a$,见图 10.3。总统 r 为顽固型,凡是 C 认为优于现行政策的法案,都会被他否决。总统 a 是适应型,他认为 c 优于现行政策。设类型 r, e, m, a 的发生概率分别为 π_r、π_e、π_m 和 π_a。在这一模型中,总统首先“讲话”(就是说,无成本地向立法机构发出信号)。他所传递的信息没有实际内容,仅是具有均衡特征的背景性信息。在总统讲话后,C 更新自己对总统偏好的推断,提出法案。总统接受或否决 C 的提案。

图 10.3　信息沟通威胁模型中的最优反应

我们看一个均衡。在这个均衡中,各种类型的总统使用同一混合策略,选择讲话内容。这种讲话因此不提供关于总统类型的任何信息。[①] 在这一废话均衡中,C 从 $b_r=q$, $b_e=2e-q$, $b_m=2m-c$, $b_a=c$ 中选择一份提案,最大化

① 随机选择讲话内容,蕴含不存在偏离均衡的历史。这里不存在所有类型的总统发表相同讲话的全域至圣废话均衡。请你证明这一结论。

自己的效用。类型较低的总统否决他的提案。例如，如果 C 选择 b_m，则类型为 e 和 r 的总统会行使否决权，就是说，法案 b_m 以 $\pi_e+\pi_r$ 的概率被否决。我们不推导每项法案的成立条件，而是做图形分析。在图 10.4 的第一幅图中，π_a 和 π_r 值保持固定，在此前提下，对 π_m 和 π_e 的各种取值，给出了废话均衡中的提案。C 不会提出法案 $b_r=q$，因为对它而言，任何被否决的提案都不比 q 差。但是，从总统角度看，这一废话均衡有些差。设总统为类型 a。C 可以提出法案 b_m 和 b_e，这是总统 a 认为更差的法案。设总统为类型 m。C 可以提出法案 c（总统 m 否决这一提案）而总统 m 更偏好 b_e。总统 r 和总统 e 则从所有提案中得到现行政策所实现的效用，所以，他们不受影响。C 受困于信息不对称性，因为她或者让步太多或者法案被否决。

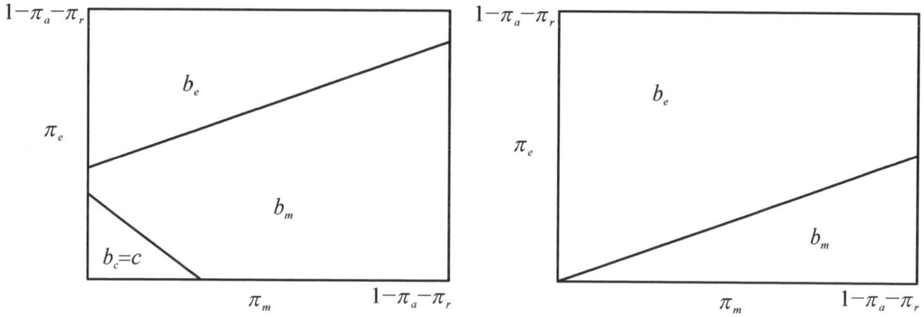

图 10.4　左图："废话均衡"中的提案；
右图：发出妥协信号后，"两信号均衡"中的提案

这一废话均衡中的结果不是很好，我们自然要问是否存在其他均衡，能揭示出更多信息。马修斯指出，关于总统偏好的一些信息但非全部信息，能通过总统的讲话揭示出来。我们首先探讨为什么不存在不同类型的总统发表不同讲话的分离均衡。如果 C 能从总统的讲话中推断出总统类型，她就会对 r 提出法案 b_r，对 e 提出法案 b_e，以此类推。但是，由于在 b_e 和 b_m 之间，m 偏好 b_e，所以，m 会冒充类型 e，发表类型 e 的讲话。所以，不存在分离均衡。马修斯谈到了揭示出最多信息的均衡，在这一均衡中，类型 a 发表"适应性"讲话，其他所有类型发表相同的"威胁性"讲话。听到总统的适应性讲话，C 正确地推断出总统会接受自己的理想点，于是提出法案 c。类型 a 之所以发表适应性讲话，是因为他认为 c 优于 b_m 和 b_e。听到总统的威胁性讲话，C 正确地推

断出总统不是类型 a，于是更新自己的推断。给定自己的推断，C 在 b_m 和 b_e 之间做选择。在图 10.4 的第二幅图中，π_a 和 π_r 的值保持固定，最优法案是 π_m 和 π_e 的函数。有两点需要指出。首先，C 更可能提出法案 b_e，因为总统不为类型 a 的事实，意味着 b_m 遭否决的概率更高。就是说，在听到威胁性讲话后，C 做出更大让步。其次，这种能最大限度地揭示信息的均衡未必存在。假设类型 a 认为 b_m 优于 c 且 c 优于 b_e。则只在 C 对威胁性讲话的最优反应为 b_e 时，这种均衡才存在；如果 C 对威胁性讲话的最优反应为 b_e，a 就会发表威胁性讲话。同理，在类型 a 认为 b_e 优于 c 时，也不存在能揭示类型信息的均衡。

在某些偏好结构下，行使否决权的威胁不管用。在图 10.3 中设想 m 的位置右移，使得在 c 和 q 之间，他偏好 c（就是说，他变为了适应型）；但在 b_e 和 c 之间，他依然偏好 b_e。则在最能揭示信息的均衡中，m 发表威胁性讲话。但是，他的威胁不管用，因为他会接受 C 的理想点。

这种能揭示信息的均衡对 C 有利（否则，她就可以关掉电视，对总统讲话不闻不问）。但是，某些类型的总统的效用可能下降。在图 10.3 中，调整 a 的位置使他认为 b_m 比 c 好且 c 比 b_e 好。如果废话均衡产生结果 b_m，而在能揭示出更多类型信息的均衡中，威胁性讲话产生结果 b_e，则 a 显然偏好废话均衡。

10.6.1.2 不完全信息下的序贯否决谈判

提案人常能多次提案。在提案的过程中，她越来越了解总统的类型。例如，如果总统曾否决过强硬提案，则提案人可以认为总统确实是强硬型。提案人的下一提案就可能更具适应性。在许多讨价还价中，这种动态特征十分常见。在否决权的行使中也存在这种现象，只是总统常为树立形象而否决前面的提案，以求在博弈后期收到更好的提案。但是，认识到这一点，提案人为什么还在提案上妥协呢？序贯否决谈判模型探讨此类学习和可信性问题。

我们用例子阐述这种模型的一些基本思想。设 $q=0$，$e=0.25$，$m=0.6$，$c=1$。显然，在（总统不威胁行使否决权的）一次性博弈中，$b_e=0.5$，$b_m=c$。给定这一最优反应，在 $\pi<1/2$ 时，C 提出法案 $b_m=c$；在 $\pi\geqslant 1/2$ 时，C 提出法案 $b_e=0.5$。设双方进行的不是一次性博弈，在第一份法案被否决后，C 还可以提出第二份法案。设双方间的谈判以 ρ 的概率破裂；如果谈判没有破裂，C 可以提出第二份法案。谈判破裂的可能性，反映了立法等政治过程中内在

的不确定性。那么，前面谈到的讨价还价均衡——C 首先提出立场强硬的提案，然后，在法案被否决但双方间的谈判没有破裂时，再提出一份更适应对方类型的提案——是否依然存在吗？

在这种均衡中，温和型总统肯定在第一轮中就接受提案；如果两类总统都否决这一提案，则 C 就应该提出适应性提案，以防谈判破裂而使自己只能面对现行政策。因此，下面的激励一致性约束条件必须得到满足：

$$m-c\geqslant(1-\rho)(m-2e+q)+\rho(q-m),$$

或者说，

$$m-\rho\geqslant\frac{c-q-2(m-e)}{2(e-q)}。$$

这个条件说的是：考虑到谈判可能破裂，温和型总统在第一轮中接受强硬提案优于否决此提案并等待下一个适应性提案。在这个例子中，谈判破裂概率的临界值为 0.6。设 $\mu(e)$ 是在提案遭到否决后，C 对总统为极端型的推断。这里要看到：在讨价还价均衡中，$\mu(e)\geqslant1/2$；否则，在法案遭到否决后，C 就在最后阶段再次提出强硬提案(我们证明过这一结论)。如果谈判破裂概率超过 0.6，温和型总统就会接受初始提案；如果提案遭到否决，则根据贝叶斯法则，$\mu(e)=1$；C 在第二轮中提出适应性提案。

我们还要分析另一个激励一致性约束条件：国会认为首先提出强硬提案进而(在提案被否决但双方间的谈判没有破裂时)提出适应性提案，优于直接提出肯定被总统接受的适应性提案。就是说，

$$\pi[(1-\rho)(2e-q-c)+\rho(q-c)]\geqslant\rho(2e-q-c),$$

或者说，

$$\pi\leqslant\frac{c-2e-q}{c-2e(1-\rho)+q(1-2\rho)}。$$

在我们的例子中，这一条件为 $\pi\leqslant1/(1+\rho)$。我们现在概括这个两阶段两类型且理想点如上所述的序贯否决谈判博弈的讨价还价均衡。在 $0.6\leqslant\rho\leqslant1$ 且 $\pi\leqslant1/(1+\rho)$ 时，C 提出提案 $b_1=b_m=c$ 和 $b_2=b_e=0.5$；类型为 m 的总统接受 b_e 和 b_m；类型为 e 的总统接受 b_e，否决 b_m；在提案被否决后，C 对总统为极

端型的推断为 $\mu(e)=1$。

10.6.1.3 多法案讨价还价

在 10.6.1.2 节我们看到，不完全信息影响单一法案讨价还价的动态特征。麦卡蒂(1997)探讨了信息和名声如何影响多法案跨时期谈判。在麦卡蒂提出的两时期不完全信息否决谈判模型中，总统 P 和国会 C 就两个时期的政策讨价还价。设两个时期的政策现状分别为 q_1 和 q_2。在时期 t，C 提出法案 b_t，总统接受或否决这一法案。就是说，每个时期的政策上的讨价还价被处理为一个一次性博弈：如果 P 否决 b_t，则结果为现状 q_t。麦卡蒂假定总统的理想点固定。于是，政策 1 的谈判结果，能在 C 提出政策 2 之前，为 C 提供信息。由于时期 2 的博弈与前述一次性不完全信息博弈完全相同，因此，在偏好为图 10.2 中图 a 或图 b 中的结构时，类型为 m 的总统，通过让 C 以为自己为极端型，能在时期 2 的政策上获得更好的结果。就是说，给定图中的偏好结构，m 可以在第一时期否决法案，为自己树立极端型名声，以求在政策 2 上获得更好结果。这可能要求类型 m 否决自己认为优于 q_1——但类型 e 不认为优于 q_1——的法案。就是说，对名声的追求，提高了政策 1 被否决的概率。国会 C 意识到总统想树立名声，它可以在时期 1 的政策上做足够大的让步，避免类型 m 为塑造形象而行使否决权。在麦卡蒂的模型中，存在“蜜月”模式：在总统任期之初，国会提出适应性政策；随着总统任期趋于结束，信誉动机逐步消失，国会在政策上更少让步。但是，麦卡蒂指出，由于树立名声的动机决定于图 a 和图 b 中的偏好结构，所以，当总统 P 和国会 C 之间的预期分歧小时，例如当国会和总统由一党控制时，蜜月效应不大可能出现。

10.6.2 谴责博弈

格罗斯克洛斯和麦卡蒂(Groseclose and McCarty，2000)认为，否决提案更大程度上是选举政治的产物而非立法过程中的不确定性导致的结果。在他们的模型中，立法议程的控制者利用所掌控的提案权，向外界揭示总统的政策立场与选民利益脱节。在这一“谴责博弈”中，当议程控制者从揭示总统的极端偏好中获得的收益高于她从通过新政策中获得的收益时，否决行为就会发生。在这里，选民不了解总统的政策立场是关键假定，而立法者是否了解总统的政策立场倒不重要。

我们用 V 表示选民。他有线性偏好，理想点为 v。V 以概率 π 认定总统为类型 e，以概率 $1-\pi$ 认定总统为类型 m。我们只探讨一种情况：$e<m<v$。设选民根据总统的理想点与自己的理想点之间的期望距离估计总统的类型。选民估计总统的类型为

$$w(e, m, \pi; v)=-\pi \mid v-e \mid-(1-\pi) \mid v-m \mid=\pi e+(1-\pi) m-v。$$

在这个模型中，P 和 C 都关心 V 从总统的立场中得到的期望效用。为使分析有意义，设在总统与国会之间存在利益冲突：在选民认为总统为温和型时，总统得到更大效用；在选民认为总统为极端型时，国会得到更大效用。在国会和总统分别由不同政党或团体控制时，尤其当政党高度极端化且中间选民相对温和时，情况便是如此。在这种情况中，C 和 P 得在政策收益与政治立场收益之间权衡取舍。具体地说，导致公众降低 π 的政策被总统所偏好；导致公众增加 π 的政策被立法机构所偏好。为反映他们对这两种收益不同的重视程度，我们用 λ_C 和 λ_P 分别表示 C 和 P 赋予政策的权重。C 的效用函数于是为

$$-\lambda_C \mid x-c \mid+(1-\lambda_C)(\pi e+(1-\pi) m-v),$$

P 的效用函数为

$$-\lambda_P \mid x-p \mid+(1-\lambda_P)(\pi e+(1-\pi) m-v)。$$

这一模型假定 V 不了解 P 的偏好，C 完全了解 P 的偏好。C 因此能通过对法案的选择把自己拥有的关于 π 的信息传递给选民。总统接受或否决某些法案的决策也能向选民揭示自己的偏好。

在这一模型中，一个有意义的均衡是在 P 为温和型时，C 提出可被 P 接受的法案；在 P 为极端型时，提出被 P 否决的法案。这一均衡存在当且仅当以下两个条件成立：

$$\frac{\lambda_P-\lambda_C}{\lambda_P \lambda_C}(1-\pi)(m-e) \geqslant 2(e-q); \tag{10.1}$$

$$2 \geqslant \frac{\lambda_P - \lambda_C}{\lambda_P \lambda_C}\pi。 \tag{10.2}$$

从这两个条件中，我们能得到关于否决行为的一些结论。[①] 首先，如果 $m=e$ 或 $\pi=1$，条件(10.1)得不到满足。所以，选民不知道总统的偏好是个关键假定。如果没有这种不确定性，则导演法案被否决的闹剧，对 C 而言，不具有信号价值，C 因此愿意向两类总统提交能被接受的法案。其次，在 π 很小时，这两个条件都能得到满足。由于对总统类型的事前估计在 π（总统为极端型的概率）上递减，所以，在公众以为总统为温和型时(就是说，认为总统在政策立场上与自己接近)，否决行为更频繁发生。直观地说，当国会知道总统的政策偏好与选民的推断不一致时，这种谴责博弈对国会更有用。

下面三个结论以 C 和 P 用政策收益交换政治收益的意愿为基础。图 10.5 说明了政策权重 λ_P 和 λ_C 如何影响这两个条件。位于上方曲线以下区域中的 (λ_P，λ_C) 满足条件(10.1)；位于下方曲线以上区域中的 (λ_P，λ_C) 满足条件(10.2)。上述均衡位于这两个区域的交集中。首先，只在 $\lambda_P > \lambda_C$ 时，就是说，只在总统赋予政策结果的权重大于国会赋予的权重时，条件(10.1)才得到满足。否则，C 更愿意通过双方都偏好的法案，获取政策收益，而不是通过提出会被总统否决的提案，获取选举优势。条件(10.2)对 C 和 P 的政策权重之差施加了上界。如果 λ_P 远大于 λ_C，C 无法通过提案揭示总统的政治立场。最后，在这个模型中，只有极端型总统才否决法案。由于只有类型为 e 的总统否决法案，所以，只要法案被否决，选民对总统的支持率就下降。

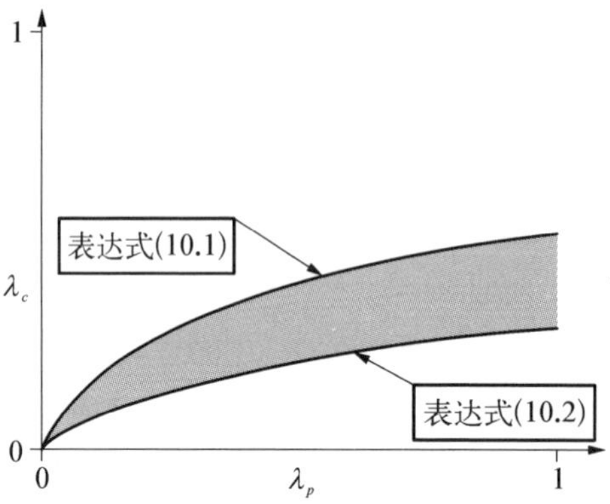

图 10.5　在谴责博弈模型中，均衡否决行为需满足的条件

---

① 这两个条件是 $c > 2m - q + \frac{(m-e)(1-\lambda_P)}{\lambda_P}$ 的必要条件。c 的变化，产生形式略有不同但性质相同的两个条件。

10.7　应用：危机谈判

讨价还价理论有局限性：讨价还价博弈的解一般高度依赖谈判规则，因此容易受扩展形式的变化影响。在否决模型中，这不是大问题，因为否决模型的博弈规则为宪法条款和立法程序。但是，在国家间的危机谈判中，博弈的解对具体的扩展形式的依赖显然不是件好事；由于保密等原因，危机谈判的规则一般不正式、非条款化且无法被观察到。

意识到这一问题，班克斯（Banks，1990）探讨了各种危机谈判博弈应共同具有的均衡特征。我们看班克斯的危机谈判博弈。国家 1 和国家 2 谈判瓜分一个单位的土地。设 x 是国家 1 得到的份额。班克斯假定两个国家风险中性，国家 1 从 x 中得到的收益于是为 x，国家 2 得到的收益为 $1-x$。如果双方无法就土地分割达成协议，它们就进入战争状态。[①] 战争带给国家 1 的期望效用为 u，带给国家 2 的期望效用为 v。期望效用综合了赢得战争的概率、从战胜和战败中实现的收益和战胜国取得的土地份额等因素。

班克斯假定国家 1 在 (u, v) 的值上拥有信息优势。他以常用的方法处理这种信息不对称性：国家 1 的类型为 $t \in T$，它从战争中获得的期望收益 $u(t)$ 在其类型上递增。国家 1 在谈判前就知道自己的类型，国家 2 只拥有对 t 的先验推断 $f(t)$。国家 2 知道 $f(t)$ 的事实是共同知识。

给定这一框架，标准博弈论模型赋予每个国家三个要素：一个决策集；一个（概率）结果函数，它给出了发生战争的概率；最终解决方案，它是双方做出的决策的函数。求解这一模型，我们得到均衡策略 $(\sigma_1(t), \sigma_2)$，它给出了发生战争的均衡概率 $p(t)$ 和期望解决方案 $x(t)$。在这种均衡中，国家 1 的收益为

$$U(t; x, p) = p(t)u(t) + (1-p(t))x(t)。$$

显然，不是所有的 $p(t)$ 和 $x(t)$ 都能从贝叶斯均衡中得到。贝叶斯均衡要求解满足两个条件。第一个条件是激励一致性条件。相对于结果 $(p(t), x(t))$，

---

① 双方可能同意维持现状。

类型 t 不能偏好结果 $(p(t'), x(t'))$；否则，类型 t 就会偏离自己的均衡策略 $\sigma_1(t)$。就是说，对每个 t 和 t'，激励一致性要求

$$p(t)u(t)+(1-p(t))x(t) \geqslant p(t')u(t)+(1-p(t'))x(t'), \tag{10.3}$$

$$p(t')u(t')+(1-p(t'))x(t') \geqslant p(t)u(t')+(1-p(t))x(t)。 \tag{10.4}$$

第二个条件是个人理性条件。[①] 除非 $p(t)=1$，否则，$u(t)$ 不能大于 $x(t)$。不然 t 就撕毁协议，发动战争。个人理性条件为

$$p(t)u(t)+(1-p(t))x(t) \geqslant u(t)。 \tag{10.5}$$

激励一致性和个人理性条件只是最基本的要求，但是，它们还是对谈判结果产生影响。贝叶斯均衡的最重要的特征是 p、x 和 U 在 t 上单调递增。

引理 10.1　如果 p 和 x 满足激励一致性和个人理性，则 $p(\cdot)$ 在 T 上弱递增。

证明： 设 $t'>t$。式(10.4)左边项减式(10.3)右边项，式(10.4)右边项减式(10.3)左边项，得到

$$p(t')[u(t')-u(t)] \geqslant p(t)[u(t')-u(t)]。$$

由于 $u(t)$ 严格递增，所以，$u(t')-u(t)>0$，于是，$p(t') \geqslant p(t)$。　□

引理 10.1 指出，在贝叶斯均衡中，发生战争的概率不可能随国家 1 的类型——它从战争中获得的期望效用——的上升而下降。这不仅是策略模型的特征，而且与有关战争的决策论模型的假定一致。

为介绍下一个引理，我们定义一个类型子集。给定 p 和 x，这个子集中的每种类型都以正概率通过谈判解决双方间冲突。我们把这个类型子集写为 $T_b=\{t \in T: p(t)<1\}$。显然，对任何 $t \in T_b$，个人理性要求 $x(t) \geqslant u(t)$。

引理 10.2　如果 p 和 x 满足激励一致性和个人理性，则 $x(t)$ 在 T_b 上弱

---

① (在下一章)你能看到，班克斯的分析方法与机制设计十分相似。

递增。

证明： 设 $t, t' \in T_b$ 且 $t' > t$。根据引理 10.1，$1 > p(t') \geqslant p(t)$。由于对所有的 $t \in T_b$，$x(t) \geqslant u(t)$，所以，

$$p(t)u(t') + (1-p(t))x(t') \geqslant p(t')u(t') + (1-p(t'))x(t')。\tag{10.6}$$

将式(10.6)与式(10.4)合并，得到

$$p(t)u(t') + (1-p(t))x(t') \geqslant p(t)u(t') + (1-p(t))x(t)。$$

不等号两边同除 $1-p(t)$ ——因为 $t \in T_b$，$1-p(t)$ 为正，所以，不等式两边能够同除 $1-p(t)$ ——得到 $x(t') \geqslant x(t)$。 □

就是说，随着国家 1 从战争中获得的效用上升，它从谈判结果中获得的效用也必须上升。引理 10.1 和 10.2 指出，在贝叶斯均衡中，更高类型能得到更好的谈判结果，但是，发生战争的风险更大。[①] 激励一致性条件要求谈判结果与战争风险之间的这种关系有利于高类型（否则，他们就会把自己伪装成低类型）。设 $T_w = \{t \in T: p(t) > 0\}$，就是说，集合 T_w 中的每种类型都以正概率发动战争。

引理 10.3　如果 p 和 x 满足激励一致性和个人理性，则 $U(t; x, p)$ 在 T 上弱递增，在 T_w 上严格递增。

证明： 设 $t, t' \in T_w$ 且 $t' > t$。（反证）设 $U(t) \geqslant U(t')$。于是，

$$p(t)u(t) + (1-p(t))x(t) \geqslant p(t')u(t') + (1-p(t'))x(t')。$$

因为 $u(t') > u(t)$，所以，

$$p(t)u(t') + (1-p(t))x(t) \geqslant p(t')u(t') + (1-p(t'))x(t')。\tag{10.7}$$

由于 $t, t' \in T_w$，所以，$p(t)$ 和 $p(t')$ 大于 0。式(10.7)与式(10.4)矛盾。因此，$U(t') > U(t)$。

---

① 班克斯指出，如果 x 和 p 都满足激励一致性和个人理性，则 $x(t') > x(t)$ 当且仅当对 $t, t' \in T_b$ 且 $t' > t$，$p(t') > p(t)$。

在集合 $T \backslash T_w$ 上，这一严格不等式不成立。设 $t, t' \in T \backslash T_w$，则 $p(t)=p(t')=0$，式(10.3)和式(10.4)蕴含 $x(t)=x(t')$ 和 $U(t')=U(t)$。 □

就是说，战争收益的上升，不会使国家 1 情况变差。事实上，对以非零概率发动战争的类型，更大的战争收益导致更大的均衡收益。[①]

激励一致性分析虽能告诉我们危机谈判模型共有的一些特征，但还有很多问题没有解决。例如，我们不知道国家 2 对国家 1 的战争收益的推断——先验推断 $f(t)$——如何影响发生战争的概率或谈判结果。为回答这些问题，我们看更具体的危机谈判模型。

10.7.1 危机谈判模型

费伦(Fearon，1995)发展了班克斯的几种危机谈判模型。费伦赋予 (u, v) 具体形式。每个国家 i 的战争成本为 $c_i > 0$。国家 1 以概率 $\pi \in (0, 1)$ 赢得战争。战胜国得到自己想要的结果(如果国家 1 为战胜国，则 $x=1$；如果国家 2 为战胜国，则 $x=0$)。于是，$u=\pi-c_1$，$v=1-\pi-c_2$。设 x_0 是争议地区的领土分割现状。

在这一框架下，我们能定义双方为避免战争而皆能接受的领土分割协议，它满足以下条件：对国家 1，$x > \pi - c_1$；对国家 2，$1-x > 1-\pi-c_2$。因此，任何配置 $x \in [\pi-c_1, \pi+c_2]$ 都能阻止战争。由于战争成本为正，所以，和平协议集为非空集。在完全信息下，双方能谈妥和平协议。[②]

费伦假定在国家 1 的战争成本上存在不完全信息。他假定 c_1 服从连续分布。在这里，我们不使用连续分布假定，而假定 c_1 只取 $\underline{c}$ 和 $\bar{c}$ 两个值，$\bar{c} > \underline{c}$。先验推断是 $c=\underline{c}$ 的发生概率为 λ。它是共同知识。费伦首先假定国家 2 向国家 1 提出一份接受或拒绝的领土分割方案。如果国家 1 拒绝，战争爆发。

在这一模型中，如果国家 2 提出 $x \geqslant \pi - \underline{c}$，则两种类型的国家 1 都接受这一方案，战争得以避免。国家 2 没有动机给国家 1 更高份额，所以，我们设 $\underline{x} = \pi - \underline{c}$。如果国家 2 提出 $x \in (\pi - \bar{c}, \pi - \underline{c}]$，则只有高类型国家 1 接受，

---

① 班克斯证明了 $U(t; x, p)$ 在 t 上连续。见班克斯的原始论文。

② 这里假定争议地区可被无限分割。但是，在现实世界的地区冲突中，当争议地区具有宗教意义时，这一点未必成立。

战争将以 λ 的概率爆发。在位于 $(\pi-\bar{c},\ \pi-\underline{c}]$ 中的所有方案中，国家 2 偏好 $\bar{x}=\pi-\bar{c}$。如果国家 2 提出 $x<\pi-\bar{c}$，则两类国家 1 都拒绝，战争爆发。在这种情况中，国家 2 的收益为 $v=1-\pi-c_2$。就是说，国家 2 实际上面对着三个效用选项：$1-\underline{x}$、$\lambda v+(1-\lambda)(1-\bar{x})$ 和 v。我们能剔除第三个选项，因为 $1-\underline{x}>v$。就是说，国家 2 永远不会提出肯定导致战争的领土分割方案。我们探讨国家 2 在剩余的两个选项上的选择。显然，

$$\lambda v+(1-\lambda)(1-\bar{x})\geqslant 1-\underline{x}\ \text{当且仅当}\ \lambda\leqslant\frac{\bar{c}-\underline{c}}{c_2+\bar{c}}。$$

就是说，当国家 1 为低成本类型的概率足够小时，国家 2 就会采取强硬谈判立场。如果国家 1 确为低成本类型，则两个国家将发生战争。因为 λ 的临界值 $(\bar{c}-\underline{c})/(c_2+\bar{c})$ 在国家 2 的成本 c_2 上递减，所以，在它的军力有限时，它不愿意在谈判中咄咄逼人。

在这一模型中，班克斯的结论成立。在 $\lambda>(\bar{c}-\underline{c})/(c_2+\bar{c})$ 时，两类国家 1 收到相同的领土分割协议，战争的发生概率为 0；当 $\lambda\leqslant(\bar{c}-\underline{c})/(c_2+\bar{c})$ 时，两类国家 1 依然收到相同的领土分割协议，但是，类型 $\underline{c}$ 将发动战争。

费伦认为对战争的这种不完全信息解释不是很靠谱。两个国家之间的信息沟通应能消除信息不对称性，阻止战争。但是，如果两个国家在领土分割上的偏好截然相反，则信息沟通(cheap talk)不影响双方间的谈判，以及战争发生的概率。设国家 1 发出信号 H 或 L，揭示其成本为 $\bar{c}$ 或 $\underline{c}$。[①] 国家 2 在收到信号后，更新自己对国家 1 的成本的推断。我们用 λ^* 表示新的推断。国家 2 在新的推断的基础上，应用和此前相同的折点规则，做出决策。这里只探讨是否存在分离均衡：类型 $\bar{c}$ 发出信号 H，类型 $\underline{c}$ 发出信号 L。面对这种信号策略，$\lambda^*(H)=0$，$\lambda^*(L)=1$，$x(H)=\bar{x}$，$x(L)=\underline{x}$。发生战争的概率是 0。分离均衡要求激励一致性条件得到满足，即要求 $x(H)\geqslant x(L)$ 和 $x(L)\geqslant x(H)$。由于 $\underline{x}>\bar{x}$，这两个条件显然得不到满足。请你证明在这一博弈中不存在部分揭示信息的半混同均衡。

---

① 这里使用两种信号并赋予它们字面含义。这种假定不重要。

10.7.2 危机持续模型*

本节介绍费伦 1994 年的论文(Fearon,1994)。在这篇论文中,费伦用消耗战模型探讨在国际冲突中落败国所承受的“面子成本”(audience cost)如何影响危机的动态特征。

设国家 1 和国家 2 在争夺一笔利益,它的价值为 $v>0$。这一博弈在连续时间上进行,初始时点为 $t=0$。在每个时点上,每个国家都有三个策略可供选择:进攻、放弃或坚持。博弈将持续进行,直至其中一方或双方放弃或进攻。如果两个国家都选择坚持,博弈就继续进行。如果有国家在对方放弃之前发起进攻,则国家 i 从战争中获得的期望收益为 $w_i<0$。费伦把收益解释为冲突解;w_i 更高的国家更愿意通过军事手段解决双方间的利益冲突。

费伦想知道冲突中的落败国的领导人受到的惩罚(即面子成本)如何影响危机的演变特征。他假定在时点 t,如果国家 i 先于国家 j 选择放弃,它得承受面子成本 $a_i(t)$,$a_i(t)$ 在 t 上严格递增。面子成本决定于 t。这一假定反映了一种现象:冲突持续时间越长,认输的代价越高。

在这一博弈中,一个纯策略是一个规则:对始自时点 t' 的子博弈,它规定在有限时点 $t\geqslant t'$ 上进攻或放弃。[①] 我们把这种策略写为 $\{t$, 进攻$\}$ 和 $\{t$, 放弃$\}$。$\{t$, 进攻$\}$ 表示“坚持至时点 t,然后进攻”;$\{t$, 放弃$\}$ 表示“坚持至时点 t,然后放弃”。

我们先看完全信息模型,再探讨双方都不了解对方的临界值时的一般模型。对每个国家 i,我们计算它偏好进攻的时点 t。在 $w_i\geqslant -a_i(t)$ 时,国家 i 偏好进攻。设

$$\bar{t}_i=-a_i^{-1}(w_i),$$

设 $\bar{t}_1<\bar{t}_2$,例如,因为国家 1 的临界值或面子成本高于国家 2,就是说,在 $\bar{t}_1$,国家 2 愿意放弃以免被进攻;它因此选择放弃。设 $Q_i(t;t')$ 是国家 i 没有选择在时点 t' 之前放弃时,选择在时点 t 之前选择放弃的条件概率;$Q_i(t)$ 是国

① 策略集中没有“永不放弃”策略,是为防止出现双方都选择这一策略而使得危机永远持续下去的均衡。

家 i 选择在时点 t 之前放弃的无条件概率。

于是，在每个子博弈 $t' \in [0, \bar{t}_1)$ 中，如果国家 2 选择立刻放弃，则得到收益 $-a_2(t')$；从策略 $\{t$，放弃$\}$ 中得到收益 $Q_1(t, t')v-(1-Q_1(t; t'))a_2(t)$。再看国家 1 的策略。在子博弈 $t' \in [0, \bar{t}_1)$ 中，策略 $\{\bar{t}_1$，进攻$\}$ 实现的收益为 v，策略 $\{t$，放弃$\}$ 实现的收益为 $Q_2(t, t')v-(1-Q_2(t; t'))a_2(t) < v$。因此，对所有的 $t < \bar{t}_1$，$Q_1(t; t')=0$。国家 2 从 $\{t$，放弃$\}$ 中得到收益 $-a_2(t)$，$-a_2(t) < a_2(t')$。就是说，在每个子博弈 $0 \leqslant t' < \bar{t}_1$ 中，包括在时点 0 上，国家 2 始终选择立刻放弃。所以，在完全信息博弈中，均衡策略为国家 2 立刻放弃，国家 1 得到全部利益。

在这一完全信息均衡中，很高的临界值和很高的面子成本，都能实现更好的结果。但是，它蕴含着危机永远不会发生的结论，因为弱势一方始终选择立刻投降。为此，费伦构造了不完全信息模型，每一方都不了解对方的临界值。国家 i 的临界值服从区间 $[\underline{w}_i, 0]$ 上的累积分布 F_i。

和完全信息博弈一样，在费伦的不完全信息博弈模型中，均衡为一个时点，在它之后，没有国家选择放弃。费伦称这一时点为危机博弈的时域点。正式地说，时域点 t_h 是对国家 $i=1, 2$，$Q_i(t)$ 不在 $t > t_h$ 上递增的最早时点。

费伦指出，任何 PBE 都具有以下特征[①]：

(1) 两个国家都以 0 概率选择立刻放弃。设国家 1 在时点 t' 以正概率密度选择放弃。国家 2 显然有动机等待至时点 $t'+\varepsilon$（ε 为很小正数）选择放弃；这使它承受的面子成本只上升无穷小，但是，它赢得 v 的概率显著上升。不存在一个国家选择放弃而对方在同一时点发起进攻的均衡；如果国家 2 认为国家 1 将在时点 t' 以正概率密度选择放弃，它就会推迟进攻时间至 $t'+\varepsilon$。这意味着两个国家不可能都选择在时点 t_h 放弃。

(2) 如果 $Q_j(t)$ 在 t' 上递增，则国家 i 不会在时点 t' 发起进攻。因为进攻产生负期望效用。国家 i 应耐心等待，以求对手在自己进攻前选择放弃。

(3) 在任意接近 t_h 的时间区间中，两个国家都以正概率选择放弃。根据 t_h 的定义，至少一个国家必须在 t_h 之前的任意小的时间区间内以正概率选择

---

① 费伦(1994)证明了这些结论。

放弃。假设国家 i 在 t_h 之前的任意小的时间区间内以正概率选择放弃。设国家 j 在时点 $t'<t_h$ 之后以 0 概率选择放弃。根据结论(2),国家 2 不会在 t' 和 t_h 之间发起进攻。因此,以正概率在时点 t' 之后选择放弃,国家 1 无谓地增加了自己的面子成本,因为它知道自己将先于国家 2 选择放弃却依然在坚持。

(4) 在时点 $t<t_h$ 上,两个国家都以 0 概率选择进攻。这一结论得自结论(2)和(3)。因此,选择策略 $\{t>t_h,$ 进攻$\}$,国家 i 实现的效用为

$$U_i^a(t, w_i)=Q_j(t_h)v+(1-Q_j(t_h))w_i, \tag{10.8}$$

选择策略 $\{t<t_h,$ 放弃$\}$,国家 i 实现的效用为

$$U_i^q(t)=Q_j(t)v+(1-Q_j(t_h))a_i(t)。\tag{10.9}$$

由于 $U_i^q(t)$ 与 w_i 无关,所以,只在对所有的 t,$U_i^q(t)$ 固定为某个值 k_i 时,$\{t<t_h,$ 放弃$\}$ 才是最优反应。反证。设对某个 $t'<t_h$ 和所有的 $t<t_h$,$U_i^q(t')>U_i^q(t)$。则具有 $U_i^q(t')>U_i^a(t_h, w_i)$ 特征的所有类型都在时点 t' 选择放弃。国家 j 的最优反应于是为 $\{t>t',$ 放弃$\}$,$U_i^q(t')=-a_i(t')$。矛盾,因为对所有的 $t<t_h$,$U_i^q(t')>U_i^q(t)$。

根据这些结论,我们有下面的引理,它概括了精炼贝叶斯均衡的特征。

引理 10.4 在两个国家都以正概率选择坚持的均衡中,存在有限时域点 t_h。

这一引理的逻辑相当直接。反证,设存在 PBE 使得 $Q_i(t)$ 在所有的 t 上递增。根据结论(2),国家 j 将永不进攻。于是,根据结论(4),$U_i^q(t)$ 在所有的 t 上为常数。于是,

$$Q_j(t)=\frac{k_i+a_i(t)}{v+a_i(t)}。$$

但是,因为 j 永不进攻,所以,$\lim_{t\to\infty}Q_j(t)=1$。但是,只在 $k_i=v$ 或 $\lim_{t\to\infty}a_i(t)=\infty$ 时,$\lim_{t\to\infty}Q_j(t)=1$。设 $k_i=v$。则 $Q_j(0)=1$,就是说,j 肯定不会选择坚持。设 $\lim_{t\to\infty}a_i(t)=\infty$。则对足够大的 t,i 将不会选择 $\{t,$ 放弃$\}$。

引理 10.5 在 t_h 为时域点且冲突可能持续下去的均衡中,(1) 如果国家 i 选择 $\{t,$ 进攻$\}$,则 $t\geqslant t_h$;(2) 只要 $t\geqslant t_h$,国家 i 将选择 $\{t,$ 进攻$\}$,如果

$w_i > -a_i(t_h)$ 当且仅当 $w_i \geqslant -a_i(t_h)$。

引理 10.5(1)得自结论(2)和(3)。不考虑技术因素，引理 10.5(2)得自一个事实：$U_i^a(t, w_i) \geqslant U_i^q(t)$ 当且仅当 $w_i \geqslant -a_i(t_h)$。[①]

根据引理 10.5，国家 j 在时点 t_h 发动进攻的先验概率为 $1-F_j(-a_j(t_h))$。如果选择坚持至 t_h 才放弃，国家 i 得到的期望效用为

$$u_i(t_h) = F_j(-a_j(t_h))v - (1-F_j(-a_j(t_h)))a_i(t_h)。$$

设 t_i^* 使得 $u_i(t_i^*)=0$。就是说，在 t_i^* 上，国家 i 在坚持至时点 t_i^* 和立刻放弃两个选项之间无差异。[②]

命题 10.1　设 t_i^* 是 $u_i(t_i^*)=0$ 的唯一解，设 $t^*=\min\{t_1^*, t_2^*\}$。在两个国家都以正概率选择坚持的均衡中，时域点为 t^*。

如果 t_h 大于 t^*，则 t_i^* 值较小的国家有动机以 1 的概率在时点 t_h 之前放弃。这与结论(3)矛盾。如果 t_h 大于 t^*，则两个国家都有动机在时点 t_h 上虚张声势，然后选择放弃。这与 t_h 的定义矛盾。

根据上述结论，我们得到下面的命题。

命题 10.2　重新命名两个国家使得 $t^*=t_2^*<t_1^*$。设 $k_1=u_1(t^*)>0$。则国家 $i=1, 2$ 的均衡策略是类型 w_i 的函数，它们具有以下特征：

在 $w_i \geqslant -a_i(t^*)$ 时，在任何时点 $t>t^*$ 上，国家 i 使用 $\{t, 进攻\}$；

在 $w_i < -a_i(t^*)$ 时，国家 i 使用纯策略 $\{t, 放弃\}$，只要 $\{t, 放弃\}$ 服从以下累积分布：

$$\Psi_1(t) = \frac{1}{F_1(-a_1(t^*))} \frac{a_2(t)}{v+a_2(t)},$$

$$\Psi_2(t) = \frac{1}{F_2(-a_2(t^*))} \frac{k_1+a_1(t)}{v+a_1(t)};$$

在时点 $t \leqslant t^*$ 时，国家 i 推断国家 j 不会放弃的概率为

---

① 需要排除 $Q_i(t)$ 有密度点的情况。

② 这里假定 $a_i(t)$ 的值域足够大而使得 $u_i(t_i^*)=0$ 有唯一解。

$$\Pr(w_j \geqslant -a_j(t^*) \mid t) = \frac{v + a_i(t)}{v + a_i(t^*)};$$

在时点 $t > t^*$ 时，国家 i 利用贝叶斯法则推断对手选择进攻的概率。对不在均衡路径上的 $t > t^*$，i 推断 w_j 大于 $-a_j(t^*)$ 且服从 F_j 分布但截止于 $-a_j(t^*)$。

证明： 设 $Q_i(t)$ 是国家 i 在时点 t 之前选择放弃的无条件概率。根据引理 10.5 和命题 10.1，$Q_i(t^*) = F_i(-a_i(t^*))$。使用纯策略 $\{t，放弃\}$，国家 i 得到的效用为

$$Q_j(t)v - (1 - Q_j(t))a_i(t)。$$

为保证在任何时点 $t < t_h$ 上，国家 i 在放弃与坚持之间无差异，我们要求

$$Q_j(t)v - (1 - Q_j(t))a_i(t) = u_i(t^*),$$

或者说，

$$Q_j(t) = \frac{u_i(t^*) + a_i(t)}{v + a_i(t)}。$$

由于只有具有特征 $w_j < -a_j(t^*)$ 的类型选择放弃，所以，这些类型将以 $\dfrac{Q_j(t)}{F_j(-a_j(t^*))}$ 的速度放弃，因此，

$$\Psi_j(t) = \frac{1}{F_j(-a_j(t^*))} \frac{u_i(t^*) + a_i(t)}{v + a_i(t)}。$$

我们知道到时点 t，区间 $[\underline{w}_j, a_j(t^*)]$ 中的类型 $\Psi_j(t)$ 已经选择放弃，所以，

$$\begin{aligned}
\Pr(w_j \geqslant -a_j(t^*) \mid t) &= \frac{1 - F_j(-a_j(t))}{1 - F_j(-a_j(t)) + F_j(-a_j(t))(1 - \Psi_j(t))} \\
&= \frac{1 - F_j(-a_j(t))}{1 - Q_j(t)} \\
&= \frac{(1 - F_j(-a_j(t)))(v + a_i(t))}{v - u_i(t^*)} \\
&= \frac{v + a_i(t)}{v + a_i(t^*)}。
\end{aligned}$$

□

在这个精炼贝叶斯均衡中，临界值 $\dfrac{v+a_i(t)}{v+a_i(t^*)}$ 低的国家 i 所选择的放弃速度使得临界值低的国家 j 在放弃与坚持至时点 t^* 之间无差异。在时点 t^*，两个国家都选择进攻，因为它们知道临界值低的对手已选择放弃，自己继续坚持将导致更大的面子成本。

我们探讨为什么临界值低的国家 j 所选择的放弃速度也使临界值低的国家 i 在放弃和坚持之间无差异。如果国家 j 以更快速度放弃，则所有低类型的国家 i 就会推断在每个时点 t，国家 j 更可能为强大型。于是，低类型的国家 i 将更快放弃。国家 j 于是会推断自己面对的国家 i 为强大型，于是更快放弃。于是，所有低类型国家在时点 $t=0$ 放弃。但是，这不是均衡[见结论(1)]。

设低类型国家 i 以低于均衡速度选择放弃。则在每个时点 t 上，国家 j 推断自己面对的对手的类型弱于均衡类型。国家 j 于是以更慢速度放弃。国家 i 于是选择坚持。依此类推。这种动态性导致所有类型都坚持至时点 t^*。这不是均衡；低类型国家显然想在时点 t^* 之前放弃而不会等待至时点 t^* 发动进攻。

在这个模型中，很大的面子成本起到好作用。高成本国家更能让对手相信它被“套牢”在冲突中(即更多类型愿意坚持至时域点，然后发动进攻)。这与直觉相反。我们的直觉是从放弃中丧失利益最多的国家会尽早投降。一旦危机发生，信号价值压倒这一效应。费伦认为，通过在模型中引入危机爆发阶段，这一分析框架能解释为什么民主国家(它们对面子成本高度敏感)不大可能挑起冲突但更可能在冲突中取胜。

10.8　习　　题

习题 10.1　设 $u_i(x_i)=\ln x_i$，$i\in\{A, B\}$。求纳什讨价还价解，将其表示为分歧值的函数。

习题 10.2　求证：满足四个纳什公理的唯一的讨价还价解是纳什解。

习题 10.3　在鲁宾斯坦讨价还价模型中，设 $\delta_1=\delta_2$，$d_1=d_2=0$，$u_i(x_i)=x_i^{\alpha}$，$0<\alpha<1$。计算子博弈精炼均衡份额。风险厌恶(即更低的 α 值)产生什

么影响?

习题 10.4　设在封闭规则下的巴伦—费内中模型中，$u_i(x_i)=x_i^\alpha$。证明初始提案者的份额在 α 上递减。

习题 10.5　设在 10.3.2 节的模型中，$N=3$，$m=1$，$(1-\delta)/(3-2\delta)<q\leqslant 1/3$。计算使得 $v_A=v_B$ 的混合策略均衡。

习题 10.6　在 10.3.2 节的模型中,对给定的 N 和 m，计算 v_A 和 v_B。

习题 10.7　在 10.3.3 节的模型中,设团体 1 和团体 2 在讨价还价。设 m_i 是团体 i 的成员数，$m_1+m_2=N$。设团体 i 的所有成员都有否决权,就是说,如果他们反对某项提案,则需要得到 k_i 票才能够推翻他们的否决，$0<k_i<N$。设 $k_1>k_2$。计算两个团体成员的持续值。

习题 10.8　在 10.5.1 节的模型中,设有两轮讨价还价：如果 A 拒绝 B 的初始提案,则由 A 提出提案。如果双方在第二轮中达成一致,则收益以因子 δ 贴现。它的 PBE 是什么? 设在 B 的分歧值上存在不完全信息，$\underline{u}_B=0$ 的概率为 π，$\underline{u}_B=d$ 的概率为 $1-\pi$。构造这一博弈的 PBE。它有唯一的 PBE 吗?

习题 10.9　在图 10.3 描述的马修斯模型中,证明不存在所有类型的总统发表相同讲话的全域至圣均衡。

习题 10.10　设在 10.7.1 节的模型中，c_1 在区间 $[\underline{c},\ \bar{c}]$ 上均匀分布。求精炼贝叶斯均衡。设在讨价还价前,存在信息沟通。求证在 $\bar{c}$ 足够大时,存在 PBE,高成本类型的国家 1 向国家 2 揭示自己的成本。

第 11 章　机制设计和代理理论

前几章分析了在具体博弈中决策者如何行动的问题。在某些社会环境中，当博弈规则十分明确时，这种分析让我们获得直觉认识和实证结论。本章从另一个角度探讨与此有关的一个问题：给定我们想要的结果，什么样的博弈产生这一结果？我们能设计出这种博弈吗？

在博弈论中，探讨此类问题的理论分支是机制设计：机制设计者或委托人设计一个贝叶斯博弈或者说设计一个机制，由参与者或代理人进行这个博弈。机制设计有很多应用：设计税制，诱使人们揭示自己的出资意愿；设计拍卖机制，最大化销售收入；设计选举程序，激励官员恪尽职守。

机制设计本质上是个最大化问题：机制设计者通过选择博弈形式，在代理人理性地进行博弈的前提下，最大化机制设计者的效用。如果机制设计者的偏好为社会偏好，机制设计就属于规范研究，例如，设计公共品的提供规则，最大化社会中所有人的总效用。机制设计与社会选择理论关系密切。一些人称机制设计理论为执行理论：通过设计机制，执行某一选择函数（在这里，选择函数是从代理人的类型截面到集体决策的映射）。能由某一机制执行的选择函数称为可执行的选择函数。吉巴德-萨特维特定理属于这一理论范畴。

机制设计理论一般属于规范研究，但是，我们可以用它获得实证结论。例如，机制设计理论常被用于研究委托代理关系：不拥有信息的委托人（立法机构或行政机构）诱使拥有信息的代理人（职能委员会或政府官员）为委托人尽职做事。

在经济学中，机制设计者可以在各种博弈之间做出选择，她甚至可以在合同中写入精巧的奖惩条款。这种处理方法在经济环境中行得通，因为法庭等第三方能强制执行各种复杂合同，并且，货币奖惩是合法的激励手段。但是，在政治环境中,委托人未必能这么做,因为在政治环境中不存在法庭等第三方,并且,法律或社会可能禁止在政治活动中实行货币奖惩。

本章首先介绍机制设计理论的基本概念和结论,然后探讨委托人受到较多约束时的激励问题。

11.1 例　　子

我们虚构一个例子。在某大学的政治科学系中,有 n 个教师和一位系主任。系主任在考虑为系里购买一台咖啡机。咖啡机的价格为 c。系主任想知道这台咖啡机对各位教师具有的价值,以便决定是否购买。设咖啡机对教师 $i=1, \cdots, n$ 具有的价值为 $\theta_i \in \mathbb{R}_+$。系主任是边沁主义者但不喝咖啡。[①] 她购买咖啡机当且仅当 $\sum_{i=1}^{n} \theta_i \geqslant c$。问题是系主任不知道每个教师的类型(即咖啡机对各个教师具有的价值) θ_i,只知道 θ_i 服从概率分布 $F(\cdot)$。怎么办呢?

一种办法是系主任私下向每个教师了解咖啡机对其具有的价值。如果以此方法得到的总价值超过 c,系主任就用办公经费购买咖啡机。[②] 但是,系主任知道,如果由公家出钱购买,每个教师都会夸大咖啡机对自己具有的价值,以求提高购买概率。就是说,这种办法诱生出一个博弈,每个教师在博弈中的最优反应是夸大咖啡机的价值。这种办法显然行不通。

另一种办法是依然要求每个教师报告咖啡机对自己具有的价值。但是,系里不再出钱购买,而是各个教师按照自己所报告的价值出资。如果出资总额超过 c,系主任就去购买咖啡机;并用多出来的钱购买咖啡豆。如果出资总额没有达到 c,系主任就退钱给每个人。这种办法也行不通:精于算计的教师会低报咖啡机对自己的价值,占同事便宜,指望其他人出钱把咖啡机买回来。这种办法导致集体行动问题。两种办法都行不通。

机制设计理论为系主任提供了一条出路。这就是格罗夫斯(Groves,1973)与克拉克(Clarke,1971)提出的机制,它能让系主任了解每个教师的真

---

① 边沁(Jeremy Bentham,1748—1832)是英国哲学家,他的道德观是"为最大多数人谋取最大福利"。根据历史记载,他喝咖啡。

② 教师不关心办公经费是否有其他用途。

实偏好：

• 每位教师通过邮件向系主任报告咖啡机对自己的价值，教师 $i=1, \cdots, n$ 报告的值为 m_i。

• 如果 $\sum_{i=1}^{n} m_i \geqslant c$，就购买咖啡机；否则，就不购买。

• 一旦决定购买，系主任就向各个教师收钱，教师 i 的出资额为 $t_i(m_i, m_{-i})=c-\sum_{j \neq i} m_j$。

• 如果决定不购买，系主任就不去收钱。

在这一机制下，每个人都说真话，报告咖啡机对自己的真实价值；每个人都不关心其他人报告的值；每个人的报告只通过影响系主任的购买/不购买决策间接影响自己的出资额；每个人的出资额决定于其他人报告的值。

在这一机制中，所有教师都说真话。我们看类型为 θ_i 的教师 i 的选择。

• 设教师 i 低报咖啡机对自己的价值，设他报告的值为 m_i，$m_i<\theta_i$。只在说真话导致购买而这种低报行为导致不购买决策时，即只在 $\sum_{j \neq i} m_j + m_i<c<\sum_{j \neq i} m_j+\theta_i$ 时，这种行为才改变最终结果。系主任不买咖啡机，教师 i 得到效用 0。这个不等式蕴含 $c-\sum_{j \neq i} m_j<\theta_i$，即教师 i 的出资额 $c-\sum_{j \neq i} m_j$ 小于咖啡机对他的价值 θ_i。相比之下，说真话导致系主任购买咖啡机，教师 i 得到正效用。因此，低报咖啡机对自己的价值，能降低教师 i 的效用。

• 设教师 i 夸大咖啡机对自己的价值，设他报告的值为 m_i，$m_i>\theta_i$。只在说真话导致不购买而这种夸大行为导致购买决策时，即只在 $\sum_{j \neq i} m_j + m_i>c>\sum_{j \neq i} m_j+\theta_i$ 时，这种行为才改变最终结果。这个不等式蕴含 $c-\sum_{j \neq i} m_j>\theta_i$，即教师 i 的出资额高于咖啡机对他的价值，夸大行为导致教师 i 得到负效用。相比之下，说真话只是导致系主任不买咖啡机，让教师 i 得到零效用。因此，夸大咖啡机的价值，降低教师 i 的效用。

因此，在这一机制中，说谎不会给任何教师带来任何好处。

应用格罗夫斯–克拉克机制，让系主任得到两个结果：教师诚实对待系里事务；系里购买咖啡机当且仅当咖啡机对全体教师具有的价值超过它的价格。它有缺陷：没有平衡预算。如果购买咖啡机，系主任收到的款项为 $\sum_{i=1}^{n} t_i(m_i, m_{-i}) = nc - \sum_{i=1}^{n} \sum_{j \neq i} m_j$，它大于或等于 c。系主任自然不认为这是缺陷，如果他能把多出来的钱装到自己口袋中的话。

11.2　机制设计问题

现在探讨机制设计。设 N 为参与者集合，它包含 n 个代理人；我们称机制设计者为第 0 个人。X 是政策空间，$x \in X$ 是政策选项。代理人 $i \in N$ 的类型集为 Θ，他的类型 $\theta_i \in \Theta$ 是他的私人信息。$F(\theta)$ 是类型截面 $\theta \equiv (\theta_1, \cdots, \theta_n) \in \Theta^n$ 的联合分布函数。$u_i: X \times \Theta^n \to \mathbb{R}$ 是代理人 i 的伯努利效用函数，就是说，代理人的效用决定于政策 x 与类型截面 θ。$u_0(x, \theta)$ 是机制设计者的伯努利效用函数。一个 $\langle \Theta, F(\cdot), X, u \rangle$ 是一个机制设计问题。

机制设计者要诱使代理人发出信号。所以，他为每个代理人 $i \in N$ 提供一个信号空间 M_i；他设计一个政策函数 $p: \prod_{i \in N} M_i \to X$：对信号截面 $m = (m_1, \cdots, m_n) \in M \equiv \prod_{i \in N} M_i$，函数 p 指定政策 $p(m) \in X$。一个机制是一个 $\langle M, p(\cdot) \rangle$。

给定信号空间和政策函数，我们就有一个贝叶斯标准式博弈：代理人 i 的策略集为 M_i；收益函数为 $u_i(p(m), \theta)$，它是效用函数 u_i 与政策函数 p 的复合。

11.1 节中的例子满足这一框架。系主任设计机制，为各个教师提供信号空间 $M_i = \Theta_i$，政策函数为“如果 $\sum_{i=1}^{n} m_i \geq c$，就购买咖啡机，向教师 $i = 1, \cdots, n$ 收钱 $c - \sum_{j \neq i} m_j$；如果 $\sum_{i=1}^{n} m_i < c$，就不购买咖啡机，不收钱”。全体教师在这一机制下进行贝叶斯标准式博弈。

要知道在给定机制下代理人如何进行博弈，我们需要明确代理人的理性特征。我们可以假定代理人在由机制诱生的博弈中（译者：下文称之为“诱生博弈”）只使用占优策略。这种机制于是为可用占优概念求解的机制。我们也可以假定代理人在诱生博弈中使用贝叶斯纳什均衡策略。

本章假定在诱生博弈中代理人只使用贝叶斯纳什均衡策略，但是，我们要知道，在经济学中有很大一部分文献使用其他解概念，例如，格罗夫斯-克拉克机制就是可用占优策略求解的机制。我们只探讨贝叶斯纳什均衡，所以，我们要求选择函数 $g: \Theta \rightarrow X$ 满足以下条件：存在机制 $\langle M, p\rangle$ 使得在代理人使用贝叶斯纳什均衡策略时，所实现的结果为选择函数 g 指定的政策，即对每个 $\theta \in \Theta$，$p(m(\theta))=g(\theta)$。

机制设计者自然希望所设计的机制能执行他想要的选择函数。如果他想在贝叶斯纳什均衡上执行函数 $g(\cdot)$，则他设计的机制 $\langle M, p(\cdot)\rangle$ 必须确保这一机制所诱生的博弈有贝叶斯纳什均衡，代理人 i 使用贝叶斯纳什均衡策略 m_i^* 使得 $p(m_1^*(\theta_1), \cdots, m_n^*(\theta_n))=g(\theta)$。换句话说，在设计机制时，机制设计者必须充分了解机制的激励特征，预见代理人将使用的均衡策略，预知代理人的行为如何受激励影响。

定义 11.1　给定机制设计问题 $\langle\Theta, F(\cdot), X, u\rangle$，我们说**选择函数** $g(\cdot)$ 可在贝叶斯纳什均衡上执行，如果存在机制 $\langle M, p(\cdot)\rangle$，它产生贝叶斯纳什均衡策略 $m_i^*(\cdot)$，使得对每个 $\theta \in \Theta$，

$$p(m_1^*(\theta_1), \cdots, m_n^*(\theta_n))=g(\theta)。$$

因为占优策略截面必然是贝叶斯纳什均衡，所以，可在占优策略上执行的选择函数，必然可在贝叶斯纳什均衡上执行。我们定义了可执行性，接下来的问题更棘手：可能的机制数量很大，我们如何知道哪个选择函数可被执行呢？

显示原理给出了答案。根据显示原理，我们只需用直接机制寻找可执行的选择函数。在**直接机制**中，代理人直接报告自己的类型，就是说，$M_i = \Theta_i$。显示原理指出，只要存在执行选择函数 $g(\cdot)$ 的机制，就存在执行 $g(\cdot)$ 的直接机制。我们因此不必考虑所有可能的机制而只需考虑直接机制。

显示原理应用极为广泛，它的证明却十分简单。

定理 11.1　（贝叶斯纳什均衡上的显示原理）

给定机制设计问题 $\langle\Theta, F(\cdot), X, u\rangle$，如果选择函数 $g(\cdot)$ 可在贝叶斯纳什均衡上执行，则存在直接机制 $\langle\Theta, p(\cdot)\rangle$，它在贝叶斯纳什均衡上执行 $g(\cdot)$。

证明：设机制 $\langle M, p'(\cdot)\rangle$ 在贝叶斯纳什均衡上执行选择函数 $g(\cdot)$。我

们用这个机制构造执行 $g(\cdot)$ 的直接机制。设在由机制 $\langle M, p'(\cdot)\rangle$ 诱生的博弈中，$s_i(\cdot)$ 是参与者 i 的贝叶斯纳什均衡策略。我们构造直接机制。设代理人的信号空间为他的类型空间；定义政策函数 p 为：对每个 $\theta \in \Theta$，

$$p(\theta) \equiv p'(s_1(\theta_1), \cdots, s_i(\theta_i), \cdots, s_n(\theta_n))。$$

我们证明在这个直接机制 (Θ, p) 中，贝叶斯纳什均衡为每个人报告自己的真实类型，即 $m_i(\theta_i) = \theta_i$。设所有代理人 $N\backslash\{i\}$ 都使用说真话策略。如果代理人 i 说真话，则对每个 θ，最终结果为 $g(\theta)$。设类型为 $\theta'_i \in \Theta_i$ 的代理人 i 发现报告 $m'_i \neq \theta'_i$ 对自己更有利。如果代理人 i 在直接机制中选择 m'_i，则 $m'_i \in \Theta_i$。因为在 $\langle M, p'(\cdot)\rangle$ 诱生的博弈中，代理人 i 的贝叶斯纳什均衡策略为 $s_i: \Theta_i \rightarrow M_i$，所以，$s_i(m'_i) \in M_i$。如果报告 m'_i 比报告 θ'_i 对代理人 i 更有利，则

$$\int_{\theta_{-i} \in \Theta_{-i}} u_i(p'(s_1(\theta_1), \cdots, s_i(m'_i), \cdots, s_n(\theta_n)))dF(\theta_{-i} \mid \theta_i)$$

$$> \int_{\theta_{-i} \in \Theta_{-i}} u_i(p'(s_1(\theta_1), \cdots, s_i(\theta'_i), \cdots, s_n(\theta_n)))dF(\theta_{-i} \mid \theta_i)。$$

但是，在由 $\langle M, p'(\cdot)\rangle$ 诱生的贝叶斯博弈的均衡中，$s_i(\cdot)$ 是最优反应。矛盾。 □

显示原理只说存在直接机制，它在贝叶斯纳什均衡上执行选择函数。可能还存在其他均衡，它们产生不同的集体选择。帕尔弗里和斯里瓦斯塔瓦(Palfrey and Srivastava，1989)探讨了要求机制产生唯一均衡时的机制设计问题。

我们可以把显示原理推广至很多均衡概念上，例如，推广至占优策略上的执行概念中。习题 11.3 定义了占优策略上的执行，要求你证明这种机制中的显示原理。证明思路与上面类似：设在某个机制中，参与者有占优策略。则在恰当定义的直接机制中，如果说真话策略能实现原始机制中的收益，则说真话是占优策略。

有了显示原理，对给定的选择函数是否可执行的问题，我们只需用说真话的直接机制来回答。如果一个选择函数无法在直接机制中执行，它就不能在

任何机制中执行。我们看几个例子。

11.3　应用：民调

设共有 n 个选民，n 为奇数，他们构成参与者集合 $N=\{1, \cdots, n\}$。每个选民有 $\mathbb{R}$ 上的对称单峰偏好。机制设计者不知道每个选民的理想点，但他可以向选民了解他们各自的理想点，然后选择政策 $x \in \mathbb{R}$。设每个人的理想点 θ_i 服从 $\mathbb{R}$ 上的分布 $F(\cdot)$。我们的问题是：是否存在某些机制，能诱使选民在占优策略中揭示自己的理想点？穆林(Moulin，1980)证明了存在这种机制。

设想一个机制，它要求每个人报告自己的理想点。设选民 i 的报告为 $m_i \in \mathbb{R}$。机制设计者在收到所有人的报告后，选择它们的中位数为最终政策，即 $x(m)=\text{median}(m)$。我们证明在这一博弈中，说真话是每个人的最优反应。

设 $x(m_i, m_{-i})$ 是信号截面 $m=(m_i, m_{-i})$ 的中位数，设 $\underline{x}(m_{-i})$ 和 $\bar{x}(m_{-i})$ 分别为 $\text{median}(m_{-i})$ 的下界和上界。[①]

设选民 i 报告 y_i。如果 $y_i < \underline{x}(m_{-i})$，则 $\underline{x}(m_{-i})$ 为中位数，即 $x(y_i, m_{-i})=\underline{x}(m_{-i})$。如果 $y_i > \bar{x}(m_{-i})$，则 $\bar{x}(m_{-i})$ 为中位数，即 $x(y_i, m_{-i})=\bar{x}(m_{-i})$。如果 $y_i \in [\underline{x}(m_{-i}), \bar{x}(m_{-i})]$，则 y_i 是中位数，即 $x(y_i, m_{-i})=y_i$。就是说，如果选民 i 报告 y_i，则中位数可能为 $\underline{x}(m_{-i})$、$\bar{x}(m_{-i})$ 或 y_i。

- 设 $\theta_i \in \{\underline{x}(m_{-i}), \bar{x}(m_{-i})\}$。则报告 $m_i=\theta_i$ 能使选民 i 得到自己的理想点。
- 设 $\theta_i < \underline{x}(m_{-i})$。选民 i 能得到的最好结果是 $\underline{x}(m_{-i})$。小于 $\underline{x}(m_{-i})$ 的任何信号，包括 θ_i，都能实现这一结果。
- 设 $\theta_i > \bar{x}(m_{-i})$。报告 $m_i=\theta_i$ 依然使选民 i 最大化自己的效用。

总之，不管其他人的选择是什么，选民 i 的最优策略是报告 θ_i。

在穆林的机制中，每个选民被要求报告一个数(即理想点)。穆林要求这一机制具有两个特征：匿名和效率。所谓匿名，是要求机制以相同方式对待

---

① 在有偶数个不同的数时，这些数有两个中位数。

每个人。

定义 11.2　机制 $g: \mathbb{R}^n \to X$ 具有匿名特征，如果对每个排列 $\pi: N \to N$，

$$g(m_1, \cdots, m_i, \cdots, m_n) = g(m_{\pi(1)}, \cdots, m_{\pi(i)}, \cdots, m_{\pi(n)})。$$

穆林定义的效率与阿罗定理中的帕累托效率概念基本相同。

定义 11.3　机制 $g: \mathbb{R}^n \to X$ 有效率，如果对每个类型截面 $y = (y_1, \cdots, y_n)$，$g(y)$ 具有帕累托效率（不存在其他政策 $z \neq g(y)$ 使得在 z 和 $g(y)$ 之间，每个人都弱偏好 z 且有人严格偏好 z）。

穆林证明了下面的结论：

定理 11.2　如果偏好为单峰，则每个有效率的、匿名的且能防范策略性行为的机制都为以下形式：在所报告的数字 $m_1, m_2, \cdots, m_n$ 后面，增加 k 个固定数字 $a_1, \cdots, a_k$，选择这些数的中位数。

这一机制能防范策略性行为。请你证明穆林的定理。梅罗威茨（Meirowitz，2004a）分析了在候选人利用民调揭示自己的政策时，民调所具有的信息揭示功能。他发现，受访者一般有动机说假话。本章末有道习题，要求你发展梅罗威茨的分析。

11.4　拍卖理论

从无线电波段到 eBay 上的小物件，拍卖机制被用于出售一切商品。由于它所具有的资源配置功能，经济学家已就如何设计最优拍卖机制，创造最大收入和实现效率配置，进行了大量研究。政治科学家普遍不关心这方面的研究。但是，他们需要了解拍卖机制，因为一些重要的政治现象具有拍卖特征，并且，拍卖理论展示了如何用机制设计理论来研究制度选择。

政治科学没有完全忽视拍卖理论。拍卖理论在政治科学中的典型应用是“收买”（favor buying）模型：相互竞争的利益团体贿赂政客以求获得政府合同或政策支持。梅罗威茨（2004b）甚至把竞选解释为拍卖。

在标准拍卖问题中，有一个卖方（第 0 人）；有 n 个买方，他们构成参与者集合 $N = \{1, \cdots, n\}$。所拍卖的商品对不同人可能具有不同价值。设它对买

方 i 的价值为$\theta_i \in \mathbb{R}_+$，这是买方 i 的私人信息。θ_i 服从独立同分布，分布函数 $F(\cdot)$ 二阶可微。如果买方 i 竞得商品并发生支付 b_i，则在商品对他具有的价值为 θ_i 时，他得到效用 $\theta_i - b_i$。没有竞得商品的人，如果没有发生任何支付，则得到零效用。我们介绍几种常见拍卖机制。

11.4.1　次高价格拍卖和价格升序拍卖

在次高价格拍卖中，每个参与者 i 向卖方提交密封在信封中的报价 b_i。出价最高的人得到商品，但支付的金额等于次高报价；没有得到商品的人，不发生任何支出。在价格升序拍卖中，所有买家举起自己的号码牌，拍卖师按升序喊价，10 元，11 元，12 元……在某个价格上，如果除一人外，所有人都不再举牌，则商品卖给仍在举牌的人。

这两种拍卖方式都被广泛使用，但是，它们的竞价过程差异甚大。从博弈论角度看，它们是不同的博弈，前者是同时行动贝叶斯博弈，后者是序贯行动贝叶斯博弈。然而，它们的内在机制完全相同。我们用显示原理证明这一结论。设想每个买方把商品对自己的价值 θ_i 输入电脑。电脑做两件事：(1) 在次高价格拍卖中，它代表各个人报出每个人对商品的价值认定(就是说，它使用的报价策略为 $b_i = \theta_i$)；(2) 在升序拍卖中，它规定机器人 i 始终举牌直至喊价超过θ_i。在两种情况中，对商品有最高价值认定的人赢得商品，发生的支付等于对商品的次高价值认定。

我们证明在次高价格拍卖中，报价 $b_i = \theta_i$ 是买方 i 的占优策略。设 $b_{-i}^{\max}$ 是其他所有人的最高报价，即 $b_{-i}^{\max} = \max_{j \neq i} b_j$。我们需要考虑三种情况：$b_{-i}^{\max} = \theta_i$、$b_{-i}^{\max} < \theta_i$ 和 $b_{-i}^{\max} > \theta_i$。

- 设 $b_{-i}^{\max} = \theta_i$。如果 i 的报价为 $b_i = \theta_i$，则 i 与其他人达成平局，得到期望效用 0；如果 i 的报价为 $b_i > \theta_i$，则 i 赢得商品，支付价格 $b_{-i}^{\max} = \theta_i$，得到效用 0；如果 i 的报价为 $b_i < \theta_i$，则 i 得不到商品，得到效用 0。

- 设 $b_{-i}^{\max} < \theta_i$。如果 i 的报价为 $b_i = \theta_i$，则他赢得商品，支付价格 $b_{-i}^{\max}$，实现效用 $\theta_i - b_{-i}^{\max} > 0$；如果 i 的报价为 $b_i > \theta_i$，则他赢得商品，支付价格 $b_{-i}^{\max}$，实现效用 $\theta_i - b_{-i}^{\max} > 0$；如果 i 的报价为 $b_i < \theta_i$，则他或者得到商品并支付价

格 $b_{-i}^{\max}$，实现效用 $\theta_i - b_{-i}^{\max} > 0$，或者得不到商品，实现效用 0。

• 设 $b_{-i}^{\max} > \theta_i$。如果 i 的报价为 $b_i = \theta_i$，则他得不到商品，实现效用 0；如果 i 的报价为 $b_i > \theta_i$，则他或者得到商品，支付价格 $b_{-i}^{\max}$，实现效用 $\theta_i - b_{-i}^{\max} < 0$，或者得不到商品，实现效用 0；如果 i 的报价为 $b_i < \theta_i$，则他得不到商品，实现效用 0。

我们看到，在三种情况中，报价 $b_i = \theta_i$ 与其他报价策略至少一样好。而且，它能防止买方事后反悔：在愿意支付的价格上没有得到商品，在不想支付的价格上获得商品。

同理，在价格升序拍卖中，买方 i 在价格超过 θ_i 时不再举牌是占优策略。那么，在价格低于 θ_i 时，i 应该放下牌子吗？这样做会让他得不到商品，实现效用 0。就是说，过早放弃并不优于始终举牌直至喊价超过 θ_i。而且，如果其他人在价格 $p' < \theta_i$ 上不再举牌，则 i 继续举牌能使自己在价格 p' 上得到商品，实现效用 $\theta_i - p' > 0$。那么，在价格高于 θ_i 时，i 应该继续举牌呢？有两种可能性：他没有得到商品，实现效用 0；或者，他得到商品，但是，支付的价格超过商品对他具有的价值，实现负效用。

11.4.2 最高价格拍卖和价格降序拍卖*

在最高价格拍卖中，所有竞拍者同时提交自己的报价。出价最高的人赢得商品，按自己的报价支付卖方。在价格降序拍卖中，每个竞拍者有一个号码牌。拍卖师从某个高价位上开始喊价，逐步降价，100 元，99 元，98 元……第一个举牌者得到商品，按当时的喊价支付给卖方。虽然最高价格拍卖是同时行动博弈，价格降序拍卖是扩展式博弈，但是，它们的博弈形式相同。这里只探讨最高价格拍卖。请你求解价格降序拍卖的精炼贝叶斯均衡。我们采取克里希纳(Krishna，2002)的方法，首先猜测均衡策略，然后证明它是贝叶斯纳什均衡。

设竞拍者 $j \neq i$ 的策略为严格递增的可微函数 $b: \mathbb{R}_+ \to \mathbb{R}_+$。在竞拍人竞得商品并按照自己对商品的价值认定支付给卖方时，或者在他没有竞得商品时，他实现的期望效用都为 0。设 $b_{-i}^{\max}$ 为所有竞拍人 $N \backslash \{i\}$ 在策略 $b(\cdot)$ 下报出的最高价，是个随机变量。由于在没有拍到商品时，竞拍者实现的收益为 0，

所以，类型为 θ_i 的竞拍者从策略 b_i 中得到的期望效用为

$$\Pr(b_{-i}^{\max} < b_i)[\theta_i - b_i]。$$

在其他竞拍者使用报价策略 $b(\cdot)$ 时，$\Pr(b_{-i}^{\max} < b_i)$ 是从 $F(\cdot)$ 中 $n-1$ 次抽取 θ_j 且每次抽取到的 θ_j 的值都小于 $b^{-1}(b_i)$ 的概率。由于类型变量服从独立分布，所以，$\Pr(b_{-i}^{\max} < b_i) = [F(b^{-1}(b_i))]^{n-1}$。期望效用于是为

$$[F(b^{-1}(b_i))]^{n-1}[\theta_i - b_i]。$$

设期望效用最大化问题的最优解为 b_i，它满足一阶必要条件：

$$(n-1)[F(b^{-1}(b_i))]^{n-2} f(b^{-1}(b_i)) \frac{db^{-1}(b_i)}{db_i}[\theta_i - b_i] = [F(b^{-1}(b_i))]^{n-1}。$$

由于在我们猜想的均衡中，$b(\theta_i) = b_i$，所以，

$$(n-1)[F(\theta)]^{n-2} f(\theta)\theta = \frac{db(\theta)}{d\theta}[F(\theta)]^{n-1} + (n-1)[F(\theta)]^{n-2} f(\theta) b(\theta)。$$

因为等号右边项实际上是

$$\frac{d}{d\theta}([F(\theta)]^{n-1} b(\theta)),$$

所以，一阶条件为

$$\frac{d}{d\theta}([F(\theta)]^{n-1} b(\theta)) = (n-1)[F(\theta)]^{n-2} f(\theta)\theta。$$

利用微分第一定理$\left(\text{即}\int \frac{df}{dx}dx = f(x)\right)$，我们可以把一阶条件写为

$$b(\theta) = \frac{\int_0^{\theta} \theta'(n-1)[F(\theta')]^{n-2} f(\theta') d\theta'}{[F(\theta)]^{n-1}}。\tag{11.1}$$

等号右边项是在 $b_{-i}^{\max} < \theta$ 的前提下对 $b_{-i}^{\max}$ 的条件期望。要证明 $b(\cdot)$ 是均衡报价函数，只需证明式(11.1)所定义的局部最大值是全局最大值。请你证明 $b(\cdot)$ 是均衡报价函数。

11.4.3 收入等价性原理*

最高价格拍卖和次高价格拍卖中的出价策略不同。我们于是要问，对卖方而言，哪种拍卖方式更好？拍卖理论中的收入等价性原理(Riley and Samuelson, 1981; Myerson, 1981)给出了答案。根据这一原理，当类型变量相互独立时，拍卖的期望收入只决定于各个买方竞得商品的概率(它是类型 θ_i 的函数)和最低类型的买方所实现的效用。根据这一原理，如果商品对各个买方的价值相互独立，则各种拍卖方式实现相同的期望收入。我们来证明收入等价性原理。

设 $M=\Theta$ 为信号空间。n 个参与者对所卖商品各有自己的价值认定，它们独立抽取自 Θ 上的分布 $F(\cdot)$，设 $F(\cdot)$ 的密度为 $f(\cdot)$。为方便分析，设 Θ 为区间 $[0, k]$。集合 $\Delta(N)$ 为集合 N 上的概率分布集。一个机制是一个 (w, t)：对每个信号截面 m，函数 $w: M^n \rightarrow \Delta(N)$ 给出集合 N 上的一个概率分布，规定了每个竞拍人获得商品的概率；对每个信号截面 m，$t: M^n \rightarrow \mathbb{R}_+^n$ 给出了支付截面，规定了每个竞拍人支付给卖方的金额。在最高价格拍卖中，竞拍人 i 得到商品的概率为

$$w(m)=\begin{cases}\dfrac{1}{\#\{\operatorname{argmax}\{m_j\}\}}, & \text{如果 } i \in \operatorname{argmax}\{m_j\}; \\ 0, & \text{如果 } i \notin \operatorname{argmax}\{m_j\}。\end{cases}$$

竞拍人 i 发生的支付为

$$t_i(m)=\begin{cases}\dfrac{m_i}{\#\{\operatorname{argmax}\{m_j\}\}}, & \text{如果 } i \in \operatorname{argmax}\{m_j\}; \\ 0, & \text{如果 } i \notin \operatorname{argmax}\{m_j\}。\end{cases}$$

如果在最高出价上只有一个出价人，则在 $i \in \operatorname{argmax}\{m_j\}$ 时，$w(m)$ 可简化为 1，$t_i(m)$ 可简化为 m_i；在 $i \notin \operatorname{argmax}\{m_j\}$ 时，它们都为 0。在全支付最高价格拍卖中，$t_i(m)=m_i$。

收入等价性原理讲的是在拍卖机制的贝叶斯纳什均衡中卖方所实现的期望收入。在四种标准拍卖形式中，映射 $w(m)$ 都有“赢家通吃”特征。给定递增报价函数 $b(\theta_i)$，卖方的期望收入为

$$ER=\sum_{i=1}^{n}\int_{0}^{k}t_i(b(\theta_i))dF(\theta_i)。$$

我们现在表述并证明收入等价性原理。

定理 11.3　设商品对各个买方具有的价值服从独立同分布。在各种标准拍卖形式中，如果认为商品价值为 0 的竞拍人的期望支付为 0，则每个对称的和递增的均衡均实现相同的期望收入。

证明：对任一标准拍卖形式，我们用函数 $b(\cdot)$ 表示它的对称且递增的均衡。设 $t^{+}(\theta_i)$ 是价值认定为 θ_i 的竞拍人的期望支付。设竞拍人 i 的价值认定为 θ'_i，报价为 z，设 $z=b(\theta''_i)$。则在其他所有人都使用策略 $b(\cdot)$ 时，竞拍人 i 报价为 z 而实现的期望效用为

$$\theta'_i[F(\theta''_i)]^{n-1}-t^{+}(\theta''_i)。$$

把上式对类型 θ''_i 求导，得到期望效用最大化问题的一阶条件

$$(n-1)\theta'_i[F(\theta''_i)]^{n-2}f(\theta''_i)=\left.\frac{\partial t^{+}(z)}{\partial z}\right|_{z=b(\theta''_i)}$$

因为 $b(\cdot)$ 是均衡报价策略，所以，$z=b(\theta'_i)$ 是一阶条件的解，就是说，

$$(n-1)\theta'_i[F(\theta'_i)]^{n-2}f(\theta'_i)=\left.\frac{\partial t^{+}(z)}{\partial z}\right|_{z=b(\theta'_i)}$$

这是个微分方程，它的解为

$$t^{+}(\theta'_i)=t^{+}(0)+\int_{0}^{\theta'_i}(n-1)\theta'_i[F(\theta'_i)]^{n-2}f(\theta'_i)d\theta'_i$$

在 $t^{+}(0)=0$ 时，

$$t^{+}(\theta'_i)=\int_{0}^{\theta'_i}(n-1)\theta'_i[F(\theta'_i)]^{n-2}f(\theta'_i)d\theta'_i$$

它与拍卖形式无关。因此，

$$ER=\sum_{i=1}^{n}\int_{0}^{k}t_i(b(\theta_i))dF(\theta_i)=n\int_{0}^{k}t^{+}(\theta'_i)f(\theta'_i)d\theta'_i。$$

命题得证。　□

11.5 应用：竞选与全支付拍卖*

在全支付拍卖中，所有竞拍者，无论是否竞得商品，都得按自己的报价付钱给卖方。利益集团都在行贿官员，但是，只有行贿额最高的团体得到自己想要的政策，没有得逞的团体拿不回送出去的贿金。候选人竞选公职，投入经费最多的人胜出，落选者收不回已发生的支出。本节探讨竞选活动，用收入等价性原理分析不完善投票机制的效率特征。

设候选人集合为 $C=\{1, 2, \cdots, c\}$。每个人的类型 θ_p 为非负实数即 $\theta_p \in \mathbb{R}_+$，是他在公职岗位上的生产效率。社会目标是选出最有效率的候选人 $p^* \in \underset{p\in C}{\arg\max}\,\theta_p$。但是，$\theta_p$ 是私人信息，就是说，只有候选人 p 知道自己的类型。设 θ_p 服从独立同分布，分布函数为 F，密度函数为 f。我们用 $M_c=\max\{\theta_j\}_{j\neq 1}$ 表示在 $c-1$ 次抽取中得到的最大类型。给定 θ_p，$M_c \leqslant \theta_p$ 的概率为 $F_c(\theta_p)\equiv[F(\theta_p)]^{c-1}$。把这个概率对 θ_p 求导，得到 M_c 的密度 $f_c(\theta_p)$：

$$f_c(\theta_p)=(c-1)\,[F(\theta_p)]^{c-2} f(\theta_p)。$$

我们构造一个两阶段博弈。在第一阶段，所有候选人同时选择自己投入竞选活动中的努力程度 a_p。在第二阶段，最努力的候选人胜出。设候选人的竞选成本在任职效率上递减：如果候选人 1 的竞选成本低于候选人 2 的竞选成本，则候选人 1 更有生产效率，因为个人能力能转化为公职岗位上的管理能力和对竞选活动的管理能力。这是这个模型最关键的假定。为简化分析，设竞选成本与生产效率反向变化：在投入竞选活动中的努力程度为 1 时，竞选成本为 $\frac{1}{\theta_p}$。候选人 p 的收益函数于是为

$$Eu(a_p, \theta_p)=\begin{cases} 1-a_p\dfrac{1}{\theta_p}, & \text{当 } a_p > \max\limits_{j\neq p}\{a_j\} \text{ 时，} \\ -a_p\dfrac{1}{\theta_p}, & \text{当 } a_p < \max\limits_{j\neq p}\{a_j\} \text{ 时，} \\ \dfrac{1}{\#\{j: a_j=a_p\}}-a_p\dfrac{1}{\theta_p}, & \text{当 } a_p = \max\limits_{j\neq p}\{a_j\} \text{ 时。} \end{cases}$$

如果多个候选人投入竞选活动中的努力程度皆相等且最大时，我们从中随机选出获胜者。这是收益函数中最后一行的含义。用 θ_p 乘上每个候选人的收益函数，我们得到标准的全支付拍卖模型中的收益函数：竞拍物的价值为 θ_p，竞拍成本为 a_p。我们探讨对称纯策略均衡，每个候选人的努力程度 $\alpha(\theta_i)$ 是其效率类型 θ_i 的严格递增的可微函数。

类型为 θ_p 的候选人 p，在选择努力程度 a_p 时，得到的期望效用为

$$\pi(a_p, \theta_p)=[F(\alpha^{-1}(a_p))]^{c-1}-\frac{a_p}{\theta_p}。$$

设 a_p 为期望效用最大化问题的解。它满足一阶条件：

$$(c-1)[F(\alpha^{-1}(a_p))]^{c-2}f(\alpha^{-1}(a_p))\frac{d\alpha^{-1}}{da_p}=\frac{1}{\theta_p}。$$

因为在对称均衡中，$\alpha(\theta_p)=a_p$，因此，$\alpha^{-1}(a_p)=\theta_p$。代入上式，得到

$$\frac{d\alpha^{-1}}{da_p}=\frac{1}{\theta_p(c-1)[F(\theta_p)]^{c-2}f(\theta_p)},$$

或者说，

$$\frac{d\alpha}{da_p}=\theta_p(c-1)[F(\theta_p)]^{c-2}f(\theta_p)。$$

对上式积分，得到努力函数 $\alpha(\theta_p)$：

$$\alpha(\theta_p)=\int_0^{\theta_p}x(c-1)[F(x)]^{c-2}f(x)dx=\int_0^{\theta_p}xf_c(x)dx。$$

$\alpha(\theta_p)$ 在 θ_p 上严格递增。我们还需验证它满足二阶充分条件。下面的结论得自克里希纳和摩根(Krishna and Morgan,1997)中的定理 2。

命题 11.1　*存在对称均衡，努力程度 $\alpha(\theta_i)$ 在效率上严格递增，最优秀的候选人 $p^*=\text{argmax}_{p\in C}\theta_p$ 以概率 1 胜出。*

我们不证明这一结论。但是，有几点需要指出。首先，因为

$$\int_0^{\theta}xf_c(x)dx<\theta,$$

所以，$\alpha(\theta_i)<\theta_i$，胜出者得到严格正收益。其次，把努力函数对 c 求导，得到

$$\frac{\partial\alpha(\theta)}{\partial c}=\int_0^\theta x(c-1)(\ln F(x))[F(x)]^{c-2}f(x)dx。$$

由于 $F(x)\leqslant 1$，上式取负值。设 $\alpha_n(\theta)$ 是在 $c=n$ 时的均衡努力函数，则 $c<c'$ 蕴含 $\alpha_c(\theta)>\alpha_{c+1}(\theta)$。就是说，每个候选人投入竞选活动中的努力程度随候选人数量上升而下降。最后，我们可以把这一模型解释为价值认定相互独立且 $\alpha(0)=0$ 的最高价格全支付拍卖。于是，根据收入等价性原理，期望总努力程度 $A_c=c\int_0^\infty\alpha(x)f(x)dx$ 等于价值认定服从分布 $F(\cdot)$ 的次高价格拍卖中赢家的期望支付。期望总努力程度 A_c 就是从 $F(\cdot)$ 中 c 次抽取而得到的次高值的数学期望，即

$$总努力程度=\int_0^\infty xc(c-1)(1-F(x))[F(x)]^{c-2}f(x)dx。$$

它在 c 上递增，就是说，总努力程度在候选人数量上递增。

竞选活动的社会目标一般是最大化 $\theta_{p_c^*}$。但是，如果竞选活动造成社会浪费，则在提高胜出者的期望质量 $E\theta_{p_c^*}$ 与降低期望竞选成本 $E\sum_{p=1}^c\frac{\alpha(\theta_p)}{\theta_p}$ 之间存在消长关系。设 $v(\cdot)$ 和 $u(\cdot)$ 均为二阶可微的增函数，$v''<0$，$u''>0$。设社会福利函数为：

$$V_c=Ev(\theta_{p_c^*})-Eu\left(\sum_{p=1}^c\frac{\alpha(\theta_p)}{\theta_p}\right)。$$

对竞选活动的全支付拍卖解释，在选出最高质量候选人方面，做得相当出色，但是，其中的成本 $\sum_{p=1}^c\frac{\alpha(\theta_p)}{\theta_p}$ 却不是个好东西。这就产生一个问题：如何既选出杰出候选人又防止竞选活动中的过度投入呢？答案是不完善选举制度。在美国佛罗里达州可能出现过这种选举。

在上面的模型中，选举是个完善的甄别机制，选出了投入努力程度最高的候选人。在现实世界中，投票机制并不如此完善。设选举的结果为概率分布：

努力程度最高的候选人以概率 $q+\frac{1-q}{c}$ 当选，其他候选人以概率 $\frac{1-q}{c}$ 当选。候选人 p 的收益函数于是为

$$Eu(a_p,\theta_p)=\begin{cases} q+\dfrac{1-q}{c}-\dfrac{a_p}{\theta_p}, & \text{当 } a_p>\max\limits_{j\neq p}\{a_j\} \text{ 时}, \\ \dfrac{1-q}{c}-\dfrac{a_p}{\theta_p}, & \text{当 } a_p<\max\limits_{j\neq p}\{a_j\} \text{ 时}, \\ \dfrac{q}{\#\{j: a_j=a_p\}}+\dfrac{1-q}{c}-\dfrac{a_p}{\theta_p}, & \text{当 } a_p=\max\limits_{j\neq p}\{a_j\} \text{ 时。} \end{cases}$$

给定这一效用函数，均衡策略的推导过程与基本模型中的推导过程相同（在基本模型中，$q=1$）。如果每个候选人均使用严格递增、可微的策略函数 $\alpha(\theta_i)$，则类型为 θ_p 的候选人 p 在选择 a_p 时得到的期望效用为

$$\pi(a_p,\theta_p,q)=q\left[F(\alpha^{-1}(a_p))\right]^{c-1}-\frac{a_p}{\theta_p}+\frac{1-q}{c}。$$

设 a_p 是期望效用最大化问题的最优解，它满足一阶条件：

$$q(c-1)\left[F(\alpha^{-1}(a_p))\right]^{c-2}f(\alpha^{-1}(a_p))\frac{d\alpha^{-1}}{da_p}=\frac{1}{\theta_p}。\tag{11.2}$$

对所有的 q，对称均衡映射要求 $\alpha(\theta_p;q)=a_p$，即要求 $\alpha^{-1}(a_p;q)=\theta_p$。一阶条件(11.2)于是可简化为

$$\frac{d\alpha^{-1}}{da_p}=\frac{1}{\theta_p q(c-1)\left[F(\theta_p)\right]^{c-2}f(\theta_p)},$$

或者说，

$$\frac{d\alpha}{d\theta}=\theta_p q(c-1)\left[F(\theta_p)\right]^{c-2}f(\theta_p)。$$

对上式积分，得到

$$\alpha(\theta;q)=\int_0^\theta xq(c-1)\left[F(x)\right]^{c-2}f(x)dx=q\int_0^\theta xf_c(x)dx=q\alpha(\theta;1)。\tag{11.3}$$

就是说，在选举制度不完善时，每个候选人都会根据不完善性参数 q 成正比地降低自己的竞选力度。

设只有两个候选人参选。我们求解最优的 $q \in [0, 1]$。两个候选人的策略都为

$$\alpha(\theta;\ q) = q\int_0^\theta x f(x) dx。$$

给定 q，社会福利为

$$V(q) = q\int_0^\infty v(x) 2F(x) f(x) dx + (1-q)\int_0^\infty v(x) 2(1-F(x)) f(x) dx$$
$$-\int_0^\infty u\left(\frac{2q}{\theta}\int_0^\theta x f(x) dx\right) df(\theta)。$$

设社会福利最大化问题的最优解为 q，它满足一阶条件：

$$\int_0^\infty v(x) F(x) f(x) dx - \int_0^\infty v(x)(1-F(x)) f(x) dx$$
$$= \int_0^\infty \left(\left[\frac{1}{\theta}\int_0^\theta x f(x) dx\right] u'\left(\frac{2q}{\theta}\int_0^\theta x f(x) dx\right)\right) f(\theta) d\theta。$$

最优解 q 小于 1，如果

$$\int_0^\infty v(x) F(x) f(x) dx - \int_0^\infty v(x)(1-F(x)) f(x) dx$$
$$< \int_0^\infty \left(\left[\frac{1}{\theta}\int_0^\theta x f(x) dx\right] u'\left(\frac{2}{\theta}\int_0^\theta x f(x) dx\right)\right) f(\theta) d\theta;$$

最优解 q 大于 0，如果

$$\int_0^\infty v(x) F(x) f(x) dx - \int_0^\infty v(x)(1-F(x)) f(x) dx$$
$$> \int_0^\infty \left(\left[\frac{2}{\theta}\int_0^\theta x f(x) dx\right] u'(0)\right) f(\theta) d\theta。$$

就是说，如果 $v(\cdot)$ 相对平坦而 $u(\cdot)$ 相对陡峭，则不完善选举制度能提高效率。如果 v 和 u 都为线性，则一阶条件与 q 无关，q 的最优值为 1 或 0。在 q 的最优值为 1 时，应该最大化优秀候选人当选的概率；在 q 的最优值为 0 时，应该最小化竞选成本。

11.6　激励一致性条件和个人理性约束条件

在购买咖啡机和民调例子中，报告自己的真实类型是最优反应。显示原理指出，专注于直接机制不影响选择函数。但是，它没有告诉我们哪些类型的选择函数可被执行。换句话说，它没有告诉我们哪些类型的机制能诱使代理人说真话。对给定的机制和其他所有人都说真话的推断，激励一致性条件要求每个人都说真话而不说谎。

设代理人集合为 N；选择空间为 X；类型空间为 Θ；类型空间上的先验联合密度函数为 $f(\theta)$；代理人 $i \in N$ 的效用函数为 $u_i(x, \theta)$。直接机制为一个映射 $p: \Theta \to X$。在由这一机制诱生的博弈中，要存在说真话的贝叶斯纳什均衡，则以下激励一致性条件必须得到满足：

定义 11.4　（激励一致性）

对每个 $i \in N$ 和任意两个不同的 $\theta_i, \theta'_i \in \Theta_i$，

$$\int_{\Theta_{-i}} u_i(p(\theta_i, \theta_{-i}), \theta_i) f_{-i}(\theta_{-i}) d\theta_{-i} \geqslant \int_{\Theta_{-i}} u_i(p(\theta'_i, \theta_{-i}), \theta_i) f_{-i}(\theta_{-i}) d\theta_{-i}。$$

（激励一致性条件）

激励一致性条件要求在其他人发出真实信号时，发出真实信号是每个人的最优反应。要确保激励一致性条件得到满足，最简单的方法是设计一个机制使得 $\int_{\Theta_{-i}} u_i(p(m_i, \theta_{-i}), \theta_i) f_{-i}(\theta_{-i}) d\theta_{-i}$ 在 m_i 上为常数。我们看个例子。设 ω 是个随机状态变量，它影响参与者从各个政策中获得的收益。设有 n 个代理人，$n \geqslant 3$，他们都观察到 ω，即对所有人 i，$\theta_i = \omega$。选择函数为 $x(\omega)$，它把信号截面映射到政策上。机制设计者可以用下面的机制执行这个选择函数：

$$p(\theta)=\begin{cases}x(\omega'), & 当\ \#\{j\in N: \theta_j=\omega'\}\geq n-1\ 时\\ x(\omega^*), & 在其他情况下\end{cases}$$

在这里，$\#\{j\in N: \theta_j=\omega'\}$ 为宣布自己观察到 ω' 的人的数量，ω^* 为 ω 的任意值。由于单个人的偏离不改变政策选择，所以，这一机制满足激励一致性条件。但是，这个机制没有鼓励人们说真话。

在拍卖理论中，激励一致性条件在次高价格拍卖中得到满足，因为(在不考虑出现平局的可能性时)竞拍人 i 的期望效用为

$$u_i(p(m_i, \theta_{-i}), \theta_i)=\begin{cases}\theta_i-\max\limits_j\theta_j, & 当\ m_i>\max\limits_j\theta_j\ 时\\ 0, & 当\ m_i\leq\max\limits_j\theta_j\ 时\end{cases}$$

在 $m_i>\max\limits_j\theta_j$ 时，这个函数在 m_i 上为常数；$m_i<\max\limits_j\theta_j$ 时，这个函数也在 m_i 上为常数。这个函数的值的变化是从 0 跳到 $\theta_i-\max\limits_j\theta_j$：$\theta_i-\max\limits_j\theta_j$ 为正仅当 $m_i>\max\limits_j\theta_j$。

与次高价格拍卖不同，最高价格拍卖不具有激励一致性。换句话说，在最高价格拍卖中，说真话的报价策略不是贝叶斯纳什均衡。

我们用购买咖啡机的例子直观地说明激励一致性条件。设 $t_i(m_i, m_{-i})$ 为任意支付函数，它把信号截面映射为教师 i 需支付的金额。设 $p(m)$ 是政策函数，它把信号截面映射为购买咖啡机的概率。给定支付函数和政策函数，教师 i 从宣布 m_i 中得到的期望效用为

$$Eu(m_i, \theta_i)\equiv\int[\theta_i p(m_i, \theta_{-i})-t_i(m_i, \theta_{-i})]f_{-i}(\theta_{-i})d\theta_{-i}。$$

激励一致性条件要求 $m_i=\theta_i$ 最大化 $Eu(m_i, \theta_i)$。如果 $p(\cdot)$ 和 $t(\cdot)$ 都是可微函数，则期望效用最大化问题的一阶条件为**局部激励一致性条件**：

$$\left.\frac{\partial Eu(m_i, \theta_i)}{\partial m_i}\right|_{m_i=\theta_i}=0。$$

求导，得到

$$\theta_i\int\left.\frac{\partial p(m_i, \theta_{-i})}{\partial m_i}f_{-i}(\theta_{-i})d\theta_{-i}\right|_{m_i=\theta_i}=\int\left.\frac{\partial t(m_i, \theta_{-i})}{\partial m_i}f_{-i}(\theta_{-i})d\theta_{-i}\right|_{m_i=\theta_i}。$$

等号右边项是教师 i 低报自己的类型所导致的期望支付的降幅，等号左边项是教师 i 略低报自己的类型所导致的购买咖啡机的期望概率的降幅与咖啡机对这位教师的价值 θ_i 的积。直观地说，上式要求在激励一致性机制中，这两项相互抵消。

激励一致性条件要求参与者愿意揭示自己的私人信息。但是，要执行选择函数，还需要参与者愿意参与到机制中。参与约束条件相对简单。参与者会理性地参与到机制中，只要他从均衡策略中得到的期望收益不低于拒绝参与时实现的期望收益。在一些应用中，因为代理人别无选择而只能参与，所以，不需要施加参与约束条件。但是，在很多应用中，我们必须找到代理人不参与时所实现的期望收益。现在定义参与约束条件。

定义 11.5　（**个人理性约束**）

设对每个 $i \in N$ 和每个 $\theta_i \in \Theta$，不参与到机制中而实现的期望效用为 $v_i(\theta_i, \theta_{-i})$，在直接机制中说真话而实现的期望效用为 $u_i(\theta_i, \theta_{-i})$。则个人理性约束条件为

$$\int u_i(\theta_i, \theta_{-i})dF(\theta_{-i}) \geqslant \int v_i(\theta_i, \theta_{-i})dF(\theta_{-i})$$

（个人理性约束条件）

还有比这更弱的个人理性约束条件，它只要求参与者在事前（即在知道自己的类型之前）愿意参与到机制中，因此称为**事前个人理性约束**。定义 11.5 中所定义的条件为**期中个人理性约束**。[①]

11.7　政治科学中的机制设计模型

在标准的机制设计问题中，有很多机制可供设计者选择。激励一致性和个人理性构成全部约束条件。但是，在政治问题中，委托人常常无法使用某些机制或者某些激励手段如货币奖惩等。本节通过一些具体例子，介绍政治科学家如何用机制设计理论分析制度设计问题。

---

① 这个概念与重复博弈中使用的个人理性概念是两个相互有联系但又彼此不同的术语。

政治科学中的模型一般属于委托代理理论范畴：一些人是委托人或老板，另一些人是代理人或雇员。一方面，委托人喜欢“好的”代理人，希望他们“做好工作”。但是，委托人无法直接观察到代理人是否是“好的”或是否在“做好工作”。另一方面，代理人想让委托人相信自己是“好的”代理人，在“做好工作”。但是，代理人一般都会偷懒而非尽职工作。在大部分政治科学模型中，委托人只有有限多个手段影响代理人的行为。用机制设计术语说，委托人是设计者，“做好工作”或揭示自己是“好的”，是代理人在直接机制中选择的信号。手段有限，意味着可用的机制有限。我们用简单的委托代理模型阐述这些概念。

设有一个委托人，两个代理人。代理人 $i=1,2$ 的类型为 $\theta_i \in \{$好的，差的$\}$。每个代理人以概率 π 为“好的”代理人。代理人 $i=1,2$ 投入工作中的努力程度为 $a_i \in \{$高，低$\}$。如果 $a_i=$″高″，则代理人要发生努力成本 c；如果 $a_i=$″低″，则努力成本为 0。委托人要从两个代理人中挑选一人进行一项工作，被选中的代理人选择自己的努力程度。委托代理模型（代理模型）探讨的根本问题是：委托人如何通过对制度的设计，找到好的代理人并诱使他努力工作呢？前一目标，即通过制度设计找到好的代理人，解决逆选择问题；后一目标，即通过制度设计激励代理人努力工作，解决道德风险问题。

如果代理人脑门上贴有标签，标明了他的真实类型，委托人就能通过观察标签确定代理人的类型；如果委托人能观察到代理人在工作中的努力程度，则不存在监督问题或可观察性问题。于是，当代理人脑门上贴有类型标签时，委托人的工作简单至极：雇用好的代理人；如果代理人不努力工作，就解雇他们。但是，一般情况下，在代理人的类型上存在私人信息，并且，代理人的努力程度无法被完全观察到。

11.7.1 选 举

费内中（1986）把选举解释为委托代理。我们介绍费内中的模型。因为费内中只探讨道德风险问题，所以，我们暂不考虑代理人类型的多样性。设有两个政党，它们有相同的行政能力。注意，这一假定排除了逆选择。执政党选择自己的努力程度 a。选民观察不到它的努力程度，只能观察到包含噪音的政

策结果 $x \in \{$高，低$\}$。选民据此形成自己的推断：如果 $a=$"高"，则 $x=$"高"的概率为 q，$x=$"低"的概率为 $1-q$；如果 $a=$"低"，则 $x=$"低"的概率为 q，$x=$"高"的概率为 $1-q$。在这里，$q>1/2$。执政党在每个执政期获得租金 r，在野党在每个时期中获得收益 0。贴现因子为 δ。

选民设计选举规则，规定执政党自动连任的门槛。选民能设计出一种规则，激励执政党始终选择 $a=$"高"吗？设选民设计的规则为：如果 $x=$"高"，就让执政党连任；否则，就撤换掉它。如果在每个时期选民都使用这一规则，执政党就面对着一个简单的选择问题：

- 如果它在当前时期选择 $a=$"高"，则它得到的期望效用为

$$r-c+q\delta V_I+(1-q)\delta V_O。\tag{11.4}$$

在这里，V_I 是执政党在下个时期依然执政时，始自下个时期的博弈带给它的价值；V_O 是执政党在下个时期失去政权时，始自下个时期的博弈带给它的价值。[①]

- 如果执政党在当前时期选择 $a=$"低"，则它得到的期望效用为

$$r+(1-q)\delta V_I+q\delta V_O \tag{11.5}$$

如果这一选举规则起作用，就是说，它激励执政党在每个时期都选择 $a=$"高"，则这一博弈的值为

$$V_I=r-c+q\delta V_I+(1-q)\delta V_O,\ V_O=(1-q)\delta V_I+q\delta V_O。$$

求解这两个方程，得到

$$V_I=\frac{r-c+cq\delta-qr\delta}{2q\delta^2-\delta^2-2q\delta+1},\tag{11.6}$$

$$V_O=\frac{r\delta-c\delta+cq\delta-qr\delta}{2q\delta^2-\delta^2-2q\delta+1}。\tag{11.7}$$

执政党始终选择 $a=$"高"的激励一致性条件，为表达式(11.4)不小于表达式(11.5)，即

---

① 见第 3 章对贝尔曼方程和值函数的介绍。

$$V_I - V_O \geqslant \frac{c}{(2q-1)\delta}。$$

将(11.6)和(11.7)代入上式，得到

$$r - c - r\delta + c\delta \geqslant \frac{c(2q\delta^2 - \delta^2 - 2q\delta + 1)}{(2q-1)\delta}。\tag{11.8}$$

要在每个时期诱生 $a_i =$″高″，投票规则必须满足条件(11.8)。就是说，如果外生参数满足式(11.8)，则只在 $x =$″高″时才让执政党连任的选举规则解决道德风险问题。选民偏好 $x =$″高″，所以，选民自会坚持这一规则。换句话说，给定执政党的选择，这一选举规则是选民的纳什均衡策略。给定这一规则，所有政党在执政时都选择 $a_i =$″高″(所有政党在类型上完全相同，因此不存在逆选择问题)，所以，选择 $a_i =$″高″是执政党的纳什均衡策略。因此，如果条件(11.8)得到满足，我们就得到执政党与选民间的博弈的纳什均衡：执政党选择 $a_i =$″高″；只在 $x =$″高″时，选民才让执政党连任。

设执政党不再选择自己的努力水平，但它拥有关于自己类型的私人信息。为简化分析，设每个政党以 π 的概率为“高”质量，以 $1-\pi$ 的概率为“低”质量。在这里，$\pi > 1/2$。两个政党的类型分布相互独立。在每个时期，选民只能观察到 x。如果执政党为“高”质量，则以概率 z，$x =$″高″；以概率 $1-z$，$x =$″低″。如果执政党为“低”质量，则以概率 $1-z$，$x =$″高″；以概率 z，$x =$″低″。在这里，$z > 1/2$。

选民可以使用前述简单规则：在 $x =$″高″时，让执政党连任；否则，就撤换掉它。但是，这一规则可能让一时不走运的高质量政府下台。更好的规则是利用以前时期的信息做出推断。任取由党派 i 执政的 k_i 个时期，设 h_i 为其中 $x =$″高″的时期数。换句话说，在 $k_i - h_i$ 个时期里，$x =$″低″。如果在 k_i 个时期中，有 h_i 个时期 $x =$″高″，则根据贝叶斯法则，党派 i 的类型为“高”的后验概率为

$$\Pr(\theta_i = \text{″高″} \mid k_i, h_i) = \frac{\pi z^{h_i}(1-z)^{k_i-h_i}}{\pi z^{h_i}(1-z)^{k_i-h_i} + (1-\pi)(1-z)^{h_i} z^{k_i-h_i}}。$$

我们得到一个最优规则：让执政党 i 执政直至 $\Pr(\theta_i =$″高″$\mid k_i, h_i)$ 小于 π，

π 是党派 j 的事前期望质量。然后，让政党 j 上台执政直至 $\Pr(\theta_i ="高" \mid k_i, h_i) > \Pr(\theta_j ="高" \mid k_j, h_j)$。

现在用委托代理理论研究权力下放问题。

11.7.2　授　权

在现代国家，对行政机构的政治控制与行政机构应用专业才能解决政策问题的自主权之间，存在着消长关系。委托代理理论是研究这一关系的最自然的方法。政治科学家最早用委托代理理论研究在什么条件下和以何种方式美国国会把立法权下放给行政机构；又用委托代理理论研究其他政治制度问题，研究各种政治单位包括政党和国际组织等。爱泼斯坦与奥哈罗兰(Epstein and O'Halloran, 1994)用委托代理模型研究美国国会向行政机构下放权力问题。本节介绍这个模型。

立法机构 L 在考虑下放多少权力给行政机构 A。政策空间 X 是个实数集。立法机构中有 n 个议员，议员 $i=1, \cdots, n$ 有定义在政策空间上的二次方偏好，他的理想点为 l_i, $l_1 < \cdots < l_n$。行政机构 A 是个独立的行为主体，有定义在政策空间上的二次方偏好，它的理想点为 a。

立法议员不知道政策导致的结果，行政机构了解政策与结果之间的关系。我们用吉里根和克雷比尔(Gilligan and Krehbiel, 1989)研究立法委员会时使用的方法处理这种不确定性。设政策结果 x 是政策 p 和误差项 ε 的函数，$x = p - \varepsilon$。对随机变量 ε，立法议员有相同的先验推断：均值为 0，分布函数为 $F(\cdot)$，密度函数为 $f(\cdot)$。这是共同知识。行政机构知道 ε 的值。这种信息结构反映了一个事实：行政机构是政策制定方面的专家，立法机构只能依靠行政机构制定和执行政策。

我们不从立法机构角度求解最优机制。我们分析一类简单机制：立法机构选择一组可行的政策，把这组政策下放给行政机构。我们把这组政策定义为集合 P, $P \subset X$。依照文献中的处理方法，我们假定一旦授权，政策集 P 就不会被立法机构推翻。如果行政机构越权选择 $p \notin P$，它将被严惩，惩罚力度之大使得行政机构永不越权。给定政策集 P 和自然状态 ε，行政机构通过对 p 的选择最大化自己的效用：

$$\max_{p \in P} -(a-p+\varepsilon)^2。$$

这个最大化问题的解为：只要 $a+\varepsilon \in P$，行政机构就选择政策 $a+\varepsilon$，实现自己的理想点；如果 $a+\varepsilon \notin P$，它就从 P 中选择最接近 $a+\varepsilon$ 的政策。

给定行政机构对 P 的这一最优反应，我们探讨立法机构对 P 的选择。理论上，P 可以是 X 的任意子集。实际上，对立法机构而言，最优政策集 P^* 为一个闭区间。设 P^* 为 $[\underline{p}, \bar{p}] \subset X$。

命题 11.2 最优政策集 P^* 为闭区间 $[\underline{p}, \bar{p}] \subset X$。

盖尔马德(Gailmard,2005)证明了这一命题。我们介绍他的证明思路。设在 P^* 中存在一个"窟窿"，具体地说，$P^*=[\underline{p}, p'] \cup [p'', \bar{p}]$，$p'<p''$。如果 $p'<a+\varepsilon<\frac{p'+p''}{2}$，行政机构就选择政策 p'；如果 $\frac{p'+p''}{2}<a+\varepsilon<p''$，行政机构就选择政策 p''。政策结果作为 ε 的函数为图 11.1 中的实线。从图上看，让 p' 和 p'' 接近，能缩小政策结果在点 $\frac{p'+p''}{2}$ 上的跳跃幅度。所有议员都厌恶风险，所以，只要不改变期望政策结果，议员们会降低政策结果上的跳动。我们能证明 p' 和 p'' 能彼此接近而不改变期望政策结果。①

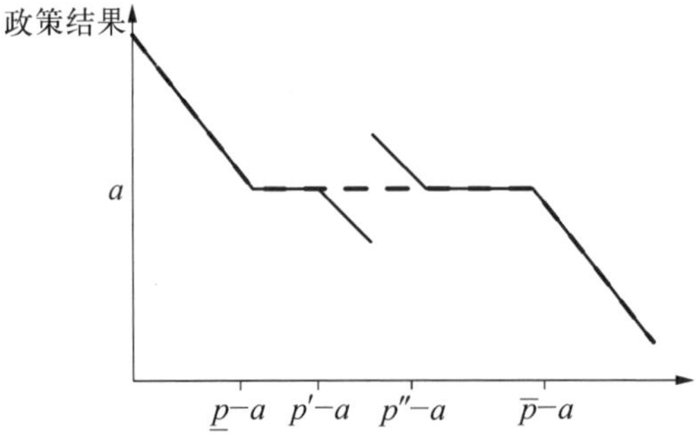

图 11.1 爱泼斯坦—奥哈罗兰模型中的政策结果

根据这一命题，立法机构对政策集的选择就是 $\underline{p}$ 和 $\bar{p}$。面对 $P^*=[\underline{p}, \bar{p}]$，行政机构的最优反应函数为

① 无"窟窿"并不意味着这个区间为闭区间。行政机构的最优反应有定义，要求这个区间为闭区间。

$$p^* = \begin{cases} \underline{p}, & \text{当 } a+\varepsilon < \underline{p} \text{ 时,} \\ a+\varepsilon, & \text{当 } \underline{p} \leqslant a+\varepsilon \leqslant \bar{p} \text{ 时,} \\ \bar{p}, & \text{当 } a+\varepsilon > \bar{p} \text{ 时。} \end{cases}$$

行政机构最优反应函数为图 11.1 中的虚线。

立法机构的选择略复杂，它得确定政策区间的下边界和上边界。幸运的是，多数通过的投票规则下产生的政策集 P^* 正是拥有中位理想点 l_m 的议员所偏好的政策集。我们证明这一结论。给定行政机构的最优反应，议员 i 所偏好的 $\underline{p}$ 与 $\bar{p}$ 是其期望效用最大化问题的解：

$$\max_{\underline{p},\bar{p}}\left[-\int_{\bar{p}-a}^{\infty}(l_i-\bar{p}+\varepsilon)^2 f(\varepsilon)d\varepsilon-\int_{\underline{p}-a}^{\bar{p}-a}(l_i-a)^2 f(\varepsilon)d\varepsilon-\int_{-\infty}^{\underline{p}-a}(l_i-\underline{p}+\varepsilon)^2 f(\varepsilon)d\varepsilon\right]。$$

把目标函数对 $\bar{p}$ 和 $\underline{p}$ 求导[①]，得到两个一阶条件

$$2\int_{\bar{p}-a}^{\infty}(l_i-\bar{p}+\varepsilon)f(\varepsilon)d\varepsilon=0,$$

$$2\int_{-\infty}^{\underline{p}-a}(l_i-\underline{p}+\varepsilon)f(\varepsilon)d\varepsilon=0。$$

如果 $l_i<a$，则对任意有限数 $\underline{p}$，$\dfrac{\partial}{\partial \underline{p}}<0$。就是说，最优选择为 $\underline{p}^*=-\infty$。为什么？当 $l_i<a$ 时，行政机构想要的政策总是高于议员 i 在拥有充分信息时想要的政策。禁止行政机构选择低政策不符合议员 i 的利益。如果 $l_i>a$，则 $\dfrac{\partial}{\partial \bar{p}}>0$。最优选择于是为 $\bar{p}^*=\infty$。综合这两个结论，我们看到，任何政策集，只要对理想点为 l_m 的议员不是最优，在多数通过的投票规则下就无法在立法机构获得通过。我们因此证明了下面的结论：

命题 11.3　在多数通过的投票规则下，P^* 是理想点为 l_m 的立法议员所偏好的闭区间 $[\underline{p},\bar{p}]$。

因为多数通过的投票规则产生的结果是中位议员的理想点，所以，权力下

① 这里用到莱布尼茨求导法则。

放博弈实际上发生在行政机构与中位立法议员之间。因此，可下放给行政机构的政策，在 $l_m < a$ 时，由以下两个条件定义：

$$\underline{p}^* = -\infty, \quad \int_{\bar{p}^*-a}^{\infty} (l_m - \bar{p}^* + \varepsilon) f(\varepsilon) d\varepsilon = 0;$$

在 $l_m > a$ 时，由以下两个条件定义：

$$\int_{-\infty}^{\underline{p}^*-a} (l_m - \underline{p}^* + \varepsilon) f(\varepsilon) d\varepsilon = 0, \quad \bar{p}^* = \infty。$$

我们看这些表达式的直观含义。如果 $l_m < a$，我们可以把关于 $\bar{p}^*$ 的表达式写为

$$l_m = \int_{\bar{p}^*-a}^{\infty} (\bar{p}^* - \varepsilon) \frac{f(\varepsilon)}{1 - F(\bar{p}^* - a)} d\varepsilon。$$

这一条件指出，给定行政机构承受的约束，条件期望结果必须等于中位议员的理想点。如果条件期望结果大于 l_m，把行政机构的选择限制在更低政策上，中位议员就能得到更好的期望结果。

如果 $l_m > a$，我们可以把关于 $\underline{p}^*$ 的表达式写为

$$l_m = \int_{-\infty}^{\underline{p}^*-a} (\underline{p}^* - \varepsilon) \frac{f(\varepsilon)}{1 - F(\underline{p}^* - a)} d\varepsilon。$$

为得到更具体的结论，设 ε 服从 $[-E, E]$ 上的均匀分布，则 $F(\varepsilon) = (\varepsilon + E)/2E$，$f(\varepsilon) = 1/2E$。如果 $l_m < a$，则 $\bar{p}^* = 2l_m - a + E$。如果行政机构和中位议员能通过提高 l_m 或降低 a 而彼此接近，则立法机构下放的政策更宽松，即上边界更大。立法机构下放更多权力给与它偏好相近的行政机构。当政策上的不确定性更严重时（E 更大时），行政机构也能获得更多授权。就是说，在信息不对称性严重时，立法机构更依赖拥有充分信息的行政机构制定政策。[①]

---

① 如果 $l_m > a$，则解为 $\underline{p}^* = 2l_m - a - E$。在 l_m 与 a 更接近时或在 E 更大时，对下边界的限制放松。

11.7.3　行政能力与授权

在爱泼斯坦–奥哈罗兰的授权模型和其他一些授权模型中，行政机构能无偏差地执行政策。对发达国家，这个假定可能合理，因为它们拥有受过严格训练的专业官员；对发展中国家或在以前，这一假定可能不成立。

休伯与麦卡蒂(Huber and McCarty，2004)尝试克服标准模型的这种局限性。在他们提出的模型中，行政机构的政策执行能力参差不齐。行政机构试图执行政策 p，落到实处的却是政策 $\tilde{p}=p-\omega$，ω 为执行偏差，它的均值为 0，方差为 σ_{ω}^{2}。能力强的行政机构能更好地执行政策，σ_{ω}^{2} 较低；能力弱的行政机构对政策的执行不精准，σ_{ω}^{2} 较高。设 $G(\omega)$ 是 ω 的分布函数，$g(\omega)$ 是 ω 的密度函数。

休伯–麦卡蒂把行政能力差异引入了爱泼斯坦–奥哈罗兰的授权模型中。立法机构想把一些权力下放给行政机构，因为后者更了解政策与结果之间的关系。行政机构知道 ε 的值，立法机构只知道 ε 服从 $[-E,\ E]$ 上的均匀分布。立法议员和行政机构都有定义在政策空间 X 上的二次方偏好。

立法机构首先行动，通过授权法案，授权行政机构在政策集 $P=[\underline{p},\ \bar{p}]$ 中选择政策。[①] 然后，行政机构行动，选择政策 p。但是，落到实处的却是政策 $\tilde{p}=p-\omega$，实现的结果为 $\tilde{p}-\varepsilon$。$\tilde{p}$ 必须在 P 中，否则，行政机构就在非法行政。但是，由于存在执行偏差，即使行政机构想遵守授权法案(即选择 P 中的政策)，政策执行过程中的偏差依然可能导致政策越界。如果 $\tilde{p}\notin P$，行政机构将因为政策越界而受惩罚，发生成本 δ。[②] 与爱泼斯坦–奥哈罗兰模型不同，现在，行政机构可以选择越权。当然了，政策越界也可能源于政策执行偏差。由于立法机构观察不到行政机构的选择，所以，不管原因是什么，行政机构都得对政策越界负责，接受惩罚。就是说，只要 $p-\omega>\bar{p}$ 或 $p-\omega<\underline{p}$，行政机构就得受惩罚。在行政机构选择政策 p 时，它遭受惩罚的概率为 $G(p-\bar{p})+1-G(p-\underline{p})$。

爱泼斯坦–奥哈罗兰模型的许多结论在这里依然成立。首先，在多数通过

---

① 在休伯–麦卡蒂的论文中，委托人是个政治家而非立法机构。这里调整了有关术语和符号，以与前一节中的术语和符号相一致。

② 休伯–麦卡蒂假定委托人能以某一概率察觉到政策越界。我们所做的简化，不改变这个结论。

的投票规则下选择的政策集 P，最大化理想点为 l_m 的立法议员的效用。在本节，我们假定 $a > l_m$。其次，我们能证明 $a > l_m$ 蕴含 $\underline{p}^* = -\infty$。

给定上述背景和 $a > l_m$ 的假定，行政机构的效用函数为①

$$-\int_{-\infty}^{\infty}(a-p+\omega+\varepsilon)^2 g(\omega)d\omega-\delta[G(p-\bar{p})]$$

$$=-(a-p+\varepsilon)^2-\sigma_\omega^2-\delta[G(p-\bar{p})]。$$

行政机构最大化自己的效用。设最大化问题的解为 p^*，它满足一阶条件：

$$2(a-p+\varepsilon)-\delta g(p-\bar{p})=0。$$

在这个一阶条件中，第一项 $2(a-p+\varepsilon)$ 为政策靠拢行政机构的理想点 a 时实现的边际收益；第二项 $\delta g(p-\bar{p})$ 为提高政策所导致的净边际成本，表示为受惩罚概率。政策 p 上升一个单位，将使 $p+\omega > \bar{p}$ 的概率上升 $g(p-\bar{p})$。根据一阶条件，对行政机构最优的政策应使边际收益等于边际惩罚成本。为得到显性解 p^*，休伯—麦卡蒂假定 $g(\omega)=\dfrac{\Omega-|\omega|}{\Omega^2}$。这个密度函数在区间 $[-\Omega, \Omega]$ 上呈“伞状”，满足条件 $\sigma_\omega^2=\Omega^2/6$。就是说，$\Omega$ 衡量行政无能。

给定关于函数 $g(\omega)$ 的这些假定，图 11.2 画出了政策的边际收益曲线和对应三个不同 $\bar{p}$ 值的三条边际惩罚成本曲线。它们都是政策 p 的函数。边际收益曲线为向下倾斜的粗直线。边际收益与 $\bar{p}$ 无关；随着行政机构选择的政策靠拢它偏好的结果 $a+\varepsilon$，边际政策收益下降。边际成本曲线取决于 $\bar{p}$ 的值。图 11.12 中的三条边际成本曲线是分别以 $\bar{p}_1$、$\bar{p}_2$ 和 $\bar{p}_3$ 为中心的三角形的两条边。它们的函数形式为 $\delta g(p-\bar{p})$。如果 $\bar{p}$ 太高或太低，在行政机构的理想结果 $a+\varepsilon$ 上，边际成本为 0。行政机构选择自己的理想政策。对 $\bar{p}$ 值既不太高也不太低的授权法案，行政机构的最优反应由边际收益曲线和相应的边际成本曲线的交点决定。② 例如，在 $\bar{p}$ 等于 $\bar{p}_1$ 时，最优政策为 p_1^*。对一

---

① 等号右边项用到了二次方函数的数学期望的一个特征：$\int_{-\infty}^{\infty}(x+\phi)^2 f(\phi)d\phi=(x-E(\phi))^2+\mathrm{var}(\phi)$，$E$ 是期望算子，var 是方差算子。

② 休伯—麦卡蒂假定 $\Omega^2 > \delta$。这一假定保证边际收益曲线和边际成本曲线有唯一交点，这个交点实现全局最大值。因为在他们探讨的情况中，行政能力和惩罚越权行为的能力都很弱，所以，这个假定合理。

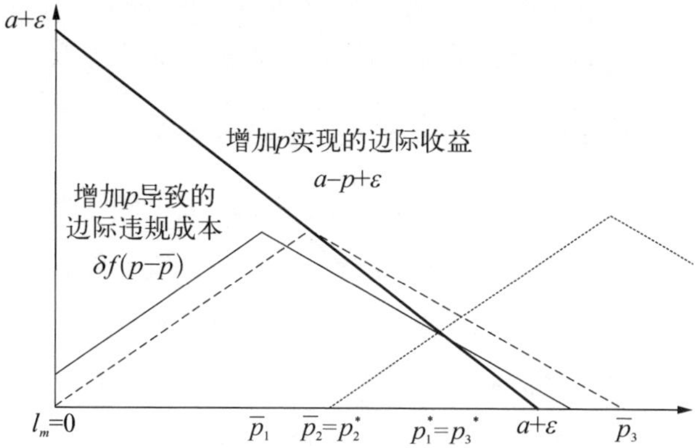

图 11.2 休伯–麦卡蒂模型中的政策选择

切政策 p，如果 $p > p_1^*$，则提高政策(就是说，使政策更接近行政机构偏好的结果)所实现的边际政策收益超过边际惩罚成本；如果 $p < p_1^*$，则政策远离行政机构的理想政策所减少的惩罚成本超过所损失的政策收益。

从图 11.2 中可以看出，$\bar{p}$ 的变化对行政机构的最优选择的影响，决定于“惩罚成本”三角形的顶点位于政策收益线左边还是右边(在图 11.2 中，位于 $\bar{p}_2$ 左边还是右边)。对 $\bar{p} \in (\bar{p}_1, \bar{p}_2)$，$p^* > \bar{p}$。在这个区间，$\bar{p}$ 上升，增加一切政策 $p > \bar{p}$ 的边际惩罚成本，行政机构因此靠拢立法机构的理想点。对 $\bar{p} = \bar{p}_2$，情况正好相反。对 $\bar{p} > \bar{p}_2$，$p^* < \bar{p}$。$\bar{p}$ 上升，一切政策 $p < \bar{p}$ 的边际惩罚成本下降，行政机构靠拢自己的理想点。因此，$p^*(\bar{p}_2)$ 为立法机构能获得的最小政策。

在休伯–麦卡蒂的模型中，行政机构的最大化问题的解或者说它的最优反应函数为

$$p^* = \begin{cases} a+\varepsilon, & \text{当 } \bar{p}-\varepsilon \leqslant a-\Omega \text{ 时}, \\ \dfrac{\Omega^2(a+\varepsilon)-\delta(\bar{p}+\Omega)}{\Omega^2-\delta}, & \text{当 } a-\Omega \leqslant \bar{p}-\varepsilon \leqslant a-\dfrac{\delta}{\Omega} \text{ 时}, \\ \dfrac{\Omega^2(a+\varepsilon)-\delta(\bar{p}+\Omega)}{\Omega^2+\delta}, & \text{当 } \bar{p}-\varepsilon \leqslant a+\Omega \text{ 时}, \\ a+\varepsilon, & \text{当 } \bar{p}-\varepsilon \geqslant a-\Omega \text{ 时}。 \end{cases}$$

行政机构的最优反应函数有几个特征。首先，在 $\bar{p}$ 的值很大或很小时(即当

$\bar{p} \leqslant a-\Omega+\varepsilon$ 或 $\bar{p} \geqslant a+\Omega+\varepsilon$ 时)，行政机构的最优政策是执行自己的理想点，因为在立法过于宽松或过于苛刻时，在行政机构的理想政策上边际惩罚成本为 0。其次，l_m 诱生的政策来自区间 $\left[a-\frac{\delta}{\Omega}+\varepsilon,\ a+\varepsilon\right]$。它无法获得更低的政策，因为在更苛刻的授权立法下，行政机构可能更经常地越权。最低政策在 Ω 上递增。就是说，在行政机构能力较低时，l_m 对行政机构的控制力下降，因为在行政机构低能时，不管它选择什么政策，政策越界现象更经常发生。而且，政策越界概率对行政机构的选择不是很敏感。因此，行政机构选择更接近自己的理想点的政策，因为在其理想点上，边际惩罚成本很小。对低能行政机构，这个模型发现，立法机构很难通过立法控制它。

休伯—麦卡蒂研究的是低能体制中的行政问题，专注于行政能力极低时的最优立法。[①] 在行政机构能力极低时，最优立法为

$$\bar{p}^{*}=a-\frac{\delta}{\Omega}+\frac{\delta E}{\Omega^{2}}。$$

与爱泼斯坦—奥哈罗兰模型一样，休伯—麦卡蒂发现，E 越大，立法机构下放的权力越多。但是，对偏好分歧，两个模型的结论正相反。在休伯—麦卡蒂模型中，a 和 $l_m=0$ 之间的距离越大，授权法案越宽容，因为在授权法案苛刻时，低能行政机构更可能选择自己的理想点。在 a 远离 l_m 时，行政机构的做法给立法机构造成很高成本。因此，立法机构给低能行政机构更大自主权，激励它不越权行政。休伯—麦卡蒂模型还有个结论与标准模型不同。标准模型普遍认为，在事后惩罚力度足够强时，委托人下放更多权力。但是，在休伯—麦卡蒂模型中，更大的 δ 蕴含更苛刻的授权法案。严惩越权行政，甚至会诱使低能行政机构依法行政。就是说，立法机构不必只为诱使行政机构不越权而下放更大自主权。

11.7.4 一般授权模型

探讨授权问题的大部分博弈模型，都做了一些标准化假定。首先，委托人

---

① 能力"极低"，指 $\Omega > \min\left\{E,\ \frac{\delta}{a},\ \sqrt{\delta}\right\}$。

和代理人都厌恶风险。不仅如此，大部分模型假定委托人和代理人有二次方偏好。其次，政策和随机冲击都是单维度变量。再次，大部分模型假定政策结果是政策与随机冲击的和。尽管依据这些假定，能构造出基本模型，但是，本道尔与梅罗威茨(Bendor and Meirowitz，2004))认为，以这些假定为基础的模型很难推广至其他政治环境中，甚至无法确定在授权决策中哪些因素重要：是对代理人的选择重要还是监督和控制机制重要？本节介绍本道尔一梅罗威茨的模型。

有 1 个委托人和 n 个代理人。[①] 所有代理人的理想点都位于 $\mathbb{R}^d$ 中，委托人的理想点为向量 $\mathbf{0} \in \mathbb{R}^d$。$i$ 在结果空间上的偏好可表示为效用函数 $u_i(\mathbf{x}) = h(-\|\mathbf{x}-\mathbf{y}_i\|)$，$h(\cdot)$ 是严格递增的连续函数，$\|\cdot\|$ 为欧几里得范数，$\mathbf{y}_i$ 是 i 在 $\mathbb{R}^d$ 中的理想点。单维度政策空间上的二次方偏好具有这些特征。与爱泼斯坦一奥哈罗兰和休伯一麦卡蒂模型一样，本道尔一梅罗威茨假定委托人拥有的信息比代理人少，但是，他们的模型：(1) 没有固定住函数形式；(2) 不同的政策有不同的不确定性。就是说，给定政策 $\mathbf{p}$，结果 $\mathbf{x}$ 是个随机变量，服从条件分布 $F(\mathbf{x} \mid \mathbf{p})$。这种处理方法意味着在某些政策结果上，不确定性更大。委托人只知道条件分布 $F(\mathbf{x} \mid \mathbf{p})$，但代理人知道从 $\mathbf{p}$ 到 $\mathbf{x}$ 的映射。本道尔一梅罗威茨还使用了他们称之为完全冲击吸收(perfect shock absorption)的条件：拥有信息的代理人能通过选择恰当的政策，实现任意结果。爱泼斯坦一奥哈罗兰假定的 $x = p + \varepsilon$ 具有这一特征。由于引入了政策执行上的冲击，在休伯一麦卡蒂模型中，这一冲击吸收条件只在期望意义上成立。

在休伯一麦卡蒂模型中，行政官员无能力执行目标政策；本道尔一梅罗威茨则把代理人在能力上的差异定义为专业才能上的差异：以概率 q_i，代理人 i 了解到随机冲击的值，通过对政策的选择，实现任意政策结果；以概率 $1-q_i$，代理人 i 不了解随机冲击的值，就是说，他知道的不比委托人多。

在本道尔一梅罗威茨模型中，委托人首先决定是否授权。如果她不授权，就根据自己对政策冲击的先验推断自主选择政策。如果她授权，她就选择一位代理人，由这位代理人选择政策。这位代理人在得到授权后，选择政策，博

① 本道尔一梅罗威茨在论文中探讨了有多个委托人时的情况。

弈结束。我们介绍这一模型的一些关键结论。我们暂时假定所有代理人都有极高的专业能力，即对所有的 $i \in N$，$q_i = 1$。

命题 11.4 委托人愿意授权给任意代理人，只要代理人的理想点落于以 $\mathbf{0}$ 为中心和以某个 ε 为半径的闭球 $B(\varepsilon, \mathbf{0})$ 中。$B(\varepsilon, \mathbf{0})$ 被称为授权集。

$B(\varepsilon, \mathbf{0})$ 很容易构造出来。如果由代理人 i 选择政策，则她所选择的政策必然产生结果 $\mathbf{x} = \mathbf{y}_i$。因此，只在委托人认为结果 y_i 优于自己的选择所生成的概率分布时，她才授权给代理人 i。只要委托人对结果没把握，她从自己选择的政策中得到的效用 u'_0 就小于以概率 1 实现结果 $\mathbf{x} = \mathbf{0}$ 时得到的效用 $h(\mathbf{0})$。显然，委托人会授权给理想点为 $\mathbf{0}$ 的代理人。因此，可能成为授权对象的代理人的理想点应足够接近 $\mathbf{0}$，具体地说，应满足如下条件：

$$h(-\|\mathbf{y}_i\|) \leqslant u'_0。$$

由于 $h(\cdot)$ 严格递增且连续，所以，对任意的 u'_0，集合 $\{\mathbf{y}: h(-\|\mathbf{y}\|) \leqslant u'_0\}$ 是个闭球。

优于 $h(\cdot)$ 几乎没有被施加任何限制，因此，命题 11.4 仅要求在空间背景中，授权集的信息基础是防止更糟糕的结果发生；风险偏好、政策的维数和不确定性等都是次要因素。放松“所有代理人都有极强的专业能力”的假定不会使模型结论发生质变。随着代理人能力下降，授权集缩小。就是说，如果委托人要授权给某个人而此人掌握的信息不比委托人多，则此人的偏好最好与委托人的偏好十分接近。

如果多个代理人的理想点落在授权集中，授权给谁的问题就有些复杂。传统文献常强调同盟原则：如果委托人授权，则授权给偏好与她最接近的代理人。在代理人的能力完全相同(即对所有的 i，q_i 相同)和 $\mathbf{x} = \mathbf{p} - \boldsymbol{\varepsilon}$ (注意：这个式子是向量形式的爱泼斯坦-奥哈罗兰假定)的常用假定下，同盟原则成立。请你证明这一结论。

但是，在代理人能力不同，即 q_i 彼此不同或者政策结果函数取更一般的形式时，同盟原则未必行得通。设 $\mathbf{x} = \mathbf{p} - \boldsymbol{\varepsilon}$；有 1 和 2 两个代理人，$\|\mathbf{y}_1\| < \|\mathbf{y}_2\|$；他们在能力上有差异。因为 $\|\mathbf{y}_1\| < \|\mathbf{y}_2\|$，代理人 1 更接近委托人。那么，委托人会授权给代理人 2 吗？本道尔-梅罗威茨指出，如果 $q_2 > q_1$，就存在这种

可能性。他们的结论是只在一个代理人劣于另一代理人时，委托人才永不选择劣代理人。他们定义了劣代理人概念：代理人 j 劣于代理人 i，如果 $\|\mathbf{y}_i\| \leqslant \|\mathbf{y}_j\|$ 且 $q_i \geqslant q_j$ 且这两个不等式中至少一个为严格不等式。他们发现，一旦放松假定 $\mathbf{x}=\mathbf{p}-\boldsymbol{\varepsilon}$，即使 $q_1=q_2$，委托人依然可能授权给代理人 2，因为在不同的政策上可能存在不同的不确定性。在本道尔-梅罗威茨模型中，如果两个代理人都不掌握充分信息，则相对于代理人 2 偏好的政策 $\mathbf{p}_2$，代理人 1 偏好的政策 $\mathbf{p}_1$ 可能导致更大的不确定性，因为某些结果（远离现状的结果）比其他结果（接近现状的结果）更难实现或会遭遇更大的执行偏差。

设政策空间和结果空间都是实数空间，设代理人 1 和 2 的理想点分别为 $y_1=-1+\delta$ 和 $y_2=1$。就是说，代理人 1 更接近委托人。设 $F(x \mid p)$ 为：在 $p>0$ 时，以等概率实现结果 $p+0.1$ 和结果 $p-0.1$；在 $p<0$ 时，以等概率实现结果 $p+0.2$ 和结果 $p-0.2$。在这种情况中，如果两个代理人都不了解冲击，则他们都会选择自己的理想点。于是，代理人 1 选择的政策包含更大的结果风险。因此，在 $h(\cdot)$ 为严格凹函数且 δ 足够小时，委托人会授权给代理人 2，即使他的理想点远离委托人的理想点。请你证明这个结论。

当需要发生成本才能获得信息时，代理人之间的搭便车行为也可能导致同盟原则失灵。设代理人或委托人只要发生成本 c 就能了解到冲击。就是说，任何人，只要发生成本 c，就能以 1 的概率观察到冲击。假设委托人授权给了一位代理人，然后观察这位代理人是否花费成本 c 去了解冲击。如果她看到代理人没有去了解冲击，就取消授权，决定自己是否发生成本 c 去了解冲击，选择政策。当然，委托人也可以盲目选择政策。在这种情况中，授权集是个多维“面包圈”。如果委托人授权给理想点与自己十分接近的代理人，这位代理人可以选择发生成本 c，得到结果效用 $h(\mathbf{0})$；当然，他也可以不去了解冲击，尽管知道这样做将导致委托人取消授权，由委托人自己发生成本 c，了解冲击。委托人花费成本 c，了解冲击，能给自己实现净效用 $h(\mathbf{0})-c$；搭便车行为给代理人实现效用 $h(-\|\mathbf{y}_i\|)$。于是，理想点到 $\mathbf{0}$ 的距离小于 $h^{-1}(h(\mathbf{0})-c)$ 的代理人，会选择搭乘委托人的便车。委托人因此不会授权给在政策空间中与自己十分接近的代理人。当然，理想点远离 $\mathbf{0}$ 的代理人会选择委托人不喜欢的结果，因此也不在授权集中。

命题 11.5　如果委托人和代理人都能以成本 c 获取信息，如果当委托人指定的代理人没有发生成本 c 去获取信息，委托人能取消授权时，授权集中的代理人是初始授权集中理想点到 $\mathbf{0}$ 的距离大于 $h^{-1}(h(0)-c)$ 的代理人。

本道尔—梅罗威茨还探讨了有多个代理人和一个委托人时代理人之间的竞争效应。设代理人都有极强行政能力并同时就所实现的结果做出承诺。然后，委托人选择一位代理人。这个代理人（他知道冲击）选择政策，实现自己承诺的结果。如果结果空间为单维度空间且在委托人的两侧都分布着代理人，则这一博弈类似道恩斯竞争。在每个均衡中，至少有两个代理人承诺实现委托人的理想结果。无论政策空间的维数为多少，这一结论都成立。

定义 11.6　偏好具有多样性，(1) 如果不存在向量 $\mathbf{s}\in X$ 使得对所有的 $i\in N$，存在 $\lambda_i\in\mathbb{R}$ 使得 $x_i=\lambda_i\mathbf{s}$，或(2) 存在这样的向量，则肯定存在两个代理人 i 和 j，$\lambda_i>0$，$\lambda_j<0$。

多样性要求偏好不能共线性，或者在委托人任何一侧分布着代理人。

命题 11.6　如果偏好具有多样性，则在每个均衡中，至少有两个代理人承诺实现结果 $\mathbf{x}=\mathbf{0}$，委托人授权给其中一人。

如果一位代理人承诺实现 $\mathbf{x}=\mathbf{0}$，则其他代理人的承诺不影响收益。所以，在任意策略截面上，只要至少两个代理人做出这种承诺，这个策略截面就是均衡。假设没有代理人做这种承诺。在有至少两个代理人时，至少一人能通过承诺实现接近委托人理想点的结果而使最终结果靠近他自己的理想点。就是说，不存在委托人得不到自己的理想结果的均衡。

11.7.5　应用：选举*

我们继续探讨选举问题。本节的模型比此前的两元选择模型更接近费内中的道德风险模型。在时期 $t=1, 2, \cdots$，在职官员观察到冲击 $\theta_t\in[z, 1+z]$，$z\in(0, 1)$ 为常数，θ_t 是他的私人信息，各时期的冲击 θ_t 独立服从 $[z, 1+z]$ 上的同一个均匀分布。在观察到 θ_t 之后，他选择努力程度 $a_t\in[0, 1]$。努力工作，对在职官员而言是负担：在努力程度为 a_t 时，官员得到负效用 ca_t。但是，拥有公职，能使在职官员每一时期获得收益 b。选民在乎官员在岗位上实现的产出 x_t，$x_t=\theta_t a_t$；产出越高越好。在时期 t，选民得到收

益 x_t，但观察不到 θ_t 或 a_t。选民要决定是否让官员留任。如果官员下台，则在未来所有时期，下台后的官员的收益都为 0。在这个模型中只有道德风险，没有逆选择，所以，官员和官员候选人有相同的收益函数，面对相同的 θ 的分布。设官员和选民使用同一贴现因子 δ。费内中指出，如果选民使用纯策略，则最优均衡是个折点规则：在 x_t 大于某个门槛值 x^* 时，官员留任；在 x_t 小于 x^* 时，官员被撤换；在 θ_t 低于某个门槛值 θ^* 时，在位官员选择 $a_t=0$；在 θ_t 高于 θ^* 时，他选择 $a_t=x^*/\theta_t$。请你求解均衡门槛值 x^* 和 θ^* 的特征。

利用激励一致性概念，我们能构造出混合策略均衡，选民实现的收益高于在费内中均衡中的收益。设选民在留任和撤换官员之间使用混合策略，留任概率是所观察到的产出 x_t 的函数。那么，存在留任概率函数激励官员选择最高努力程度呢？如果在均衡中所有官员选择相同的努力程度，则选民在留任官员和撤换官员之间无差异。因此，这种混合策略是最优反应。设 $p(x)$ 是在位官员被留任的概率，它是 x 的函数。给定这一函数，如果在位官员在时期 t 观察到 θ_t，则选择 a_t 带给他的期望收益为

$$p(\theta_t a_t)\delta V^{\mathrm{in}}-ca_t,$$

V^{in} 是当前的在任官员在下个时期依然在位时始自下个时期的子博弈实现的期望效用。在此人总是尽职工作(即不管 θ_t 为多大，a_t 始终等于 1)的均衡中，V^{in} 满足如下递归关系：

$$V^{\mathrm{in}}=b-c+V^{\mathrm{in}}\int_a^{1+a}p(\theta)d\theta。$$

求解这一方程，得到

$$V^{\mathrm{in}}=\frac{b-c}{1-\int_a^{1+a}p(\theta)d\theta},$$

其中，$\int_a^{1+a}p(\theta)d\theta$ 是在 θ 为未知变量且 $a_t=1$ 时，官员留任的期望概率。为诱使官员尽职工作，即诱使他选择 $a_t=1$，激励一致性条件必须得到满足。选民对 $p(\cdot)$ 的选择应使 $a_t=1$ 最大化在位官员的期望收益 $p(\theta_t a_t)\delta V^{\mathrm{in}}-ca_t$。就是说，$a_t=1$ 必须是一阶条件的解

$$p'(\theta_t a_t)\mid_{a_t=1}=\frac{c}{\theta_t \delta V^{\text{in}}}。\tag{11.9}$$

代入有关项,得到

$$p'(x)=\frac{c\left(1-\int_{a}^{1+a}p(\theta)d\theta\right)}{x\delta(b-c)}。\tag{11.10}$$

式(11.10)以隐函数形式定义了函数 $p(\cdot)$。由于 $d\ln x/dx=1/x$,所以,$p(x)=\gamma\ln x+k$ 满足方程(11.10),γ 和 k 为正常数。在不管 θ_t 为多大,a_t 始终等于1的均衡中,x 的值落于区间 $[z,\ 1+z]$ 中。要使留任概率是真正的概率,边界条件 $p(z)\geqslant 0$ 和 $p(1+z)\leqslant 1$ 必须得到满足。于是,a_t 始终等于1的混合策略均衡存在的问题等价于存在 γ 和 k 使得

$$\begin{aligned}&\gamma\ln x+k\geqslant 0,\\&\gamma\ln(1+z)+k\leqslant 1,\\&\frac{\gamma}{x}=\frac{c}{x\delta(b-c)}\left(1-k-\gamma\int_{z}^{1+z}\ln x dx\right)。\end{aligned}\tag{11.11}$$

一种可能性是(11.11)的解使得 $\gamma\ln x+k=0$。将这个等式条件代入第二个不等式中,得到 $\gamma\ln(1+z)-\gamma\ln z\leqslant 1$。我们看到,在 $k=-\gamma\ln x$ 时,γ 取正值。再把这个等式条件代入第三个式子中,求解 γ,得到

$$\gamma=\frac{c}{\delta(b-c)}\left(1+\gamma\ln z-\gamma\int_{z}^{1+z}\ln x dx\right),$$

整理得到

$$\gamma=\frac{c}{\delta(b-c)-\ln z+\int_{z}^{1+z}\ln x dx}。\tag{11.12}$$

由于我们假定 $z\in(0,\ 1)$,所以,$-\ln z$ 为正,$az<1$,$1+z<e$。由于 $\ln(\cdot)$ 是增函数且 $z<1$,$\ln z<\int_{z}^{1+z}\ln x dx$。就是说,$-\ln z+\int_{z}^{1+z}\ln x dx\geqslant 0$。于是,在 $b>c$ 时,表达式(11.12)为正。这里所做的工作已超过推导混合策略所需。前面说过,条件(11.9)使得 $a_t=1$ 为在职官员的最优选择。事实上,如果

努力程度的上界为 1，方程(11.12)未必成立。根据我们的解，大于 1 的 a_t 劣于等于 1 的 a_t。请你放松约束条件 $a_t \in [0, 1]$，只假定 $a_t \geqslant 0$，求解具有如下特征的均衡：存在常数 $\alpha > 0$ 使得 $a_t = \alpha$。

11.8　机制设计和信号揭示博弈

我们探讨过机制设计理论、信号博弈。现在，我们探讨它们之间的联系。

设信号发送者(称为参与者 s) 的类型为 $\theta \in \Theta = [0, 1]$，信号空间为 $M = [0, 1]$。θ 服从 Θ 上的分布 $F(\cdot)$，$F(\cdot)$ 是共同知识。信号接收者(称为参与者 r) 收到 s 发出的信号 $m \in M$ 后，选择政策 $p \in X = [0, 1]$。我们想知道是否存在发送者的信号充分揭示其类型的均衡，即 $m^{-1}(m(\theta)) = \theta$ 的均衡。即使不明确定义收益函数，我们依然能用激励一致性条件找到存在这种均衡的必要条件。在 $m(\theta)$ 为单射的均衡中，一致的推断肯定集中在正确的 θ 上。就是说，这种推断可以表示为如下概率分布：

$$B(\theta \mid m') = \begin{cases} 1, & \text{当 } \theta \geqslant m^{-1}(m') \text{ 时}, \\ 0, & \text{当 } \theta < m^{-1}(m') \text{ 时}。 \end{cases}$$

在发出的信号能充分揭示出信号发送者的类型时，序贯理性要求信号接收者 r 选择

$$p(m') \in P(m') \equiv \underset{p}{\operatorname{argmax}}\, u_r(p, m^{-1}(m'))。$$

序贯理性要求信号发送者 s 在自己的类型为 θ'' 时不把自己伪装成类型 θ'。给定信号接收者所选择的映射 $p(\cdot)$，激励一致性条件要求对所有的 $\theta', \theta'' \in \Theta$，

$$u_s(p(\theta''), \theta'') \geqslant u_s(p(\theta'), \theta'')。$$

信号接收者的最优反应是对所有的 $\theta', \theta'' \in \Theta$，

$$u_r(p(\theta''), \theta'') \geqslant u_r(p(\theta'), \theta'')。$$

就是说，分离均衡要求 $p(m')$ 同时最大化 $u_s(p, m^{-1}(m'))$ 和 $u_r(p, m^{-1}(m'))$。

命题 11.7　只在参与者的偏好类似时，即对每个 $\theta \in \Theta$，$\operatorname{argmax}_{p \in X} u_r(p, \theta) \cap \operatorname{argmax}_{p \in X} u_s(p, \theta)$ 非空时，存在分离精炼贝叶斯均衡。

根据这一结论，在只有一位信号发送者的信号博弈中，要使信号发送者诚实揭示自己的类型，要求发送者和接收者的收益函数十分相近。我们用第8章开放规则下的吉里根-克雷比尔(1989)模型来说明这一结论。第8章说过，F 对揭示真实类型的信号的最优反应是 $p(-\theta)=\theta$ 和 $p(\theta)=-\theta$。根据命题11.7，分离均衡存在当且仅当

$$u_F(\theta \mid -\theta) \geqslant u_F(-\theta \mid -\theta),$$

$$u_F(-\theta \mid \theta) \geqslant u_F(\theta \mid \theta),$$

$$u_C(\theta \mid -\theta) \geqslant u_C(-\theta \mid -\theta),$$

$$u_C(-\theta \mid \theta) \geqslant u_C(\theta \mid \theta)。$$

我们知道第一个和第二个不等式成立，因为 $p(-\theta)=\theta$ 且 $p(\theta)=-\theta$。我们只需处理第三个和第四个不等式：是否存在一个条件使得 $-c^2 \geqslant -(2\theta+c)^2$ 且 $-c^2 \geqslant -(2\theta-c)^2$。在 $c<\theta$ 时，这两个不等式皆成立。这正是此前推导出的偏好分歧条件。

现在扩展这一模型。设有两个信号发送者，称他们为1和2。他们都观察到 θ，但是，他们可能有不同偏好。我们从机制设计角度分析是否存在精炼贝叶斯均衡使得信号接收者了解到 θ。我们把信号接收方对映射 $p: M \times M \rightarrow X$ 的选择看作对机制的选择。但是，与机制设计不同，信号博弈的精炼贝叶斯均衡要求信号接收方的决策在推断具有一致性的前提下，具有序贯理性。就是说，我们不能任意选择只满足信号发送者的激励一致性条件的机制，虽然巴伦和梅罗威茨(2004)指出在许多情况中，序贯理性约束条件对信号接收者不起作用。

在这一机制设计问题中，设信号接收者想在两个信号发送者发送的信号不一致时惩罚他们，借此诱使他们说真话。假设存在一个很差的政策 p^b，相对于信号接收者对任意一对真实信号的最优反应，p^b 对两个信号发送者更不利：正式地说，对每个 θ，

$$\begin{aligned} &u_1\left(\underset{p\in X}{\operatorname{argmax}}\, u_r(p, \theta), \theta\right) \geqslant u_1(p^b, \theta), \\ &u_2\left(\underset{p\in X}{\operatorname{argmax}}\, u_r(p, \theta), \theta\right) \geqslant u_2(p^b, \theta)。\end{aligned} \tag{11.13}$$

根据这一定义，下面的机制满足两个信号发送者说真话的激励一致性条件：

$$p(m_1, m_2)=\begin{cases}\underset{p\in X}{\operatorname{argmax}}\, u_r(p, m), & \text{在 } m_1=m_2 \text{ 时，}\\ p^b, & \text{在 } m_1\neq m_2 \text{ 时。}\end{cases}$$

给定这一政策函数，条件(11.13)意味着信号发送者 2 对信号发送者 1 发送真实信号的最优反应是发送真实信号，这能避免更糟的政策 p^b。这一结论对信号发送者 1 亦成立。在机制设计中，不管信号接收者从 p^b 中得到多少效用，仅仅 p^b 的存在就足以诱使信号发送者说真话。

但是，在信号博弈中，我们必须确保政策 p^b 对信号接收者具有序贯理性。就是说，给定信号接收者在 $m_1\neq m_2$ 的所有信息集上形成的推断，p^b 是她的最优政策。在这一意义上，我们的机制设计模型对坚持信号博弈传统的人，不是很有说服力。但是，弱一致性条件只对以正概率到达的信息集上形成的推断构成约束。在信号发送者说真话的均衡中，不可能出现 $m_1\neq m_2$。就是说，满足序贯理性和威胁在 $m_1\neq m_2$ 时执行政策 p^b，不成为问题。它只要求存在 Θ 上的某个分布 $b^b(\cdot)$ 使得 $p^b\in \operatorname{argmax}_p\int u_r(p, \theta)db^b(\theta)$。我们只需增加一个状态 θ^b 使得 $p^b\in \operatorname{argmax}_p u_r(p, \theta^b)$。巴伦和梅罗威茨(2004)利用这一思路，得到下面的结论：

定理 11.4　*设两个信号发送者都观察到 θ。只要存在条件(11.13)所定义的政策 $p^b\in X$ 且存在 Θ 上的分布 $b^b(\cdot)$ 使得 $p^b\in \operatorname{argmax}_p\int u_r(p, \theta)db^b(\theta)$，就存在说真话的精炼贝叶斯均衡。*

克里希纳和摩根(2001)讨论了吉里根和克雷比尔(1989)的异质立法委员会模型，证明了在有两个信号发送者时，存在精炼贝叶斯均衡，信号接收者了解到状态 θ。这一均衡没有使用惩罚性政策 p^b，而是利用不在均衡路径上的推断，证明存在惩罚说谎者的政策。克雷比尔(2001)批判了克里希纳和摩根的研究，认为对某些信号的不在均衡路径上的反应，高度不连续并且反应方向错误。虽然在均衡中高政策是对低信号的最优反应，但是，克里希纳和摩根得到的精炼贝叶斯均衡却对不在均衡路径上的高信号，使用了低政策。

巴塔利尼(Battaglini，2002)在政策空间和状态空间都为多维空间时(例如，$X=\Theta=[0, 1]^2$)，证明了即使不以这种方式形成推断，也能构造出说真话均衡。设有一位信号接收者和两位信号发送者，他们都有定义在两维空间上的欧几里得偏好。信号接收者的理想点为(0, 0)，信号发送者1的理想点为(1, 0)，但是发送者2的理想点为(0, 1)。在这个模型中，每个信号发送者都能完全观察到冲击$\boldsymbol{\theta}\in\Theta$，结果$\mathbf{x}$是政策$\mathbf{p}$的随机函数：$\mathbf{x}=\mathbf{p}+\boldsymbol{\theta}$。设信号发送者$s\in\{1, 2\}$发出的信号为$\mathbf{m}_s=(m_s^1, m_s^2)$。结果和政策分别为$\mathbf{x}=(x^1, x^2)$和$\mathbf{p}=(p^1, p^2)$。我们能构造出一个相当简单的直接机制。虽然两个发送者的理想点都有别于信号接收者的理想点①，但是，他们各自在一个维度上有和信号接收者相同的偏好。发送者1和接收者都希望结果向量中的第二个分量尽可能接近0，发送者2和接收者都希望结果向量中的第一个分量尽可能接近0。设理想点为(1, 0)的发送者1能完全控制第二个分量从而使$p^1=-m_1^1$；理想点为(0, 1)的发送者2能完全控制第一个分量从而使$p^2=-m_2^2$。给定这一机制，发出信号$m_s(\boldsymbol{\theta})=\boldsymbol{\theta}$是最优反应。因此，这一机制满足激励一致性。那么，信号接收方的这一策略是精炼贝叶斯均衡策略吗？如果是，我们就需要找到一个具有弱一致性的推断使得给定这一推断，这一政策函数具有序贯理性。由于前述映射$p(\mathbf{m})$在所到达的每个信息集上都是直接机制，贝叶斯法则蕴含推断$\boldsymbol{\theta}=\mathbf{m}_1=\mathbf{m}_2$。我们还得找到$\mathbf{m}_1\neq\mathbf{m}_2$的信息集上的推断，使得给定这一推断，政策函数$p(\mathbf{m})$对信号接收者具有序贯理性；说真话对信号发送者具有序贯理性。一种方法是在形成推断时不考虑m_2^1和m_1^2。换句话说，推断集中在$\boldsymbol{\theta}=(m_1^1, m_2^2)$上。巴塔利尼证明了在多维欧几里得偏好下，在有两个信号发送者时，只要两个信号发送者和信号接受者的理想点不在一条直线上，就存在分离精炼贝叶斯均衡。

我们看到，在某些偏好截面下，在有两个信号发送者时，存在分离精炼贝叶斯均衡。设有三个信号发送者，信号发送者集合为{1, 2, 3}。每个信号发送者都拥有完全信息。在这种情况中，我们不需对偏好施加任何限制就能找到分离精炼贝叶斯均衡。设$p^*(\theta)$取自对应的argmax $u_r(\mathbf{p}, \boldsymbol{\theta})$，设存在$\boldsymbol{\theta}$使得$p^+\in p^*(\boldsymbol{\theta})$。假设信号接收者能使用以下机制——它依赖信号$m_1$、$m_2$和$m_3$：

① 根据命题11.7，在只有一位信号发送者的博弈中，不存在说真话均衡。

$$p(\mathbf{m})=\begin{cases}p^{*}(\boldsymbol{\theta}), & \text{存在 } i,\ j\in\{1,2,3\} \text{ 使得 } \theta=m_i=m_j,\\ p^{+}, & \text{在其他情况中。}\end{cases}$$

在这里,发送真实信号是最优反应,因为如果 i 和 j 发送真实信号,则 k 发出的信号对结果没有影响。这一政策函数具有序贯理性。在 $\mathbf{m}_1=\mathbf{m}_2=\mathbf{m}_3=\boldsymbol{\theta}$ 时,集中在 $\boldsymbol{\theta}$ 上的任何推断都满足弱一致性;对 $i,\ j\in\{1,2,3\}$,在 $\boldsymbol{\theta}=\mathbf{m_i}=\mathbf{m_j}$ 时,集中在 $\boldsymbol{\theta}$ 上的任何推断都使得上述政策映射是信号接收者的最优反应。

巴伦和梅罗威茨认为,任何直接机制,只要(1) 在接收到真实信号后,为接收者选择最优政策,(2) 在接收到虚假信号后,选择在某个推断下最优的政策,就是信号博弈的某个精炼贝叶斯均衡。

11.9　习　　题

习题 11.1　购买咖啡机

设系主任的目标是最大化自己的剩余(即出资总额减购买支出)而不再最大化整个政治科学系的福利。她仍想使用格罗夫斯—克拉克机制吗?

习题 11.2　机制设计

设有两个代理人 1 和 2。机制设计者想通过选择政策 $p\in[0,1]$,最大化 1 和 2 的总收益。代理人 $i=1,2$ 的收益为 $u_i(p,\ y_i,\ \beta_i)=-\beta_i\mid y_i-p\mid$。代理人 i 的类型向量 $(y_i,\ \beta_i)$ 中的每个分量都独立服从均匀分布。(1) 请你设计一个直接机制。(2) 存在一个直接机制,(在贝叶斯纳什均衡中)执行设计者的目标吗?

习题 11.3　显示原理

定义:选择函数 $g(\theta)$ 可在占优策略上执行,如果存在机制 $\langle M,\ p(\cdot)\rangle$,则在由它诱生的博弈中,每个人都有占优策略从而使得对每个 $\theta\in\Theta$,$p(m(\theta))=g(\theta)$。

命题:给定机制设计问题 $\langle\Theta,\ F(\theta),\ u\rangle$,如果选择函数 $g(\theta)$ 可在占优策略上执行,则存在直接机制 $\langle\Theta,\ p(\cdot)\rangle$,它在占优策略上执行 $g(\theta)$。

请证明这一命题。

习题 11.4 证明穆林的结论(命题 11.2)。

习题 11.5 设有一群代理人,他们每个人都有二次方偏好;每个人都有自己的理想点,这是每个人的私人信息。他们被要求报告自己的理想点;在收到他们的报告后,委托人执行政策 $x(m)=\frac{1}{n}\sum m_i$(即所执行的政策为平均理想点)。证明在这一博弈中,说真话不是贝叶斯纳什均衡。

习题 11.6 证明式(11.1)描述的策略构成最高价格拍卖机制的均衡。

习题 11.7 证明"举号码牌直至价格超过 $b(\theta)$"的策略,是价格降序拍卖的精炼贝叶斯均衡。

习题 11.8 设 $F(\cdot)$ 是 $[0, 1]$ 上的均匀分布。求标准拍卖的期望收入。

习题 11.9 我们看存在费内中道德风险模型。设式(11.8)不成立。构造一个混合策略均衡:政府有时选择 $a=$低;在 $x=$低时,选民总是撤换政府;在 $x=$高时,选民偶尔撤换政府。

习题 11.10 在爱泼斯坦—奥哈罗兰模型中,证明 P^* 为闭区间 $[\underline{p}, \bar{p}]\subset X$。

习题 11.11 在爱泼斯坦—奥哈罗兰模型中,证明多数通过规则下得到的授权集 P^* 是理想点为 l_m 的立法者所偏好的授权集。

习题 11.12 在爱泼斯坦—奥哈罗兰模型中,设 ε 服从分布 $N(0, \sigma^2)$。计算最优授权集 P。它如何决定于 l_m、a 和 σ^2? 提示:$E[\varepsilon\mid\varepsilon<m]=-\dfrac{\sigma\phi\left(\frac{m}{\sigma}\right)}{\Phi\left(\frac{m}{\sigma}\right)}$。

习题 11.13 麦卡蒂(2004)

我们向爱泼斯坦—奥哈罗兰模型中增加以下内容:理想点为 $g>l_m$ 的总统 G,在立法机构选择授权集之前,就已任命了行政机构(即选择了 a)。行政机构了解 ε 的值,但是总统和立法机构只知道 ε 服从 $[-E, E]$ 上的均匀分布。证明总统的最优任命是 $a^*\in(l_m, g)$。a^* 如何决定于 l_m 和 E? 如果总统在立法机构选择 P 之后任命行政机构呢?

习题 11.14 在本道尔—梅罗威茨模型中,证明 $\{\mathbf{y}: h(\|\mathbf{y}\|)\leqslant u_0'\}$ 是闭球。

习题 11.15 在本道尔—梅罗威茨模型中,设对所有的 i, q_i 相等,并且 $\mathbf{x}=\mathbf{p}-\boldsymbol{\varepsilon}$, $\boldsymbol{\varepsilon}$ 服从 $\mathbb{R}^d$ 上的分布 $F(\cdot)$。证明同盟原则成立。

习题 11.16　在本道尔—梅罗威茨模型中，设 $q_1=q_2=3/4$，$u(x)=-x^2$。求解使委托人愿意授权给代理人 2 的 δ 的最小值。

习题 11.17　在费内中连续模型中，a_t 为任意非负努力程度。求解均衡值 x^* 和 θ^*，把它们表示为外生参数 b、c、z 和 δ 的函数。

习题 11.18　在费内中连续模型中，设 a_t 为正数(可以大于 1)。给定 $\alpha>0$，求解均衡，使得在每个时期中，无论 θ_t 为多大，$a_t=\alpha$。

习题 11.19　在巴塔利尼模型中，设信号发送者 1 的理想点为 (1, 1)，信号发送者 2 的理想点为 (0, 1)。请构造一个完全分离的精炼贝叶斯均衡。

习题 11.20　政策制定者必须选择一个政策 $\mathbf{p}\in\mathbb{R}^3$。政策结果为 $\mathbf{x}=\mathbf{p}+\boldsymbol{\varepsilon}$，$\boldsymbol{\varepsilon}=(\varepsilon^1, \varepsilon^2, \varepsilon^3)$ 为随机冲击。政策制定者的先验推断是 $\boldsymbol{\varepsilon}$ 服从分布函数 $F(\cdot)$。设有五个代理人。代理人 1、2 和 3 能观察到随机冲击 $\boldsymbol{\varepsilon}$ 的第一个分量 ε^1 但观察不到其余分量。代理人 4 和 5 能观察到冲击 $\boldsymbol{\varepsilon}$ 的第二分量 ε^2 和第三个分量 ε^3。政策制定者的理想点为向量 $\mathbf{0}$。代理人的理想点可为 $\mathbb{R}^3$ 中任意点。所有人都有结果空间上的二次方偏好。在这一问题中，是否存在信号博弈的精炼贝叶斯均衡，所选择的结果始终为政策制定者最偏好的结果 $\mathbf{0}$? 如果存在，请举例说明并构造这样一个均衡。如果不存在，就证明它不存在。

第12章 数学附录

数学,由公理和真命题构成。它是种语言,方便我们了解、学习和沟通数学命题。与一般语言相比,数学命题更透明地揭示前提与结论之间的关系。数学命题,如果得自公理,则为真命题。欧几里得几何由平行线互不相交公理基础上的所有真命题构成。两点之间直线距离最短是欧几里得几何中的真命题。但是,从纽约中央公园到普林斯顿大学的最快捷的路线是直线的命题未必为真,它是否为真取决于这两个地点之间的交通条件、路面质量以及其他因素。我们不清楚关于距离的数学真命题在多大程度上准确描述我们所关心的实际问题;关于博弈的数学真命题也未必能准确反映政治现实。关心真相和模型的价值与数学化的学生和学者,可向认识论学者请教。我们只想知道什么是数学上的真命题。我们首先定义一些数学概念,然后介绍政治博弈论所依托的数系公理,最后介绍政治博弈论用到的一些重要数学命题。

12.1 数学命题和证明

和其他语言一样,数学的基本构成单位是命题。我们用 P 表示命题。读者可能遇到的数学命题包括全称命题和存在命题。

- **全称**命题: 在给定的数系内, P 为真。

我们看一个全称命题: 已知 x 是实数。则 $x \leqslant |x|$, $\forall x$。 在这里, $\forall$ 表示"对所有的"或"对每个"。证明这类命题,要求只使用 x 共有的性质——即对一般的 x ——证明命题成立。

- **存在**命题: 存在一些条件, P 在这些条件下为真。

我们看一个存在命题: $\exists x$ 使得 $x = |x|$。 在这里, $\exists$ 表示"存在"。要证明存

在命题，我们只需在给定数系内找到一个 x 使得对这个 x，P 为真。在我们的例子中，$x \geqslant 0$ 满足所要求的条件。

数学中有一些方法可用于证明命题为真。现在介绍本书中用到的一些**证明**方法。

12.1.1　演绎法

在演绎法证明中，一个命题为真，是因为它与某个已知为真或假定为真的命题之间存在逻辑联系。设我们已经知道 P 为真；若能证明"若 P，则 Q"或者说能证明 $P \Rightarrow Q$，我们就证明了 Q 为真。这种证明可能需要多个步骤，例如，

$$P \Rightarrow R,$$

$$R \Rightarrow S,$$

$$S \Rightarrow Q。$$

在揣摩证明思路时，我们可以先证明 $S \Rightarrow Q$。但是，在向别人演示证明的逻辑结构时，我们应该按照上述步骤进行。演绎法可用于证明存在命题和全称命题。

12.1.2　逆否命题证明

有时，为证明 $P \Rightarrow Q$，我们可用否命题 $\sim Q$ 和 $\sim P$ 将其重新表述，在这里，$\sim$ 表示"非"。$(\sim Q \Rightarrow \sim P) \Rightarrow (P \Rightarrow Q)$ 在逻辑上为真。

例题 12.1　如果 $7m$ 是奇数，则 m 是奇数。

定义 $P = \{7m$ 是奇数$\}$，$Q = \{m$ 是奇数$\}$，$\sim P = \{7m$ 是偶数$\}$，$\sim Q = \{m$ 是偶数$\}$。我们通过证明 $\sim Q \Rightarrow \sim P$，证明 $P \Rightarrow Q$。

$$\sim Q$$

$$\Rightarrow \text{存在整数 } k \text{ 使得 } m = 2k$$

$$\Rightarrow 7m = 7(2k)$$

$$\Rightarrow 7m = 2(7k)$$

$$\Rightarrow \text{存在整数 } n \text{ 使得 } 7m = 2n$$

$$\Rightarrow \sim P$$

12.1.3 反证法

我们可以通过证明命题 $\sim P$ 为假命题而证明命题 P 为真命题。要证明一个命题为假命题，我们只需找到它的一个反例。证明 $\sim P$ 为假的反例蕴含 P 为真。在要否定全称命题或证明存在命题时，这一方法最管用。

例题 12.2 设 n 是任意整数，$P=\{$存在 $n>0$ 使得 n^2+n+17 不是素数$\}$（或者说，$P=\{\exists n>0 \ni n^2+n+17$ 不是素数$\}$，$\ni$ 在这里表示"使得"）。

给定命题 P，$\sim P=\{\forall n>0,\ n^2+n+17$ 是素数$\}$。$\sim P$ 为假命题，因为 $n=17$ 蕴含 $n^2+n+17=17\times19$ 而 17×19 不是素数。所以，P 为真命题。

我们也可以从 $\sim P$ 出发，推导出假命题，从而证明 $\sim P$ 为假命题。

$$\begin{aligned}&\sim P\\&\Rightarrow \text{对所有的 } n,\ n+1+\frac{17}{n}\ \text{不是整数}\\&\Rightarrow \text{对所有的 } n,\ \frac{17}{n}\ \text{不是整数}\\&\Rightarrow 1\ \text{不是整数。}\end{aligned}$$

1 不是整数的命题显然为假命题。

12.1.4 数学归纳法

一些命题描述自然数 n 具有的性质。我们可以将它们写为 $P(n)$。证明命题 $P(n)$ 对每个自然数都为真的一种方法，是证明 $P(1)$ 为真且若 $P(n)$ 为真，则 $P(n+1)$ 为真。

例题 12.3 设 $P(n)$ 为 $2n<n^2$。求证：对 $n\geqslant3$，$P(n)$ 为真。

证明思路：首先设 $n=3$。因为 $2n=n^2$，因此，$P(3)$ 为真。

然后设 $P(n)$ 为真，即 $2n<n^2$。因为 $2(n+1)=2n+2$，$(n+1)^2=n^2+2n+1$，因此，如果 $2<2n+1$，则 $P(n)$ 蕴含 $P(n+1)$。因为在 $n>3$ 时，$1/2<n$，因此，在 $n>3$ 时，$2<2n+1$。

12.2　集合和函数

12.2.1　集合

集合是一些事物构成的全体。集合中的事物被称为元素。我们既可通过列举集合中的元素，也可通过描述集合中元素的特征来表示集合。设 S 是小于 10 的所有正整数，我们可以把它写为 $S=\{1, 2, 3, 4, 5, 6, 7, 8, 9\}$，也可以把它写为 $S=\{n \mid n$ 是整数, $0<n<10\}$ ——读为“S 是大于 0 且小于 10 的所有整数”。如果集合中只有有限多个元素，则它是有限集，如集合 S。如果集合中有无限多个元素，则它是无限集，如集合 $I=\{n \mid n$ 是大于 7 的整数$\}$ 和集合 $J=\{x \mid 0<x<1\}$。无限集可以是可数集，也可以是不可数集。集合 I 是可数集，我们能把 I 中的元素与整数对应起来。J 是不可数集，我们无法把 J 中的元素与整数对应起来。

例题 12.4　有理数是可以写为分数 p/q 的数，其中，p 和 q 是整数。求证：$\mathbb{Q} \equiv \{x \mid x$ 是有理数$\}$ 是可数无限集。

我们用符号“$\in$”表示某个元素属于一个集合。以下命题为真：$3 \in S$, $9 \in I$, $0.34567 \in J$, $0.8 \in \mathbb{Q}$。我们用符号“$\notin$”表示某个元素不属于某个集合：$10 \notin S$, $7 \notin I$, $0 \notin J$, $\pi \notin \mathbb{Q}$。

12.2.2　集合关系和集合运算

现在介绍集合之间的一些常用关系。

集合相等

$S_1=S_2$ 蕴含 $x \in S_1$ 当且仅当 $x \in S_2$。换句话说，如果 $S_1=S_2$，则 S_1 和 S_2 由同一些元素构成。

子集

S_1 是 S_2 的子集或者说 $S_1 \subseteq S_2$，如果 $x \in S_1$ 蕴含 $x \in S_2$。换句话说，如果 S_1 的所有元素都是 S_2 的元素，则 S_1 是 S_2 的子集。如果 $S_1=S_2$，则 $S_1 \subseteq S_2$ 且 $S_2 \subseteq S_1$。真子集它排除了两个集合相等的可能性。如果 $S_1 \subset$

S_2，则对所有的 $x \in S_1$，$x \in S_2$，并且，存在 $y \in S_2$ 使得 $y \notin S_1$。换句话说，S_1 的所有元素都在 S_2 中，但是，S_2 中有元素不在 S_1 中。我们用符号 $\supset$ 和 $\supseteq$ 分别表示 $\subset$ 和 $\subseteq$ 的反关系。符号“$\not\subseteq$”表示“……不是……的子集”。

不交

如果两个集合没有共同元素，我们就说它们不交。正式地说，S_1 和 S_2 不交，如果 $x \in S_1$ 蕴含 $x \notin S_2$ 且 $x \in S_2$ 蕴含 $x \notin S_1$。

零集或空集$\varnothing$不包含任何元素，并且，对任意集合 S，$\varnothing \subset S$。在一切集合中，$\varnothing$最小。我们有时会用到全集 U 的概念：U 是全集，如果对我们所讨论的任一集合 S，$S \subseteq U$。

现在定义集合上的一些数学运算。

并

两个或多个集合的并，由属于其中至少一个集合的元素构成。正式地说，S_1 和 S_2 的并为 $S_1 \cup S_2 = \{x \mid x \in S_1 \text{ 或 } x \in S_2\}$。对用 i 标示的一组集合，它们的并可写为 $\bigcup_{i=1}^{n} S_i = S_1 \cup S_2 \cup \cdots \cup S_n$。对用指数集 I 标示的无限集合族，它们的并可写为 $\bigcup_{i \in I} S_i$。

交

两个或多个集合的交，由这些集合共有的元素构成。正式地说，S_1 和 S_2 的交为 $S_1 \cap S_2 = \{x \mid x \in S_1 \text{ 且 } x \in S_2\}$。对用 i 标示的一组集合，它们的交可写为 $\bigcap_{i=1}^{n} S_i = S_1 \cap S_2 \cap \cdots \cap S_n$。如果 S_1 和 S_2 不交，则 $S_1 \cap S_2 = \varnothing$。换句话说，如果 S_1 和 S_2 没有共同元素，则它们的交为零集。对用指数集 I 标示的无限集合族，它们的交可写为 $\bigcap_{i \in I} S_i$。

补

给定全集 U 和子集 S，S 的补为 $S^c = U \backslash S = \{x \mid x \in U \text{ 且 } x \notin S\}$。

集合运算法则

设 A、B、C 和 D 是集合。这些集合上的并和交运算具有以下性质：

交换律：$A \cup B = B \cup A$，$A \cap B = B \cap A$

结合律：$(A \cup B) \cup C = A \cup (B \cup C)$，$(A \cap B) \cap C = A \cap (B \cap C)$

分配律：$A \cup (B \cap C) = (A \cup B) \cap (A \cup C)$，$A \cap (B \cup C) = (A \cap B) \cup (A \cap C)$

积

集合 A 和 B 的积 $A \times B$ 是由所有有序对 (a, b) 构成的集合使得 $a \in A$，$b \in B$。对用 i 标示的集合，它们的积可写为 $\prod_{i=1}^{n} S_i = S_1 \times S_2 \times \cdots \times S_n$。有人用 $\times_{i=1}^{n} S_i$ 表示 $\prod_{i=1}^{n} S_i$。对用集合 I 标示的无限集合族，它们的积可写为 $\prod_{i \in I} S_i$。

12.2.3　对应和函数

建立两个集合之间关系的另一种方法，是明确指出两个集合中哪些元素"相对应"。一般而言，一个对应是一个规则 f，它把 S_1 的元素与 S_2 的元素联系在一起。在数学上，我们把对应写为 $f: S_1 \twoheadrightarrow S_2$，$S_1$ 被称为 f 的定义域(或前像)，S_2 被称为 f 的值域(或像)。例如，在图 12.1 中，对应 f 把 $x \in S_1$ 与 $y, z \in S_2$ 联系在一起。

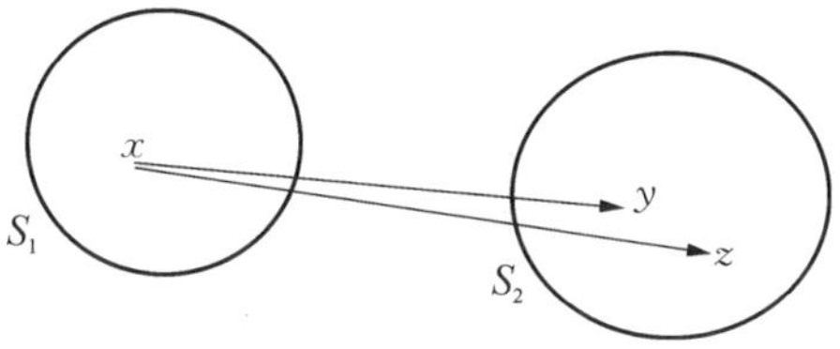

图 12.1　对应

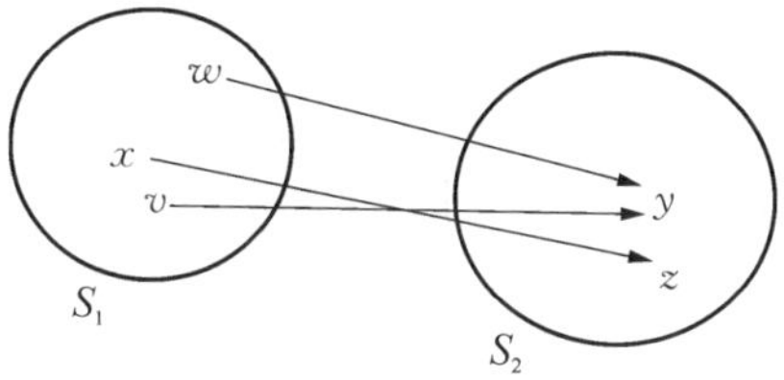

图 12.2　函数

函数是特殊的对应，它把定义域中的每个元素与值域中的一个确定的元素联系在一起。就是说，如果对应 $f: S_1 \twoheadrightarrow S_2$ 是个函数，则对每个 $x \in S_1$，$f(x)$ 是 S_2 中的一个确定的元素。我们将函数写为 $f: S_1 \to S_2$。在函数概念中，定义域中的多个点可被映射到值域中的同一个点上。在图 12.2 中，函数把 $x, w, v \in S_1$ 映射到元素 $y, z \in S_2$。由于定义域中的每个元素被映射到值域中的一个元素上，我们可以把函数写为 $y = f(x)$，$x \in S_1$，$y \in S_2$。我们也可以把函数写为有序数对集：$\{(x, y) \in S_1 \times S_2 \mid y = f(x)\}$。

函数 $f: A \to B$ 可能为单射或满射。

- 单射：对所有的 $a_1, a_2 \in A$，$f(a_1) = f(a_2)$ 当且仅当 $a_1 = a_2$。这一性质也被称为"一对一"映射。

- 满射：对每个 $b \in B$，存在 $a \in A$ 使得 $f(a)=b$。

如果函数 f 既为单射也为满射，则它是双射。在 f 为双射时，它有反函数，它的反函数把 B 中的点映射到 A 中。我们把 f 的反函数写为 $f^{-1}: B \to A$ 或 $f^{-1}(b)=a$，其中，$a \in A$，$b \in B$。

例题 12.5 $y=2x$ 是双射。每个 y 被映射到一个 x 上，我们可以把它的反函数写为 $f^{-1}(y)=y/2$。

例题 12.6 $y=x^2$ 不是单射，因为 x 和 $-x$ 对应着同一个 y。但是，如果我们把定义域限制为正数集，这个函数就有反函数，我们把它写为 $f^{-1}(y)=\sqrt{y}$。

12.3 实数系

实数系 $\mathbb{R}$，由所有整数、有理数(整数的商)和无理数(无理数无法表示为整数的商)构成。它是个具有特殊结构的数集。它包括 $+$ 和 $\times$ 两种运算，即我们所熟悉的加和乘运算，它们都是从 $\mathbb{R}\times\mathbb{R}$ 到 $\mathbb{R}$ 的映射；它有一个弱序 $\geqslant$，即“大于或等于”，它是 $\mathbb{R}\times\mathbb{R}$ 的子集。十四个公理定义了实数系。这里只列举其中部分公理。实数系是个域；就是说，$+$ 和 $\times$ 运算具有我们在小学学到的性质：加(或乘)的顺序不重要；乘运算服从分配律(就是说，$\forall x, y, z \in \mathbb{R}$，$x(y+z)=xy+xz$)；任何实数与 0 和 1 相乘和相加，得到我们早就知道的结果；非零实数有乘逆(即 $x\times\frac{1}{x}=1$)。实数系满足序公理，保证 $\geqslant$ 具有我们所知道的特征。实数系满足完备性公理。你可能不熟悉这一公理，我们给出它的正式定义。

定义 12.1 完备性公理：对每个非空子集 $S\subset\mathbb{R}$，如果 S 有上界 b(就是说，$x \in S \Rightarrow x \leqslant b$)，则 S 有最小上界 c(c 是 S 的上界，并且，如果 z 是 S 的上界，则 $c \leqslant z$)。换句话说，每个有上界的非空实数集有最小上界。

我们用 $\mathbb{Z}$ 表示整数集。$\mathbb{R}\setminus\mathbb{Z}$ 不满足完备性公理，因为区间 $(0, 1)$ 在 $\mathbb{R}\setminus\mathbb{Z}$ 中有上界 (3/2 就是它的一个上界)但没有最小上界。完备性公理蕴含实数系中没有窟窿。极限的许多性质产生自实数系的完备性。

实数列的极限

实数列 $\{x_n\}_{n=1}^{\infty}$，有时写为 $\{x_n\}$，是由实数构成的无穷列。准确地说，一个实数列是一个函数，把自然数集 $\{1, 2, 3, \cdots\}$ 映射到实数集。在这一意义上，x_n 是这一函数赋予整数 n 的值。当我们把这一函数限制在自然数集的任意无限子集上时，我们得到子数列。

定义 12.2　$l \in \mathbb{R}$ 是数列 $\{x_n\}$ 的极限，如果对每个 $\varepsilon > 0$，存在 $N \in \mathbb{N}$ 使得对所有的 $n > N$，$|x_n - l| < \varepsilon$。如果 l 是数列 $\{x_n\}$ 的极限，我们就说 $l = \lim x_n$。

命题 12.1　一个数列至多有一个极限。

我们证明这一命题，演示如何证明数学命题。

证明： 反证法，设 $a = \lim x_n = b$ 且 $a \neq b$。由于 $a \neq b$，所以存在 $\varepsilon > 0$ 使得(1) $\varepsilon < |a - b|/2$。由于 $a = \lim x_n = b$，所以，存在 N，当 $n > N$ 时，(2) $|x_n - a| < \varepsilon$ 且(3) $|x_n - b| < \varepsilon$。不失一般性，设 $a < b$。如果 $x_n < a < b$，则(1)和(3)矛盾；如果 $a < b < x_n$，则结论(1)和(2)矛盾；如果 $a < x_n < b$，则(1)蕴含(2)或(3)不成立。在这三种情况中，必有一种成立。 □

定义 12.3　数列 $\{x_n\}$ 是柯西数列，如果对每个 $\varepsilon > 0$，存在 N 使得对所有的 $m, n > N$，$|x_n - x_m| < \varepsilon$。

命题 12.2　一个数列有极限当且仅当它是柯西数列。

定义 12.4　数列 $\{x_n\}$ 收敛于无穷大 ∞，如果对任意的 $b \in \mathbb{R}$，存在 N 使得对所有的 $n > N$，$x_n > b(x_n < b)$。数列 $\{x_n\}$ 收敛于负无穷大 $-\infty$，如果对任意的 $b \in \mathbb{R}$，存在 N 使得对所有的 $n > N$，$x_n < b$。

定义 12.5　$l \in \mathbb{R}$ 是数列 $\{x_n\}$ 的聚点(cluster point)，如果对每个 $\varepsilon > 0$，对每个 N，存在 $n > N$ 使得 $|x_n - l| < \varepsilon$。

数列 $x_n = (-1)^n$ 有 1 和 -1 两个聚点，但它没有极限。

命题 12.3　$l \in \mathbb{R}$ 是 $\{x_n\}$ 的聚点当且仅当它是 $\{x_n\}$ 的某个子数列的极限。

定义 12.6　$l \in \mathbb{R}$ 是数列 $\{x_n\}$ 的上极限 (lim sup)，如果(1)对每个 $\varepsilon > 0$，存在 N 使得对所有的 $n > N$，$x_n < l + \varepsilon$，且(2)对每个 $\varepsilon > 0$，对任意的

N，存在 $n > N$ 使得 $x_n > l - \varepsilon$。我们说 $l = \limsup x_n$。

定义 12.7　$l \in \mathbb{R}$ 是数列 $\{x_n\}$ 的下极限 (lim inf)，如果 $l = -\limsup x_n$。

下面的定义更直观。

定义 12.8　上极限是最大聚点，下极限是最小聚点。

命题 12.4　对任意数列 $\{x_n\}$，$\limsup x_n \geqslant \liminf x_n$。如果 $\limsup x_n = \liminf x_n$，则 $\lim x_n$ 存在且 $\lim x_n = \limsup x_n = \liminf x_n$。

12.4　点和集合

现在介绍度量空间，它由点集和具有特定属性的距离函数构成。

定义 12.9　度量空间 (X, d) 由点集 X 和具有以下性质的距离函数 d：$X \times X \to \mathbb{R}$ 构成：

(1) 对任意的 $x, y \in X$，$d(x, y) \geqslant 0$；

(2) 对任意的 $x, y \in X$，$d(x, y) = 0$ 当且仅当 $x = y$；

(3) 对任意的 $x, y \in X$，$d(x, y) = d(y, x)$；

(4) 对任意的 $x, y, z \in X$，$d(x, z) \leqslant d(x, y) + d(y, z)$。

给定距离函数，我们可以定义点周围的区域，称之为“球”。对任意实数 $\varepsilon > 0$ 和点 $x \in X$，以 x 为中心的 ε -球为集合

$$B(x, \varepsilon) = \{y \in X : d(x, y) < \varepsilon\}。$$

在度量空间中，有两类重要集合。

定义 12.10　集合 $A \subset X$ 是开集，如果对每个点 $x \in A$，存在 $\varepsilon > 0$ 使得 $B(x, \varepsilon) \subset A$。集合 $A \subset X$ 是闭集，如果它的补 $X \backslash A$ 是开集。

集合 X 和 $\varnothing$ 既是开集也是闭集。我们给出关于开集和闭集的一些结论，它们告诉我们如何对开集和闭集进行某些集合运算并确保运算结果继承初始集合的开性和闭性。

命题 12.5

(1) 若 O_1 和 O_2 是开集，则 $O_1 \cap O_2$ 是开集。

(2) 给定开集族 $O_1, O_2, \cdots$，集合 $\bigcup_i O_i$ 是开集。

(3) 若 C_1 和 C_2 是闭集，则 $C_1 \cup C_2$ 是闭集。

(4) 给定闭集族 $C_1, C_2, \cdots$，集合 $\bigcap_i C_i$ 是闭集。

开集的无限交未必是开集。集合族 $\left\{\left(-\frac{1}{n}, \frac{1}{n}\right): n \in \mathbb{N}\right\}$ 中的每个集合都是开集，但是这个集合族的交集为集合 $\{0\}$，它不是开集。

我们再定义一类集合。

定义 12.11　集合 $A \subset X$ 是有界集，如果存在实数 k 使得对每个 $x, y \in A$，$d(x, y) < k$。

定义 12.12　集合 $A \subset \mathbb{R}^n$ 是紧集，如果 A 是闭集和有界集。

但是，在任意度量空间中，我们需要使用紧集的更一般的定义。这个定义(或者说，紧集的拓扑定义)用到了开覆盖概念。

定义 12.13　给定集合 A，A 的一个开覆盖是一个集合族 $\{O_\theta\}_{\theta \in \Theta}$ 使得 $A \subset \bigcup_{\theta \in \Theta}\{O_\theta\}$，其中，$\Theta$ 是任意指示集且对每个 $\theta \in \Theta$，O_θ 是开集。换句话说，如果 $x \in A$，则存在 $\theta \in \Theta$ 使得 $x \in O_\theta$。

一个集合是紧集，如果它的每个开覆盖都有有限子覆盖。它的正式定义为：

定义 12.14　集合 A 是紧集，如果 $\{O_\theta\}_{\theta \in \Theta}$ 是 A 的开覆盖，则存在有限集 $B \subseteq \Theta$ 使得 $\{O_\theta\}_{\theta \in B}$ 是 A 的覆盖。

如果度量空间被赋予向量加运算和数乘预算，例如 $\mathbb{R}^n$，我们就有下面的定义：

定义 12.15　集合 A 是凸集，如果对每个 $x, y \in A$ 和每个实数 $\lambda \in [0, 1]$，$\lambda x + (1-\lambda)y$ 在 A 中。

下面的结论在社会选择理论和讨价还价理论中常被用到。例如，如果每个人的偏好都是严格凸的，则下面的结论保证了这些人共同偏好的点构成严格凸的集合。

命题 12.6　给定集合族 $\{A_i\}_{i \in \alpha}$，如果对每个 $i \in \alpha$，A_i 是凸集，则 $\bigcap_{i \in \alpha} A_i$ 是凸集。

12.5　函数的连续性

连续性是函数的重要性质。设 X 和 Y 是两个度量空间，它们的度量分别

为 d_X 和 d_Y。你可以把 X 和 Y 想象为实数空间，即 $X=Y=\mathbb{R}$。但是，下面的定义适用于把一个度量空间映射到另一个度量空间的任意函数。

定义 12.16 函数 $f: X \to Y$ 在点 $x \in X$ 连续，如果对任意的 $\varepsilon > 0$，存在 $\delta > 0$ 使得对所有的 $y \in X$，如果 $d_X(x, y) < \delta$，则 $d_Y(f(x), f(y)) < \varepsilon$。函数 f 连续，如果它在定义域中的每个点上连续。

下面的定义与定义 12.16 等价。

定义 12.17 函数 $f: X \to Y$ 连续，如果对每个开集 $B \subseteq Y$，$f^{-1}(B) := \{x \in X: f(x) \in B\}$ 是开集。

当函数的值域在实数空间的子集时，这种函数是实值函数。对实值函数而言，下面的连续性概念很有用。

定义 12.18 给定函数 $f: X \to \mathbb{R}$，对每个 $\alpha \in \mathbb{R}$，$U_\alpha \equiv \{x \in X: f(x) \geqslant \alpha\}$ 为它的上半集(upper contour set)，$L_\alpha \equiv \{x \in X: f(x) \leqslant \alpha\}$ 为它的下半集(lower contour set)。

我们用这两个集合表述实值函数的连续性。

命题 12.7 函数 $f: X \to \mathbb{R}$ 连续当且仅当 f 的所有的上半集和下半集都是闭集。

极值、解和不动点*

下面的定理给出了优化问题有解的充分条件。

定理 12.1 设 $f: X \to \mathbb{R}$ 连续且 X 是非空紧集。则存在点 $x^* \in \underset{x \in X}{\operatorname{argmax}}\{f(x)\}$。

下面的定理十分重要。

定理 12.2 (Bolzano 介值定理) 如果 $f: [a, b] \to \mathbb{R}$ 连续且 $f(a) < y < f(b)$ [或 $f(b) < y < f(a)$]，则存在 $c \in (a, b)$ 使得 $f(c) = y$。

我们可用介值定理证明某些方程有解。不动点定理则把介值定理与博弈论联系在一起。我们一般用不动点定理证明均衡的存在性。

定义 12.19 给定函数 $f: X \to X$，如果 $x \in X$ 使得 $f(x) = x$，则 x 是函数 f 的不动点。

Brouwer 不动点定理是个重要结论。

定理 12.3　**(Brouwer)** 如果 $X \subset \mathbb{R}^n$ 是紧的、凸的和非空的且 $f: X \to X$ 连续，则 f 有不动点。

对 $n > 1$ 情况中这一定理的证明，超出本书范围。这里在一维空间中用介值定理证明不动点定理。

命题 12.8　如果 $f: [a, b] \to [a, b]$ 连续，则它有不动点。

证明： 定义函数 $g(x) = f(x) - x$。这是个从 $[a, b]$ 到 $[a-b, b-a]$ 的连续函数。如果对某个 $a', b' \in [a, b]$，有 $g(a') > 0$ 和 $g(b') < 0$ 或者 $g(a') < 0$ 和 $g(b') > 0$，则根据介值定理，存在某个点 $c \in [a', b'] \subset [a, b]$ 使得 $g(c) = 0$，于是，$f(c) = c$，c 是不动点。另有一种可能是，对所有的 $x \in [a, b]$，$g(x) > 0$ 或者对所有的 $x \in [a, b]$，$g(x) < 0$。也就是说，对所有的 x，$f(x) > x$ 或对所有的 x，$f(x) < x$。但是，由于 $b = \sup\{x \in [a, b]\} = \sup\{f(x): x \in [a, b]\}$，$a = \inf\{x \in [a, b]\} = \inf\{f(x): x \in [a, b]\}$，所以，不可能存在这种情况。 □

在 X 是个域时（前面说过，实数系是个域），下面的概念很有用。

定义 12.20　设 X 是凸集。函数 $f: X \to \mathbb{R}$ 是拟凹函数，如果它的上半集是凸集。就是说，对任意的 $x, x' \in X$，对每个 $t \in \mathbb{R}$，对每个 $\lambda \in (0, 1)$，$f(x) \geq t$ 和 $f(x') \geq t$ 蕴含 $f(\lambda x + (1-\lambda)x') \geq t$。函数 f 严格拟凹，如果 $f(\lambda x + (1-\lambda)x') > t$。

在最大化问题中，如果目标函数是拟凹函数，我们就有下面的结论。

定理 12.4　如果 X 是凸集且 $f: X \to \mathbb{R}$ 严格拟凹，则 $\arg\max_{x \in X}\{f(x)\}$ 包含至多一个点。

12.6　对　　应**

对应有许多重要性质。

定义 12.21　对应 $f: X \twoheadrightarrow Y$ 是凸值对应，如果对每个 $x \in X$，集合 $f(x)$ 是凸集。

连续性概念可以推广至对应。我们首先定义上像(upper image)和下像(lower image)。

定义 12.22 $E \subset Y$ 在 f 下的上像(写为 $f^+(E)$),为集合 $f^+(E)=\{x \in X: f(x) \subset E\}$。

就是说,集合 E 的上像由 X 中被映射到 E 的子集上的点构成。

定义 12.23 $E \subset Y$ 在 f 下的下像(写为 $f^{-1}(E)$),为集合 $f^-(E)=\{x \in X: f(x) \cap E \neq \varnothing\}$。

就是说,集合 E 的下像由 X 中被映射到与 E 相交的集合上的点构成。

前面说过,函数的连续性与上半集和下半集的性质有关;在这里,对应的连续性与它的上像和下像的性质有关。

定义 12.24 对应 $f: X \twoheadrightarrow Y$ 在点 $x \in X$ 上半连续,如果对 Y 中每个开集 E,如果 $x \in f^+(E)$,则存在开球 $B(x, \varepsilon) \subset f^+(E)$。$f$ 上半连续,如果 f 在每个点 $x \in X$ 上半连续。

定义 12.25 对应 $f: X \twoheadrightarrow Y$ 在点 $x \in X$ 下半连续,如果对 Y 中每个开集 E,如果 $x \in f^-(E)$,则存在开球 $B(x, \varepsilon) \subset f^-(E)$。$f$ 下半连续,如果 f 在每个点 $x \in X$ 下半连续。

定义 12.26 对应 $f: X \twoheadrightarrow Y$ 连续,如果它上半连续且下半连续。

对政治博弈论中的问题,有比上半连续性更有用的概念。

定义 12.27 对应 $f: X \twoheadrightarrow Y$ 在点 $x \in X$ 上是闭的,如果 $x_n \to x$, $y_n \in f(x_n)$ 且 $y_n \to y$ 蕴含 $y \in f(x)$。对应 f 是闭的,如果它在每个点 $x \in X$ 上是闭的。

命题 12.9 设 Y 是紧集。$f: X \twoheadrightarrow Y$ 上半连续当且仅当它是闭的。

下面的定理是最大值定理的一个早期版本,它还有其他形式。它的基本思想是:具有良好性态的优化问题的解,对参数的变化光滑地做出反应。

定理 12.5 (Berge)

设 $u: X \to \mathbb{R}$ 是连续函数且 $\Gamma: Y \twoheadrightarrow X$ 使得对每个 $y \in Y$, $\Gamma(y) \neq \varnothing$,则

(1) 由 $v(y)=\max u(x)$, $s.t.\ x \in \Gamma(y)$ 定义的函数 $v: Y \to \mathbb{R}$ 连续,

(2) 由 $a(y)=\underset{x \in \Gamma(y)}{\operatorname{argmax}}\{u(x)\}$ 定义的对应 $a: Y \twoheadrightarrow X$ 上半连续。

角谷不动点定理是对 Brouwer 不动点定理的推广。

定理 12.6 (角谷)

设 $A \subset \mathbb{R}^n$ 是紧的和凸的,$f: A \twoheadrightarrow A$ 是闭的(或上半连续的)且有非空

凸值，则 f 有不动点 $x \in A$ 使得 $x \in f(x)$。

12.7　微 积 分

对上述概念和结论，只有在深入掌握有关的拓扑性质（例如，紧性和连续性）和凸性等概念后，你才能有深刻理解。引入更多的数学结构，使用微积分做分析工具，我们还能得到更加具体的结论。本节介绍本书中用到的微积分概念。这方面的参考书有 Gill(2004)、Chiang(2003)和 Simon 与 Blume(1994)。

12.7.1　单变量微分

政治科学中的许多问题可归纳为“在变量 x 变化时，变量 y 如何变化”的问题。如果在变量 x 和 y 之间存在函数关系，即 $y=f(x)$，我们就能用导数概念表述和量化一个变量的变化对另一个变量的影响。设 $y=f(x)$。如果 x 上升至 $x+h$，则会有什么影响呢? x 上升一个单位所导致的 y 的变化为

$$\frac{\Delta y}{\Delta x}=\frac{f(x+h)-f(x)}{h}。$$

它是连接点 $(x+h,\ f(x+h))$ 和点 $(x,\ f(x))$ 的直线的斜率。但是，这一概念有个缺陷：它依赖 h。图 12.3 中对应着 h_1 和 h_2 的两条虚线说明了这一缺陷。我们希望能有一个概念，它不依赖 h 但依然能描述函数在 x 点附近的行为。这个概念就是 f 对 x 的导数：

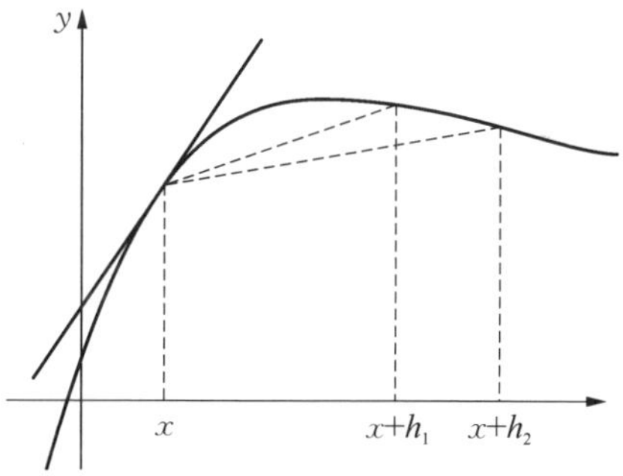

图 12.3　导数

$$\frac{dy}{dx}=\lim_{h\to 0}\frac{f(x+h)-f(x)}{h}。$$

它是图 12.3 中实直线的斜率。我们有时也用 $f'(x)$ 表示函数 f 在 x 点的导数，在这里，f' 为函数 f 的导数。在导数的这一极限定义中，由于分子趋于零，分母也趋于零，因此，极限可能不存在。但是，如果它存在，我们就说函数

f 在点 x 可微。如果点 f 在点 x 不连续,这一极限就不存在。函数 f 有可能连续但不可微。例如,函数 $f(x)=|x|$ 在 $x=0$ 上连续但不可微,因为

$$\lim_{h\to 0}\frac{f(x+h)-f(x)}{h}=\lim_{h\to 0}\frac{|h|}{h},$$

这个极限不存在:在 $h<0$ 时,它收敛于 -1;在 $h>0$ 时,它收敛于 1。

导数衡量函数的变化率,我们可以用它判断函数递增或递减:如果 $f'(x)>0$,则函数递增;如果 $f'(x)<0$,则函数递减。

12.7.1.1 一些常用导数

许多常见函数的导数,具有常见的函数形式。这里给出一些函数的导数:

(1) 常函数:如果 $f(x)=c$,则 $f'(x)=0$。

(2) 线性函数:如果 $f(x)=a_0+a_1x$,则 $f'(x)=a_1$。

(3) 幂函数:如果 $f(x)=ax^n$,则 $f'(x)=anx^{n-1}$。

(4) 指数函数:如果 $f(x)=e^{ax}$,则 $f'(x)=ae^{ax}$。

(5) 自然对数函数:如果 $f(x)=a\ln x$,则 $f'(x)=\frac{a}{x}$。

12.7.1.2 复合函数的导数

对一些更复杂的函数,如果能将其整理为一些函数的复合,例如 f 和 g 的复合,求导可能相对容易。这里介绍一些相对复杂的函数的求导法则。

(1) 和与差的求导法则:

$$\frac{d(f+g)}{dx}=f'+g',\ \frac{d(f-g)}{dx}=f'-g'。$$

(2) 积的求导法则:

$$\frac{d(f\cdot g)}{dx}=f'\cdot g+f\cdot g'。$$

(3) 商的求导法则:

$$\frac{d\left(\frac{f}{g}\right)}{dx}=\frac{f'\cdot g-f\cdot g'}{g^2}。$$

(4) 连锁求导法则：设 $z=g(y)$，$y=f(x)$。则 $z=g(f(x))$。

$$\frac{dz}{dx}=\frac{dz}{dy}\frac{dy}{dx}=f'(x)g'(y)。$$

12.7.1.3　高阶导数

因为 f 的导数(在有定义时)也是 x 的函数，所以，我们可以对导数求导，借此更深入地了解函数的性质。我们把 f' 的导数或者说 f 的二阶导数，写为 $\frac{d^2 f}{dx^2}=f''$。根据前面的结论，如果 $f''>0$，则 f' 递增；如果 $f''<0$，则 f' 递减。二阶导数还能揭示函数 f 具有的特征。

- 如果 $f'>0$ 且 $f''>0$，则 $f(x)$ 加速上升。
- 如果 $f'>0$ 且 $f''<0$，则 $f(x)$ 减速上升。
- 如果 $f'<0$ 且 $f''>0$，则 $f(x)$ 加速下降。
- 如果 $f'<0$ 且 $f''<0$，则 $f(x)$ 减速下降。

图 12.4 中的函数，在 x 的不同取值区间中，分别具有上述特征。

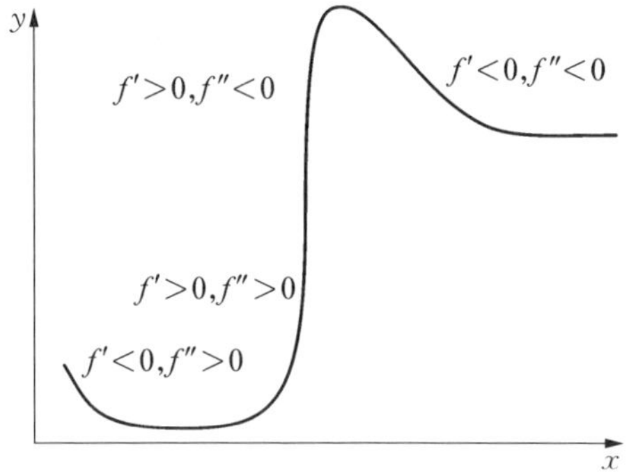

图 12.4　二阶导数

理论上说，我们可求 n 阶导数，只要它存在。我们把 n 阶导数写为 $\frac{d^n f}{dx^n}=f^{(n)}$。

12.7.1.4　函数的最大值和最小值

政治博弈论中的很多问题，要求我们求解函数的最大值或最小值，例如，选民最大化效用函数，政治家最大化得票数，政府最小化战争中阵亡人数。对求解函数的局部极值(而非全局极值)，导数概念相当有用。

直观地说，在局部最大值(局部最小值)点上，函数不再递增(递减)而开始递减(递增)。因此，除非局部极值点是全局极值点且位于定义域的边界，否则，在这个点上，导数值肯定为零。图 12.5 区别了全局最大值与局部最大值和全局最小值与局部最小值，形象说明了在局部极值点上导数值为什么等于零。

但是,在既不取最大值也不取最小值的点上,导数值也可能为零。图 12.6 中的鞍点便属于这种情况。所以,满足一阶条件的点要成为极值点,还需要满足二阶条件。我们看到,在局部最大值点左边,导数必然为正;在它的右边,导数必然为负。因此,导数必然递减,就是说,在局部最大值点上,二阶导数不能为正。在局部最小值点上,二阶导数不能为负。在鞍点上,二阶导数等于零。

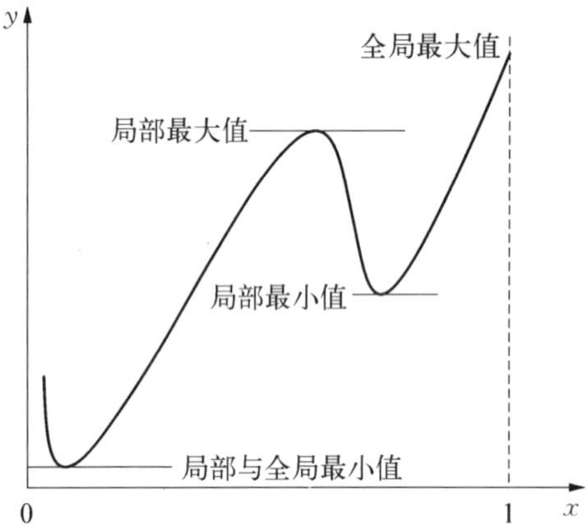

图 12.5 极值点

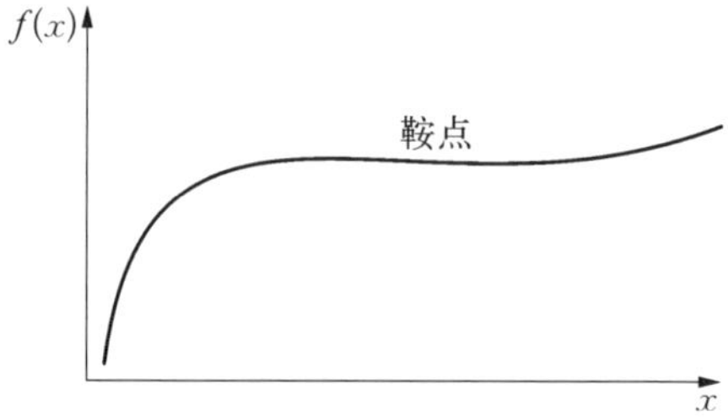

图 12.6 鞍点

一些概念

设 $f: D \to \mathbb{R}$,则

- $f(x^*)$ 是全局最大值,如果对所有的 $x \in D$,$f(x^*) \geqslant f(x)$。
- $f(x^*)$ 是全局最小值,如果对所有的 $x \in D$,$f(x^*) \leqslant f(x)$。
- $f(x^*)$ 是局部最大值,如果存在 $\varepsilon > 0$,$|x^* - x| < \varepsilon$ 蕴含 $f(x^*) \geqslant f(x)$。
- $f(x^*)$ 是局部最小值,如果存在 $\varepsilon > 0$,$|x^* - x| < \varepsilon$ 蕴含 $f(x^*) \leqslant f(x)$。
- 如果 $f(x^*)$ 是最大值,则 $x^* \in \mathrm{argmax}_D f(x)$。
- 如果 $f(x^*)$ 是最小值,则 $x^* \in \mathrm{argmin}_D f(x)$。
- 如果 $f'(x^*) = 0$,则 x^* 是 f 的驻点。

例题 12.7 分配预算

某政府机构在活动 1 和活动 2 上的支出预算为 B。设 x_1 和 x_2 分别是这两项活动上的支出，设这个机构的产出函数为 $O=\sqrt{x_1x_2}$。由于 $B=x_1+x_2$，我们可以用 $B-x_1$ 替换产出函数中的 x_2，得到 $O=\sqrt{x_1(B-x_1)}$。我们求解最大化产出的支出额 x_1。

首先，求解驻点 x_1^*，找到局部最大值。产出函数的导数为

$$O'(x_1)=\frac{\frac{B}{2}-x_1}{\sqrt{x_1(B-x_1)}}$$

令 $O'(x_1)=0$，得到产出函数的唯一驻点 $x_1^*=B/2$。

我们再来确定 $x_1^*=B/2$ 是局部最大值点。我们求产出函数的二阶导数，计算它在 x_1^* 上的取值。二阶导数为

$$O''(x_1)=-(x_1(B-x_1))^{-1/2}-(B/2-x_1)^2\,(x_1(B-x_1))^{-3/2}$$

在 $x_1^*=B/2$ 时，$O''(x_1^*)=-2<0$。所以，$x_1^*=B/2$ 是局部最小值点，实现产出 $B/2$。

我们再来确定 $x_1^*=B/2$ 是全局最大值点，方法是把函数在这个点上的取值与它在定义域边界上的取值做比较。因为 $O(x_1^*)=B/2$，$O(0)=0$，$O(B)=0$，所以，$x_1^*=B/2$ 是全局最大值点。

12.7.1.5　凹函数和凸函数

凹性和凸性是函数的另外两个重要性质。我们看图 12.7。像 f_1 那样向下弯曲的函数，称为凹函数。任取点 x_1 和 x_2，如果 $(x_1,\ f(x_1))$ 和 $(x_2,\ f(x_2))$ 之间的连线位于函数图形的下方，则函数 f 是凹函数。从数学上说，$f: D\rightarrow\mathbb{R}$ 是 D 上的凹函数当且仅当对所有的 $x_1,\ x_2\in D$ 和所有的 $\lambda\in(0,\ 1)$，

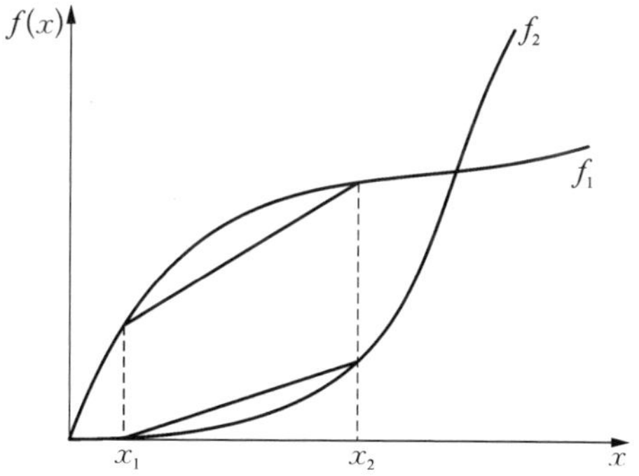

图 12.7　凸函数和凹函数

$$f(\lambda x_1+(1-\lambda)x_2)\geqslant\lambda f(x_1)+(1-\lambda)f(x_2)。$$

如果这个不等式为严格不等式，函数 f 就是严格凹函数。

像 f_2 那样向上弯曲的函数，称为凸函数。任取点 x_1 和 x_2，如果 $(x_1, f(x_1))$ 和 $(x_2, f(x_2))$ 之间的连线位于函数图形的上方，则函数 f 是凸函数。从数学上说，$f: D \to \mathbb{R}$ 是 D 上的凸函数当且仅当对所有的 x_1，$x_2 \in D$ 和所有的 $\lambda \in [0, 1]$，

$$f(\lambda x_1 + (1-\lambda)x_2) \leqslant \lambda f(x_1) + (1-\lambda)f(x_2)。$$

如果这个不等式为严格不等式，函数 f 就是严格凸函数。

关于凹函数和凸函数，我们有两个重要命题：

- 如果 $f: D \to \mathbb{R}$ 是凹函数且 $f'(x^*) = 0$，则 x^* 是全局最大值点。
- 如果 $f: D \to \mathbb{R}$ 是凸函数且 $f'(x^*) = 0$，则 x^* 是全局最小值点。

因为如果函数 f 二阶可微，则凹函数蕴含 $f'' \leqslant 0$，凸函数蕴含 $f'' \geqslant 0$。

12.7.1.6　积分

对任意函数 $F(x)$，如果 $F'(x) = f(x)$，则 F 是 f 的反导数。我们一般把反导数写为不定积分形式：

$$F(x) = \int f(x)dx。$$

根据微分法则，我们有以下结论（其中，C 是任意常数）。把每个式子左边的函数求导，可以验证各个结论的正确性。

(1) $\int af(x)dx = a\int f(x)dx$

(2) $\int (f(x) + g(x))dx = \int f(x)dx + \int g(x)dx$

(3) $\int x^n dx = \frac{x^{n+1}}{n+1} + C$

(4) $\int \frac{1}{x}dx = \ln x + C$

(5) $\int e^x dx = e^x + C$

(6) $\int e^{f(x)} f'(x)dx = e^{f(x)} + C$

(7) $\int (f(x))^n f'(x)dx = \frac{(f(x))^{n+1}}{n+1} + C$

(8) $\int \frac{f'(x)}{f(x)}dx = \ln f(x) + C$

积分的最常见用途是衡量函数下方区域的面积。设 F 是 f 的反导数。则在点 a 和点 b 之间，f 下方的面积，为定积分

$$\int_a^b f(x)dx = F(b) - F(a)。$$

12.7.1.7　定积分求导

定积分的求导法则包括：

(1) $\frac{d}{dx}\int_a^b f(x)dx = \int_a^b f'(x)dx$

(2) $\frac{d}{db}\int_a^b f(x)dx = f(b)$

(3) $\frac{d}{da}\int_a^b f(x)dx = -f(a)$

(4) $\frac{d}{d\alpha}\int_{a(\alpha)}^{b(\alpha)} f(x(\alpha))dx = \int_a^b f'(x(\alpha))\frac{\partial x}{\partial \alpha}dx + f(b(\alpha))\frac{\partial b}{\partial \alpha} - f(a(\alpha))\frac{\partial a}{\partial \alpha}$

其中，最后一个法则最具一般性，它被称为莱布尼茨(Leibnitz)法则，以微积分的创始人之一 Gottfried Wilhelm Leibnitz 的名字命名。

12.7.2　多变量微分*

本节假定读者对矩阵概念有一些基本了解。矩阵是对数的长方形排列，如

$$A = \begin{bmatrix} a_{11} & a_{12} & a_{13} \\ a_{21} & a_{22} & a_{23} \end{bmatrix}$$

对任意一个矩阵元素，我们常用它所在的行和列表示它(例如，a_{23})。列向量是一列数字，如

$$B = \begin{bmatrix} b_1 \\ b_2 \end{bmatrix}$$

行向量则为一行数字，如

$$C=[c_1 \quad c_2 \quad c_3]$$

向量或矩阵的转置由符号“′”注明。通过互换向量或矩阵的行和列便可得到其转置。例如，

$$A'=\begin{bmatrix} a_{11} & a_{21} \\ a_{12} & a_{22} \\ a_{13} & a_{23} \end{bmatrix}$$

$$B'=[b_1 \quad b_2]$$

在本节,我们用粗体表示向量,用非加粗字体表示标量。给定函数 $y=f(\mathbf{x})$。我们想知道 $\mathbf{x}$ 的某个分量的变化如何影响 y。我们看 x_i 的偏效应：在 $\mathbf{x}$ 中的其他分量保持不变时，x_i 的变化如何影响 y？这要求我们分析函数在某一切面上的行为。我们使用的概念是偏导数,它的数学定义为

$$\frac{\partial f}{\partial x_i}(\mathbf{x})=\lim_{h\to 0}\frac{f(\mathbf{x}+\mathbf{h}_i)-f(\mathbf{x})}{h}。$$

在这里，$\mathbf{h}_i$ 是个向量,其第 i 个分量等于 h，其他分量都为零。由于我们把其他一切分量皆视为常数,所以,我们可以求正常导数的方法求偏导数。

例题 12.8 设 $f(x_1, x_2)=x_1/x_2$，

$$\frac{\partial f}{\partial x_1}=\frac{1}{x_2},\ \frac{\partial f}{\partial x_2}=-\frac{x_1}{x_2^2}。$$

函数 f 在点 $\mathbf{x}$ 上的所有偏导数构成的向量

$$D_{\mathbf{x}}(f)=\begin{pmatrix} \frac{\partial f}{\partial x_1}(\mathbf{x}) \\ \vdots \\ \frac{\partial f}{\partial x_n}(\mathbf{x}) \end{pmatrix}$$

称为函数 f 在点 $\mathbf{x}$ 上的梯度向量,它描述函数 f 在 $\mathbf{x}$ 点附近的行为。

12.7.2.1 高阶偏导数和交叉导数

在前面,我们用高阶导数描述单变量函数的特征;在这里,我们用高阶偏

导数描述多变量函数的特征。函数 f 对 x_i 的二阶偏导数为

$$\frac{\partial}{\partial x_i}\left(\frac{\partial f}{\partial x_i}\right)=\frac{\partial^2 f}{\partial x_i^2}。$$

我们可以以理解单变量函数二阶导数的方式理解高阶偏导数概念。

在有多个变量时，我们有时想知道其他变量的变化如何影响某个偏导数的值（x_j 的变化如何影响函数对 x_i 的偏导数?）。交叉偏导数的公式为

$$\frac{\partial}{\partial x_j}\left(\frac{\partial f}{\partial x_i}\right)=\frac{\partial^2 f}{\partial x_j \partial x_i}。$$

例题 12.9　设 $f(x_1, x_2)=x_1/x_2$。

$$\frac{\partial^2 f}{\partial x_1^2}=0，\frac{\partial^2 f}{\partial x_2^2}=\frac{2x_1}{x_2^3}，\frac{\partial^2 f}{\partial x_1 \partial x_2}=-\frac{1}{x_2^2}，\frac{\partial^2 f}{\partial x_2 \partial x_1}=-\frac{1}{x_2^2}。$$

我们看到，

$$\frac{\partial^2 f}{\partial x_1 \partial x_2}=\frac{\partial^2 f}{\partial x_2 \partial x_1}。$$

这一性质在一般情况中成立，就是说，

$$\frac{\partial^2 f}{\partial x_i \partial x_j}=\frac{\partial^2 f}{\partial x_j \partial x_i}。$$

换句话说，偏导数的求导顺序不重要。

我们常把二阶偏导数和交叉偏导数集中在一起，写为海赛矩阵形式：

$$\boldsymbol{H}(\mathbf{x})=\begin{bmatrix} \frac{\partial^2 \boldsymbol{f}(\mathbf{x})}{\partial x_1^2} & \frac{\partial^2 \boldsymbol{f}(\mathbf{x})}{\partial x_1 \partial x_2} & \cdots & \frac{\partial^2 \boldsymbol{f}(\mathbf{x})}{\partial x_1 \partial x_n} \\ \frac{\partial^2 \boldsymbol{f}(\mathbf{x})}{\partial x_2 \partial x_1} & \frac{\partial^2 \boldsymbol{f}(\mathbf{x})}{\partial x_2^2} & \cdots & \frac{\partial^2 \boldsymbol{f}(\mathbf{x})}{\partial x_2 \partial x_n} \\ \vdots & \vdots & \ddots & \vdots \\ \frac{\partial^2 \boldsymbol{f}(\mathbf{x})}{\partial x_n \partial x_1} & \frac{\partial^2 \boldsymbol{f}(\mathbf{x})}{\partial x_n \partial x_2} & \cdots & \frac{\partial^2 \boldsymbol{f}(\mathbf{x})}{\partial x_n^2} \end{bmatrix}$$

12.7.2.2　隐函数定理*

在求解均衡时，我们常固定住参数 $\mathbf{y} \in \mathbb{R}^k$，解出满足方程组 $f(\mathbf{x}, \mathbf{y})=0$

的 $\mathbf{x}\in\mathbb{R}^n$ 的值。在方程组有闭式解时，我们能写出解与参数之间的明确函数关系：

$$\mathbf{x}^*=g(\mathbf{y})。$$

如果 g 是可微函数，我们就可以直接进行比较静态分析（分析 $\mathbf{y}$ 的变化如何影响 $\mathbf{x}$）。有时候，我们虽知道对每个 $\mathbf{y}$，存在解 $\mathbf{x}^*$，但是，我们无法得到函数 $g(\cdot)$。例如，不动点定理可能告诉我们方程组 $f(\mathbf{x},\mathbf{y})=0$ 有解，但我们无法以解析形式把它的解写为 $\mathbf{y}$ 的函数。

在满足某些条件时，我们能用隐函数定理间接求出导数 $D_{\mathbf{y}}\mathbf{x}^*$。我们首先在只有一个内生变量和一个外生变量的情况中表述这一定理。

定理 12.7　（隐函数定理）

给定 $y\in\mathbb{R}$，设 $x^*\in\mathbb{R}$ 是 $f(x, y)=0$ 的解。如果 $f(\cdot,\cdot)$ 连续可微且 $\frac{\partial f(x^*, y^*)}{\partial x}\neq 0$，则存在 x^* 的开邻域 A 上和 y^* 的开邻域 B 上，存在连续可微函数 $\phi: B\rightarrow A$ 使得 $f(\phi(y), y)=0$。函数 ϕ 在 y^* 上的导数为

$$\frac{\partial\phi(y^*)}{\partial y}=-\frac{\frac{\partial f(x^*, y^*)}{\partial y}}{\frac{\partial f(x^*, y^*)}{\partial x}}。$$

现在介绍更一般的隐函数定理。设内生向量为 $\mathbf{x}=(x_1,\cdots,x_n)\in\mathbb{R}^n$，外生向量为 $\mathbf{y}=(y_1,\cdots,y_k)\in\mathbb{R}^k$。我们把方程组 $f(\mathbf{x},\mathbf{y})=0$ 写为下面的形式：

$$\begin{gathered}f_1(x_1,\cdots,x_n;y_1,\cdots,y_k)=0\\ \vdots\\ f_n(x_1,\cdots,x_n;y_1,\cdots,y_k)=0\end{gathered}$$

这一方程组在内生变量上的 $n\times n$ 雅克比矩阵，由所有梯度向量的转置构成：

$$J=D_{\mathbf{x}}f(\mathbf{x}^*,\mathbf{y}^*)=\begin{bmatrix}D_x f'_1\\ \vdots\\ D_x f'_n\end{bmatrix}$$

矩阵运算中的除运算被称为"取逆"运算。对任意的 $n\times n$ 矩阵 M，矩阵 M^{-1} 满足方程 $MM^{-1}=I$。在这里，I 是单位矩阵，其主对角线上的所有元素都为 1，其他位置上的所有元素为 0。如果一个矩阵有逆，则它为非奇异型矩阵。Chiang(2004) 和 Simon 与 Blume(1994) 或任何一本初级线性代数课本，都有关于逆矩阵的详细介绍。

$n\times k$ 矩阵

$$D_{\mathbf{y}}f(\mathbf{x}^*,\ \mathbf{y}^*)=\begin{bmatrix}D_y f'_1\\ \vdots \\ D_y f'_n\end{bmatrix}$$

由 $f(\cdot,\ \cdot)$ 对所有外生变量的导数的转置构成。

定理 12.8　(隐函数定理)

设 $\mathbf{x}^*\in\mathbb{R}^n$ 是给定 $\mathbf{y}\in\mathbb{R}^k$ 时 $f(\mathbf{x},\ \mathbf{y})=0$ 的解。如果 $f_1(\cdot)$ 到 $f_n(\cdot)$ 在 $\mathbf{x}$ 和 $\mathbf{y}$ 的每个分量上连续可微，如果这个方程组对内生变量的雅可比矩阵是非奇异矩阵，则存在 $\mathbf{x}^*$ 的开邻域 A 和 $\mathbf{y}^*$ 的开邻域 B，存在连续可微函数 ϕ：$B\to A$ 使得 $f(\phi(\mathbf{y}),\ \mathbf{y})=0$。函数 ϕ 在 $\mathbf{y}^*$ 的导数为 $n\times k$ 矩阵

$$D_{\mathbf{y}}\phi(\mathbf{y}^*)=-\frac{[D_x f(\mathbf{x}^*,\ \mathbf{y}^*)]^{-1}}{D_y f(\mathbf{x}^*,\ \mathbf{y}^*)}。$$

12.7.2.3　多变量函数的优化问题

在单变量微分部分，我们说过，要最大化函数 f：$\mathbb{R}\to\mathbb{R}$，我们只需求解方程 $f'(x^*)=0$。[①] 如果在 x^* 上，这一方程不成立，则在 x^* 的某邻域内存在其他 x 使得 $f(x)$ 更大。

这一逻辑适用于多变量函数优化：在内部最大值点上，函数对每个分量的导数必须等于 0。设 $\frac{\partial f}{\partial x_i}(\mathbf{x}^*)>0$。则函数值随 x_i 的上升而上升，随 x_i 的下降而下降。因此，在最大值点上，不可能出现设 $\frac{\partial f}{\partial x_i}(\mathbf{x}^*)>0$。同理，在内

① 这里的定义域为整个 $\mathbb{R}$，所以不存在角解问题。

部最大值点上，不可能出现 $\frac{\partial f}{\partial x_i}(\mathbf{x}^*)<0$。所以，$f:\mathbb{R}^n\to\mathbb{R}$ 在点 $\mathbf{x}^*$ 取得最大值的必要条件是

$$Df(\mathbf{x}^*)=0。$$

最大值和最小值的二阶条件决定于海赛矩阵的特征，需要用到矩阵代数中的一些概念。最大值(最小值)的充分条件是海塞矩阵正定(负定)。

定义 12.28　$n\times n$ 矩阵 M 为正定，如果对所有向量 $\mathbf{v}\in\mathbb{R}^n$ 且 $\mathbf{v}\neq\mathbf{0}$，$\mathbf{v}'M\mathbf{v}>0$；M 为负定，如果对所有的 $\mathbf{v}\in\mathbb{R}^n$ 且 $\mathbf{v}\neq\mathbf{0}$，$\mathbf{v}'M\mathbf{v}<0$；如果 $\mathbf{v}'M\mathbf{v}\geqslant\mathbf{0}$，则 M 为正半定；如果 $\mathbf{v}'M\mathbf{v}\leqslant\mathbf{0}$，则 M 为负半定。

我们首先在 $\mathbb{R}^2$ 中给出以下结论。

定理 12.9　$\mathbf{x}^*\in\mathbb{R}^2$ 是局部最大值点，如果

$$Df(\mathbf{x}^*)=0,\ \frac{\partial^2 f}{\partial x_1^2}<0,\ \frac{\partial^2 f}{\partial x_2^2}<0\ \text{且}\ \frac{\partial^2 f}{\partial x_1^2}\frac{\partial^2 f}{\partial x_2^2}>\left(\frac{\partial^2 f}{\partial x_1\partial x_2}\right)^2。$$

定理 12.10　$\mathbf{x}^*\in\mathbb{R}^2$ 是局部最小值点，如果

$$Df(\mathbf{x}^*)=0,\ \frac{\partial^2 f}{\partial x_1^2}>0,\ \frac{\partial^2 f}{\partial x_2^2}>0\ \text{且}\ \frac{\partial^2 f}{\partial x_1^2}\frac{\partial^2 f}{\partial x_2^2}>\left(\frac{\partial^2 f}{\partial x_1\partial x_2}\right)^2。$$

在 n 维空间中，我们有类似结论。

定理 12.11　$\mathbf{x}^*\in\mathbb{R}^n$ 是局部最大值点，如果

$$Df(\mathbf{x}^*)=0\ \text{且海赛矩阵}\ H(\mathbf{x}^*)\ \text{负定。}$$

定理 12.12　$\mathbf{x}^*\in\mathbb{R}^n$ 是局部最小值点，如果

$$Df(\mathbf{x}^*)=0\ \text{且海赛矩阵}\ H(\mathbf{x}^*)\ \text{正定。}$$

如果 $Df(\mathbf{x}^*)=0$ 且海赛矩阵 $H(\mathbf{x}^*)$ 负半定，则 $\mathbf{x}^*$ 可能是局部最大值点，也可能不是。如果 $Df(\mathbf{x}^*)=0$ 且海赛矩阵 $H(\mathbf{x}^*)$ 正半定，则 $\mathbf{x}^*$ 可能是局部最小值点，也可能不是。但是，以下必要条件肯定成立。

定理 12.13　如果 $\mathbf{x}^*\in\mathbb{R}^n$ 是局部最大值点且目标函数二阶可导，则海赛矩阵 $H(\mathbf{x}^*)$ 负半定。

定理 12.14　如果 $\mathbf{x}^*\in\mathbb{R}^n$ 是局部最小值点且目标函数二阶可导，则海赛

矩阵 $H(\mathbf{x}^*)$ 正半定。

例题 12.10 分配政治资源

某政党想在选举中拿下两个议会席位。它认为两个议会席位的价值分别为 W_1 和 W_2(如果失去议会席位,则它得到零收益)。设 $x_i/(1+x_i)$ 是它赢得席位 i 的概率,在这里,x_i 是它投入选举活动 i 中的资金。竞选支出 x_i 的成本为 x_i。这个政党要通过对 (x_1, x_2) 的选择,最大化

$$\frac{x_1}{1+x_1}W_1+\frac{x_2}{1+x_2}W_2-x_1-x_2。$$

一阶条件为

$$\frac{W_1}{(1+x_1)^2}-1=0,\quad \frac{W_2}{(1+x_2)^2}-1=0。$$

海塞矩阵为

$$\begin{bmatrix} -\dfrac{W_1}{(1+x_1)^3} & 0 \\ 0 & -\dfrac{W_2}{(1+x_2)^3} \end{bmatrix}$$

从一阶条件中,能得到四个驻点:

$$(-\sqrt{W_1}-1, -\sqrt{W_2}-1),\ (\sqrt{W_1}-1, -\sqrt{W_2}-1),$$

$$(-\sqrt{W_1}-1, \sqrt{W_2}-1),\ (\sqrt{W_1}-1, \sqrt{W_2}-1)。$$

二阶条件要求

$$-\frac{W_i}{(1+x_i)^3}<0,$$

即 $x_i>-1$。由于 $W_i>0$,所以,满足二阶条件的唯一驻点为 $(\sqrt{W_1}-1, \sqrt{W_2}-1)$。

12.7.2.4 凹函数和凸函数

现在把单变量凹、凸函数的概念推广至 $\mathbb{R}^n$ 上。

定义 12.29 设 $U\subseteq\mathbb{R}^n$ 是凸集,$f: U\to\mathbb{R}$。函数 f 是凹函数,如果对所

有的 $\mathbf{x}, \mathbf{y} \in U$ 和所有的 $\lambda \in [0, 1]$，$f(\lambda \mathbf{x}+(1-\lambda)\mathbf{y}) \geqslant \lambda f(\mathbf{x})+(1-\lambda)f(\mathbf{y})$。

定义 12.30 设 $U \subseteq \mathbb{R}^n$ 是凸集，$f: U \rightarrow \mathbb{R}$。则函数 f 是凸函数，如果对所有的 $\mathbf{x}, \mathbf{y} \in U$ 和所有的 $\lambda \in [0, 1]$，$f(\lambda \mathbf{x}+(1-\lambda)\mathbf{y}) \leqslant \lambda f(\mathbf{x})+(1-\lambda)f(\mathbf{y})$。

与单变量凹、凸函数一样，凹函数保证驻点产生全局最大值，凸函数保证驻点产生全局最小值。

定理 12.15 设函数 $f: U \rightarrow \mathbb{R}$ 二阶可微，U 是 $\mathbb{R}^n$ 的开的和凸的子集。如果 f 是 U 上的凹函数且对 $\mathbf{x}^* \in U$，$Df(\mathbf{x}^*)=0$，则 $\mathbf{x}^*$ 是 f 在 U 上的全局最大值点。如果 f 是 U 上的凸函数且对 $\mathbf{x}^* \in U$，$Df(\mathbf{x}^*)=0$，则 $\mathbf{x}^*$ 是 f 在 U 上的全局最小值点。

12.7.2.5 约束条件下的最大化问题

12.7.2.5.1 等式约束条件

在政治博弈论中，我们常需求解约束条件下的最大化问题。这种约束，既可能是决策者选择集上的可行性约束条件，也可能源自其他人的行为。这种最大化问题可能具有以下形式：

$$\max f(\mathbf{x}) \quad s.t. \quad \begin{matrix} g_1(\mathbf{x})=0 \\ \vdots \\ g_k(\mathbf{x})=0 \end{matrix}$$

其中，函数 $f: \mathbb{R}^n \rightarrow \mathbb{R}$ 和每个函数 $g_j: \mathbb{R}^n \rightarrow \mathbb{R}$ 都二阶可微。我们通过构造并求解一个无约束优化问题，找到原始约束条件下的优化问题的解。我们使用的技巧是让约束条件进入目标函数中。

拉格朗日函数

$$L(\mathbf{x}, \boldsymbol{\lambda})=f(\mathbf{x})-\sum_{j=1}^{k} \lambda_j g_j(\mathbf{x})$$

便是我们构造出的新的目标函数。原始问题中的选择变量 $\mathbf{x}$ 和 k 个变量 λ_j 是拉格朗日函数中的变量。变量 λ_j 被称为约束条件的乘数(每个约束条件有自己的乘数)。在原始问题中，有一个实值目标函数和 k 个约束条件；在转换得

到的最大化问题中，目标函数变为 $k+1$ 个实值函数之和。最大化拉格朗日函数，一阶条件为

$$\frac{\partial f(\mathbf{x})}{\partial x_i}=\sum_{j=1}^{k}\lambda_j\frac{\partial g_j(\mathbf{x})}{\partial x_i},\quad i=1,\cdots,n$$

$$g_j(\mathbf{x})=0,\qquad j=1,\cdots,k$$

其中的前 n 个条件是原始约束优化问题的解 $\mathbf{x}$ 必须满足的条件。

定理 12.16　（拉格朗日定理）

设 k 个约束函数的梯度向量线性无关。如果 $\mathbf{x}^*$ 是约束条件下的最大化问题的解，则存在拉格朗日乘数 $\boldsymbol{\lambda}\in\mathbb{R}^k$ 使得 $(\mathbf{x}^*,\boldsymbol{\lambda})$ 是上述一阶条件的解。

要理解约束条件下的最大化问题为什么能转化为无约束条件的最大化问题，最好的办法是分析拉格朗日函数最大化问题中的前 n 个一阶条件。这些条件说的是：（在一阶条件的解上）改变 $\mathbf{x}$ 而导致的函数值 $f(\mathbf{x})$ 的上升，必然导致至少一个约束函数 g 的值上升。换句话说，如果 $\mathbf{x}$ 是拉格朗日函数最大化问题的解，则函数值 $f(\mathbf{x})$ 的上升，必然违反约束条件。拉格朗日定理中的线性无关条件说的是约束条件对变量 $\mathbf{x}$ 的雅可比矩阵的秩必须为 k（就是说，k 个约束函数的梯度向量线性无关）。没有这一**约束限制**，$\sum_{j=1}^{k}\lambda_j\frac{\partial g_j(\mathbf{x})}{\partial x_i}$ 的变化未必违背约束条件。

例题 12.11　分配政治资源

设例题 12.10 中的政党遭遇预算约束。当它配置竞选资金时，不能突破预算约束。它现在的优化问题为

$$\max_{x_1,x_2}\frac{x_1}{1+x_1}W_1+\frac{x_2}{1+x_2}W_2,\quad s.t.\quad B=x_1+x_2$$

拉格朗日函数为

$$\frac{x_1}{1+x_1}W_1+\frac{x_2}{1+x_2}W_2+\lambda(x_1+x_2-B)$$

一阶条件为

$$\frac{W_1}{(1+x_1)^2}-\lambda=0$$

$$\frac{W_2}{(1+x_2)^2}-\lambda=0$$

$$x_1+x_2=B$$

前两个条件蕴含

$$\sqrt{\frac{W_2}{W_1}}=\frac{1+x_2}{1+x_1}$$

把上式与预算约束条件结合,我们就有两个方程和两个未知数。由于只有正根才有意义,所以,

$$\sqrt{\frac{W_2}{W_1}}=\frac{1+B-x_1}{1+x_1}$$

因此,

$$x_1^*=\frac{1+B-\sqrt{\frac{W_2}{W_1}}}{\sqrt{\frac{W_2}{W_1}}+1},\ x_2^*=\frac{1+(B-1)\sqrt{\frac{W_2}{W_1}}}{\sqrt{\frac{W_2}{W_1}}+1}$$

12.7.2.5.2 不等式约束条件

在前面的优化问题中,约束条件为等式形式。还有很多优化问题要求最优解同时满足不等式和等式约束条件,这类问题的形式为

$$\max f(\mathbf{x}) \quad s.t. \quad \begin{matrix} g_j(\mathbf{x})=0, & j=1,\cdots,k \\ h_t(\mathbf{x})\leqslant 0 & t=1,\cdots,w \end{matrix}$$

如果其中每个函数都可微,我们就可以用库恩–塔克(Kuhn-Tucker)条件求解这类优化问题。库恩–塔克条件类似拉格朗日条件,但能处理不等式约束条件。库恩–塔克条件下的一阶条件为

$$\frac{\partial f(\mathbf{x})}{\partial x_i}=\sum_{j=1}^{k}\lambda_j\frac{\partial g_j(\mathbf{x})}{\partial x_i}+\sum_{t=1}^{w}\lambda_t\frac{\partial h_t(\mathbf{x})}{\partial x_i},\quad i=1,\cdots,n$$

$$g_j(\mathbf{x})=0,\qquad j=1,\cdots,k$$

$$\lambda_t h_t(\mathbf{x})=0,\qquad t=1,\cdots,w$$

在库恩–塔克条件下，约束条件或者起作用（$h_t(\mathbf{x})=0$）或者不起作用，从而使得乘数 λ_t 为 0。

12.7.2.5.3　包络定理*

优化问题的目标函数或约束条件中可能包含外生变量 $\mathbf{y}=(y_1, \cdots, y_z)\in\mathbb{R}^z$。这时，它的一般形式可写为

$$\max f(\mathbf{x};\ \mathbf{y}) \quad s.t. \quad \begin{matrix} g_j(\mathbf{x};\ \mathbf{y})=0, & j=1, \cdots, k \\ h_t(\mathbf{x};\ \mathbf{y})\leqslant 0 & t=1, \cdots, w \end{matrix}$$

定义**值函数** $v: \mathbb{R}^z\rightarrow\mathbb{R}$ 使得 $v(\mathbf{y})=f(\mathbf{x}^*(\mathbf{y});\ \mathbf{y})$，其中的 $\mathbf{x}^*(\mathbf{y})$ 是最大化问题的解。最大值定理告诉我们在哪些条件下，值函数连续。我们可用微分做工具，探讨最大值与外生参数之间的关系。

定理 12.17　包络定理

设 $v(\mathbf{y}')$ 在 $\mathbf{y}'$ 上可微，$(\mathbf{x}^*(\mathbf{y}');\ \boldsymbol{\lambda}(\mathbf{y}'))$ 是上述优化问题的解，且存在 $\mathbf{x}^*(\mathbf{y}')$ 的开邻域 A 和 $\mathbf{y}'$ 的开邻域 B 上使得在解 $\mathbf{x}^*: B\rightarrow A$ 上起作用的约束条件集确定，则对每个 $i=1, \cdots, n$，

$$\frac{\partial v(\mathbf{y}')}{\partial y_l}=\frac{\partial f(\mathbf{x}^*(\mathbf{y}');\ \mathbf{y})}{\partial y_l}-\sum_{j=1}^{k}\lambda_j\frac{\partial g_j(\mathbf{x}^*(\mathbf{y}');\ \mathbf{y})}{\partial y_l}-\sum_{t=1}^{w}\lambda_t\frac{\partial h_t(\mathbf{x}^*(\mathbf{y}');\ \mathbf{y})}{\partial y_l}$$

利用这一定理，在求 $\dfrac{\partial v(\mathbf{y}')}{\partial y_l}$ 时，我们不用考虑 $D_{y_l}\mathbf{x}^*(\mathbf{y})$。

例题 12.12

设例题 12.10 中的政党要把总额为 y 的资源分配给 k 个选区。选区 $i=1, \cdots, k$ 得到的资金为 $r_i\in k$。由于资源总量为 y，所以，约束条件为

$$y-\sum_{i=1}^{k}r_i\geqslant 0$$

设 $f: \mathbb{R}^k\rightarrow\mathbb{R}$ 是这个政党的收益函数，则 $f(\mathbf{r})$ 是它从资源配置 $\mathbf{r}$ 中实现的收益。设 $v(y)$ 是这个政党的优化问题的值函数，λ 是约束条件的乘数。包络定理指出，$\dfrac{\partial v(y)}{\partial y}=\lambda$。就是说，乘数 λ 是资源总量的边际价值。

12.7.2.6 多变量积分

我们用多变量定积分计算多变量函数下方区域的面积：

$$\int_{a_1}^{b_1}\cdots\int_{a_n}^{b_n} f(x_1, \cdots, x_n)dx_1\cdots dx_n$$

计算多变量积分的方法，是依次保持其他变量不变而每次只对其中一个变量求积分。首先对 x_1 求积分。如果 $F_1(x_1, \cdots, x_n)$ 是 $f(x_1, \cdots, x_n)$ 对 x_1 的反偏导数，则

$$\int_{a_1}^{b_1}\cdots\int_{a_n}^{b_n} f(x_1, \cdots, x_n)dx_1\cdots dx_n = \int_{a_2}^{b_2}\cdots\int_{a_n}^{b_n} F_1(b_1, \cdots, x_n)dx_2\cdots dx_n - \int_{a_2}^{b_2}\cdots\int_{a_n}^{b_n} F_1(a_1, \cdots, x_n)dx_2\cdots dx_n$$

再求 F_1 对 x_2 的反偏导数……这一过程持续下去。在这里，积分顺序不重要。

例题 12.13 求

$$\int_1^2\int_{\frac{1}{2}}^1 x^2 ydxdy$$

因为 $F_1(x, y)=\frac{x^3 y}{3}$，所以，

$$\int_1^2\int_{\frac{1}{2}}^1 x^2 ydxdy = \int_{\frac{1}{2}}^1 \frac{8}{3}ydy - \int_{\frac{1}{2}}^1 \frac{1}{3}ydy = \frac{8}{3}\left[\frac{1}{2}-\frac{1}{8}\right]-\frac{1}{3}\left[\frac{1}{2}-\frac{1}{8}\right]=\frac{7}{8}$$

12.8 概 率 论

我们在第 3 章中看到，不确定性条件下的决策模型大量用到概率论知识。本节介绍一些概率论知识，证明一些重要结论。

12.8.1 结果和事件

概率论中的最基本概念是结果和事件。由某个随机过程产生的所有可能

的结果构成的集合,称为**样本空间**。我们用 S 表示样本空间。$s \in S$ 被称为一个**结果**。

例题 12.14　抛两枚硬币:$S=\{HH, HT, TH, TT\}$。

例题 12.15　失业率:$S=[0, 100]$。

例题 12.14 中的样本空间是个离散空间,包含有限多个结果;例题 12.15 中的样本空间是连续空间,包含无穷多个结果。

给定样本空间,我们定义**事件**为 S 的子集。因此,事件由结果构成。

例题 12.16　$A=\{TH, HT\}$:“抛第二枚硬币得到的结果与抛第一枚硬币得到的结果不同”。

例题 12.17　$S=[4, 13]$:“失业率在 4%到 13%之间”。

12.8.2　概率论公理

概率论探讨事件的发生概率。我们用 $\Pr(A)$ 表示事件 A 的发生概率。概率论建立在关于 $\Pr(A)$ 的公理基础之上,这些公理包括

公理 1　对任意事件 A, $\Pr(A) \geqslant 0$。

公理 2　$\Pr(S)=1$

公理 3　设 $A_1, A_2, \cdots$ 是无限多个两两不交事件,则 $\Pr(\bigcup_{i=1}^{\infty} A_i)=\sum_{i=1}^{\infty} \Pr(A_i)$。

公理 1 要求任一事件发生的概率非负。公理 2 要求样本空间发生的概率为 1。公理 3 谈的是相互排斥的或者说相互不交的事件族发生的概率应具有的性质:一组相互排斥的事件发生的概率等于其中各个事件发生的概率之和。许多结论直接得自这些公理。下面的定理指出,空事件的概率为 0:

定理 12.18　$\Pr(\varnothing)=0$。

公理 3 可直接推广至有限多个不交事件上:

定理 12.19

设 $A_1, A_2, \cdots A_n$ 是有限多个两两不交事件,则 $\Pr(\bigcup_{i=1}^{n} A_i)=\sum_{i=1}^{n} \Pr(A_i)$。

这个定理,与公理 1 和公理 2 结合,蕴含任何事件发生的概率和它的补发生的概率之和为 1:

定理 12.20

设 $S\backslash A$ 是 A 的补，则 $\Pr(A)+\Pr(S\backslash A)=1$。

根据这个定理，任何事件发生的概率都(弱)小于 1：

定理 12.21

对任意事件 A，$0\leqslant\Pr(A)\leqslant 1$。

如果事件 B 是事件 A 的子集，则事件 A 发生的概率和事件 B 发生的概率至少一样大。

定理 12.22 如果 $B\subseteq A$，则 $\Pr(A)\geqslant\Pr(B)$。

下面两个定理谈的是事件的并发生的概率。给定事件 A 和 B，$A\cup B$ 可分解为三个相互不交的集合：$A\backslash B$、$B\backslash A$ 和 $A\cap B$。根据定理 12.19，$\Pr(A\cup B)=\Pr(A\backslash B)+\Pr(B\backslash A)+\Pr(A\cap B)$；$\Pr(A)=\Pr(A\backslash B)+\Pr(A\cap B)$，$\Pr(B)=\Pr(B\backslash A)+\Pr(A\cap B)$。

定理 12.23 对任意两个事件 A 和 B，

$$\Pr(A\cup B)=\Pr(A\backslash B)+\Pr(B\backslash A)-\Pr(A\cap B)。$$

下面的定理直接得自定理 12.23。

定理 12.24 对任意 n 个事件 $A_1, A_2, \cdots A_n$，

$$\Pr(\cup_{i=1}^{n}A_i)=\sum_{i=1}^{n}\Big[\Pr(A_i)-\sum_{j>i}^{n}\Pr(A_i\cap A_j)+\sum_{k>j>i}^{n}\Pr(A_i\cap A_j\cap A_k)-\cdots\Big]。$$

独立性和条件概率

现在探讨各事件的发生概率之间的关系。我们想知道某事件的发生如何影响另一事件发生的概率。我们看事件为 A 和 B。我们知道事件 B 已发生；在此前提下，事件 A 发生的概率是多少？

这两个事件可能没有任何关系。如果 $\Pr(A\cap B)=\Pr(A)\Pr(B)$，我们就说事件 A 和 B 相互独立。当两个事件相互独立时，一个事件的发生，对另一事件发生的概率没有影响。就是说，事件 A 的发生，不受事件 B 发生的影响。我们用这一逻辑定义独立性。

定义 12.31 设 $A_1, A_2, \cdots A_n$ 是一组事件。如果

$$\Pr(\bigcap_{i=1}^{n} A_i) = \prod_{i=1}^{n} \Pr(A_i),$$

则这些事件相互独立。

给定事件 A_1，A_2，$\cdots A_n$。如果这 n 个事件相互独立，则其中任意一组事件也都相互独立。但是，这一结论的逆命题不成立。DeGroot 和 Schervish (2001)举了个例子，三个事件两两独立但三个事件不相互独立。

现在讨论各个事件相互依赖时的情况。分析事件之间的这种依赖关系的概念是条件概率。设有任意事件 A 和 B。给定事件 B，事件 A 的条件概率是在事件 B 已经发生的条件下事件 A 发生的概率。我们把给定事件 B 已发生条件下事件 A 发生的概率写为

$$\Pr(A \mid B) = \frac{\Pr(A \cap B)}{\Pr(B)}, \text{其中}, \Pr(B) > 0。$$

上式指出，如果 A 和 B 相互独立，则

$$\Pr(A \mid B) = \Pr(A)。$$

并且，

$$\Pr(A \cap B) = \Pr(A \mid B)\Pr(B) = \Pr(B \mid A)\Pr(A)。$$

12.8.3 贝叶斯法则

概率论在政治博弈论中的最重要应用是描述决策者如何利用所观察到的事件推断未观察到的事件发生的概率。贝叶斯法则告诉我们如何形成这种推断。为介绍并证明贝叶斯法则，我们需要用到分割。样本空间的一个**分割**，是一组相互排斥的事件，它们覆盖整个样本空间。

定义 12.32 样本空间 S 的一个分割是一组相互不交的事件 A_1，$\cdots$，A_k 使得 $\bigcup_{i=1}^{k} A_i = S$。

现在介绍并证明贝叶斯法则。

定理 12.25 如果 A_1，$\cdots$，A_k 是 S 的一个分割且 $\Pr(B) > 0$，则对任意事件 $B \subset S$ 和事件 $A_j \subset S$，

$$\Pr(A_j \mid B) = \frac{\Pr(A_j)\Pr(B \mid A_j)}{\sum_{i=1}^{k}\Pr(A_i)\Pr(B \mid A_i)}。$$

证明：我们拆分几个步骤证明这一定理。

结论1：设 A_1，…，A_k 是 S 的一个分割，B 是 S 的子集。则集合族 $\{A_1 \cap B, \cdots, A_k \cap B\}$ 是 B 的一个分割，因为

$$\bigcup_{i=1}^{k}(A_i \cap B) = (\bigcup_{i=1}^{k} A_i) \cap B = S \cap B = B。$$

结论2：设 A_1，…，A_k 是 S 的一个分割，则根据结论 1 和定理 12.19，

$$\Pr(B) = \sum_{i=1}^{k}\Pr(A_i \cap B)。$$

结论3：设 A_1，…，A_k 是 S 的一个分割且对所有的 i，$\Pr(A_i) > 0$。则根据结论 2 和条件概率的乘法法则，

$$\Pr(B) = \sum_{i=1}^{k}\Pr(B \mid A_i)\Pr(A_i)。$$

现在证明定理中的结论。设 $\Pr(B) > 0$。根据条件概率的定义，

$$\Pr(A_j \mid B) = \frac{\Pr(A_j \cap B)}{\Pr(B)}。$$

把 $\Pr(A_j \cap B) = \Pr(B \mid A_j)\Pr(A_j)$ 代入分子，把 $\Pr(B) = \sum_{i=1}^{k}\Pr(B \mid A_i)\Pr(A_i)$ 代入分母，我们得到

$$\Pr(A_j \mid B) = \frac{\Pr(A_j)\Pr(B \mid A_j)}{\sum_{i=1}^{k}\Pr(A_i)\Pr(B \mid A_i)}。$$ □

12.8.4 随机变量和分布

我们有时用数值表示结果和事件。这种表示，被称为**随机变量**。实值随机变量是个函数，它把所有可能的结果映射到实数上。

定义 12.33 设样本空间为 S。$X: S \to \mathbb{R}$ 是个随机变量，对每个可能的结果 $s \in S$，它赋予实数 $X(s)$。

利用这一定义，我们能把事件定义为实数集，并能定义随机变量的概率分布。**概率分布**是对事件赋予概率。

定义 12.34　设 A 是 $\mathbb{R}$ 的任意子集，设 $\Pr(X \in A)$ 是 X 落于 A 中的概率。则

$$\Pr(X \in A) = \Pr\{s: X(s) \in A\}。$$

X 的概率分布给出了所有事件 $A \subset \mathbb{R}$ 的概率 $\Pr(X \in A)$。

12.8.4.1　离散分布

随机变量 X，在只取有限多个值时，有**离散分布**。所有可能的结果构成这一分布的**支持**。

定义 12.35　设随机变量 X 有离散分布。我们定义 X 的概率函数 f 为

$$f(x) = \Pr(X = x),$$

其中，x 为任意实数。

如果 x 不在 X 的支持中，则 $f(x) = 0$。根据概率论公理，$0 \leqslant \sum_{i=1}^{k} f(x_i) \leqslant 1$ 且 $0 \leqslant f(x_i) \leqslant 1$。

例题 12.18　整数上的均匀分布

设 X 在 1 到 k 这 k 个整数中等可能地取值。则 X 的概率函数为

$$f(x) = \begin{cases} \dfrac{1}{k}, & x = 1, \cdots, k \\ 0, & \text{在其他情况中} \end{cases}$$

例题 12.19　二项分布

设实验成功的概率为 p，失败的概率为 $1-p$。则在 n 次实验中成功 x 次的概率为

$$f(x) = \begin{cases} \dbinom{n}{x} p^x (1-p)^{n-x}, & x = 0, \cdots, n \\ 0, & \text{在其他情况中} \end{cases}$$

其中，

$$\binom{n}{x} = \frac{n!}{x!\,(n-x)!}。$$

12.8.4.2 连续分布

如果 X 在一个连续统上取值，则 X 为**连续随机变量**。如果 X 是连续随机变量，则存在非负函数 f 使得对任意区间 $A=[a, b]$，

$$\Pr(X \in A)=\int_A f(x)dx=\int_a^b f(x)dx。$$

函数 f 被称为**概率密度函数**。尽管它没有告诉我们 $\Pr(X=x)$ 的值(它等于 0)，但它告诉我们 $f(x)=\lim_{\varepsilon \to 0} X \in [x-\varepsilon, x+\varepsilon]$。概率密度函数满足以下条件：

$$对所有的 x，f(x) \geqslant 0；\int_{-\infty}^{\infty} f(x)dx=1。$$

集合 $X^S=\{x: f(x)>0\}$ 被称为 X 的**支持**。

例题 12.20 区间上的均匀分布

设 a 和 b 是两个实数。我们从 $S=[a, b]$ 中选取点 X。设 X 属于任意子区间的概率与子区间的长度成正比。就是说，在 S 中的各个点上，概率密度相同；在 S 以外的各个点上，概率密度为 0。换句话说，

$$\int_{-\infty}^{\infty} f(x)dx=\int_a^b f(x)dx=\int_a^b c dx=1。$$

求解 c，得到

$$c=\frac{1}{b-a}。$$

均匀分布的概率密度函数因此为

$$f(x)=\begin{cases} \dfrac{1}{b-a}, & x \in [a, b] \\ 0, & \text{在其他情况中} \end{cases}$$

12.8.4.3 累积分布函数

累积分布函数是实值函数，对任意实数 x，它给出 X 取值不大于 x 的概率：

$$F(x)=\Pr(X\leqslant x)。$$

对离散分布，$F(x)=\sum_{\{i:\, x_i<x\}} f(x_i)$。对连续分布，$F(x)=\int_{-\infty}^{x} f(\xi)d\xi$。在任何一点上，只要 F 可微，就有 $F'(x)=f(x)$。因此，我们既可以用概率密度函数也可以用累积分布函数表示连续随机变量。

累积分布函数具有一些重要特征：

(1) $\Pr(X>x)=1-F(x)$。

(2) $\Pr(x_2\geqslant X\geqslant x_1)=F(x_2)-F(x_1)$。

(3) F 非递减（如果 $x_2>x_1$，则 $F(x_2)\geqslant F(x_1)$）。

(4) $\lim_{x\to-\infty}F(x)=0$，$\lim_{x\to\infty}F(x)=1$。

(5) F 右连续。如果点 x 以正概率发生，则 F 在点 x 上可能不是左连续，见图 12.8。

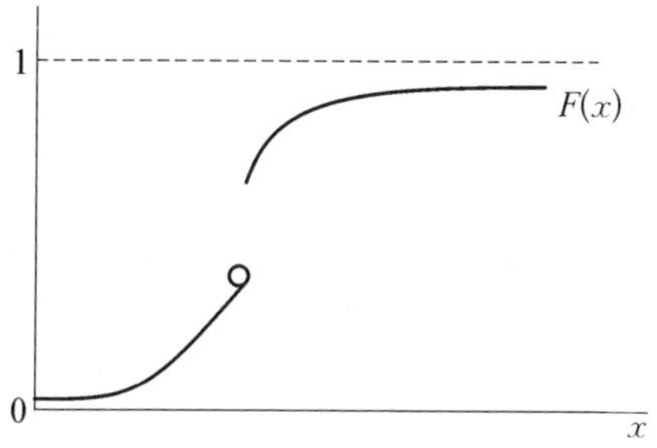

图 12.8　不连续的累积分布函数

12.8.4.4　两元分布

我们有时需要知道随机变量 X 和 Y 同时取某些值的概率。联合分布函数给出了 X 和 Y 取某一对值的概率。

12.8.4.4.1　离散两元概率函数

给定离散随机变量 X 和 Y，两元概率函数为

$$f(x,\, y)=\Pr(X=x,\, Y=x)。$$

设 $x_1,\cdots,x_k$ 和 $y_1,\cdots,y_m$ 分别是 X 和 Y 的支持。则 $f(x,\, y)$ 具有以下特征：

(1) $\sum_{i=1}^{k}\sum_{j=1}^{m} f(x_i,\, y_j)=1$。

(2) 设 A 由 $\{x_1,\cdots,x_k\}$ 和 $\{y_1,\cdots,y_m\}$ 的一些截面构成。则

$$\Pr\{(x,\, y)\in A\}=\sum_{(x_i,\, y_j)\in A} f(x_i,\, y_j)。$$

12.8.4.4.2　连续两元密度函数

设 X 和 Y 是连续随机变量。则对任意的 $A\subset\mathbb{R}^2$，两元密度函数为

$$\Pr\{(x,y)\in A\}=\iint_A f(x,y)dxdy。$$

两元密度函数具有以下特征：

(1) 对任意的 $(x,y)\in\mathbb{R}^2$，$f(x,y)\geqslant 0$。

(2) $\iint_{\mathbb{R}^2} f(x,y)dxdy=1$。

12.8.4.4.3 两元分布函数

把累积分布函数推广至两元分布，我们得到联合累积分布函数：

$$F(x,y)=\Pr(X\leqslant x, Y\leqslant y)。$$

我们可以用联合分布函数计算 (x,y) 落于 $[a,b]\times[c,d]$ 中的概率：

$$\begin{aligned}&\Pr(a<X<b, c<Y<d)\\&=\Pr(a<X<b, Y<d)-\Pr(a<X<b, Y<c)\\&=\Pr(X<b, Y<d)-\Pr(X<a, Y<d)-\Pr(X<b, Y<c)\\&\quad+\Pr(X<a, Y<c)=F(b,d)-F(a,d)-F(b,c)+F(a,c)。\end{aligned}$$

12.8.4.5 边缘分布

知道了 X 和 Y 的联合概率密度函数，我们就能求出每个变量的概率密度函数——称为边缘分布。对离散分布，边缘概率函数 f_x 和 f_y 分别为

$$\Pr(X=x)=f_x(x)=\sum_y \Pr(X=x, Y=y)=\sum_y f(x,y);$$

$$\Pr(Y=y)=f_y(y)=\sum_x \Pr(X=x, Y=y)=\sum_x f(x,y)。$$

对连续随机变量，边缘密度函数为

$$f_x(x)=\int_{-\infty}^{\infty} f(x,y)dy;\ f_y(y)=\int_{-\infty}^{\infty} f(x,y)dx。$$

12.8.5 独立随机变量

设 X 和 Y 是独立随机变量。则

$$\Pr(X=x, Y=y)=\Pr(X=x)\Pr(Y=y);$$

并且，

$$F(x, y)=F_x(x)F_y(y),$$

在这里，F_x 和 F_y 是边缘累积分布函数；并且，

$$f(x, y)=f_x(x)f_y(y),$$

在这里，f_x 和 f_y 是边缘概率(密度)函数。

12.8.6　条件分布

设 X 和 Y 不是独立变量。我们可以定义给定 Y 时 X 的条件分布和给定 X 时 Y 的条件分布。这些条件分布直接得自条件概率。就离散变量而言，条件概率函数 $g_x(x \mid y)$ 和 $g_y(y \mid x)$ 分别为

$$g_x(x \mid y)=\Pr(X=x \mid Y=y)=\frac{\Pr(X=x, Y=y)}{\Pr(Y=y)}=\frac{f(x, y)}{f_y(y)},$$

$$g_y(y \mid x)=\Pr(Y=y \mid X=x)=\frac{\Pr(X=x, Y=y)}{\Pr(X=x)}=\frac{f(x, y)}{f_x(x)}。$$

对连续随机变量而言，条件概率函数分别为

$$g_x(x \mid y)=\frac{f(x, y)}{f_y(y)},\ g_y(y \mid x)=\frac{f(x, y)}{f_x(x)}。$$

12.8.7　期望

概率分布的一个最重要性质是它的期望或者说中心趋势。随机变量的期望，是以各结果发生的概率为权重，对所有结果的加权平均。就离散分布而言，X 的期望 $E(X)$，为

$$E(X)=\sum_x xf(x)。$$

就连续分布而言，

$$E(X)=\int_{-\infty}^{\infty} xf(x)dx=\int_{-\infty}^{\infty} xdF(x)。$$

我们常常需要计算随机变量的函数的期望。设 $Y=r(X)$，则

$$E(Y)=\int_{-\infty}^{\infty} r(x)f(x)dx。$$

期望函数具有以下特征：

(1) 如果 $Y=a+bX$，则 $E(Y)=a+bE(X)$。

(2) 如果 a 使得 $\Pr(X\geqslant a)=1$，则 $E(X)\geqslant a$。如果 b 使得 $\Pr(X\leqslant b)=1$，则 $E(X)\leqslant b$。

(3) 如果 $X_1, \cdots, X_n$ 是随机变量，则 $E(X_1, \cdots, X_n)=E(X_1)+\cdots+E(X_n)$。

(4) 如果 $X_1, \cdots, X_n$ 是独立随机变量，则 $E\left(\prod_{i=1}^{n}X_i\right)=\prod_{i=1}^{n}E(X_i)$。

如果随机变量相互不独立，则特征(4)不成立。

12.8.8 方差

随机变量的另一性质是在多大程度上，它偏离自己的期望。衡量偏离程度的一个指标是方差，

$$var(X)=\sigma_x^2=E[(X-E(X))^2]。$$

方差函数具有以下特征：

(1) 如果 c 使得 $\Pr(X=c)=1$，则 $var(X)=0$。

(2) 对任意常数 a 和 b，$var(a+bX)=b^2var(X)$。

(3) 对任意随机变量 X，$var(X)=E(X^2)-[E(X)]^2$。

(4) 如果 $X_1, \cdots, X_n$ 是独立随机变量，则 $var\left(\sum_{i=1}^{n}X_i\right)=\sum_{i=1}^{n}var(X_i)$。

12.8.9 中位数和众数

中位数和众数是反映随机变量特征的两个重要函数。

中位数：设 F 是 X 的累积分布函数。点 m 是 X 的中位数当且仅当 $\Pr(X\leqslant m)\geqslant 0.5$ 且 $\Pr(X\geqslant m)\leqslant 0.5$ 或者(就连续分布而言) $F(m)=0.5$。

众数：设 f 是 X 的概率函数或概率密度函数。m 是 X 的众数当且仅当 $m \in \operatorname{argmax} f(x)$。

12.8.10　协方差和相关系数

给定 X 和 Y 的联合分布，我们常常想知道 X 和 Y 之间的关系。具体地说，我们想知道它们在多大程度上一起变化或者说同向变化。我们用协方差描述它们之间的这种关系。X 和 Y 的协方差为

$$cov(X, Y) = \sigma_{xy} = E[(X-\mu_x)(Y-\mu_y)]$$

其中，$\mu_x = E(X)$，$\mu_y = E(Y)$。

如果 X 和 Y"同向"变化，协方差就是一个正函数的期望并因此为正。如果 X 和 Y"反向"变化，协方差就是一个负函数的期望并因此为负。

协方差概念有个缺陷，它的大小取决于你使用的度量标准。设 $Z = aY + b$。X 和 Z 的协方差为 $\sigma_{xz} = a\sigma_{xy}$。相关系数概念能避免这一问题。$X$ 和 Y 之间的相关系数为

$$\rho_{xy} = \frac{\sigma_{xy}}{\sigma_x + \sigma_y}。$$

协方差和相关系数具有以下特征：

(1) 对有有限方差的随机变量 X 和 Y，$1 \geqslant \rho_{xy} \geqslant -1$。

(2) 对任意随机变量 X 和 Y，$\sigma_{xy} = E(XY) - \mu_x \mu_y$。

(3) 对有有限方差的独立随机变量 X 和 Y，$\sigma_{xy} = \rho_{xy} = 0$。

(4) 设随机变量 X 有有限方差，设 $Y = aX + b$。如果 $a > 0$，则 $\rho_{xy} = 1$；如果 $a < 0$，则 $\rho_{xy} = -1$。

(5) 设随机变量 X 和 Y 有有限方差。则 $var(X+Y) = \sigma_x^2 + \sigma_y^2 + 2\sigma_{xy}$。

(6) 设随机变量 $X_1, \cdots, X_n$ 有有限方差，则

$$var\left(\sum_{i=1}^{n} X_i\right) = \sum_{i=1}^{n} \sigma_i^2 + 2\sum_{i=1}^{n} \sum_{j=i+1}^{n} \sigma_{ij}。$$

12.8.11　条件期望

我们有时需要在其他随机变量的取值给定时，计算某个随机变量的期望。

这种条件期望被定义为

$$E(Y \mid x)=\sum_{y} y g_{y}(y \mid x), \quad E(Y \mid x)=\int_{-\infty}^{\infty} y g_{y}(y \mid x) d y 。$$

条件期望是 X 的函数,其分布衍生自 X 的分布。条件期望的一个重要性质是重复期望法则：

$$E(E(Y \mid X))=E(Y)。$$

参考文献

Abreu, Dilip. 1988. "On the Theory of Infinitely Repeated Games with Discounting." *Econometrica* 56: 383–396.

Acemoglu, Daron, and James Robinson. 2005. *The Economic Origins of Democracy and Dictatorship*. New York: Oxford University Press.

Arrow, Kenneth J. 1951. *Social Choice and Individual Values*. New York: Wiley.

Ashworth, Scott, and Ethan Bueno de Mesquita. 2006. "Monotone Comparative Statics in Models of Politics." *American Journal of Political Science* 50(1): 214–231.

Austen-Smith, David, and Jeffrey Banks. 1988. "Elections, Coalitions, and Legislative Outcomes." *American Political Science Review* 82(2): 405–422.

Austen-Smith, David, and Jeffrey Banks. 1996. "Information Aggregation, Rationality, and the Condorcet Jury Theorems." *American Political Science Review* 90: 34–45.

Austen-Smith, David, and Jeffrey S. Banks. 1999. *Positive Political Theory I: Collective Preference*. Ann Arbor: University of Michigan Press.

Austen-Smith, David, and Jeffrey S. Banks. 2005. *Positive Political Theory II: Strategies and Structure*. Ann Arbor: University of Michigan Press.

Austen-Smith, David, and John R. Wright. 1992. "Competitive Lobbying for a Legislator's Vote." *Social Choice and Welfare* 9: 229–257.

Austen-Smith, David, and John R. Wright. 1994. "Counteractive Lobbying." *American Journal of Political Science* 38: 25–44.

Axelrod, Robert. 1970. *Conflict of Interest*. Chicago: Marham.

Axelrod, Robert. 1984. *The Evolution of Cooperation*. New York: Basic Books.

Banks, Jeffrey S. 1990. "Equilibrium Behavior in Bargaining Games." *American Journal of Political Science* 34(3): 599–614.

Banks, Jeffrey A. 1991. *Signaling Games in Political Science*. Chur, Switzerland: Harwood Academic.

Banks, Jeffrey, and Joel Sobel. 1987. "Equilibrium Selection in Signaling Games." *Econometrica* 55: 647–661.

Baron, David P. 1991. "Majoritarian Incentives, Pork Barrel Programs, and Procedural Control." *American Journal of Political Science* 35(1): 57–90.

Baron, David P., and John A. Ferejohn. 1989. "Bargaining in Legislatures." *American*

Political Science Review 83(4): 1181－1206.

Baron, David P., and Adam Meirowitz. 2006. "Fully-Revealing Equilibria of Multiple-Sender Signaling and Screening Models." *Social Choice and Welfare* 26(3): 455－470.

Battaglini, Marco. 2002. "Multiple Referrals and Multidimensional Cheap Talk." *Econometrica* 70: 1379－1401.

Bellman, Richard. 1957. *Dynamic Programming*. Princeton, NJ: Princeton University Press.

Bendor, Jonathan, and Adam Meirowitz. 2004. "Spatial Models of Delegation." *American Political Science Review* 98(2): 293－310.

Berge, Claude. 1997. *Topological Spaces*. Mineola, NY: Dover.

Black, Duncan. 1958. *The Theory of Committees and Elections*. London: Cambridge University Press.

Border, Kim C. 1989. *Fixed Point Theorems with Applications to Economics and Game Theory*. New York: Cambridge University Press.

Brouwer, L. E. J. 1910. "U¨ ber Abbildung von Mannigfaltigkeiten." *Mathematische Annalen* 71: 97－115.

Calvert, Randall L. 1985. "Robustness of the Multidimensional Voting Model: Candidate Motivations, Uncertainty, and Convergence." *American Journal of Political Science* 29(1): 69－95.

Camerer, Colin F. 2003. *Behavioral Game Theory: Experiments in Strategic Interactions*. Princeton, NJ: Princeton University Press.

Cameron, Charles M. 1999. *Veto Bargaining: The Politics of Negative Power*. New York: Cambridge University Press.

Cameron, Charles M., and Nolan McCarty. 2004. "Models of Vetoes and Veto Bargaining." *Annual Review of Political Science* 7: 409－435.

Chiang, Alpha. 2004. *Fundamental Methods of Mathematical Economics*. New York: McGraw-Hill.

Clarke, Edward H. 1971. "Multi-Part Pricing of Public Goods." *Public Choice* 2: 19－33.

Cho, In-Koo, and David Kreps, 1987. "Signaling Games and Stable Equilibria." *Quarterly Journal of Economics* 102: 179－221.

Condorcet, Marquis de. (1785/1976). "Essay on the Application of Mathematics to the Theory of Decision-Making." Reprinted in K. M. Baker (ed.), *Condorcet: Selected Writtings*. Indianapolis: Bobbs-Merrill.

Cox, Gary, and Mathew D. McCubbins. 1994. *Legislative Leviathan*. Berkeley: University of California Press.

Debreu, Gerard. 1959. *The Theory of Value*. New Haven, CT: Yale University Press.

DeGroot, Morris, and Mark J. Schervish. 2001. *Probability and Statistics*. Boston: Pearson Addison Wesley.

Downs, Anthony. 1957. *An Economic Theory of Democracy* New York: Harper & Row.

Duggan, John, and Cesar Martinelli. 2001. "A Bayesian Model of Voting in Juries." *Games and Economic Behavior* 37: 259－294.

Echenique, Federico, 2002. "A Characterization of Strategic Complementarities." Working Papers 1142, California Institute of Technology, Division of the Humanities and Social Sciences.

Ellsberg, Daniel. 1961. "Risk, Ambiguity, and the Savage Axioms." *Quarterly Journal of Economics* 75: 643 - 669.

Epstein, David, and Sharyn O'Halloran. 1994. "Administrative Procedures, Information, and Agency Discretion." *American Journal of Political Science* 38(3): 697 - 722.

Epstein, David, and Peter Zemsky. 1995. "Money Talks: Deterring Quality Challengers in Congressional Elections." *American Political Science Review* 89(2): 295 - 308.

Fearon, James D. 1994. "Domestic Political Audiences and the Escalation of International Disputes." *American Political Science Review* 88(3): 577 - 592.

Fearon, James D. 1995. "Rationalist Explanations for War." *International Organization*, 49(3): 379 - 414.

Fearon, James D., and David D. Laitin. 1996. "Explaining Interethnic Cooperation." *American Political Science Review* 90(4): 715 - 735.

Fedderson, Timothy, and Wolfgang Pesendorfer. 1998. "Convicting the Innocent: The Inferiority of Unanimous Jury Verdicts Under Strategic Voting." *American Political Science Review* 92(1): 23 - 35.

Ferejohn, John. 1986. "Incumbent Performance and Electoral Control." *Public Choice* 50: 5 - 26.

Fudenberg, Drew, and Eric Maskin. 1986. "The Folk Theorem in Repeated Games with Discounting or Incomplete Information." *Econometrica* 54: 533 - 554.

Fudenberg, Drew, and Jean Tirole. 1991. *Game Theory*. Cambridge, MA: MIT Press.

Gailmard, Sean. 2005. "Menu Laws and Forbidden Actions: Choice of Instruments to Constrain Bureaucratic Discretion." Typescript, Northwestern University.

Gaughan, Edward. 1993. *Introduction to Analysis*, 4th ed. Pacific Grove, CA: Brooks Cole.

Gibbard, Alan. 1973. "Manipulation of Voting Schemes: A General Result." *Econometrica* 41(4): 587 - 602.

Gill, Jeff. 2004. *Essential Mathematics for Political and Social Research*. New York: Cambridge University Press.

Gilligan, Thomas, and Keith Krehbiel. 1987. "Collective Decision-Making and Standing Committees: An Informational Rationale for Restrictive Amendment Procedures." *Journal of Law, Economics, and Organization* 3(2): 287 - 335.

Gilligan, ThomasW., and Keith Krehbiel. 1989. "Asymmetric Information and Legislative Rules with a Heterogenous Committee." *American Journal of Political Science* 33(2): 459 - 490.

Green, Edward, and Rob Porter. 1984. "Noncooperative Collusion Under Imperfect Price Information." *Econometrica* 52(January): 87 - 100.

Groseclose, Timothy. 1996. "An Examination of the Market for Favors and Votes in Congress." *Economic Inquiry* 34: 320 - 340.

Groseclose, Timothy, and Nolan McCarty. 2000. "The Politics of Blame: Bargaining Before an Audience." *American Journal of Political Science* 45(1): 100 - 119.

Groves, Theodore. 1973. "Incentives in Teams." *Econometrica* 45: 617 - 631.

Harsanyi, John C. 1967 - 68. "Games with Incomplete Information Played by Bayesian Players." *Management Science* 14: 159 - 182, 320 - 334, 486 - 502.

Hotelling, Harold. 1929. "Stability in Competition." *Economic Journal* 39(153): 41 - 57.

Huber, John D., and Nolan McCarty. 2004. "Bureaucratic Capacity, Delegation, and Political Reform." *American Political Science Review* 98(3): 481 - 494.

Kahn, Kim F., and Patrick J. Kenney. 1999. *The Spectacle of U.S. Senate Campaigns*. Princeton, NJ: Princeton University Press.

Kahneman, Daniel, and Amos Tversky. 1979. "Prospect Theory: An Analysis of Decision Under Risk." *Econometrica* 47(2): 263 - 291.

Kakutani, Shizuo. 1941. "A Generalization of Brouwer's Fixed Point Theorem." *Duke Mathematical Journal* 8: 457 - 459.

Knight, Frank H. 1921. *Risk, Uncertainty, and Profit*. Boston: Houghton Mifflin.

Kolmogorov A. N., and S. V. Fomin. 1970. *Introductory Real Analysis*. New York: Dover.

Krehbiel, Keith. 1991. *Information and Legislative Organization*. Ann Arbor: University of Michigan Press.

Krehbiel, Keith. 2001. "Plausibility of Signals by Heterogeneous Committees." *American Political Science Review* 95: 453 - 458.

Krishna. Vijay. 2002. *Auction Theory*. San Diego: Academic Press.

Krishna, Vijay, and John Morgan. 1997. "An Analysis of the War of Attrition and the All-Pay Auction." *Journal of Economic Theory* 72: 343 - 362.

Krishna, Vijay, and John Morgan. 2001. "Asymmetric Information and Legislative Rules: Some Amendments." *American Political Science Review* 95(2): 435 - 452.

Lasswell, Harold D. 1936. *Politics: Who Gets What, When and How*. New York: McGraw Hill.

Matthews, Steven A. 1989. "Veto Threats: Rhetoric in a Bargaining Game." *Quarterly Journal of Economics* 104: 347 - 369.

McCarty, Nolan. 1997. "Presidential Reputation and the Veto." *Economics and Politics* 9: 1 - 27.

McCarty, Nolan. 2000a. "Proposal Rights, Veto Rights, and Political Bargaining." *American Journal of Political Science* 44(3): 506 - 522.

McCarty, Nolan. 2000b. "Presidential Pork: Executive Veto Power and Distributive Politics." *American Political Science Review* 94(1): 117 - 129.

McCarty, Nolan 2002. "Vetoes in the Early Republic." Working paper, Woodrow Wilson School, Princeton University.

McCarty, Nolan. 2004. "The Appointments Dilemma." *American Journal of Political Science* 48(3): 413 - 428.

McKelvey, RichardD. 1976. "Intransitivities in Multidimensional Voting Models and Some Implications for Agenda Control." *Journal of Economic Theory* 12: 472 - 482.

McKelvey, RichardD., and Richard Niemi. 1978. "Multistage Game Representation of Sophisticated Voting for Binary Procedures." *Journal of Economic Theory* 18: 1 - 22.

Meirowitz, Adam. 2002. "Informative Voting and Condorcet Jury Theorems with a Continuum of Types." *Social Choice and Welfare* 19: 219 - 236.

Meirowitz, Adam. 2004a. "Polling Games and Information Revelation in the Downsian Framework." *Games and Economic Behavior* 51: 464 - 489.

Meirowitz, Adam. 2004b. "Costly Action in Electoral Contests." Typescript, Princeton University.

Mertens, Jean-Francois, and Shmuel Zamir. 1985. "Formulation of Bayesian Analysis for Games with Incomplete Information." *International Journal of Game Theory* 14(1): 1 - 29.

Milgrom, Paul, Douglass North, and Barry Weingast. 1990. "The Role of Institutions in the Revival of Trade: The Medieval Law Merchant, Private Judges, and the Champagne Fairs." *Economics and Politics* 2: 1 - 23.

Morrow, James. 1994. *Game Theory for Political Scientists*. Princeton, NJ: Princeton University Press.

Moulin, Herve. 1980."On Strategy-Proofness and Single Peakedness." *Public Choice* 35: 437 - 455.

Muthoo, Abhinay. 1999. *Bargaining Theory with Applications* New York: Cambridge University Press.

Myerson, Roger. 1981. "Optimal Auction Design." *Mathematics of Operations Research* 6: 68 - 73.

Nash, John C. 1950a. "The Bargaining Problem." *Econometrica* 18(2): 155 - 162.

Nash, John F. 1950b. "Equilibrium Points in N-Person Games." *Proceedings of the National Academy of Science* 36: 48 - 49.

Olson, Mancur. 1965. *The Logic of Collective Action: Public Goods and the Theory of Groups*. Cambridge, MA: Harvard University Press.

Ordeshoo K, Peter C. 1986. *Game Theory and Political Theory: An Introduction*. New York: Cambridge University Press.

Palfrey, Thomas R., and Howard Rosenthal. 1984. "Participation and the Provision of Discrete Public Goods: A Strategic Analysis." *Journal of Public Economics* 24(2): 171 - 193.

Palfrey, Thomas R., and Howard Rosenthal. 1988. "Private Incentives in Social Dilemmas: The Effects of Incomplete Information and Altruism." *Journal of Public Economics* 35: 309 - 332.

Palfrey, Thomas, and Sanjay Srivastava. 1989. "Mechanism Design with Incomplete Information: A Solution to the Implementation Problem." *Journal of Political Economy* 97(3): 668 - 691.

Plott, Charles R. 1967. "A Notion of Equilibrium and Its Possibility Under Majority Rule." *American Economic Review* 57: 787 - 806.

Powell, Robert. 1999. *In the Shadow of Power*. Princeton, NJ: Princeton University Press.

Primo, David. 2004. "Open vs. Closed Rules in Budget Legislation: A Result and an Application." Typescript, University of Rochester.

Riker, William. 1962. *The Theory of Coalitions*. New Haven, CT: Yale University Press.

Riley, John G., and William F. Samuelson. 1981. "Optimal Auctions." *American Economic Review* 71: 381 - 392.

Romer, Thomas, and Howard Rosenthal. 1978. "Political Resource Allocation, Controlled Agendas, and the Status Quo." *Public Choice* 33(1): 27 - 44.

Royden. H. L. 1988. *Real Analysis*, 3d ed. Englewood Cliffs, NJ: Prentice-Hall.

Rubinstein, Ariel. 1982. "Perfect Equilibrium in a Bargaining Model." *Econometrica* 50: 97 - 110.

Sattherwaite, Mark. 1975. "Strategy-Proofness and Arrow's Conditions: Existence and Correspondence Theorems for Voting Procedures and Social Welfare Functions." *Journal of Economics Theory* 10: 187 - 217.

Savage, Leonard. 1954. *The Foundations of Statistics*. New York: Wiley.

Selten, Reinhard. 1965. "Spieltheoretische Behandlung eines Oligopolmodells mit Nachfragentragheit." *Zeitschrift fur die gesamte Staatswissenschaft* 12: 201 - 324.

Shepsle, Kenneth. 1979. "Institutional Arrangements and Equilibrium in Multidimensional Voting Models." *American Journal of Political Science* 23(1): 27 - 59.

Shepsle, Kenneth A., and Barry R. Weingast. 1987. "The Institutional Foundations of Committee Power." *American Political Science Review* 81(1): 85 - 104.

Simon, Carl P., and Lawrence Blume. 1994. *Mathematics for Economists*. New York: W. W. Norton.

Spence, Michael. 1974. *Market Signaling*. Cambridge, MA: Harvard University Press.

Taylor, Michael. 1976. *Anarchy and Cooperation*. London: Wiley.

Topkis, Donald. M. 1998. *Supermodularity and Complementarity*. Princeton, NJ: Princeton University Press.

Von Neumann, John, and Oscar Morgenstern. 1944. *Theory of Games and Economic Behavior*. Princeton NJ: Princeton University Press.

Weingast, Barry R. 1997. "The Political Foundations of Democracy and the Rule of Law." *American Political Science Review* 91(2): 245 - 263.

Weingast, Barry R., and William J. Marshall. 1988. "The Industrial Organization of Congress; or, Why Legislatures, Like Firms, Are Not Organized as Markets." *Journal of Political Economy* 96(1): 132 - 163.

Whittman, Donald. 1977. "Candidates with Policy Preferences: A Dynamic Model." *Journal of Economic Theory* 14: 180 - 189.

Zhou, Lin. 1994. "The Set of Nash Equilibria of a Supermodular Game Is a Complete Lattice." *Games and Economic Behavior* 7: 295 - 300.